铜仁市文艺创作扶持基金资助项目

朦朦楼上

周政文◎著

光明日报出版社

图书在版编目（CIP）数据

膴膴楼上 / 周政文著. — 北京：光明日报出版社，2019.6

ISBN 978-7-5194-5368-8

Ⅰ. ①膴… Ⅱ. ①周… Ⅲ. ①家族－史料－贵州－明清时代 Ⅳ. ①K820.9

中国版本图书馆CIP数据核字（2019）第100140号

膴膴楼上
WUWU LOUSHANG

著　　者：周政文	
责任编辑：李壬杰	策　　划：凤凰树文化
封面设计：凤凰树文化	责任校对：刘晓红
扉页题字：绾　之	责任印制：曹　诤

出版发行：光明日报出版社
地　　址：北京市西城区永安路106号，100050
电　　话：010-67021047（咨询），010-63131930（邮购）
传　　真：010-67078227，67078255
网　　址：http://book.gmw.cn
E - Mail：lirenjie@gmw.cn
法律顾问：北京德恒律师事务所龚柳方律师
印　　刷：天津立江印刷有限公司
装　　订：天津立江印刷有限公司

本书如有破损、缺页、装订错误，请与本社联系调换，电话：010-67019571

开　　本：170mm×240mm	印　　张：29
字　　数：443千字	
版　　次：2019年6月第1版	
印　　次：2019年8月第1次印刷	
书　　号：ISBN 978-7-5194-5368-8	
定　　价：92.00元	

版权所有　盗版必究

楼上周氏六世周易夫人黄氏像

杨瑾楠/画

案多黄卷曾传子，箧有熊丸又授孙

楼上十二景

肖小艳/画

村烟在望

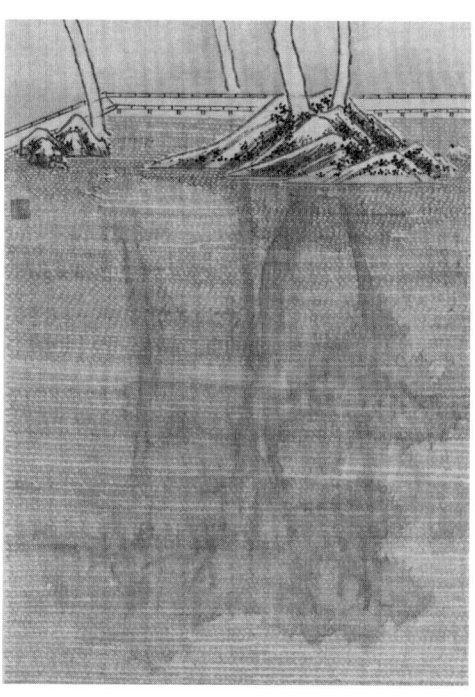

山塘涵影

梓阁晚钟

双桂秋月

斗枫鸣鹤

戏楼拥翠

天福问泉

砚田挹韵

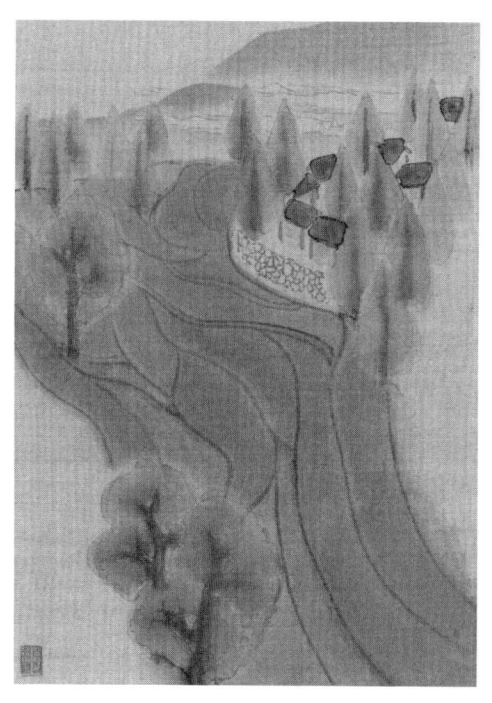

林边春色

观音坐莲

石桥朝露

古屯暮雪

楼上漻崄河十二景之四景

张桐/画

石佛问道

玉带晴岚

茶盆献瑞

虎卧龙吟

楼上漻崄河十二景之八景

周才林/画

轿顶挈云

雷打岩开

灵猴探月

绝壁挂松

漻崄晚照

文笔擎天

仙人撒网

长滩归牧

楼上文化概述（绪论）

在楼上历史文化的自传中，始终是以三种形式来传写：耕读之书、建筑之书和环境之书。走进楼上，仿佛走进一幅可居可游的山水画中，那古寨、村烟、田畴、山水融为一体，应接不暇，美不胜收。

楼上周氏以耕读为本，以礼义为文，以山水为望，以田园为乐，构筑起楼上的耕读历史。春时赏花，夏时看岚，秋时玩月，冬时望雪，自然的馈赠又增添了楼上无穷无尽的别样风致。正如宋代诗人王安石所道那种境界："细数落花因坐久，缓寻芳草得归迟。"楼上山色之美、田园之黩、耕之乐、读之趣，不仅是自然之景，更是文化之境，既源于天地自然所界而对楼上的特意垂青，又承载着五百年来周氏子孙对它的深深眷恋与守望。其天然的古风古韵、宁静和谐的自然环境，是中国农耕文明中保存最完好、最典型、最集中、最丰富、最古朴、最富诗情画意的代表，是几千年来文人们所追求并向往的那种可耕、可读、可居、可游、可行、可望、可赏、可寄、可隐的理想家园。

一、楼上及古寨概况

楼上周氏家族，聚族而居，位于贵州省石阡县西南的国荣乡，距县城15公里，族居及耕地面积近20平方公里，繁衍至今已传19代，历时526年。现周氏家族以楼上寨纪、古寨为中心，散向四周居处，共计800余户，民居建筑2000余幢，较为完整地保留了明清时期的聚落环境。

楼上明代始属思南府蛮夷长官司管辖，清初期开始同属思南、石阡二府共治。楼上古寨，是周氏家族核心村落。整个村寨坐东北面西南，倚山临水，布局井然，东面是梓潼阁，始建于明代。作为明清时期遗留下来的一座典型聚落，它是特定自然与人文环境的产物，具有独特的地域特色和文化传统，体现了周氏家族思想观念和建筑技艺，特别是那种适应自然、保护自然、融合自然的智慧与意识，对人居环境的审美理想与不懈追求，以及对自然生态的合理利用，无不体现其天人合一、道法自然的儒道哲学思想渊源。

楼上古寨建筑群，由传统民居、寺庙（梓潼宫、城隍庙）、祠堂（周氏宗祠）、戏楼、书院、桥梁（楠桂古石桥）、古井（天福井）、碑刻、古墓葬、屯堡遗址等不同类型的历史文化遗存组成。传统民居建筑包含了明、清、民国、中华人民共和国成立后等不同历史时期的建筑400余栋，其中，明代至民国时期所建造的民居约占总量的一半。各建筑均传承有序，并一直在沿用。这些建筑可分为5个时期：明代及清代早期、清代中晚期、清末及民国时期、改革开放以前、改革开放以后。

在梓潼阁基园山林中有千年古柏、古枫林立。古寨四周，有合围以上大的极其珍贵的小叶桢楠，散落寨边，郁郁葱葱。可以说楼上古寨，集古楼、古屋、古巷、古桥、古井、古树、古墓、古风、古韵于一体，是典型的最完美的明清古村落，至今保存着独特的古汉族遗风，有清明祭祖、庙会等古老的习俗。2008年10月3日，楼上村被中华人民共和国住房和城乡建设部、国家文物局公布为第四批中国历史文化名村；2012年12月17日，楼上村被住房和城乡建设部、财政部、文化部列入第一批中国传统村落名录；2013年5月3日，楼上村古建筑群被国务院公布为第七批全国重点文物保护单位。

楼上周氏家族在此繁衍生息500余年，整个家族人口（包括外迁在内）已达万人，其家族繁盛，人口剧增，是同时期其他家族人口的几倍甚或几十倍，这在人类学、文化学、人口学、社会历史学上皆是家族奇迹，是令人难以置信的历史存在。

二、楼上的文化含蕴

楼上周氏家族在500余年的历史发展过程中，是以耕读文化为特点的传统村落。而楼上古寨是中国明清时期贵州汉族移民发展史上的经典样式与活态例证，是家族文化、耕读文化与贵州本地文化融合共生、高度发展的典型代表，有着深厚的历史和丰富的文化。

在历史上，楼上所在地是夜郎故地，是百濮、氐羌、南蛮、濮越及苗、汉、土家等族系的交互汇聚之地，又是历代屯军之所，更是历代中原各民族避难迁徙的要道之一。各民族之间的长期交往和相互融汇、文化习俗的相互融合、文化意识和观念上的相互影响，使得楼上周氏家族所居之地的风俗、文化具有历史汇融性和多元性等文化特点。楼上周氏家族文化，同样也是江南、巴蜀、荆湘文化与西南少数民族文化所生发形成的文化奇葩，特别是其耕读文化，是人与自然和社会环境相互作用的一个典型。

在500多年的耕读生活中，周氏家族始终传承周公之礼，崇尚儒道之学，融合思、石两地民族习俗，并由此生发、绵延、拓展，所不断积累而成的文化。归结起来，在于敬天地自然、敬祖宗祖训、敬文化教育等，在敬畏中又凝聚，逐步生发，形成了一种敬畏文化。周氏家族始终以敬畏之心来对待自然、社会及生活，并通过家族耕读生活表现出来。其耕读目的，在于通过耕以足衣食、读以养身心，因而，人生有着落，内心有存放，精神有追求。在生活及行为中，逐步形成一些家族的内在逻辑，包括敬畏一心、耕读有则、至公是守、礼让是序、睦邻友好、扶危救难、家族一体等风尚与规范。

对传统文化尊重，对家族自身的文化发展，对家族的治理，对家族价值观的确立、肯定与努力践行，是楼上周氏家族发展绵延的根本。在生存繁衍及家园建造中，对天地自然敬畏与道法自然的运用、对祖先礼敬、对教育重视、对族识凝聚、对人情浓厚，已成为一代代人价值的内化和对生命的深刻领悟。这些是楼上周氏祖先留给子孙最宝贵和丰厚的精神资产。其中许多思想观念，对当代人的生产、生活和思想都有着重要的启示作用。其家族所蕴含的文化特征表现在：

敬祖宗，感恩泽

楼上周氏是一个十分崇敬祖先的家族，其村落的核心是宗族祠堂，对祖宗、祖训，始终心存敬畏。族有宗祠供奉祖先，家有香堂敬仰先人。楼上周氏分别建有宗祠和昭宗祠。现存的楼上周氏宗祠，建于清代光绪十九年（1893），用以供奉、祭祀周氏历代祖先，同时也是家族治理议事、调解纷争、处理族事的重要场所之一。

敬祖宗还表现在为祖先立碑修墓和每年的清明祭祖活动。周氏家族500

膴膴楼上

多年来，从一世祖而下，所有祖墓都立有石碑，每年在清明都要举行清明会，进行祭祀缅怀。在清明期间，每家都要对祖墓进行修理、垒砌。周氏家族自明清以来，一直靠勤劳与节俭生活，再苦再累，也敬祖为先，不包坟也要立碑，以此表达子孙对先祖的感怀与敬仰之心，可谓是至诚至恭、独特而深厚的。

敬天地，礼神明

周氏家族一直保持敬天地、礼神明的信仰。从明代万历年间开始，先后建有梓潼阁、观音堂、小屯寺、各粮寺、三个文昌阁、观音阁、两座城隍庙、魁星阁、川祖庙、许仙庙、土地庙、山王庙、龙王庙等一系列的文化建筑。在周氏家族中，富裕人家少有，其修房造屋非常节俭素朴，但对修建文化建筑，却不遗余力，所需财力物力，也是现在难以想象的。这种崇尚文化之概，从中可见一斑。

周氏家族，从四世周国祯始，因外任归家，数日七子俱亡，于是晏然悔悟，敬天地，礼神明，救难济急，无善不为，并日日于梓潼阁中修斋念佛，还要求子孙始终坚守。其后周氏家族除耕读之外，修斋敬神，补路修桥，布施急难，朔望神诞，尽礼诚拜，世代不移。而对天地自然，对祖宗祖训的敬畏之心，无论时代如何推移演进，周氏家族传承有序，始终如一，对祖宗敬仰，对先人的祭扫，那种感恩与敬怀，是根深蒂固的。

遵祖训，思传承

楼上周氏家族的祖训、庭训、遗训等代代相传相守。周氏家训多以口头教子、临终遗嘱等形式传承，世代必须遵循家训。最初的家训，是周氏第四世祖周国祯所立，并赐封子孙及后代："不愿儿孙去为官，唯愿儿孙个个贤。"自此而下，世代谨遵，持守不悖，不求做官，只问耕田读书。周国祯立此家训后，并推行"勤、俭、忍、让、孝、礼、义、耕、读"等处世治家之道，并作为遗训传于后代。

周氏家族还重视家训及家族历史文化传承与发展。到了清乾隆年间，周氏第六代文人代表周易认为"人生最大乐事，莫过于子孝孙贤，而孝子贤孙都由祖宗积德而来"。因此，他特别注重祖德的积累和文化推播，将祖德之范、训诲之言，嘱之子孙，形成文字，传载于族谱。周氏明清以来，从周易开始倡导，周兴元、周之翰等编修族谱，通过族谱记载着家族发展的历史沿革、祖德、族规、族训等，作为家族的历史文献、家族档案、家族记忆，加以珍视和传承恪守。

崇教育，守耕读

楼上周氏从梓潼阁、文昌阁、魁星阁等庙宇文化修建，明末清初，各种私塾应时而开，遍及族里，倡读促耕，养贤树范，举全族之力而为之。在明清，特别是清中后期，周氏家族利用梓潼阁作为族人的庠序之所，用于办学或开设书院。周氏家族的子弟普遍受到了应有的诗礼之教，使周氏家族中，有许多人都能成为明理正直的贤人。

在周氏家族的教育风尚中，六世周易夫妇苦心齐力，训诲有方，事迹最为典型，其四子一婿及五孙都考上秀才，有"九子十秀才"之称。之后，其重教之风，从未间断，并一直保留着"有庐舍以避风雨，有桑田以给衣食，有学校以治身心"的耕读传统。其祖训之"读"，不是为求取功名，而是明礼义、治身心，知情达理以做贤人。在治家、处事、立身等方面，其所保留的诗礼传家、耕读相尚、正直诚信、忠孝慈爱、谦和宽恕、与人为善等风尚，又无不含蕴着农耕文明那种诗意的、含蓄的、朴素的人生智慧和处世哲学。

楼上周氏耕读并重，以诗书为业，虽然生活朴素，却能读书习艺，家庭无论贫富，都重视对子女教育及文化熏陶，使得明清两代贤人辈出，风规遐迩。周氏家族中几乎人人都能写得一手好字，年年春节，家家户户书写春联，上至耄耋，下至稚童，形成风尚，自娱自赏，乐在其中。可以说周氏家族重视读书，已深入族人之心，每家每户对教育重视都是不遗余力的，有"穷不丢书，富不丢猪"之守。

重亲情，凝意识

血缘是楼上周氏最自然的联系，亲情是其共有而深沉的感情。因此，周氏以血缘亲情凝聚着无比强大的家族意志力，而血缘亲情与家族文化也脉脉不断地发展着，有着内涵深邃的文化标志。

周氏是一个以宗族血缘关系为纽带的家族社会形态，其以血缘关系为基础的宗法制社会生存方式，有着浓厚的血缘亲情。在其家族500年来的生存状态及家族意识中，家族是放在第一位的，因此家族文化建设，学校、庙宇、桥梁、道路、沟渠、生态，都是家族凝聚意识的产物。特别是在烽烟、匪患严重的清末民初，因意识凝聚而家族一心，抵御外侵，使家族受损减少许多。

再如古寨建成几百年时间,只要发生火灾,全寨出动,只需五至十分钟,即将火势扑灭,而避免了多起火灾。这也是至今古寨保存完好的原因。

尚礼义,守孝道

周氏家族500年来,一直秉承祖训,始终以"师三代遗风,亲睦友助,本分持身,以孝以友,忍让为先,以耕读肇根底,以礼义作门户,于己从严,待人从宽"等作为周氏家族行为准则。因周氏家族是周代周公旦的后裔,所以,事事必以周礼为规范,以此作为责任与使命,传承推扬周公之礼,并自然而然形成许多礼义之道,一切族事必讲礼节秩序,必遵族规家训;所有族人必须遵守行必仁义、待必宽厚、交必诚信、处必相帮、友必互助等家族规范。

孝悌仁爱,同样是周氏家族形成的良好传统。对族中孤寡老弱的生活,族中有多项措施予以保证。一是有兄弟叔伯,则由其承担抚养责任;无者,则亲支承担;而无亲支者,族中有能力者,则义务承担;无义务承担,则由族中义田、义仓救济,或全族捐济,总之生养必育、病老必养,爱幼尊长,蔚然代代相尚。

周氏家族长期通过教育、生活、娱乐,不断地、不同形式地宣扬孝道之风,用历史上的家族中的典型进行教化熏染,积德积善,行孝必彰,这样代代相续,"子有孝敬之行,孙必有敬子之思",凡是家族中不孝之子,有族规相约束外,还族起而谴责之。

强族治,求和谐

楼上周氏家族是一个善于统筹管理、自治有声的家族。对于一个家族的管理而言,几十年,或几代人,这是比较容易的,但十几代人沿袭至今,能和谐相处,能形成统一而凝聚的家族社会,这是极为不易之事。

明清时期,家族实行有效管理,在以德治族的基础上,实行家族的族长委员会的管理方式,也是利用儒家思想对家族治理的一种范式。其表现在治族在于治人,治人在于治心。在管理自治的过程中,家族不仅通过诗书礼乐来熏养子孙,并不断利用家族化的习俗风尚、道德规范来进行有效约束,更是推行并树立"人人是贤人",使之形成恭俭孝悌、明德知物、知耻达理,心中有家人、有家族、有他人、有礼义、有廉耻、有仁善、有诚信等意识行为,实现家和家族的稳定与和谐。在处理家与族的关系中,强调压缩私利,放大公益，人人遵守，使家族生活有理、有序、有节、有度、有制，达到家族和谐乐融，形成人与人之间和谐相尚、睦邻友好关系。这也是楼上乡规族约得以有效施行，有序传承与延续的重要原因。

由于周氏家族人口剧增，村居逐步扩大，耕地、山林、水源、宅基地等问题层出不穷，支派关系也变得纷繁，凡是族中事务、纷争与矛盾，必须化解与调和。如何化解纷争，谁来调和，成为解决问题的关键所在。周氏治族所重者，以德为本，以直为方，并依靠族中德高望重者，来秉公裁决，不偏不倚，使矛盾化解，双方信服，使得家族内部管理不留后患，思虑长远。

明清以来，家族化的自治管理，在楼上得以很好推行，大量家族贤能直接参与家族的管理和村落建设，不仅凝聚家族意识、规范家族风范，逐步实践运用家族自治，来有效地教化和管理家族，也增强了家族集体的自治能力，实现了明清以来一种不同于官方儒学的家族自治管理，并解决了政府长期难以实现村族管理的困局。这些做法提高了楼上周氏家族的文化形质，使得楼上周氏家族达到了和谐统一，因而形成民风淳朴、处事坦率、互助乐处的习尚。

克勤俭，尚精神

勤俭持家、信仰立族，是楼上周氏家族信守不变的治家治族之道，也是其绵绵不衰的原因之一。

楼上周氏，依山而居，地利水源，土少石多，坡坎高低不平，开垦种植，艰辛非常，然而世世代代，凭借勤劳与智慧，或破土筑屋，或垒石砌坎，造田而耕，或修道引渠，皆不计成本，勤劳至极，无与伦比。今天所见之田畴莽莽，起伏错落，皆石砌土填而成，每个屋基、每根田坎，都历尽千辛万苦而不辞。其耕种也因地远田偏而费力难种，其犁田挖土、施肥入种、薅刨管理、秋收冬藏，可谓日出而作，日落而息，代代如斯。

古人有言，开其源在于勤，塞其流在于俭。周氏奉行俭为美德，人人知之，人人亦能言之，人人亦能实践之。其祖训再三告诫："至处家之道，勤也俭也忍也。勤而不俭，不如不勤；俭而不勤，不如不俭；勤俭而不忍，不如不勤俭。三者并用，而家道兴，且德业由兹成矣。于是家业赖以守，门楣赖以光焉。"

在楼上周氏的修房造屋、居处往来、日用出入等生活中，厉行节俭，从不铺张，居家建设，即使富余，也以素朴为尚，用材因地制宜，木屋石坎，宜居是则，节俭有方，所以楼上古寨500年家居建设中看不到奢华阔绰之处，再现的是节俭之风。家族文化建设、家族教育开置、家族公共设施、家族娱乐场所、家族生态环境，则不遗余力，竭其所能，人力财物，皆按需足用。其目的在于物质居用，力求简朴；精神生活，力求丰富与充实，并期待文化与精神上的富有。

周氏于劳作、于物质，可谓勤俭备至，于物质之外，非常注重生活中自娱自乐，或琴棋书画，或品茗奢谈，或吟风弄月，或戏剧灯舞，或节庆会典，其生活有品质，情趣富追求，人生有信仰，心中有梦想，家族有望境。

法自然，顺时序

楼上周氏家族，聚族而居，虽处于群山环抱之中，崇尚自然法则，然能因势因地，依山傍水而居，并与周边的山林、农田、河流自然衔接，相互融合，形成具有独特的适应环境、保护环境、利用环境的意识与智慧，无不体现道法自然的哲学思想。无论是家园建设，还是农田开既垦、生态自然的保护与利用，更体现其合理性与科学性的统一。

从水源利用与灌溉而论，全族根据地形地利，从火石丫、白岩、消坑田、黄泥田、古寨、官塘、凉水井、上苗寨至灯山，筑有山塘20多个，开沟引渠无数以利灌溉。因此，在河边、沿溪沟泉涧之处，多置碾碓、建造舀水车，在山水集中之坳口、弯湾、坡坨、凼凼处，修筑大小不同的水塘或堰塘等，特别是阁坳口所筑山塘，因古寨东面没有沟渠排水，除蓄水灌溉外，还起到最大防洪作用。楼上古寨处于整座大山下部，春夏之季，暴水倾盆而至时，山洪因山塘吞吐调节，使田土家园不被山洪冲毁。同时，此塘处于梓潼阁、戏楼旁边，还可为防火提供水源，甚至在暑夏还可引水为牲畜饮用、滚澡消暑等作用。而在山塘堤边植树护塘，山塘中或草或荷或蒲，每每春秋之际，一池树影，极为美观。通过对自然守护与利用，逐步实现了人与山、水、田、林、塘之间相互依存、互为和谐的统一，使得楼上500多年来，未发生过洪灾、火灾、山体滑坡、泥石流等自然灾害。

楼上周氏不仅充分利用自然，而且遵循自然规律与节律，春种秋收冬藏，皆能够同自然的物候节律保持紧密而内在的联系。各因其时，井然有序，甚至生活中的习惯、劳作、饮食、起居、娱乐无不保持一种远古的、质朴的，又是与自然节律广泛相融的联系，深层次地和谐统一。在其生存繁衍中，对自然崇尚不息，参赞化育，感应自然，顺应自然，善待自然，实现与自然相生相融，与自然节律和谐、统一的运行规律。

居望境，美园林

楼上周氏对家园的建设可谓匠心独运之极致。其家园与文化景观建设，有丰富的文化内涵和审美境界，特别是古寨，最富魅力。一是精湛的家园艺术所蕴含的艺术思想、美学境界和艺术方法；二是无论在建筑形式、构造手法，还是在工艺制作等方面都具有独特的艺术风格和传承的工艺水平，极具审美价值和普遍宜居价值；三是对人居环境建设的审美理想，对自然环境及其生态的保护，无不体现其天人合一，与自然和谐相处，与山水田园相守相望的境域。

周氏以梓潼阁为核心的家族园林建设，更是作为一种大空间尺度的综合性文化艺术的载体，它本身就含纳或聚积着丰富众多的艺术文化门类，其中至少包括建筑、绘画、哲学、文学、园艺、各种工艺美术及日常起居所包含的各种生活艺术、节俗和礼俗等，融汇交织，形成了完整体系、发展脉络与精神内涵。

楼上周氏家园，有着非常和谐而又具有自然韵致的家园体系的特点，以及可触可感的古典园林一样的景观魅力，那无处不在的美景，使民居建筑与自然山水融为一体。通过筑塘蓄水、植树建亭，使古寨四面皆成天然画卷，步移景换，处处可观，而应接不暇。

楼上通过长期的人文积累，对山水田园进行多种多样的文化赋予，丰富其人文内涵，逐步将楼上之景，进行提炼概括，又不断充实丰富，再浓缩、再赋予而升华成为今天的"楼上十二景""瀿峆河十二景"等著名景观。

三、楼上文化的价值与意义

楼上周氏家族500年来，就是要求在耕读生活中做贤人，就是在平凡中见崇高、在世俗中存超脱。做人有一点境界、一点胸怀；做事有一点理念、一点追求；生活有一点品位、一点情调。宽和而素朴，沉静而深致，过一种与世不争、与物不争、与天地不争的生活，并不断超越和实现以耕助读。以读启耕，形成耕读相济、唯耕唯读的样式，一种牧歌般雅致和韵味，实现诗意栖居。

耕通过读，使人人是贤人，人人是乡绅，人人是家族规范的遵守者，同时又是管理者，也使其家族内的自我管理与自治能力得到很大提高。

读通过耕，使我国古代文人千百年来所追求的耕读、隐居等梦想，在楼上这里真正得以实现，而且是19代人的知行合一的践履，并践行了千百年来文人所希望的生活理想。

楼上周氏家族，其耕读文化的特点，或者说有别于其他家族而言，就是19代人始终有信仰，有敬畏之心，始终敬天畏地，敬万物之赐，敬祖先祖训，敬文化教育，敬耕种收获，敬乡规族约，从而敬人敬己，其生活、追求、信仰一直隐含在敬畏之中，藏在"唯愿儿孙个个贤"的梦想里。

楼上的耕读是对昨天的记录，也是家族耕读历史的刻度，其中凝聚了19代人的辛勤汗水和智慧，凝聚周氏19代人的智慧和态度。今天，当我们面对这美奂家园，希望未来依旧充满想象，并踏入真正泛泛小康的生活。当代人的生活方式、社会活动、精神面貌不断发生着变化。坚守耕读精神与生活淡泊，在面对传统、当下与未来时能葆有初心，用真诚谨守祖训家规，完成从传统到未来的完美转型，实现全面小康，有着重要的启示意义。

楼上周氏家园建设是朴素雅致，却是最具审美的、如画的；楼上周氏家族500年的生活是平凡的，但对耕读的追求中的平凡与沉静，对文化、对自然、对祖先的敬畏，是崇高的；楼上周氏家族500余年的生活是艰辛的，但其精神丰实却是永恒的。可以说，楼上的每一个瞬间、每一个季节都是独特而不可复制的，因而也是最为丰富直观、生动和真切感受文化、生命与生活，能让人更深入一些去感知楼上周氏家族所经历的一切，何以能够创造出那样和谐深致的家园。这就是写作《膴膴楼上》的原因。

放旷楼上，大居无陋。这一方山水，这一方建筑，这一方田园，这一方人文，这样的精神追求，这样的审美情怀，不仅具有丰厚的历史价值、文化价值，更对明清家族文化、农村教育、乡村管理、人口生育以及环境学、生态学、建筑史学都具有重要的研究价值。

在楼上周氏500年的家族生息周遭中，有太多牵动人心的家族记忆。作为一个拥有 500 年耕读文化的村落,楼上是我国广袤的国土上遍布着的众多形态各异、风情各具、历史悠久的传统村落的典型代表之一。楼上周氏村落是在明清的农耕文明传承过程中逐步形成的,凝结着楼上 19 代人的历史记忆,反映其生存繁衍过程中对耕读文化的传承、发展与变迁。楼上周氏家族所积存的耕读文化,是家族的、历史的、未来的人类文化遗产,也是不可再生的、潜在的文化资源。

目 录

第一章　源寻楼上　/001

　　周氏溯源，宗传姬旦……………………………………………002
　　避难图存，寻地千里……………………………………………007
　　天地赋形，筑居寨纪……………………………………………021
　　万物濡涵，适耕宜处……………………………………………026

第二章　大居楼上　/031

　　藏风聚水，明清遗韵……………………………………………032
　　气接天枢，地灵天纵……………………………………………038
　　人文胜概，风景无边……………………………………………043
　　行政区划，两府一地……………………………………………058

第三章　耕读楼上　/063

　　耕读含蕴，精神向度……………………………………………064
　　濂溪世第，诗书为怀……………………………………………072
　　生命情怀，等闲名彦……………………………………………083
　　清风明月，耕读望境……………………………………………091

第四章　沧桑楼上　/099

创制之辛，霹雳之变 …………………………………… 100

构讼之艰，灭族之灾 …………………………………… 104

烽烟之悲，民国之痛 …………………………………… 112

第五章　故事楼上　/123

楼上由来，地名之异 …………………………………… 124

民间传说，逸闻趣事 …………………………………… 129

第六章　建筑楼上　/159

宅居格局，独具匠心 …………………………………… 160

宗祠阁庙，法天敬祖 …………………………………… 169

与石结缘，以石为器 …………………………………… 178

天人合一，道法自然 …………………………………… 182

神工天巧，能匠辈出 …………………………………… 188

第七章　规约楼上　/191

礼义治乡，树贤立族 …………………………………… 192

修谱清源，房分立派 …………………………………… 200

丁粮条规，轮水有则 …………………………………… 208

分关立契，克俭克勤 …………………………………… 216

至公是守，和谐乐融 …………………………………… 226

祖训谆谆，相承绵绵 …………………………………… 229

第八章　德化楼上　/235

绵绵瓜瓞，重教兴学 …………………………………… 236

名师可风，人文蔚起……244

知书达理，和谐是序……251

淑德贤范，母仪是式……255

熊丸教子，惠泽芳干……259

慈孝仁心，节傲松筠……263

仁之所爱，德化族蕃……268

第九章　民俗楼上　/271

民族和融，多元相习……272

川语方言，习俗用语……276

婚丧嫁娶，服饰美典……281

农耕说春，茶饮之道……285

清明祭祖，神灵崇拜……290

巫风傩鼓，驱邪禳灾……297

第十章　歌舞楼上　/303

建房福裕，寄托美好……304

毛龙灯舞，新春祝福……315

花灯茶灯，载歌载舞……338

农耕时节，田野放歌……341

第十一章　诗意楼上　/353

古澹素朴，格韵天成……354

心灵领地，桃源篇章……364

悠悠诗意，绵绵乡愁……373

可游可寄，美美与共……383

第十二章　沉思楼上 /395

　　社会价值，历史意义……………………………396
　　生存理念，生态示范……………………………398
　　园林艺术，审美追求……………………………401
　　文化价值，耕读引领……………………………404
　　精神追求，未来向度……………………………407

附　录 /411

后　记 /431

第 一 章

源寻楼上

　　追根溯源,寻根问祖。楼上周氏一族源于神话传说中的三皇五帝时期,为周姬旦之后裔。明弘治六年(1493),自始祖周伯泉从四川省潼川府乐至县仁义乡迁居楼上繁衍至今,已有500多年的沧桑岁月。

周氏溯源，宗传姬旦

周氏，本姓姬，称后稷为始祖，黄帝为远祖。

"周"原是象形字，在我国最早的甲骨文或周代的金文中，都表示田间阡陌纵横，田里种植庄稼。这说明"周"最初与农作物种植有关。"周"氏的得姓，则与周朝相关。周氏最早的祖先是黄帝。黄帝又号有熊氏、轩辕氏，是传说中的原始部落首领，因有土德之瑞，故号黄帝。炎帝也是一个原始部落首领，有火德之能，故称炎帝。黄帝和炎帝本是同胞弟兄，后由于各自发展，活动范围不同，分成两支。黄帝在姬水流域，以"姬"为姓；炎帝在姜水流域，以"姜"为姓。姬水和姜水都在今陕西境内，因此黄帝、炎帝的后世分别以姬、姜为姓。

随着两大部落的发展，黄帝和炎帝发生了阪泉之战，最终黄帝取胜，拥有对炎帝部落的统治权，成为天下各部落的首领，其后便称为炎黄子孙。

从黄帝到武王建立周朝，其传说中所经历的世系为：黄帝、玄嚣、蟜极、帝喾至第五代后稷，即周氏之始祖可上溯到远古的母系时代的后稷。周氏是陕西龙山文化阶段进入文明时代，所出现的最初古族群，起源于关中西部漆水流域，至夏代时，周氏的始祖弃开始担任夏王朝的农官，号称后稷。

后稷，姬姓，名弃，黄帝玄孙，帝喾嫡长子。后稷的母亲名叫姜嫄，有邰氏之女，是帝喾的元妃。后稷为周朝始祖，出生于稷山（今山西省稷山县），被称为稷王（也作稷神或者农神），曾经被尧举为"农师"，被舜命为后稷。后稷教民耕种，被认为是开始种稷和麦的人，因此《诗经·大雅·生民》有：

厥初生民，时维姜嫄。生民如何？克禋克祀，以弗无子。履帝武敏歆，攸介攸止。载震载夙，载生载育，时维后稷。

第一章　源寻楼上

诞弥厥月,先生如达。不坼不副,无菑无害。以赫厥灵,上帝不宁。不康禋祀,居然生子。诞寘之隘巷,牛羊腓字之。诞寘之平林,会伐平林。诞寘之寒冰,鸟覆翼之。鸟乃去矣,后稷呱矣。实覃实訏,厥声载路。

诞实匍匐,克岐克嶷,以就口食。蓺之荏菽,荏菽旆旆。禾役穟穟,麻麦幪幪,瓜瓞唪唪。

诞后稷之穑,有相之道。茀厥丰草,种之黄茂。实方实苞,实种实褎。实发实秀,实坚实好。实颖实栗,即有邰家室。

诞降嘉种,维秬维秠,维穈维芑。恒之秬秠,是获是亩。恒之穈芑,是任是负,以归肇祀。

诞我祀如何? 或舂或揄,或簸或蹂。释之叟叟,烝之浮浮。载谋载惟,取萧祭脂。取羝以軷,载燔载烈。以兴嗣岁。

卬盛于豆,于豆于登。其香始升,上帝居歆。胡臭亶时,后稷肇祀。庶无罪悔,以迄于今。

这是一篇追溯周族起源的史诗,诗中较详细地记载了后稷的灵异及对农耕的丰功。传说有一日,姜嫄趋郊信步而游,碰见一个巨人足印,其大小远胜常人,正惊疑问,顿觉一股暖流在气海泉涌,冲击遍身穴位,竟有说不出的畅快和舒坦,并莫名地产生一种踩踏这个大足迹的强烈欲望。她将她的脚套在巨人足印的大拇指上,俄顷,就感到腹中微动,好似胎儿动作一般。她又惊又怕,却毫无办法。十月后产下一子,姜嫄以为儿子是妖,就把他抛入隘巷。可一连串奇怪的现象发生。起先是隘巷中过往牛马都自觉避开,绝不踩到婴儿身上;后来姜嫄派人把他丢到山林中去,可正巧碰上山中人多没丢成;最后将婴儿抛到河冰上,又忽然飞来一只大鸟,用自己丰满的羽翼把婴儿盖住,以防婴儿冻僵。姜嫄得知后,以为这是神的指示,便将婴儿抱回精心抚养。

因最初本是要抛弃他,所以给他起名叫"弃"。弃在儿童时,好种树麻、菽;

成人后，又好耕种，相地之宜，善种谷物稼穑，民皆效法。尧听说，举为农师，天下得其利，有功。从《诗经》记载并叙述中可知周始祖后稷的诞生和最初发展农业的历史，周氏也是一个较早从事农业生产的家族。

后稷之后，姬姓繁衍生息，此后大约经历了后稷之子不窋为了逃避商灭夏的战乱，至商代，不窋之孙公刘，以至庆节、皇仆、差弗、毁、公非、高圉、亚圉、公叔祖类等在豳地修后稷之业，开始振兴农业，代代相传。

3000多年以前，居住在豳（今陕西长武、彬县等地）的姬姓部落，由于经常受到戎狄的侵扰，在其首领古公亶父率领下，举族迁徙，"渡漆、沮、逾梁山，止于岐山下"，定居周原，建立了岐邑。经古公亶父、王季、文王三代在这里励精图治，实力剧增，成为强盛的诸侯国，形成了周氏早期的文化即早周文化。为此《诗经》载有：

绵绵瓜瓞。民之初生，自土沮漆。古公亶父，陶复陶冗，未有家室。
古公亶父，来朝走马。率西水浒，至于岐下。爰及姜女，聿来胥宇。
周原膴膴，堇荼如饴。爰始爰谋，爰契我龟，曰止曰时，筑室于兹。

周原地处关中平原西部，这里土地肥沃，气候温和，四季分明，自古以来就是人类繁衍生息的理想之地。从《诗经》对周原的赞美中可见其美丽富饶。周原北倚岐山，南临渭水，形如高阜，东到今武功，西到今凤翔、宝鸡，形成了东西长、南北窄的长形地带。周原是周文化的发祥地和灭商之前周氏的聚居地，对于周氏而言有着极其重要的家族历史意义。

据《周氏族谱》载，楼上周氏家族为周公之后。

周公姓姬名旦，是周文王之子、周武王之弟、周成王之叔，官居三公。因食邑于周原（今陕西岐山东北部），世称周公。其为人敦厚仁义，孝敬父母，拔萃于兄弟之中，常协助武王理政。武王伐纣时的《牧誓》即姬旦所作。

武王灭商后，周公受封于鲁（今山东曲阜），是为鲁国。其实周公并未到受封地，而是留居朝中，由其长子伯禽处理封地事务。史传武王灭商后，其兄弟之国者，有15人，姬姓之国者，有40人，这也是姬姓遍布于周王朝的原因。

周公有八子：长子伯禽封于鲁；次子留居周朝廷辅政，食父邑于周，后世代袭称周公；其余六子分别食邑凡于、蒋、刑、茅、胙、祭，他们都分别成为这六个姓的始祖。

武王病逝，周公受命辅佐其年幼之子成王，史称"周公摄政"。周公有三大功绩：一是率师东征平叛；二是尽心辅政，制礼作乐，施行仁政，善待贤士，废寝忘食，"一沐三捉发，一饭三吐哺"；三是其品德高尚，虽居宰辅位，却毫无夺位之心，是历史上有名的圣贤君子的典范。

武王克商之初，周公作《大武》，以歌颂武王。后来祭祀武王时，皆用此舞。辅佐成王时，周公作《周官》，辨明百姓职掌与职位，有"礼不下庶人，刑不上大夫"之说。

周初制礼作乐，礼的主要内容有吉、凶、军、宾、嘉五礼，包括祭祀、丧葬、军旅、朝觐、盟会、婚冠喜庆等。由于周公颇有功德，后世儒者往往将周朝的礼乐、祭祀等制度都归功于周公，将周公奉为礼乐制度的创立者。

周公辅政七年，成王长大成人，周公便还政于成王，并作《毋逸》一文诫骄奢淫逸。

周公尽忠于王室。武王病重之时，周公亲祭鬼神让自己代武王受过。后成王生病，周公又亲为其祈祷，将祈文藏于府中。周公还政之后，有人进谗言。周公受谗，逃奔楚国避难。后来成王发现祈文，乃痛哭流涕，亲迎周公回朝。周公逝后，成王将其葬于文王、武王之侧，并命其长子伯禽在鲁国郊祭周公。鲁有天子之礼乐，就是为表彰周公尽心辅佐周王室的大功大德而设置的。

周公不但人品好、学识高，而且具有施行仁政、礼贤下士的崇高风尚。在周姓的历史沿革中，周公是一位极其重要的人物，自然为周姓的族裔所崇敬，受到像神灵一样的供奉，并代代遵循、传承其礼乐之风规。

周公，是西周初期最伟大的政治家、思想家和军事家，中国儒家文化的奠基者和创始人。周公一生曾辅佐武王伐纣灭商，又摄政成王东征平息管蔡之乱，对西周王朝鞠躬尽瘁，并且扩大分封、制礼作乐，建立了各种典章制度，使起源于夏、发展于商的中国奴隶社会的礼乐制度，得以完备，从而促进了西周初期社会经济文化的发展，形成了历史上有名的"成康之治"，几千年来一直受到人们的崇敬和纪念。而周公所制定的一套君臣、父子、夫妇、上下、尊卑、贵贱等典章制度，为封建社会的伦理道德奠定了牢固基础，也对健全国家机构、稳定社会秩序、促进经济繁荣，起到促进作用。

周氏至第二十代武王时，正是商代末年，周武王一举灭商，建立周朝，形成了西周文明。

周朝建立，大封姬姓诸侯。与周氏有着共同血缘的先人从关中地区走出来，以各自的封国为中心自求发展。随着历史的发展与推移，周公旦、周平王、周赧王的后代，相继改姓周，于是周氏不断绵延发展，并向南拓展。

在秦始皇吞灭六国、统一中国过程中，社会动荡不安，也造成周氏频繁流动。直至楚汉战争结束，周氏不断进一步向外发展，其聚居地也不断向外迁徙。

魏晋南北朝时期，中原地区割据混战，北方少数民族入主，大批中原之人向四周逃难，周氏也有许多被迫向外迁徙，其居住范围比秦汉时期又扩散到了南方各地，最南端已达广东。

隋唐时期，国家统一、政治稳定、经济繁荣、百姓安居乐业，直至宋元明清，周氏不断迁徙扩展，几乎遍及全国。

周氏是当代中国的大姓之一。北宋时期编写的《百家姓》中，周氏排列第五；20世纪90年代统计，周姓人口在全国排第九位。

在历史的不同时期，其他部分少数民族也有改为周姓的，使周氏的族源更为丰富。当今周氏的分布已遍及全国，在东南亚、欧美等地也有周氏居住、繁衍。

避难图存，寻地千里

据楼上《周氏族谱》记载，楼上始祖伯泉与伯卉兄弟二人，于弘治六年（1493），从四川潼川府乐至县仁义乡，避难图存，移居楼上。因未携谱入黔，后人只知从江西丰城始迁四川的始祖周国照，因科举入仕，到四川为官，而子孙遂定居四川，先居威远县属地洛阳乡大坡里①，后又移居乐治县属地仁义乡②。

威远及乐至所辖范围与地名，600年来变更不居，而族谱所载的周国照子孙当时居于威远县洛阳乡大坡里，而后迁居乐至仁义乡天井池坝。其原因是洛阳乡明初属威远，后隶属荣县，后又划归自贡市贡井区管辖；而乐至县的仁义乡，后更名蟠龙镇。以至于楼上周氏后裔，曾多次前往威远、乐至，都未找到其先祖自江西迁四川的始居地与再居地。到底楼上始祖周伯泉的前几代人，在四川威远、乐至期间，家境如何，生存状况怎样，其家中还有何人，有没有同族叔伯兄弟，等等，这些概不知晓。至于何时从江西迁入四川，以

---

① 楼上《周氏族谱》所记的威远县属地"罗阳乡"，应为"洛阳乡"。威远大约在秦朝时，曾设立行政机构，驻守军队，以防御西南夷族的侵扰。威远古为梁州之域，隋开皇三年（583）癸卯，置威远戍，取名威远，乃"威名远震"之义。开皇十一年（591）辛亥，威远改戍建县之始。唐武德元年（618）戊寅，置荣州，威远县属之。元初，废。元元统元年（1333）癸酉，复置。明洪武四年（1371）辛亥，并入荣德县。洪武九年（1376）丙辰，复设威远县。清康熙六年（1667）丁未，并入荣县。康熙十三年（1674）甲寅，复设。康熙二十年（1681）辛酉，再并入荣县。雍正七年（1729）己酉，复置。2005年划入自贡市贡井区。

② 族谱所载的"乐治县"应为"乐至县"，音误。而"仁义乡"今改为"蟠龙镇"。

及江西的先祖情况就更难追寻了。

楼上周氏始祖周伯泉，明弘治之前，家居四川省潼川府乐至县仁义乡，而千里迢迢，辗转跋涉，历尽艰辛万难，来到楼上的过程，在《楼上周氏族谱》没有详细记载，只提到是避难图存。周伯泉为何要迁居，其背后真实原因，由于经过了500多年的历史岁月，如今更难弄清。但作为一个在此繁衍生息的耕读家族而言，厘清这段历史，不是好奇，而是溯源楼上周氏家族的根系族脉及迁徙之序，对周氏家族而言有着极其重要的历史价值。同时，对于今天的人们而言，当遭遇生活生存所带来的翻天覆地的变化时，也可以从过去的历史中，吸取些许往昔经验，对把握将来及更好地生存发展，有着不可忽视的启示意义。

四川省乐至县仁义乡

关于周氏迁居原因，只有回到周伯泉所居住过的四川省潼川府及周边，当时发生或经历过的历史事件中去找寻，才有可能觅得一些真实的原因。

当历史回眸到明代成化年间（1465—1487）时，就会看到在四川及陕西、湖广等地曾发生此起彼伏的农民起义，持续20余年。这一时期的起义，虽然远离周伯泉所居住的乐至,但战争、灾荒所引起的流民等问题长期得不到解决,对四川的社会秩序、生产生活和生命安全等都产生很大影响。又加之明成化三年(1467)丁亥之后,四川地震持续发生,饥荒不断,人心惶恐,所居之地人们纷纷避走他乡。这大概是周伯泉兄弟避难图存,来到思南、石阡的主要原因。

明代自正统(1436—1449)开始,由于宦官当权,官吏贪污腐化严重,土地兼并日趋剧烈,不少人贫困破产,富者百人而一、贫者十人而九的两极分化现象越来越严重。加之灾害频发,连年的饥荒与苛重的赋役,使得全国许多地方民不聊生,迫于无奈而流亡异地。流民动辄以万计,扶老携幼,风餐露宿,饥死无数,生者纷纷逃往比较富庶的湖广、荆襄地区以谋生路,政府虽强行控制,也很难阻止。

到成化初,以荆州府、襄阳府为中心,西起终南山东端,西南到巫山,东南到桐柏山、大别山,东北到伏牛山,南至荆山,包括湖广荆州府、襄阳府、德安府、黄州府;四川夔州府所属之巫山、大宁(今重庆巫溪县)、大昌(今重庆巫山县大昌镇)等县;陕西西安府所属之蓝田县、洛南县、商县,汉中府之汉阴、紫阳、洵阳(今旬阳)、平利等县;河南南阳府、汝州府、汝宁府南部、河南府西南部的卢氏县、嵩县、永宁县(今洛宁县),为川、楚、陕、豫四省交界地带,形势险要,地貌复杂,由于荆襄地连数省,川陵蔓延,环数千里,山深地广,易为屯聚,吸引着大批流民如潮水般涌来,入山垦荒、开矿者已达百万之众。

造成这一时期全国性流民的主要原因,在于明朝中叶由于土地兼并、赋税苛重,农民生活无法继续,贫富差距加大,富者,田连阡陌,坐享兼并之利;贫者,虽无立锥之地,税额却频增。再加上天灾人祸的肆虐,战争、疾病的摧残,农民的处境更是雪上加霜,除了流亡他乡之外,再也没有任何生计可供选择。一般而言,农夫蚕妇,冻而织,饥而耕,供税不足,则卖儿鬻女,又不足,然后不得已而逃。这是造成明朝时期流民的社会问题。

这些流民的大量存在,使明朝赋税徭役无法敛征;而且数量庞大的流民聚集到一起,就很容易滋生动乱,直接威胁到明朝的统治秩序,成为统治者心腹之疾。虽然明朝政府也采取过多种措施加以限制,仍未解决根本的问题。

流民不仅没有被遏止,反而是有增无减,从而导致各种社会矛盾纷纷加剧。

据《明史》记载,成化元年(1465)乙酉三月,流民首领刘通(号刘千斤)联合石龙(号石和尚)、刘长子等,在房县大木厂立黄旗聚众起义,称汉王,国号汉,年号德胜,攻略襄、邓,屡败官军。明朝派工部尚书白圭提督湖广军务、抚宁伯朱永为总兵官,会合湖广总兵李震、河南巡抚王恕入山进讨,处处围追堵截。刘通率兵转战于房县等处,分屯驻守,且耕且战。同时四川大坝"山都掌蛮"趁机起事,围攻袭击江安,陷合江等九县。宪宗朱见深下诏四川巡抚都御史汪浩、都督芮成征讨。此时成都赵铎亦叛乱。

至成化二年(1466)丙戌闰三月,由于力量众寡悬殊,义军伤亡惨重,刘通兵败被擒,死于京师。石龙、刘长子率余部杀出重围,进入四川,继续坚持战斗,接连攻克巫山、大昌两县城,并杀死夔州通判王祯。十月,刘长子、石龙被俘,凡男子十岁以上者皆被斩。十一月,荆襄流民起义失败,白圭在流民中推行强制附籍与发还原籍的政策,明朝各府州县并未加强设防,而连续几年大旱,致使粮食颗粒未收。在这种形势下,饥寒交迫的流民入山的有90万人。这导致成化六年(1470)庚寅,刘通余部李原(号李胡子)与小王洪、王彪为首的流民第二次起义。

李原自称太平王,连占内乡、渭南,流民起义人数很快达到百万,其活动于湖广南漳、河南内乡、陕西渭南三省交界地区。明朝政府对这样的声势极度恐慌,派都御史项忠总督河南、湖广、荆襄军务,率湖广总兵李震等前往镇压。明成化七年(1471)辛卯七月,召荆襄流民复业者90余万人。十一月,项忠于竹山俘李原,起义失败。

明成化八年(1472)壬辰正月,四川荣县农民起事,攻占县城,占据府库,放掉狱囚,然后又攻犍为县,所到之处均获大胜。宪宗朱见深诏江西布政使夏埙为右副都御史巡抚四川,起义被镇压。成化十二年(1476)丙申,荆襄流民又起事,抚之,遂定。

在农民起义过程中,四川地震就接连不断。至明弘治二年(1489)己酉,四川大旱,冬十月四川大饥,有王刚者聚众已五年,起事旋败。十二月地震。据《弘治实录》所载,建昌、越巂、宁番等卫,并成都、潼川、遂宁等州同时地震,并雷电、雨雹、阴霾,连续三日。引起梁山崩塌,山阜涌起,地动数十里，尘土飞扬，声响如雷，摇倒城垣、房屋，压死军民不知其数。余震活动持续近两年，震感波及500多公里，以致地方荒旱、军民缺食、饿殍盈途等社会灾难。明成化三年（1467）丁亥、成化十四年（1478）戊戌、成化十六年（1480）庚子，四川均发生地震。可以想象，这样的乱世，加之干旱、地震、饥荒等灾难频繁，人人自危而恐慌，想离开此地，避徙他乡，应是当时居于乐至的周伯泉等人，早就准备，也是迫不得已的最好选择。

人们常说，故土难离，如果不是因四川持续多年的各种灾难，饥荒不断，社会动荡不安的原因，楼上周氏始祖周伯泉、周伯卉兄弟也断然不会离开生养之地。

乐至县历史悠久，源远流长。秦统一中国前，为古蜀国地。北周建德四年（575），设置多业县，为建县之始。隋开皇十三年（593），改名普慈县。唐武德三年（620），撤普慈县设乐至县，以乐至池得名。宋朝乾德五年（967）并入乐至县为普慈镇。

乐至县历代几经沿革，至今已有1400余年历史。1949年中华人民共和国成立后属遂宁专区，1985年6月归内江市管辖。

2017年春，怀着寻问祖籍的梦想，笔者来到四川乐至。走进仁义乡（今为蟠龙镇），翘首古镇，所剩的古旧木屋、古老的柱梁，已被岁月的风霜剥蚀，更加沉厚古朴、斑驳与沧桑。这老街老宅仿佛在向人们诉说那曾经的岁月，又似乎在挽臂延伸，迎接这几千里之外来寻找故乡的人。

仁义乡是青瓦与木石构筑的古镇，街道蜿蜒，用青石板自然铺就，稍为有点起伏挪移，却有一种贴服脚底的圆润，仿佛应和着，也安慰着，来此找寻历史岁月的人们。而这时的古镇，在夕阳中显得特别宁静。

老街叫作星子沟街，一个老太在檐下晾着衣服，却并非原街人。两名妇女在街沿上织着毛线，亦都是寄居客。还有一些百无聊赖的闲人，或闭目或闲谈地守着空街。当进入街上幽暗的老宅，光从门和墙洞中挤进来，如瀑般地倾泻，幽深的走廊，豁朗的天井，一种满是时空感的神秘笼罩了一切，使人无不感慨眼前曾是周氏先人的旧居之地，相问非故人，不免为这老街的变迁而怆怀。

周伯泉就出生在仁义乡离街不远的天井坝，这是周伯泉祖上留下的老宅，

膴膴楼上

但经历几代人后,已然中落。仁义乡的山水风光,是别致的,周伯泉从小耳濡目染,也铸就了他避难图存,必寻到理想的栖居之地。

作为祖迹找寻者,明明知道楼上周氏始祖周伯泉当年住过的房屋其实早已不在,还是想从这古老的街巷、不堪磨损的房屋,以及周边溪流、田野、山林中,哪怕只掬得一些先祖那曾经可能留有的气息,以化作想象而生成仰止的精神之像,也算是一种慰藉了。

楼上周氏始祖周伯泉,与弟周伯卉于明弘治六年(1493)癸丑,从四川潼川州乐至县仁义乡天井坝,变卖家产,收拾行李,带上兰老七兄弟(现楼上仍有兰老七的墓及地名)仆役,沿成渝古道,先行去重庆,再转道南下入思、石,寻寨纪的所在。周伯泉要实现这一避难寻地的愿望,可以说是迢迢千里、险山恶水的艰难之路,而摆在他面前的有两条路可走,一条是成渝北道,另一条是成渝南道。这是当时最重要的两条干道,成渝南道称"东大路",成渝北道则称"东小路"。

唐宋时期,伴随着巴蜀地区经济的空前发展,成渝间的交流也空前繁盛,成渝之间形成了真正的陆路交通。

南道—东大路:由成都迎晖门—龙泉驿—简阳—资中—珠江驿—内江—安仁驿—隆昌(隆桥驿)—峰高驿—荣昌—永川—来凤驿—走马铺—白市驿—二郎关—石桥铺—大坪七牌坊—佛图关—重庆通远门,全长千余里。

北道—东小路:由成都迎晖门—龙泉驿—简阳—乐至—安岳—大足—铜梁—璧山—虎溪—西永—高店子—歌乐山三百梯—小龙坎—六店子—佛图关—重庆通远门,不足千里。

北道—东小路,在唐宋时期,是成渝间最主要的官方驿路,所经的地区是整个巴蜀的经济政治中心。但是到了明代,成渝驿路也由北南移,而南道—东大路,变身为官方驿路。南道的许多地方酒楼、茶馆、栈房鳞次栉比,官差、商贩、行旅亦鱼龙混杂。

从"东大路"至简阳时,分出一支,东经乐至、安岳、大足、铜梁、璧山,最后抵达重庆,这就是"东小路"的路径刻度。事实上,这条古道比之"东大路",近了许多,也自然成为成渝之间最便捷的通道。但因驿道南移,至元明之后,昌州与普州府路不存,"东小路"这才衰落,走的人极少。

在南道—东大路沿途,每隔百里(有时数十里)便设有一处驿站。明初以后,随着商贸的迅速发展,南道——东大路沿线逐渐崛起了一批商贸城镇,其中大多数都是由官道沿线的驿站发展而来。驿站是官办的,只接待往来的官差和信使,而随着往来于官道的客商不断增多,驿站周围逐渐形成以酒店、茶馆、栈房为主的塘铺、场镇。而当时的隆桥驿,便发展成为后来的隆昌县。著名的"五驿五镇三街子"[①]就是在那个时期形成的。

摆在周伯泉兄弟面前的一南一北两条古道,走哪一条更好,难以定夺。经过反复考量,东小路虽非时下官驿之道,匪患猖獗,行旅极少,安全难有保障,却近100多公里,最后周伯泉决定走东小路。乐至又处于东小路的道上,于是从乐至启程,沿成渝古道东小路行进。

"东小路"依形就势,遇涧架桥,其中尤以同善桥最具代表。古道除了作为交通动脉以外,还肩负着重要的宣传教化功能。古道上的重要隘口,两侧崖壁上往往会雕刻大量石刻题记,其中有文人雅士触景伤怀的吟唱,有官吏仕绅教人从善的劝诫,还有地方百姓对官吏德政的褒奖肯定等不一而足。

距同善桥不远的崖壁上,有一篇劝世文题刻,大意为劝诫当地人不要打家劫舍,不要抢劫路人。文中对这段古道的艰险描写得淋漓尽致:"莫想冤枉钱,冤枉钱要填,不是冤枉去,便是病来缠。不是劝君不要钱,钱要正取不要偏。一丝一毫把心问,下有后土上皇天。"从这幅题刻中我们不难想象,来往于这条古道上的商旅,除了路途的艰辛与不易之外,还可能遭遇匪患之灾。

临近歌乐山悬崖时,其古道近悬崖一边还有石栏杆,古道盘旋于歌乐山间,以石板铺就。今天在歌乐山上还保存有一段完好的三百梯古道。根据史籍记载,到了清末,"东小路"所在的歌乐山还有老虎、豺狼等猛兽时常出没,过路客商被猛兽所伤的事情时有发生。

佛图关得名于石壁上绘制的佛像,是一座历史悠久的关隘,其名最迟得于南宋。《宋史·张珏传》中记载:"大兵会重庆,驻佛图关。"可见在南宋军

---

① "五驿"是指简阳龙泉驿、资阳南津驿、隆昌双凤驿、璧山来凤驿、巴县铜罐驿;"五镇"是指简阳石桥镇、资中银山镇、内江碑木镇、隆昌李市镇、荣昌安福镇;"三街子"是指简阳杨家街、内江史家街、隆昌迎祥街。

膴膴楼上
WU WU LOU SHANG

队与蒙古军作战时，便已有此关。《巴县志》中也对佛图关有着记载，可谓险峻非常：渝城三面抱江，陆路唯佛图关一线，壁立千仞，磴取千层，两江虹束如带，实为咽喉扼要之区。如今走在佛图关公园里，虽然看不到传说中的佛图，但岩壁上遍布的功德石刻，还是见证了其作为驿路的历史。

重庆城地处半岛，南北东三面临水，城门建于山脊之上，门外是陡峭的山脊，唯有西面与陆路相接，扼守这个咽喉要道的便是通远门。通远门建于明初洪武年间，重庆老城大修后就成为重庆最重要的陆路咽喉。通远门历来是兵家必争之地，张献忠入蜀、辛亥革命蜀军政府成立都曾经在通远门有过激战。

就这样周伯泉兄弟一行五六人，从乐至出发，沿"东小路"行进，入安岳，过了大足、铜梁、璧山，经虎溪，至高店子，便到同善桥，翻越歌乐山三百梯，下松林坡，经白公馆后山，至步云桥之后，再走杨公桥、小龙坎、平顶山至六店子，至佛图关，过了佛图关，又东行十里，最后到达通远门。

旧时来往于成渝间的客商，只有跨出这道厚实的城门，才真正到达重庆。周伯泉兄弟一行，不光要翻山越岭，还要随时提防沿路的土匪或躲避猛兽袭击，且住且行，历时半月之久，也算是到了重庆。

周伯泉一行，在重庆稍作停留，便四处游览，寻访思、石如何走。有一天，一行人走到朝天门码头，只见嘉陵江与长江的汇合口，碧绿的两江水激流撞击不断，漩涡起伏连连，湍飞波怒之态，回想起离开乐至以来，一路险境，各样遭遇，真是人生如舟、命运如水，不禁有何处是归程之叹。

周伯泉等人在重庆歇息几天之后，便随盐商从朝天门码头，乘船到涪陵，再溯乌江向南而上，经羊角碛、武隆、彭水、龚滩至沿河、思南，再溯龙底江至塘头，抵达石阡。

贵州多山，思、石地处高原向丘陵过渡的地带，境内峰峦重叠，沟壑纵横，高山深谷，交错环列。高海拔、深切割，地势险峻，山道崎岖，猿猴难攀。同时，乌江水道滩多急流，险象难测，岸高壁陡，以滩险难航为特征。周伯泉入黔后须历经千难万险，从乌江渡至沿河。河道穿行于深山峡谷之中，从涪陵溯乌江进入贵州。河流所经之处，大部悬岩嵯峨，峰插入云，河床陡峻，礁石横堆，滩险不断，水流湍急，逆水上行全靠纤缆，日行不过数公里。由涪陵至龚滩段189公里,其间,羊角碛滩最险恶,有峡涨千山似雪来之险,上下船只,皆须卸载过滩,枯水期行程一月,遇江水涨落,例须停船,有迟至两月以上才能到达龚滩。

从龚滩至思南段有龚滩、淇滩、新滩、潮砥等险滩,其滩乱石亘峙,江流如瀑。而尤其严重的是,每年入夏后,洪水泛滥,航运阻断,往往达五月之久。

在如此艰险异常的河道上随船而行,没有几个月甚至半年时间,是难以从重庆到达思南的。周伯泉兄弟一行,在思南稍作停留,便从思南溯乌江而上经鲇鱼峡,过邵家桥、郭家坝,上到红圈峡,便见两江口。从石阡迤逦而来的龙底江,在塘头万亩大坝徘徊环绕之后,突然融入乌江之中。

走进两江口,四周青山环抱,大大小小的船只,错落有序地停在江边。江外一山,有如翠屏横展,独挡两江,碧绿的江水依依青青。无数盐船行驶至两江口后,便作休整。照理说,这地方扼龙底江与乌江航运之咽喉,地势相对开阔也相对平缓,且土地肥沃,山色美景,尽收眼底。周伯泉兄弟一行,由于长途疲惫,本想就此暂居,但仍然觉得不是理想家园,又不得不转龙底江而上至塘头。

塘头,在唐代为洋川县,武德二年(619)改属义州;贞观四年(630)改属贵州乐源县;明洪武十年(1377)置苗民司,属思南宣慰司;永乐十一年(1413),属思南府蛮夷长官司。塘头是下接思南、上连石阡的水运枢纽。唐宋以后,特别是明代中晚期,先后有川、滇、湘、鄂、桂等地的商贾纷纷来此经商并居住下来,商铺林立,市井繁盛。据说明末清初之时,吴三桂引军入关后,从贵州入云南,曾经路过此地,多次想建都于此。但吴三桂十分迷信,因他属相为鼠,而鼠为地支之首,而塘头之名,有水淹老鼠之忌。所以,吴三桂便因塘头地名对自身属相相克而取消建都念头。

塘头山明水秀,土沃林茂,外围屏山自然天成,环抱万顷大坝,清澈如镜的龙底江,在疏密有致的古树荫下,穿过田园,环依古镇,山色烟波,取映如画,一派江南之景。缓缓而来的龙底江,在塘头依依三回之间,将其分成宫中坝、余林坝、皇镇坝三块。

塘头有名的甲秀山,位于龙底江畔,巍峨挺拔,绿树深秀,风景婉丽,似一支天外飞来的神笔傲然独立于塘头大坝。沿江岩而上，经过数百级石梯，便可到达山顶。在甲秀山顶，建有飞檐翘角的文昌阁，被人们称为"文阁鸣凤"。站在阁旁，还可鸟瞰龙底江及古镇塘头的全貌。蓝天白云下，江水迤逦，树林掩映散落有序，村寨炊烟乍起，时断时续。左边是店铺与村舍林立交织，人来人往；右边是万顷良田，夹以鱼池。当行人至此，在扶栏远眺之际，在把酒临风之时，所有的不快皆会烟消云散，也能畅想这寄情山水的逸趣。

在周伯泉兄弟心中，一种安家之念油然而生。也正是有感于此，其弟周伯卉想在此安家，经过几天寻找，最后在思南府蛮夷长官司属地，于塘头山革泽落业。此时，周伯泉心中还在回忆梦中观音偈语"寨纪胜桃源"，一定要到达寨纪看看。于是，他帮弟弟安顿妥当，歇息数日后，留下兰老六，便与兰老七等人从塘头出发，走泗河坝、迎水寺、兴隆场、浮桥口，最后到达石阡。

石阡僻处一隅，与外界的联系，在明清除了走镇远、走思州的古驿道，以及从五老山至石固走江口，从关口平经白沙走余庆、瓮安之外，最重要的就是依靠龙川河的航道至塘头入乌江至思南了。

龙川河古称龙底江，大溪发源于白沙。其源有二，其一北始于猫猫沟，其一南始于黑山沟。双流至和尚塘会合，至两江口有冷水溪由牛塘坝来注；至地袍有小溪自马扶堰来注，又有香根河自谭家沟、小葛坪等处来注；经铺溪、甘溪至漻崄河，有葛容诸水来注；至木挂溪又有米沙坡之水来注；遂由直桥（今中坝）、黄茅屯而下，有包溪河来注，下段称龙底江。

龙底江出石阡城北60里，至中下游的木根洞、母猪滩一带有九处巨石横壅河道，明万历三十年（1602），石阡知府郭原宾倾力疏凿，方可通舟楫，下

雷打岩峡谷

雷打岩撮箕口

达思南，上至府城前浮桥口。因从浮桥口至阡城的冷龙处，乱石嶙峋，礁石遍布，河水串流如涧激射，不能通航。

明代弘治年间，从塘头至石阡，还不能坐船，周伯泉与管家一行，必须步行，他们花了整整一天时间，才到达石阡。此时的他们已经很累很疲，便入城歇息，晚上去洗温泉，以消除疲乏。在泡温泉过程中，与当地人打听得知，寨纪离城不到30里的路程。

周伯泉居住过的沙田河

第二天一早，为了心中期盼，周伯泉便继续往直桥行走，沿木挂溪继续西上，穿过雷打岩，进入雷打岩峡谷。其两岸绝壁千仞，直插天际。两岩山峦重叠，山上松林丰茂，遮天蔽日。此是楼上下走直桥河道，过去行至此，

长滩河

猿猴啼吼，各种怪鸟山鸡时隐时现，凛然悚然，令人心惊胆战。

穿过雷打岩峡谷，入眼而来的是河右岩边的将军山，其将军屹坐虎背上，有"将军出征骑猛虎，百战疆场无敌手"的说法。再经猫鼻岭、撮箕口、扑

轿顶山

石，过仙人撒网、轿子洞，再上滑石板至沙田，已近黄昏，见田后有一偏岩洞，离河 100 多米远，高于河面 10 米左右，洞边出有泉水。这里可饮可居，周伯泉两人便暂时栖身，并于此住下。他们将在石阡县城所准备的行李打开，将铺铺好，从河边捡来石头，围成小灶，烧水煮饭，吃完晚饭，又捡来许多树枝，围火就坐，困而睡去。

第二天，天未明，周伯泉等便起身，烧早饭，吃完早饭，太阳已升起。他们准备四周走走看看这里的山水风貌。

此偏岩洞，面朝南，洞外是沙田，沿河直抵冒沟塘。河水如玉带从西向东，环绕而过，隔河南岸是壁岩，往上是茶盆岩、轿顶山。他们溯河而上，继续前行，到冒沟塘之上，便是十里长滩河。沿河的南岸依次而上有猴子岩、关众山，经玉屏岩、牛心子山、牛腰肝、牛屁股、弥勒佛山，便至漻岭河印把山、卧龙山，再上便至黄蜡岩。折回转漻岭河，则有从西而来伏虎山，而上黄泥田，过高家田、高家林、龙洞湾，至寨纪（今楼上），再由往上走卡颈颈，到高家（高攀）大院。他们在高家住下。

吃过晚饭，周伯泉等人喝茶相叙，从高攀口中得知宅左边（现在凉水井后山）就是石佛山，往东距石佛山不远，是灯山，再往东则是降佛山，正与观音菩萨托梦所指相同。这一天走下来，周伯泉看到这山水景色如画，心想正是千里来寻的吉地，是卜筑安居的好地方。在交谈中，当高攀得知周伯泉不远千里而来，想寻地落业时，他便告知想把寨纪（今楼上）这个地方，左起灯山直上坪上，下由雷打岩沿河至漻岭河，再直上黄泥田，过半坡、沟边直抵亚秧寨，从亚秧寨折由白岩过老鹰岩，直抵坪上，这横顺 10 多里的田土、

寨纪后石佛

寨纪前坐佛

山林一起卖给周伯泉（可能除部分高家田土外）。究其原因，大概一是周伯泉一行主仆四人，在四川时不是经商，也应该是家道殷实之户；二是周伯泉从四川而来，都没有选择到满意之地，今天能够在楼上走上一天，看了大半个楼上，似乎是看中这块地方了，心想能卖个好价钱；三是周伯泉为人谦逊，像读书人，说话办事很有涵养，在当时人烟稀少的地方，也算是寻得一个好邻居。周伯泉也有意向买这个地方，卜居于此，既不形于色，也不问价，决定等第二天看完周边山林田土后再协商价格。

第二天早上起来，在高攀管家带领下，再走石佛山、上红字岩至化稿林、过长林、下窑洞沟，至小屯、走灯山、降佛山、转官塘、下苗寨，经由现在的观音阁上梓潼阁，再往上走寨纪，再向右从晒米嘴、上苗寨，又回到凉水井高家宅院，住下来。

第三天他们又从高家往上走，由仰天窝上绿井湾、过弯柏香，再直上火石丫、牛丰包，过老鹰岩、消坑田、白岩，翻过亚秧寨，折回从蔡家岩、沟边、寨底、半坡、庙坪、寨纪，且走且行，一边看山山林，一边赏风景，一边划算买下这块地得多少银子，不知不觉又回到高家。

寨纪前观音坐莲

经过几天来对寨纪及周围的山水及林地的反复观察，周伯泉认为这是一处风景绝佳而风水更好的地方，最适宜在此世代居住。他内心认定了买下这十多里之地，但不能形于色，不然价格会高上几倍。经过几天讨价还价，周伯泉用170两银子，买下了东起灯山直下雷打岩，西到漻崄河、黄泥田、半坡、沟边至蔡家岩直抵亚秧寨之地。从灯山上西冲湾、南山寺、坪上梁子直过火石丫、白岩抵亚秧寨，这其中还有高家部分田土。

周伯泉不远千里，千难万险，且寻且觅，且走且歇，毅然决然地来到楼上。令人意想不到的是，周伯泉用170两银子，从高攀家买下这些田地山林，如今成了周氏子孙近万人赖以生存的家园。

天地赋形,筑居寨纪

楼上位于石阡县国荣乡,距县城 15 公里,面积 20 平方公里。楼上乃天地所界,其山水、田园、村落以及气候、河流、植被等自然资源丰富而多样,为周氏家族的生存和发展提供了适宜的自然环境,并为周氏家族耕读传承及文化的繁荣提供了较好的物质基础。楼上周氏家族,在 500 年的历史岁月中,用勤劳建设家园,用智慧演绎耕读,以诗礼传承家风,以至于生生不息,绵延至今,郁乎文哉!

石阡处于佛顶山东部,是由云贵高原向湘西丘陵、四川盆地过渡的东斜坡地带。在地质史上,经历了多次造山运动,由于以梵净山、佛顶山的隆起构造的强烈抬升,而岩溶活动剧烈,形成了许多高大的裸露石灰岩山体和一条条彼此错落交织的地表大褶皱。在这些褶皱之间,多分布着东西向的褶皱地表岩层断裂带,使梵净山、佛顶山成为武陵山脉中两道横亘绵延百里的高大分水岭。其间的诸多山脉如一条不甚规则的屋脊,高低错落,致使山地升降坡度增加,构成了许多纵横交错的峡谷。其峡谷两侧坡面陡直,山峰林立,地面起伏很大,相对高差常达 600 米以上,形成了山高谷深、地势险峻、山道崎岖的地理面貌。

石阡之地,境内山脉约分三部分:东一部分,发源于大顶山,界江口县即公鹅屯、石家场、冷家塝等处。北一部分,发源于梵净山,界印江、思南即平地场、石窑等处。两者占境内面积不及十分之二。石阡其余山脉,均发源于施秉九龙山,上溯来脉由施秉而黄平,而平越(今福泉县)。此山因分九脉,故名九龙山。其中有一山脉从板凳坡,经上地龙至镇灵关、胡家坡、龙家营等处,起帽耳山,又东起竹麻山折而北,至粑粑坪,为老鹰山(俗名"老鹰岩"），至大地方为九老山（俗名"九堰塘"），再横过铁厂、平贯、起泡木山（又名"大雾坡"），由九老山折而东经老寨、长溪、排楼坡等处，再蜿蜒至桃子园，复起大干排列，东方其横至凯峡河，折而西者经花桥至打铁都止。

九龙山又分脉一股至扶堰突起为佛顶山，山体之大，十倍九龙山，高亦倍之，气势磅礴，南界施秉马溪，西至余庆寿溪，东抵石阡包溪，北抵石阡楼上，东西约阔80里，南北约长70里，乃石阡境内之最。佛顶山的西南隅分脉一支，由滥泥山入走马坪，至界牌分三大干：

其一由瓮堡、瓮仰横过紫云山、马鬣岭至沙刀岩止；又由马鬣岭分一支过瓮溪司、荆竹园至三刀水止。

其二由官山林、乐桥折而南，为两扇岩，经齐岭至花滩止；又由乐桥跌而西复起大干为熊黄山，南横至水口，北横至河闪渡，西临乌江，即本庄之后山。

其三由瓮堡折而东，由谢家寨、白马坡、白沙至大岩，成双带式：左为琵琶山、为云堂山至关口坪；南行者一支为马鞍山、地竹山、十万山；一支经老洼山、葛容至坪上大干，分三支龙脉至楼上。

楼上这神秘的栖居胜地，虽然圆了周伯泉心中之梦，但安家立业之难，接踵而来。首先是住房，为了买到这块高家之地，已花去大半银子，要造房修屋，也得一年半载，只好暂时居住在沙田偏岩洞里。

周伯泉要在楼上安居下来，并建成世外桃源式的理想家园，首要任务是先选好宅基地，做好子孙繁衍分居的长远规划。可以说这费了周伯泉不少的心思。周伯泉依据风水理论"卜其兆宅者，卜其地之美恶也，地之美者，则神灵安，子孙昌盛，若培植其根而枝叶茂"的要求，于山上山下、山里山外，反复观望，走了近半个月，逐渐在心中确定几处尚好居住地可选用：一是上苗寨（现在周氏宗祠所在）；二是寨纪（今楼上）及现在古寨；三是周家湾（现黄泥田），半坡及消坑田；四是灯山等处。这些都是子孙发展的可居之地。

从山势来龙脉势看，周伯泉想选择寨纪之地。但他还得站到对面山上去看龙脉形势。他便从现古寨当门，走袜子田，沿黄泥坡而下，由水背过河，爬上牛老壳，向楼上（所买这块地）望过来。只见由坪上大干分下三支龙脉，来势俱佳，主脉由北而南，左右有托有送，主次分明，使整个楼上之地，呈三龙分秀之格：

中间一支来龙主脉，从坪上大干奔涌而来，由北而南，经绿井湾、红字岩、石佛而下，脉势起伏连绵，至凉水井。茶园堖而分为三：主脉向南涌至现在梓潼阁止，为古寨青龙首；左脉向东分走上苗寨；右脉向西下林堡堡相护。

左边一支护龙脉势，从坪上大干分而向东，下降佛山，转向西经灯山，一分为二：一脉势下毛堰沟，走官塘，过下苗寨至青龙山（现观音阁）来护寨纪及古寨；一脉从灯山向西走排灯岩、经小屯、下大堖堖来护上苗寨，现宗祠之地。

右边一支护龙脉，从坪上大干，由东向西，沿牛丰包堖堖、过白岩，分为二支：一支脉从消坑田、寨底下、半坡至黄泥田，回护寨纪之地；另一龙脉从白岩分下沟边、青杠坡、各粮寺走油榨湾、旧屋基经王家山，转向寨纪而来之势。

楼上寨纪之地，其主脉行至楼上，右边于寨纪处，开一"罗盘"之地；左边于宗祠处（上苗寨）开一"三星拱月"之地。

楼上山地特性显著，由仰天窝而下红字岩，峰纯岩石，递次迭下，是为楼上主脉。上部多为土坡与抬升平地；中部地面坡度较大，多裸露突兀的山石，而地形特征明显起伏波折；下部湾多堖多，坡度起伏中亦相对平缓，至楼上处由岩堖、矮岭、斜坡、大湾、窝凼等交织而成，土壤剖面层次明显，地表多样。而整个楼上、灯山、代山的周氏所居之地，皆是从坪上大干所分三支脉势，绕护形成的坡、湾之中，各具特色，而宜居适处。

始祖周伯泉经过反复斟酌，最后决定择居于寨纪这罗盘之地。先堪宅基于寨纪正中，定坐北朝南字向，后箍屋基，包括正宅三间、楼房两厢及两廊、天井，外加鼓房、马磴等，并

后山脉势

于宅基地左右两侧置花园,前后及花园两边种竹,路从屋前罗盘地外坎边绕走。路边多植各种林木,请解匠于所买山林中,砍伐建屋材料,运回寨纪宅基地旁边,剥去树皮。半年之后,所伐木料快干时,请木匠、雕匠,发墨做房子。等把房子装修完成,已花去近两三年时间。建好房子,算安居乐业于此。

楼上坐落于云堂山而来的大干坪上南麓中下部,与佛顶山山脉相望的斜坡地带。潕崄河有游龙山(龙卧湾中)和伏虎山(虎踞河上),两山皆蜿蜒奔赴而来,伏虎山从西北折而西来,游龙山从西南杨柳山,缓缓而至潕崄河,隔河环护着高耸挺拔的印把山,使得诸峰并峙,脉脉回环,朝揖有致。其龙游虎卧之姿,亦相互吐纳,云岚氤氲而缭绕,蔚为壮观,有"龙卧湾中开奇境,虎踞河上著雄姿"之称。

楼上风貌

潕崄河从西向东从楼上坡脚横贯,上至黄蜡岩,下至雷打岩,隔河对岸是山,多呈白云岩的喀斯特地貌区域,以山岩为主的峰、岭、坡、峦、屏、石壁、岩峒,并与水、云、雾、林等融汇为各种自然奇观,天赋画卷一般,或山高翠拔,或峰笔陡峭,或峦岭层叠,或岩壁绝岸,因潕崄河贯流,所形成的潭少滩长,潭水清澄透明,滩多或急或缓如玉带穿绕。其云岚朝暮,四时不同,又纤尘不染,或雾霭缥缈,白云掠峰,岩林相浸,幽静深邃,山水相映，林田相融，村畴交错，景色美奂而至于绝伦，更囊括万殊，景独具而清奇，集形、色、声之美于一体，融山水、田园、村落、林树之妙于自然，汇历史、人文、景观于楼上，胜概当前。

楼上所居之地，水源充足，有六股极大龙硐水源、几十处小泉水，可供粮田灌溉之用。水质良好，为人畜饮水及耕种灌溉提供了上佳的条件。楼上虽然处大山缓坡兼抬升的湾、窝、坨等处，但因其聚气藏风，海拔适中，向山低矮阔远，阳光充足，冬暖而夏凉，适居宜处。村寨周边多培植树竹，加上水源丰富，土地灌溉有保障，寨居之外有田园及河流，洪水灾害，基本不受影响。

周伯泉寻地历尽艰辛，终于在楼上安居乐业，耕读传家，其 19 代人的生息与努力，500 多年的时光，所建造的楼上周氏家园，其绵绵子孙，不断用生命、用智慧、用勤劳、用文化接续并演绎了家族那跌宕起伏、那厚重绵绵的历史与变迁，以此来抚慰前几代人曾经的努力与苦涩。在这片土地上，周氏子孙开垦耕作，修房造屋，生生不息。

在楼上这片土地上，众多龙硐水源，坡、堉、湾等所构成田畴林土，加之溪峪河的清澈流水，险峻奇异的峰岭，蘩聚美质美态的自然本色，实为天地所畀。其自然生态，融入家园建设等文化景观之中，形成许多人文胜概。而楼上所居之地则村烟田畴四季各异，从雷打岩至黄蜡岩盲至甘溪，河对面皆万壑千山，呈现出暮雨朝岚、云霞斜晖等变化奇观。

时寨纪周边，左边亚纪寨接灯山有陈家、杨家、胡家，右边接王家山有陈家、张家、王家、戴家、李家，寨纪之地及周边插有除高家之外，还有雷家、辜家、贡家、韦家、董家、熊家等，以及安置随行而来的兰老七。唯周氏繁衍至今，子孙繁盛，其瓜瓞绵绵，可谓有"德哉伯泉，福哉楼上"之感。

楼上依傍溪峪河而居，隔河而与佛顶山国家级自然生态保护区相望，距佛顶山主峰仅 30 公里，溪峪河上游大部属山区雨季型，植被好，水量稳定便于汲水和捕鱼，同时也利用水道可上走甘溪、铺溪，下到中地坝、石阡，靠河边水田可利用河水进行灌溉，为生产生活的进一步拓展，提供了便利。

万物濡涵，适耕宜处

楼上土地广生，质地各类，各有攸宜，物产多样，植物繁盛。楼上周氏家族世代秉承道法自然、行健不息、克勤克俭、知行合一之道，通过长期积淀，不断实践，不断调整，不断选择，不断丰富而积累了许多适合于家族发展的经验与智慧，使家族得到了充分发展。特别是在思想意识、家族信仰、教育文化、勤劳节俭、居住环境、饮食结构、精神生活等方面，是其家族几百年生存的内在法则，在不断知行合一中，不断拓展所形成的。可以说，楼上生态系统类型多样，包括村落、田畴、树林、山水、云岫等人文与自然生态系统类型，具有历史性、人文性、自然性、园林性等，形成独特的、多样性的统一。

楼上是居处于最典型的斜坡地带而面邻喀斯特地质结构类型。这片土地虽四周地形起伏较大，却处于群山交会所形成的相对开阔山地。而居处在坡、湾、垴交错抬升的大斜缓坡地带，土壤性状和气候呈现出较大差异，上部土质肥沃，中部泥土多含砂石，而下部泥土地质各异，坡、湾、垴、岭各式各样土壤皆有，上部田少土多，下部田多土少。寨外梯田逐级缓延至河，全为龙碉水所灌溉，大部分土层并不浅，则能深翻，保墒能力也好，下雨不涝，天晴不干，虽然土质不肥，却也不瘠，能给农作物提供充足的营养，由此农作物产量也能充分提高。

就地貌特征而言，楼上是一个岩溶化的中低纬高原低海拔山区，以岩溶地貌和侵蚀地貌为主，间杂多种地貌类型，有山地，也有沟谷盆地、丘陵等。其地势北高南低，居于坪上大干南面斜坡下部，海拔在300～600米，其中海拔500米以上占整个坡度面积的三分之一以上，海拔落差大，平均海拔多在 400 米左右。山地占了总面积的 20%，缓坡占 40%，湾垴窝凼之地占 40%。可耕地相对较多。人口大多集中在邻近漻崦河的缓坡湾部之地。

楼上的气候也正是由其特有的地理条件和大气环流形势所形成的。楼上处于亚热带季风性湿润气候区，年平均气温 16℃，年平均降水量为 1200 毫米，全年无霜期 280~295 天左右，全年日照较多。总的气候特征是雨量充沛、光照充足、气候温和、四季分明、无霜期长。在春秋雨季，温度变化极为频繁，烟雨迷蒙，岚雾缭绕，由于楼上大部分坡、垴、湾的起伏较大，空气受到抬升、搅动、凝聚、阻滞、摩擦，冷暖空气接触机会特别多，呈现出显著的立体农业气候。在春夏之交，经常形成一日之间阴、雨、晴变化交替的气候特质，而农作物的播种、生长、扬花、结实和收获皆不受临时气候影响。夏季光照条件充足，使得农作物易于生长而果实饱满，为农作物及其他动植物的生长繁衍提供了良好的气候条件。

就土壤特质而言，由于楼上对面是佛顶山各支脉延伸而来的群山，少人烟而植被生态俱佳，背靠的是由云堂山奔赴而来的坪上大干山脉，处于两大山系低交线之间，漻崦河穿过，岩石裸露多，地势坡垴交替，各种土壤错接，形成坡上与坡下不同土壤质地，其土壤主要是黄壤与石灰砂土壤，并夹有少数白善泥、大衍泥、洋巡泥、赤红壤、黄棕壤、石灰土、潮土等土类。其土壤性状的多样性为多种植物生长提供了良好的生长环境。

山清水秀，万物濡染

楼上周氏家族不是简单被动地索取生存资源，其农耕活动，是周氏家族认识自然、利用自然和改造自然，通过对土地有效利用与合理开垦种植，而获取衍生资源的一种积极而有效的形式。将农田多开垦于有龙硐水源或潆崄河沿岸，并且规划有利灌溉的沟渠系统。在生产力落后、农具原始的情况下，农作物对土壤的质地要求相对很高，周氏聚居此地之后，不断试图通过对土壤质地的改良来促进农作物的生长和提高产量。

因善于农耕、勤苦劳作与精心管理，包括耕种中的巧妙套种结合，其耕作主要是利用生态化的循环方式，能够就近就地进行耕作，能够适应当地的气候，能够把当地的土壤、地质和耕种技艺有机结合起来。能种植的农作物的品种极多，以稻谷为主而外，物产繁多，用之不尽，取之不竭。其谷类所属，有稻、粱（即高粱）、黍（俗名"小米"）、大麦（俗名"老麦"）、荞、稗、小麦（俗名"酱麦"）、燕麦（即回麦）、玉黍（即苞谷）、青稞、大豆、小豆、绿豆、扁豆、蚕豆（即胡豆）、豌豆、红薯（俗名"红苕"）、土豆（俗名"洋芋"）。

蔬类所属，有芥、韭、葱、蒜、苋、芹、芋、椒、姜、萝卜、白菜（即菘菜）、蔓青（俗名"青菜"）、茄子、豇豆、刀豆、瓠瓜、王瓜（俗名"黄瓜"）、南瓜、冬瓜、苦瓜、海椒（即辣子）、金针、茴香、椿芽、蓬蒿、魔芋（俗名"鬼头"，亦称香洋菜）、山药、胡麻（即芝麻）、木姜子、藕、笋、蕨、菌。

果类所属，有桃、李、杏、梨、梅、枣、栗、樱桃、核桃、葡萄、石榴、橘、柚、柑、枇杷、木瓜、林檎、银杏（俗名"白果"）、花红、枸（俗名"拐爪"）、荸荠、落花生、刺藜、羊桃（俗名"苌楚"）、佛手柑、柿子、八月瓜、茶子果。

其木类所属，有松、柏、杉、楠、枫、柳、杨、槐、榆、楠、梧、泡桐、桂、檀、梓、黄杨、冬青、女贞、皂荚树、樗、棠、楸、桑、柘、椿、楮、漆、檬、蓝靛木、青冈、白蜡树、桐子树、乌桕、榉、红豆杉、椿、山楂树、棕榈、通脱木。

草类所属，有茅、蒿、艾、蒲、芦管、马兰、无心草、木之草、荨（俗名活麻）。

竹类所属，有斑竹、荆竹、苦竹、水竹、慈竹、方竹、扁竹、黑竹、阳山竹、凤尾竹、楠竹、刺竹、罗汉竹。

花类所属，有兰、蕙、菊、荷、萱、迎春、报春、茉莉、碧桃、海棠、蔷薇、紫薇、牡丹、芍药、山茶、玉兰、玉簪、鸡冠、栀子、凤仙（即指甲花）、水仙、绣球、芙蓉、玫瑰、胭脂、龙爪、月季、杜鹃（俗名"映山红"）、粉团。

食品与药品所属，有漆、蜡、蜜、笋、桐油、桊油、茶油、菜油、皮纸、砖瓦、石灰、木耳、棉花、苎麻、蓝靛、五倍子、米辣子、茯苓、黄芩、柴胡、厚朴、黄柏、半夏、南星、大黄、麦冬、香附、苦参、金银花、何首乌、五加皮、苍耳子、车前子、牛蒡子、龙胆草、益母草、木瓜、山茱萸、石菖蒲、天花粉、葛根、杜仲、紫苏、紫草、骨碎补、枳实。

鸟禽类所属,有雉、雀、莺、燕、鸠、鹊、鹰、鹚、鹳、布谷、鹩、鹌鹑、鸪、凫、鹭、八哥、子规、画眉、白鹤、黄雀、锦鸡、竹鸡、啄木、翡翠、鸬鹚、鸡、鸭、鹅。

鱼类所属,有鲵、甲鱼、鲤、鳜、鲢、鲫、鳝、鳖、虾、蟹、鲭、鲋。

楼上周氏家族田略多于土,对土地资源利用率高,大力保护耕地及生存环境,山林植被提供较充裕畜牧养殖资源,使楼上90%以上稻田有天然的龙硐水源灌溉,自然灾害干旱、水涝都不影响田土提供粮食、蔬菜以及丰富物产,保证了家族基本生活需要。

周氏家族对自然环境的保护、利用、选择与改造,皆体现了家族的生存智慧。特别是对田土合理开垦,更能充分利用自然,因势因地,建屋修道,开沟筑塘,修堤筑堰引水等水资源利用、分配使用,其蓄与灌,相辅相成,以增收保收,使各种农作物都有好的收成,这样土地产量增加,保证粮食供给,

风光旖旎,油菜花开

宜耕适处。

田以种植水稻为主，辅以杂粮玉米、高粱、小麦、土豆、红薯、小米、大豆、荞、燕麦等。由于勤劳与智慧，生活上又节约，粮食丰收，物产丰富而足用。明清以后把玉米、番薯等引入进来又使土类作物品种、单位产量发生较大变化。除土地所提供粮食外，山林草地及农作物提供了畜牧食料，植物类型多样，为家族提供了丰富的野生植物，如菌、笋、野菜、中草药等日常生活的补充与调剂。

无论粮食增收或天灾少收，均节约粮食；一年之内精打细算，绝不浪费抛撒。从修房造屋到日常生活，皆以节俭为上。粮食以大米为主，辅以各种杂粮，各类营养丰富。如食用洋藿、魔芋；山楂树，可做神仙豆腐；乌泡刺、大米刺，果、苔可食用；药用如南天竹、红豆杉、铁扫帚等天然野生植物、菌类、笋类丰富，加之各种特色食品，如酸汤豆腐、腊肉、时蔬等生态健康食物。

食物、饮水、阳光、空气等为周氏家族提供了良好的宜居环境，在食物中，由于饮用水质优良，泉水矿物质含量极为丰富，无论何时而饮，都不会生病，还有助消化吸收。家居简洁，讲究生态环境优美，保证通风、阳光充足；生活有序，讲究素朴整洁，道路及庭院卫生日日清扫，减少饮食不洁、卫生条件不好引起的各种传染疾病。

家居勤劳，从小到老因劳动锻炼，而身体素质增强。生活有规律，讲究饮洁洗净，每天洗脸泡脚、洗衣晒被。饮茶也是周氏家族养成的习惯，家家有茶，老少皆饮，有助于对食物消化与吸收。合理饮食结构、饮食习惯，加之家族中各种土方及中草药对一般病的防治，而使诸如心血管、胆结石、肾结石、风寒、风湿、关节炎等病减少，而出生人口的成活率极高，使家族人口急剧增长。

天地赋形，万物涵濡。在保护与利用土地资源上，虽然人均土地不多，但对有水源灌溉之地，开田垦土则不遗余力，土地使用率极高。田土所提供粮食、蔬菜以及丰富物产，保证了家族基本生活需要。山林植被提供了较充裕的畜牧养殖资源，使楼上90%以上稻田有天然的龙碙水源灌溉，不受干旱、水涝等自然灾害的影响，能够保证农耕作物丰收。

第 二 章

大居楼上

  楼上这膴膴之地，自然生态、天象奇观、山水村落、建筑遗址等各具特色，特别是村落选址布局，对自然环境及山水所进行的文化赋予，反映了楼上耕读文化的人本主义精神，反映了楼上传统文化的礼制思想和宗族观念中对文运、文象的强烈家族诉求，以此作为家族繁衍兴盛的一种生存理想和愿望。可谓是楼上周氏家族，500多年文化乐章。

藏风聚水，明清遗韵

楼上周氏家族，是宗法制度下，由血缘关系而形成的一个家族的聚居地。其村落中的民居，不仅解决衣食住行、劳动与休息，还必须与山水田野紧密结合，与农耕生活相适应。所以楼上周氏家族村落规划，各类建筑的内容及其形态都反映了家族明清以来农耕经济文化的特征与载体，也是其家族耕读生活中的教育、文化、艺术及审美理想等的反映。

楼上斯地，是以灵胜待周氏，是天予周氏时、地予周氏所。楼上周氏家族村落布局、文化建筑、墓葬、人文景观、渠塘等，都实现着与自然融合，以追求天人合一为最高理想，也在不断涵摄传统宇宙观、自然观、环境观、审美观的理念，同时也与道教、佛教思想息息相关，使楼上周氏家族及其村落，更具神秘的文化色彩。

楼上风水文化的根本，可以说，就是崇尚并顺应天地之道，抑或自然之道，亦即阴阳之道。在繁衍生息中，继承传统的阴阳、五行、八卦等思想观念的同时，又不断地生发拓展其实践价值的意义。所谓天地自然，大化流行；太极剖判，两仪既分；四节代序，五行播宣；天有五纬，主奉阳施；地有五岳，主承阴化；敬顺昊天，礼秩百神，这些都是楼上周氏家族500年来所遵循的自然节律与风水文化传统，并一以贯之地践行于繁衍生息之中。

中国传统的阴阳、五行、八卦等早期朴素思想，发展到春秋战国时期，便出现了相互渗透和融合，从而形成以气本论为基础的阴阳五行和阴阳八卦思想。气、阴阳、五行这三者虽各有渊源，但一俟汇流，便成为中国文化的宇宙观、世界观，这些又成了传统风水学的基本理论范畴。楼上周氏家族重视传统风水文化的应用与实践，遵循传统风水理论、禁忌和习俗。正所谓"居者人之本,人者宅为家"。地肥苗壮,宅吉人荣,风水好坏关系居者的兴衰,周氏家族村落的选址,宅居字向,除了讲究传统意义上的风水,还对地质、地文、水文、日照、风向、气候、气象、景观等一系列自然地理环境因素,进行综合性比较与选择,从而达到趋吉避凶,创造适于长期居住的良好环境。

楼上被许多人认为是古代风水模式的绝妙体,就在于其充分体现了天人合一的哲学思维,以泉水为血脉,以土地为皮肉,以草木为毛发,以屋舍为衣服,以门户为衬带,体现了与生态和谐统一,并强调自然天成的美感,这本身就是一种人生境界与追求,而使许多村寨的建筑格局独具匠心。

周氏始祖伯泉择居楼上,是反复酌定地势的结果。在选择宅基地时,以岭、峰、垴等山势为靠,以湾、窝、凼为托,其方位朝向必须满足"左有青龙,右有白虎,前有朱雀,后有玄武"的理想格局。

九龙会归

楼上村落宅居,以居为大,与阴阳五行、阴阳八卦思想相糅合,使村落具有"藏风得水聚气"的良好环境,适居宜处,其选址布局是依山环水、坐北向南、观水览山的理想宜居模式。

依山环水。山体是大地的骨架,也是人生活资源的来源。水是万物生存与生机之源。楼上村落都依山而建,有大小20多处泉水,村落下面的潦崄河

膴膴楼上

横绕而过。水资源丰富,能满足饮水、灌溉所需,保证生存发展。

坐北向南,是从阴阳向背中得到的生存要义,一年四季的阳光都由南方射入,朝南的房屋便于得阳采光。楼上坐北朝南村落居多,也有部分因地势而坐东北朝西南宅居,皆能利用自然,顺应地势,得山川之气,受日月之华,而内气萌动,外气化成,内外相乘,而地灵人杰,风水人文,自然生成,家族繁盛。楼上除仁家寨(古寨)是坐东北向西南为主、坐北向南为辅之外,其余都坐北向南。

观水览山,即是根据地理位置,楼上大部分村落坐北朝南,楼上古寨则面向南面或西南面。因为从南面或西面奔涌而来的向山,或层叠递远的屏山,如在眼前,而在藏风、聚气、观水、览山上,充分利用山势河流的开合聚散,即空间开合取向,必使院落与山水自然统一,形成可行可望、可游可居之境,既有院内外树竹相映,又有远山云岚可看可望,皆具有审美化的理想追求和山色相映的美景。

楼上周氏家族总是以智慧的方式,进行道法自然的生发与活化运用,道法自然,因地制宜,作为建设家园的上上至法,从而使村落中原本纷繁常见的景观得到意蕴及境界上的聚焦和升华。一年四季,寒来暑往,伴随气温的变化,对自然的把握皆能因节而动,顺应自然节律,是其生存的智慧所在。

藏风聚水　坐艮朝坤

楼上寨纪，为周氏始祖周伯泉所择宅基地，此地按风水学上为"罗盘"形的湾窝之地。罗盘地形面积近1平方公里，路从罗盘外围而绕，宅基院外，有石笋一根，直径约2米，高五六米，视为罗盘之针。左边青龙首上，有一石鼓，大如屋，一石钵大如仓，此脉从寨左直下梓潼阁相托；右有林堡堡及屯垴垴相护；前面河对岸，上下各有一座轿顶山款款而来，对面群山奔赴眼前，呈朝拜拱揖之状，向山山势层叠而上，又层叠而远，有一望千里而难尽其妙之势。此地是藏风聚气之所，风水绝佳。周氏从择居寨纪之地后，有"走进寨纪门，石钵、石鼓响彻彻"的感觉。传至六世周易，人文蔚起，出了九子十秀才。周易曾于寨右沟边修听水楼一座，以听涧水泉声，以观气象廓胸襟而闻名一时。

仁家寨位于寨纪外面，垂直下落而成的湾坡之地，依山傍水而建。后有从坪上大干分来主脉，经茶园垴分成二支脉势，其左经寨纪东边下梓潼阁，为古寨青龙首；其右转向林堡堡经屯垴垴，再分成二脉，一脉分下至古寨沟对门，一脉走龙硐湾，次第于古寨右边相护，其主脉形成左一右二，三支龙脉，相靠相抱。

寨外左下，有从坪上分向灯山，从毛堰沟，经官塘下苗寨，至观音阁来托护；其寨右还有从坪大干向西，从白岩而下所分的二支脉势，一支至黄泥田，一支至王家山，同时来回护。

其向山有三大来龙相迎：一是从佛顶山，经滥泥山、尧上至通草坪，过石仓络绎奔赴而来，至漻崄河形成（卧虎）相守护之形；二是从佛顶山，经杜尔山、寨苗而来，至漻崄河形成昂龙之姿；三是从杨柳山，经双尖下群宝山，折转凯景至漻崄河，形成游龙潜伏湾中之态。

寨纪、古寨（仁家寨）就建在半围梯形的斜坡坨中，有六支龙脉相托抱与缠护，形成"六龙分秀"的格局；向山又有三龙相迎，从而形成"九龙会归"或"九龙呈祥"的格局。

古寨外是层层梯田，形似莲叶散开，并延伸至漻崄河，河水曲折环绕，隔河是连绵起伏、峰峦交错的群山，分别从东而上，由西而下汇聚于漻崄河，从而形成小小盆地，河水从西南而来，绕寨外梯田而过，形如玉带之状。

古寨后面有山可依，前面有环绕的河水，对面还有层层案山；从古寨远眺，千峰万岭，层层递升迭远，直至佛顶山主峰，如三屏第列，中间双峰并立，下有杨柳山，上有佛顶山相拱卫。

古寨宅居朝向与龙门方位，很有讲究，一是在风水建筑学上，二是在耕读文化上。古寨中，坐东北朝西南的宇向居多，按照风水学来讲，古寨坐东北向西南，必须符合阳宅门、路、灶宫星的生克方位，按八卦，乾、坎、艮、震、巽、离、坤、兑，一卦管三山，丑、艮、寅，皆艮宅，以阴阳对待之理，运消息盈虚之气，其卦以乾、坤、兑、艮为西四宅，三吉俱右，此宅内，门、路、灶切勿犯东。至大门，又必于三吉中择阴阳配合，而后生息蕃昌。

坐艮向坤

故先天乾坤定位之理，即后天坎离既济之气，此乃《河》《洛》万古不易之理。其游星以七政：贪、巨、禄、文、廉、武、破，又加左辅、右弼，共为九曜，即生、天、延、绝、五、祸、六、伏也。古寨坐东北向西南，则伏位在艮，按"艮六绝祸生延天五"，第一字是本宅，下七字乃七政，七政者，以生、天、延为三吉，三吉之方宜开门、放灶、择房、安床，而龙门尤其重要，必开在三吉之方。

古寨的龙门大多形式简单，表现周氏家族节俭持家之风，呈"八"字之形，体现内紧外松、内收外放，其内含在于为人处世之道，待人宜宽，责己当严，安居宜俭，对外则慷慨，对内节约，也反映其家族为人谦逊、低调做人、宽和处事、含蓄蕴藉的人生哲理和内敛谨慎的做人准则。

楼上周氏家族在村落建设中始终遵循传统风水理论，同时也糅合了一些当地的巫术及占卜之术，而生发出许多与当地习俗一致的习惯认同。建于清代以前的古寨宅居，都遵循风水文化之理，以确定宅居格局，但因地势限制，巷道与龙门很难成直角，似乎龙门皆歪着开，而青石板古巷斜着走，所谓"歪门邪道"之说，实为误读。

楼上周氏家族是崇尚素朴自然的家族，因地制宜是素朴思想的体现，根据实际情况，使人与建筑适宜于自然，回归自然，返璞归真，天人合一，这正是楼上风水思想的真谛所在。其家园建设与环境塑造，更是周氏家族匠心所运之方，其妙处在于因四季的变化而有不同的时空选择，涵摄了不同时空转换，藏风避冷，聚气消暑，各适其适。这两个方面因素，是周氏对建筑问题的时空思考，居当湾，院勿塞，多植树，既能遮阳挡风，又能透气纳凉。其宅居，由于自然环境条件与人文条件的不同，基于地理环境、气候、材料、传统技术、生活习惯、民俗、地区与民族的文化、艺术、宗教、信仰等方面的特点与差异，才创造出了别具特色的宅居形式与建筑艺术。

龙门古巷

气接天枢,地灵天纵

楼上周氏家族入黔择居寨纪,繁衍绵延至今已524年,现有近千户之家。明代以来不同时期所建造的民居建筑2000余座,较为完整地保留了明清时期的聚落环境。周氏先祖原本汉族,迁居入黔后与当地民族文化融合,既保承传统的耕读礼仪之风,又有当地民族生活习俗。其聚落环境的形成,是中国传统耕读文化与原有的本土文化融合而生成的,既有传统耕读文化特色,又有当地民族的诸多元素,通过其建筑艺术、耕读生活,展示着周氏的发展历史、精神追求、伦理道德和审美追求,是高度适应自然地理环境的产物。

楼上周氏家族分别聚居于古寨(仁家寨)、楼上(寨纪)、上苗寨、下苗寨、凉水井、灯山、岩脚、官塘、黄泥田、半坡、消坑田、沟边、老鹰岩、白岩、寨底下、周家湾等村寨,村落中各个寨之间相互独立,又相距不远,这布局模式与周边其他姓氏集中居住基本一致,皆建于群山环抱之中,依山傍水。楼上村落的历史发展不仅表现出适应环境的能力,更蕴含着丰富而深刻的人文思想。

楼上建筑规模宏大,特别是家族文化建筑设施,规制齐备,包括宅居、寺庙、祠堂、书院、戏楼、牌坊、石桥、古井、古屯、亭阁及古墓葬等不同类型的历史文化遗存。虽然规模形制远小于城镇,但从文化建制来看,其是一个相对独立而完整的家族生活的聚落,是其家族的历史,也是一种文化历程,由楼上周氏家族500余年自行设计并建造,与家族传承、文脉、生活方式等息息相关,是家族耕读生存中的生活方式、家庭观念、家族意识、邻里关系、文化活动的集中物化,是一种切切实实的文化沉淀,在岁月流逝中所跬积而成的家族精神、生命意识、文化艺术的外在显现。

第二章 大居楼上

楼上村落及其建筑群，无不与自然环境相合一。其充分利用地理形势和水源，以追求崇尚自然、追求素朴雅致为最高目标，以因势相借为建造至法的建筑类型，其选址考虑的是对山坡地的充分利用。顺着山势的走向，错层排开，散点布局。这种配合实现了宅居与环境的共生以及持续发展，从而实现真正意义上的天人合一。由于周氏村落多，大小不一，不能一一探究分析。就村落建筑艺术而言，以楼上古寨（仁家寨）最有特色。

楼上古寨，是周氏家族村落中保存最完好和艺术特性

双楠呈祥

最显著的村居建筑，其依山循水、随势赋形的环境化用，素有"田畴村中合，群山阁外斜"的天然因借的创造性，具体而形象地实现了"虽由人作，宛自天开"的建筑理想。其宅居属于山腰顺势分层筑台型村寨，较为集中地分布于山前缓坡地带，各宅居建筑布置与地势和山体坡度相随，基本上与等高线平行地成排状分布，较为严整而规范。寨内宅院之间，大部分用不规则的青石铺砌成的巷道，根据地势弯曲迂回而自然连接相通延伸，回环通行。由于地势起伏和底部架空的干栏式建筑较多，村寨的外观整体上显得高低错落，参差有致，古朴自然，韵味绵绵。

在楼上周氏家族的历代各种建筑和村落中，作为周氏家族明清时期遗留下来的一系列典型聚落的独特代表，楼上古寨是特定自然与人文环境的产物，具有独特的地域特色和文化历史渊源。其所含蕴的历史文化信息，体现了楼上周氏家族的思想观念和建筑技艺，对建筑史学具有重要的研究价值。

膴膴楼上

楼上古寨是一个精心打造又自然而然的世外桃源，身临此境，自有世人不知的无穷乐趣。站在古屯之上，极目远眺，天宽地阔，一望无际。近看，村落密布，与树林、田畴错落环接，自然天成；远望，奇崖异峰昂然蜿蜒，千山万壑层层递远，那云雾飘忽苍茫，忽快忽慢，忽浓忽淡，忽聚忽散，使得奇山异峰、古树村落时隐时现，耐人寻味，朝阳出处，云蒸霞蔚，瞬息万变，妙趣横生，实乃人间仙境。

寨后是交错抬升而上的田土与山林，并一直上升到山顶。左边从对门坡而上，至碉上大土，石灰窑田土，再上双水沟，直上大坡塇，再到枞木树、火石丫，再上顶头田，至坪上；寨后，走大青冈树，上寨纪、茶园塇，上凉水井、石佛，经仰天窝，上绿井湾、湾柏香，上牛峰包，至坪上；右边从梓潼阁、载潮湾、上苗寨、凉水井龙王庙，经红字岩，上湾大田、窑洞沟，经化槁林或至长林，至金线吊葫芦，上至南山寺坪上。

寨前是起伏叠下的梯田，一直延伸至河边。河的上游从甘溪、寨苗流来，至瀓岭河的园田，经蔡二塘顺下亮洞、鸡灶石、洪水、新开塘、大止塘、小止塘、水背、鳌鱼洞、长坏、田门坎、长滩、冒沟塘、姜茶沟、茶盆岩、壁岩、滑石板、雷打岩下至木挂溪。隔河是一望千里、峰峦交错、曲折蜿蜒、起伏连绵的群山。村寨与周边的山林、农田、河流相互掩映，自然交融。村落民居朝向基本一致，以西南向、南向为主。

楼上周氏家族在生息中，对观察世界、理解世界、把握世界的方式，以及那种对自然、对人生及生命的领悟，是独特的，也有别于其他家族的视角。山水自然的生意盎然，天机流动，生生不息。换而言之，其观万物之生意，都是通过生存繁衍、田园开垦、耕种栽植、村居建设，充分利用自然环境，而不断理解与把握，并通过实践的积累，借鉴自然智慧所逐步深入掌握其基本的要义，并践行于生活之中。

古寨之奇令不少人惊叹，一是以"北斗七枫"为中心，以"北斗七枫"的天枢至摇光交天权与天玑形成四个系象限划分区域，让人惊叹；二是古寨以宅居先后顺序而相继形成了出行宜居的巷道，循环有序，自然而然形成的"斗"字格局，其"斗"字起点为马桑古屋，结束点为村寨的天福古井，且起点位于"北斗七枫"中天权——天玑星的连线上，让人惊叹；三是古寨上部宅居，

北斗七枫

呈北斗状分布，其中有两排瓦屋直过寨中后而向下横折，正如斗柄，更让人惊叹。这"北斗七枫""寨居北斗"与"道接北斗"，自然而然形成"三星北斗"，象征天地人合，以化文运——"文呈斗上，气接天枢"的含蕴。

在古寨中下部因地势原因，自然而然呈荷叶形状，寨内巷道正好构成莲叶筋络。梓潼阁古树林正如莲花初放，那出林树梢，正如莲花花茎，那七枫古树上许许多多的鹤巢与早晚起归飞舞的仙鹤，犹如花蕊，为天地自然灵气所聚而成，寓意祖先所期待的那种人性本贞、莲性自洁的人生观与生命观。昔日凡寨脚边的田都种上荷花，既能净化寨中流出的污水，又能使寨子与莲映，表达尚莲（崇尚濂溪）之敬意。

楼上古寨建筑形制，还不断被人们赋予了各种文化意义。梓潼阁、魁星阁、观音阁、戏楼及七枫、双楠、双桂等，也反映了周氏家族立足于农耕基础之上的宇宙观、环境观，更折射出那种化呈天运的耕读理想和人文精神，寄托并希冀后世子孙贤人荟萃。特别是在团坡垴开有一满月形的田，与一半月形的田，聚集周围百里而来山势及天地之气，将此视为楼上摄涵并运化天地自然之气的太极，称为"太极归位"。也有人将此田比之砚池；原田角边有石笋一根两丈余高，直径三米，谓之墨（后石被毁）；潕岭河边挺立的文笔峰，有如印浮于水，谓之文笔或印把山，如此有砚、有笔、有印、有墨，便赋予了山水田园以更深厚的人文内涵。

也有人认为楼上古寨，是按《河洛图书》来确定村落的布局，以及如梓潼宫、观音阁、魁星阁、戏楼等建筑依九星之序，按各座位卦象与伏位卦象的五行相生相克关系，来选定各宅居及各种建筑的宇向。从楼上古寨居东北面西南和居北面南两种朝向来看，北属水的方位，而北面没有足够的水来克制南面的火。为了化解过盛的火的力量，在楼上整个建筑中有着广泛而多样的抑制方式，全楼上之境，根据地形在湾、坨处筑有20多个山塘，保证灌溉，防止洪水冲刷使水土流失外，起着增加水势的作用，与各寨周边，特别是寨外边所开置的一直延伸到河边的层层梯田之水，一起抑制南方火，并通过塘、梯田之水来加以克制，形成水火既济之象，实现避凶化吉之妙。

基于家族繁衍及文化昌兴的慎重考虑，楼上在东边青龙首龟形的山上，广植柏松枫树。而几百年来，引鹤巢居于此，以应和龟鹤延年、寿比龟鹤之意。东方龟山广植树木，其实，就是为了风水之需，平衡阴阳五行，在东方本应属木，故聚木，以抑制西方高厚岩石之金，以生南方之火。

古寨建筑不仅仅应该是供人生活的空间，更应该是促进人与自然和谐共存的媒介和载体。人与村寨、人与环境被看成一个整体，将人置身于自然生态环境中，以顺应自然生态环境的方式来获取生存的精神性需要。当然也包括为生存而对土地、植物、水、空气、阳光等的直接需要。为了满足这种需要，在择居之前特别注重选址，通过观势、观相，即建筑要充分考虑到聚气藏风及环境的各种因素。

在依山傍水的自然环境中，古寨掩映于林木之间，与自然相伴相亲，与山水田园相守相望。由于古寨是依山势向上层层叠叠而建，视野开阔，近河大片土地开成梯田，不仅可行、可望，还可居、可耕。总之，楼上周氏家族的生活智慧和民居建筑艺术是中国传统儒道互融的产物，是中国传统耕读文化那乐观向上的人生态度以及民居建筑中的许多象征性思维，是更加直接而广泛的展现。那种感悟的整体把握的思维方式，有建必有景，有景必有意，立意化境以求宜居适处。

第二章　大居楼上

人文胜概，风景无边

楼上无意于美而大美，清风朗月，含蕴渊澄，寨边是幽亭秀木，于此间漫步足可以映落着人的精神的朗润。平凡的耕读，不平庸的生活，在田园耕读中发现美、欣赏美、体验美和创造美。其审美感受性，永远都是周氏家族人性最有价值的一种本能，因此，在楼上这里，美的体验被唤醒，创造美的冲动被释放，艺术介入耕读生活的感人力量被放大。一代代人的努力便不断丰厚了楼上的人文积淀，闳约深美，也激发了审美智慧，创造了大居无隅、大美无边的世外之园。

楼上有大美而不言，山色因楼上而生，田园因楼上而臁。这里林木扶疏，山泉澄碧，环境清幽。骋楼上之景，村烟在望，树影梦梦，田园秀错，云山际会，始终历历在目。游居于此，足以供养云烟，同会于古人之心，其水月之朗润、松风之清华，皆可仰观俯察，一一赏玩，亦可赋予涵泳，也可收摄于画中。

"楼上十二景"，便是其耕读生活中，不断的审美积累，又不断生发、赋予、提炼、概括、丰富，并浓缩而成的最美风景：村烟在望、山塘涵影、双桂秋月、潼阁晚钟、斗枫鸣鹤、戏楼拥翠、林边春色、天福问泉、石桥朝露、观音坐莲、砚田挹韵、古屯暮雪。

村烟在望

是楼上古寨最大美又最具风格的景观。立于古屯之上而望，则古寨屋舍层接，高低错落，款款相衔，树屋掩映，无论是天际归云，或炊烟袅袅；无论是斜阳腕腕，或月晖脉脉；无论是朝岚暮雨，或霜天雪地，其冬去春来，年年岁岁，春绿夏翠，秋黄冬染，一年美景，变幻莫测，加之田畴林木与村寨自然化融一体，览之不尽，无不令人心旷神怡。从古屯而下，处处可赏，且步步有景，每到一处总感觉这边风景独好，因而步步景、步步奇、步步妙。诗曰：

村烟在望

村烟朝起画图呈，
目尽田畴带雨横。
山势迎来千里外，
频频飞燕也诗情。

山塘涵影

山塘位于阁坳口戏楼之东，因势相借所构筑。此塘因借湾坨之地利，外筑一道堤坎而成，堤上长满松、杉、柏、枫等树木，阳山竹相间其中，路从塘后，沿堤亦可行，春则草长塘中，鸟鸣堤树；夏则林翳蔽日，蝉噪绿荫；秋则风吹黄叶，松子飘落；冬则霜晨月夜，苍茫尽染。此塘与梓潼阁、戏楼相借相望，远山近水，形成天人合一的绝好景观，也是楼上充分利用自然、保护自然、人与自然合一的生态意识的充分展现。诗曰：

山塘涵影

远峰洗出雨初收，春水波光月上楼。
堤树云留天地色，一池倒影惹乡愁。

双桂秋月

从梓潼阁北侧沿着石阶而上至阁外院坝，双桂并立其中，临风昂扬，树冠形如盖张，覆及整个院坝，院坝正与养正书院走廊相连接。此双桂如并生，一金一银,花开时黄、白各半,已是奇观,还可预兆年景收成,无论是春夏秋冬,皆成胜概。特别是三秋时节,秋月朗照,则月影树影,交相抚慰,令人玩味无穷。这里无论春日看花,或夏日乘凉,或谈诗书、品佳茗,或迎秋爽、观仙鹤,或叙农事、话家常,或闻桂香、玩秋月等皆是楼上最好的景致。诗曰:

双桂秋月

阁外楼边淡淡香,闲吟互唱夜生凉。
煨茶相约月来坐,桂影婆娑情意长。

潼阁晚钟

位于寨东青龙首上,始建于明。梓潼阁建成之后,四置柏、枫、松及各树木,有一山万树之观。梓潼阁掩映其中,更增添其幽静深秀之美。原梓潼阁,于南北两厢走廊处,分置铜钟、大鼓,每天撞钟击鼓,朝三暮四,其钟声可传至滥泥山(相距60里)。铜钟铸于明万历年间,钟声悠扬悦耳,仿佛从天上传来,悠悠远荡,而听钟声也成了楼上周氏耕读生活不可缺少的内容。特别是清末民初,土匪掳掠,整个楼上及周边地区,因钟声以躲于屯中,或同时组织乡邦自卫。此钟毁于20世纪50年代,至今人们仍追忆不断。诗曰:

潼阁晚钟

古柏长松叠翠香,摇风疏月弄清凉。
应知僧老难留阁,晚待钟声送夕阳。

斗枫鸣鹤

位于梓潼阁基园山林与古寨之间。七棵硕大高挺枫树，形成北斗七星状，因树龄太长，不知植之有意或天成此景，为海内奇观，且树枝上栖息无数鹳鹤，朝起暮归，惊鸣不已，自古以来，就有"鹤聚仙乡地是缘"之美誉。这也是楼上人与自然和谐相处的馈赠，也是田园山水之美之饶，为鹤提供了良好的生存环境。自古以来，这斗枫鸣鹤，一直为骚人咏士所瞻慨。诗曰：

斗枫鸣鹤

枯藤老树醉斜曛，北斗参天透片云。
野水不知留鹤住，归来争唱也纷纷。

戏楼拥翠

戏楼位于阁坳口丫颈上，而形成胜概，是楼上耕读过程中，追求精神生活的重要场所。同时，其通过形式多样、内容丰富的戏剧，进行道德教化，淳化族风。此戏楼历经百余年历史，物换星移，从以前年年春节有演出，到后期文化宣传、歌舞娱乐，演绎着家族的耕读生活，是楼上周氏家族精神生活的记忆与文化的风标。其选址别具匠心，以挡古寨风口，更富有建筑的人文内涵，是楼上耕读的历史文化的缩影。戏楼周围古树环立，聚散有致，戏楼旁边的古树，多朝向戏楼，或朝辑迎让，或

戏楼拥翠

俯身相向，四面皆可观。若遇夕阳残照，飞檐翘角，栩栩如生，与古树浑然天成。诗曰：

> 翠拥楼空夕照红，戏非人去问东风。
> 耕烟岁月曾相似，岁岁年年人不同。

林边春色

位于梓潼阁基园山林与观音阁垴垴之间。从坳颈大田至古寨门首田，风光旖旎。春天到来之际，万物复苏，春暖花开，小鸟争鸣，枝叶吐绿，树叶吐芽，欣欣向荣，山花灿灿，而田野油菜花开，一片春光，微风轻和，浸透着美妙春色。当农人或田间耕种，或行道往来，无论夕阳月夜，无论暮雨朝岚，无论近观远睹，无不赏心悦目而流连忘返，让人感受着世外桃源之美。诗曰：

林边春色

> 梯田层下带长汀，山色朝来一抹青。
> 春在雨中人不见，流莺唱与落花听。

天福问泉

位于古寨中下部大沟边，是其饮水与门首田灌溉水源。地名水井湾，其泉水甘醴，清甜可口，水质居思、石之冠。且四季恒温，冬暖夏凉，无论春冬，水量不减。古时泉水沿岩石顺流而下，积有岩浆，形成自然龙嘴。龙嘴布满青苔，极富审美质态。泉下建上下两池，上洗菜，下洗衣物，池

天福问泉

上立青瓦木屋以蔽风雨，四周竹树相错，林荫浓密，或乘凉纳暑，课雨占晴；或劳作归来于此濯涤泥尘。寨人朝夕相尚，称心适意，而情深意长。诗曰：

泉水清清几许开，纳凉浣洗竹多栽。
老农耕后浑无事，信步提壶一笑来。

石桥朝露

位于古寨门首田通往潆崤河的古石桥，修建于明代。最初名"兰桂桥"，因桥头两端植有桂树，一石跨接东西，重达数吨，并从几十里外撵来，将大桥垴垴与沟对门连通，便于出行和耕作往来。后桂树茂盛，树枝开散，覆及全桥与桥头两端，后又于清中期补植两楠于外，形成两桂两楠，故又称"楠桂桥"。现桂老而凋没，楠则欣欣。此桥置于要津，或往来行人，或耕种收获，经此，都要歇息观赏，四周景致应接不暇，最负盛名。诗曰：

石桥朝露

石桥楠桂友人逢，曲径频来接远峰。
坐看山腰岚作带，稻香时节露偏浓。

观音坐莲

位于古寨东南二里。观音阁所立之山，屋基四周，因山石裸露，兀立许多瓣形石片，整体形如莲花开放。而此小岩山下，几乎四面皆田，田外是长滩河围绕。整个田畴如同荷叶，立于清波之上。从远处

观音坐莲

望之，正如观音坐于莲上，故名"观音坐莲"。伫立于观音观上，眺望四周，则楼上景色半入眼里。阁外田畴叠错环接，河对岸峰峦起伏连绵，峻岭石屏相映，延成蔚然大观。诗曰：

田野环流莲叶生，碧波荡漾翠盈盈。
观音坐拥红尘外，一阁迎来白鹤轻。

砚田挹韵

砚田是指团坡垴顶上的圆田与半圆田。此田形因稍有凸起，四围田畴层叠环接，砚田坎边原有石笋一根，形如墨。而澝崎河畔一峰耸翠，形如文笔，形成有砚有墨有笔，而蕴文气。当于古屯之上目游四周，则万壑千峰，皆荟萃于此田中，亦有太极归位之说。因此，砚田形成汇聚众有，摄涵万物之

砚田挹韵

妙。砚田于插秧之际，水汪汪的稻田，像一面明镜，四围取映，倒映着远处若隐若现的山色和近处的树屋。当新栽秧苗在水面上轻轻摇曳，四面之景，摄涵于田中，至谷黄秋收之时，田野尽染，则一派灿烂，其无限美景，令人叹为观止。诗曰：

砚田秋染春容澹，四季云天明镜涵。
水色山光依次入，耐人韵味更轻岚。

古屯暮雪

位于古寨西北面，俗称屯垴垴，是楼上明清时避匪而筑的屯堡。古屯北面深壑，西、南皆绝壁凌空，只有东面可上。屯墙四道，层层高引，路从东

来，循半坉经卡门进入，堪称险绝之地。立于屯上，纵目环骋，四围群山，络驿奔趋，蔚成一览汇归之景，反复远望，则山势起伏，形状各异，姿态万千。俯则古寨、村林、田畴，错落有致，美不胜收。看云、看山、看岚、看雾、看霞，朝日斜晖，无不啧啧叹之。而最大奇观当是暮雪

古屯暮雪

漫天，雪雾村烟交相互汇，天地一白而又深浅不一，一切归之于静，是时心灵寂寂，涤去俗尘，淡尽烟火，胸襟豁然朗朗，一种生命洗礼，油然而生。诗曰：

绝壁孤崖沟壑深，古屯四面好凭襟。

暮天寒雪纷纷落，云冻千山一望寻。

楼上山水如画、古木参天、田园葱郁、林屋掩映，集人文、山水、田园、村落于一体。楼上有诸多的美景，供人们游玩欣赏，而"楼上十二景"的可观可赏、可行可望，是人们体验生活、感受耕读、仰怀文化，造访最多的去处。除此之外，楼上还有潕峏河风光，优美绝伦。

楼上因喀斯特地貌所天然雕饰，峰岭、绝岸、岩洞、玉屏、文笔、轿顶、石猴、卧龙、伏虎、坡峦、裂谷、石垴等，在这里充分发育，崖如斧削，峰似笔立，姿态万千，造型奇特生动。如雷打岩之奇，似雷劈中开、河谷深切，两岩绝壁夹峙，壁石转折连绵之间，形态千奇，或如将军出征，或似猫鼻之岭、撮箕口、仙人撒网；或由茶盆岩、屏岭、轿顶山又组成一峰独矗，千山宕伏，倒影水边，形态峻逸多姿；长滩河风光，一水如带，十里长滩河岸，猴子岩绝壁百丈，兀立滩边；玉屏岩上，古松倒栽，临河幽姿，如云升起；还有牛心子、牛腰杆等组成山形异貌，与观音阁，坐落于荷叶之上，形成四时之景不同，美轮之至。至于潕峏河之景，更奇绝天下，左有龙卧湾中，右有虎踞

河上，中间则文笔擎天，与砚田相映，下有弥勒得道，上有公公背媳妇、天鹅抱蛋之望；沿河而上，风硐悬崖、黄蜡岩、大偏洞、牛鼻孔、美人晒羞、八人抬轿等诸山之姿，于漻崄河相岸错落相望。其河两岸的白云岩体，经风雨千百万年的侵蚀，或壁立千仞，或层峦叠嶂，或飞来所至，给人视觉审美带来冲击，形成了丰富可骋的山水奇观。故楼上有"漻崄河十二景"可游可攀、可隐可钓。其十二景为：石佛问道、雷打岩开、仙人撒网、茶盆献瑞、轿顶挈云、灵猴探月、长滩归牧、绝壁挂松、玉带晴岚、文笔擎天、漻崄晚照、虎卧龙吟。

石佛问道

位于凉水井寨后。石佛这个地名是每个楼上人都耳熟能详的地名。但要真正说到这个地名背后原委，未必有几人能知，而且有许多人都未能近其石佛之前，真真切切瞻仰过。石佛是楼上周氏所居地北面山峰主脉，从坪上大干中分之后，奔伏而下，经红字岩至凉水井，又涌起一峻拔又隆厚山体，于山体下面又突起小峰，在山正中突立一巨大岩石，是石形如佛像，故名"石佛"。因其林木丰茂，只见面部以上，远处可见，这也是许多人只知其名不知其形的原因。石

石佛问道

佛伟岸昂立，肃穆庄严，神态祥和，目向远方，有问道之状。其更因楼上周氏始祖，由川入黔之前，礼拜神祇时，得神指引，因不畏艰辛、千里迢迢寻来楼上定居，以至于繁盛绵绵，而被历代周氏子孙奉为神灵之佛。

雷打岩开

位于楼上古寨东十里。"雷打岩"这个名字，远近闻名，是从直桥沿木挂溪进入楼上的第一险绝要津。因河水从峡谷底一线穿过，两岸绝壁连绵，峡谷宽窄相当，上下如雷劈而成，宽不足百米，高却数百米，如果仅仅是河水

溶蚀而成，简直不可思议，故人们更多相信它是雷打而成。峡谷转折而上，并峙霞驳，有绝岸天成之美。凡于此经过之人无不驻足以观，其险绝之至，足以骋怀。特别山雾迷蒙，犹如画中仙境，令人难以忘记。

雷打岩开

仙人撒网

从雷打岩沿河而上不远处，可见官塘与河之间，一山高耸，如仙人行立河畔。从其山间分一峻岭奔伏，折叠如手臂张开，再似一绳徐徐牵至末尾外，则一山形同渔网撒入河中，河水绕山240°环流。而峻岭之薄，从侧面观之，极像网纲紧勒连绵。据说此地乃风水宝地，曾经有人墓葬

仙人撒网

于此，因下葬时间不对，而被雷打了，于是演绎了许多传说。

茶盆献瑞

茶盆岩位于下苗寨当门（今周氏居住）河对岸。此岩略成长方形，有如一茶盆之状，岩壁上有数块微微凸起而形成似果、桃，或奇珍之物的小岩壁。从远观之，如放于茶盆之中，故称"茶盆献瑞"。每当夕阳西沉，金色阳光照在茶盆上，茶盆中果桃奇珍之物，

茶盆献瑞

活灵活现，神奇难状。

轿顶挐云

从仙人撒网沿河而上，过茶盆岩、姜茶沟之后，就是有名的轿顶山。轿顶山形体巨大，兀立河岸之南，山顶形如轿顶，因而名之。其山势峻伟，独立耸云，触及蓝天，白云从山顶掠过，变幻莫测。此山恰似举子秀才"读书归来，仙人抬轿"之说。此山四面陡峭难攀，只

轿顶挐云

有山背垭口有极险的樵道可行。山上尽岩灰沙石，只有岩柴，素称"轿顶山峰高又高，砍得一回（一捆）胜过两回烧"。山顶上手杆粗的岩柴，得长上几十年，甚至几百年。农人从山上找到黄杨木，做扁担，要挑几辈人。倘若立于山顶，手可触云，周天可望，万壑入目，直有壮哉之美。

此茶盆岩与轿顶山生得祥瑞。据说当年周伯泉卜居楼上寨纪，见此二山如众人抬着轿子和礼物，从东而来楼上，有献瑞送贺之状，便下定决心筑屋以居。

灵猴探月

此景在长滩河南岸，地名猴子岩。猴子岩山势峻拔，于山顶生一奇石，形如猴子，栩栩如生，头朝施秉，屁股朝小屯，因此有"吃光施秉，窝肥小屯"之说。相传在明清时期，施秉一带的人，曾偷偷来猴子岩将其下牙巴骨打掉，猴子岩的下牙巴骨又慢慢长起来，然后再

灵猴探月

来打掉。以至明清时期，小屯闻名遐迩，也富甲一方，都说是灵猴之护。

长滩归牧

长滩河，滩长而缓，形如玉带，从长滩河田门坎过河，经风岩沟，是通往凯景、坪望要道。顺河而下是冒沟塘、轿顶山，往上一直到溜崾河。长滩河北面是层层梯田，以前长滩河边的碾房、舀水车极多，而钓鱼（刷滩）、摸鱼、打鱼（旋网）、塞鱼（用秧草与鱼篓将水下岩洞或石壁之缝塞着，再舂槭香叶闹），以及砍柴、割草、洗澡，加上在田中耕种劳作的一起，构成极其美妙的桃源生活乐章。寨里的黄牛、水牛、羊还可撑过长滩河到风岩沟、冒沟山等处去吃草，当夕阳晼晚，牛羊归来，则油然而生一种怀古之幽情，有说不出的牧歌般的雅致。

长滩归牧

绝壁挂松

楼上最负盛名的景观，闻名遐迩。在长滩河石林坝田的对岸，紧临河岸兀立一屏风式岩石山，高千仞，四面近绝壁，临河石壁呈白色，略带霞彩，形同玉屏。绝壁上有极陡二坨。第一坨，上有小杂树和少数柏树，然后绝壁而上，至二坨生长一些灌丛，再绝壁至顶。屏顶带

绝壁挂松

曲折起伏平斜形，无土，皆盐灰沙构成，也称万卷书崖。其松乃周氏四世国祯从云南带回所倒栽玉屏之巅，松针一束三针，树先往下长，再平伸，再往上生长，横绝河上。其松香晶莹剔透。此松在黔境稀有，故周氏视之为神圣之树。其树冠如云，极富美感。

玉带晴岚

楼上可望的上游潕崄河、下游长滩河，折叠往还，回环如带之状，故称玉带。其河对岸峰峦交错，起伏绵延，朝岚远岫，于山与山之间飘荡，浓时山势隐微，淡时山翠空明，有时朝岚从中横贯纵山，轻薄如纱，一年四季，岚雾不断，美轮美奂，而日日各异，年年不同。

玉带晴岚

文笔擎天

位于潕崄河西岸，形如玉笋之状，亦有文笔之姿，也称为印把山。文笔昂天，群峰拱仰。文笔一峰独耸，披云而上，山势峻极天表，极难攀爬，如能临其上，仿佛纵身天际，置身云端，层云荡胸，可视百里。文笔紧邻公公背媳妇之山，河水绕山脚而环流，文笔正挡着潕崄河直冲下来的水，使折叠而来的潕崄河有九曲之妙。此峰云荡雾裹，朝阳夕阳，暮色晚景，皆可入画，既是景观之美，又是文象之标。

文笔擎天

潕潕楼上

潕崄晚照

位于文笔的河对岸,是潕崄河峰岭交会处,夕阳西下时余晖洒落,山色沐于落照中,通体透明,仿佛人间仙境,而纤尘不染,风光无限,有危峰阻日、夕阳山外之思。特别是夏秋之季,白云如绵,归之岭际,幻化冥灭,最为奇特。若白鹭群飞,翔集于河边树丛,又是一景,景景美奂,一一难收。

潕崄晚照

虎卧龙吟

实为伏虎、藏龙两山,分别位于文笔西和东,为古寨向山中形藏最妙之景。楼上周氏最讲究建筑中的风水文化,楼上古寨坐东北朝西南,讲究左有青龙、右有白虎、前有朱雀、后有玄武,来相护卫。古寨对面的向山,北来南往,左右层层相护,使古寨有天开奇境之美。

伏虎山,如虎踞河上。此山脉从佛顶山脉滥泥山分支而来,起伏奔趋,经铺溪、朗树坪、通草坪,则峰峦起伏,络驿奔赴,经石仓,从下葛宋背后至潕崄河拱卫而来,为古寨守护。

藏龙山,形如龙潜藏湾中,确有昂头而吟之状。此山脉从南向杨柳山分涌而来一支脉势,经坪望,如游龙之行,至潕崄河畔,则潜伏在河湾之中,又似昂行之妙。潕崄河有文笔昂扬天外,有虎卧、龙藏

虎卧龙吟

以锁冲来水口，使古寨前有万山汇涌来朝，其后主脉有众山相送相护，实是天地所界的深厚标志。

楼上环境天成，横绝今古，并赋予了深厚的文化内涵，无不含蕴着自然之美与人文之美。进入楼上深处，则耕与读以涵之，诗与思以领之。楼上之美，风景无边，不仅仅是"楼上十二景"与"潕崄河十二景"所能概括。可以说，天地不轻施予，楼上却独例外，膴膴而大美。

行政区划，两府一地

明初至清，楼上所处之地属思南蛮夷长官司。这里远至上古时代，就有人类居住。其历史上的土著人，多是后来的仡佬族。他们与迁移而来的苗族及历代征抚后裔的土家族，以乌江及其支流的岩头河、龙底江沿岸为主要栖息地，过着渔、猎、牧、农的生活。楼上在元代以前所属石阡行政区划的历史沿革，经历了：

唐虞　　梁州南裔荆州西鄙。
夏　　　禹贡梁州之东南裔。
商　　　荆州西鄙。
周　　　楚巫黔中地。
秦　　　黔中郡地。
汉　　　牂牁郡地。
晋　　　夜郎郡地。
隋　　　明阳郡。
唐　　　夷州绥阳县、都上县、义泉县、洋川县、宁夷县。
宋　　　珍州绥阳。
元　　　思州军民安抚司。

楼上僻处石阡西南，虽秦汉隋唐及宋，地号不同，可彼可此，地无定属，为土为流，绣错难厘，至元乃隶属思南宣慰司下蛮夷长官司所辖。明初开始，楼上隶属思南府蛮夷长官司之地，至清初，同时隶属思南府蛮夷长官司，石

第二章 大居楼上

阡苗民长官司所辖。

楼上长期处于土司统治领地，能传承发展丰富耕读文化，这是楼上周氏家族文化的生命力。土司制度是封建王朝治理少数民族的一种政治制度，是羁縻制度的继承和发展，尤其在贵州较为典型。这是元明清时期中央政权与地方各民族统治者相互依存又相互制约的一种权宜之计，是中央对少数民族边疆地区进行管理的一种特殊方式。

地方的土司长官掌握着地方军事、政治、经济等大权，在承认中央政权的前提下，土司所辖的所有土地和人民都归土司世袭所有，土司各自形成一个属己的势力范围。

元世祖至元十二年（1275），思州首领田谨贤用辖地归献元朝，置新军万户府，随后改为思州军民安抚司，设治于水德江（今思南），隶湖广行省，后迁于龙泉坪（今凤冈县），不久因司署遭火灾而毁，而移治思州（今岑巩）。于是称新治清江为思州，而称故思州地为思南。元顺帝至正二十二年（1362），设思南道都元帅府，不久又改为思南宣慰司。

明洪武五年（1372），改水特姜长官司为水德江长官司，属思南宣慰司。洪武六年（1373）十一月，升思南宣慰司为思南道宣慰使司。

明代是贵州历史发展上的一个重要时期。明永乐十一年（1413）设置贵州布政使司，贵州正式成为省一级的行政单位，置思南府、石阡府。石阡府辖龙泉县及石阡、苗民、葛

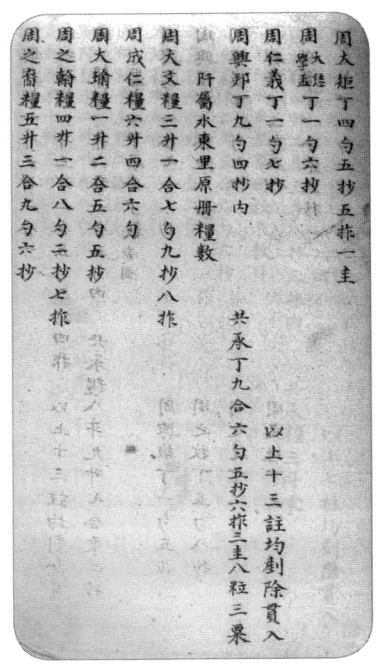

石阡府丁粮名册

思南府丁粮名册

彰葛商三个长官司。

早期的思州土司官,多半是中央王朝历代开边拓土派来的将领之后,如思南和思州的田氏土司,其先祖于隋文帝开皇二年(582),开辟西南,从中原陕西沿清江流域、乌江流域从黔州(今重庆彭水)向南进入贵州,为中央平息叛乱,从此世袭世守。

楼上思、石分界线

田氏土司一直延续到明永乐年间,田琛、田宗鼎分治思州、思南,但相互仇杀、纷争不息,百姓不得安宁。永乐十一年(1413),朝廷命令顾成带兵5万,将其押送京师革职查办,废掉土司,改设流官治理,因设贵州布政使司。其思州、思南原所辖之地,分置思南、镇远、铜仁、乌罗、思州、新化、黎平、石阡八府。这就是改土归流的开始,也是全国最早的一次改土归流。

在改土归流中,世袭的土司改为由朝廷任免的流官。但明朝时期贵州的改土归流并不彻底,仍然保留了大量土司属地,如铜仁府、思南府、石阡府、镇远府是流官治理,其下还辖有许多土司,直到清末。

据《明史》记载,明朝时期贵州有宣慰司1个,即贵州宣慰司;长官司76个,包括蛮夷长官司21个。其中,思南府下辖的,就有17个长官司。

永乐十二年(1414),以原思南宣慰司所属水德江、思印江、沿河佑溪3个长官司及蛮夷长官司,并务川县及板场、木悠、岩前及任办四坑水银局置思南府,治所水德江(今思南)。

永乐二十一年(1423),设贵州思仁道于思南府;神宗万历十五年(1587),移道治于铜仁府,以分守思仁道驻思南府,并划平溪(今玉屏)、清浪(今镇远清浪)二卫属思仁道。

清顺治十六年（1659），石阡仍领龙泉县与石阡、苗民、葛彰葛商3个长官司。

康熙二年（1663）废葛彰葛商长官司。乾隆七年（1742）三月，石阡府分设七里，即江外迎仙里、江内迎仙里、水东里、苗民里、在城里、苗半里、龙底里。直至清末，石阡府直隶于省，仍领龙泉县。

清思南府治所设思南城，领安化［原为思南府附廓，光绪八年（1882）移于大堡而改名"德江县"］、务川、印江三县及沿河佑溪、印江朗溪、思南蛮夷三长官司和随府办事长官司。清道光二十一年（1841）废蛮夷长官司，归思南府辖。

民国二年（1913），贵州设立都督府和行政公署，实行军民分治。在全国大规模开展行政区划改革，大力推行撤府设县、省直管县政策。民国三年（1914），思南府改为思南县，列为大县，隶黔东道。思南府治下的各县纷纷离开，其余的长官司、直辖区也分别改设为县。其中，思南府直辖区，即原来的随府办事长官司、蛮夷长官司所属土地，也正式改设为思南县。于是，按照规定，各县之间重新勘测、划定边界。

在思南县与邻近县相互划拨插花地时，原来由府机关直接管辖的地面，近者距城数十里，远者二三百里之外，但是，划拨插花地之后，仅存十分之二。其中，思南县的土地划出去后，分别拨给了石阡、印江、凤泉（今凤冈）、德江、沿河、镇远共6个县，由外县划给思南县土地的，有石阡、印江、凤泉（今凤冈）、德江、镇远、松桃、务川共7个县。

据《民国思南县志》所载，思南县划给石阡县的有杜家寨、直桥、石榴坡、葛容（楼上所在地）、乐化5处地方；石阡县划给思南县的土地有芭蕉溪、苗民司、坝头、仁和场、红石梁、洪家坝、募溪岩、水田坝8处。当然，后来仍有多次小范围的调整，但这次划拨，基本奠定了现在的思南县、石阡县边界。从此，楼上所在地就完完整整隶属石阡行政区划。

楼上在明代的地理位置介于石阡府内，却属思南府蛮夷长官司辖地（史称插花地），属思南府。清代楼上又同属思南、石阡两府共管之地，也算是贵州历史上少有的"一地两府"或"两府共治"的村寨。在贵州历史上的行政区划中，此类型是极其少见的插花地类型，因而有其重要的历史属地及多属插花地方面研究价值。

插花地是特定时期、特定历史条件下，特定区域内的各个政区（或行政区划）在形成、发展和变迁过程中，所形成的各种穿插交错或各种边界不清之地的总称，包括飞地和犬牙之地等类型。插花地虽在古今行政区划中屡见不鲜，但楼上既属于插花地，又同属两个行政区划共治，有其独特的文化价值和意义。

500多年来，楼上周氏家族从始祖周伯泉入黔，择居楼上后，不断繁衍生息与拓展，其家族又经历了无数的灾难。那种坚忍不拔的家族意志、那种不断适应环境的努力、那种建造家园的智慧，浓缩为楼上周氏家族耕读文化的记忆，再现一个家族文化历史厚度与可感可知的文化样式。

第 三 章

耕 读 楼 上

  楼上周氏家族，素以耕田与耕书同价同理，其耕以足衣食，其读以养身心，耕以助读，读以美耕，耕读相济。这是古代文人所追寻的人生，也是陶情养性的一种价值选择。

  楼上周氏家族以耕读为基，其"读"，不是为求取功名，而为明礼义，知古今，治身心，立品德，效先贤，做贤人，道德至上。这种耕读相济的方式，更是一种充实智慧、丰富生活的方式。楼上周氏家族贤良辈出，地膄人善，其生活虽简朴无华，而精神却丰富充实。如《诗经·大雅》所言："周原膴膴，堇荼如饴。"

耕读含蕴，精神向度

耕读文化是中国文化的一种特殊象征，千百年来它以特有的方式凝聚了文人们对意义世界的追寻。耕读文化是中华文化的优良传统，可追溯至春秋战国时期。而古代农耕文化是耕读文化的源头和基础，是以农业种植经济为基本方式而积淀下来的物质与精神现象的体现。物质层面表现为农作物的种类、生产工具和生活用具等；精神层面包括一定的思想意识、生活习俗、价值取向、风土人情、祭祀祈祷和社会行为规范等，也正是重视家庭、重视宗族制度下家族那种人与人之间的亲情与血缘纽带关系。

楼上耕读文化，是儒、道、释以及魏晋玄学与宋明理学相互融会与生发，同时受江南、巴蜀、荆湘文化与西南少数民族文化的影响，不断融会绵延拓展所形成的。其耕读文化，既呈现出多元、连续，层面复杂、浑融的特点，又具有历史性、思想性与家族性的特征，是楼上周氏家族继承传统，实现人与自然和社会环境相互统一的文化典型。

在中国历史上，对耕读的向往与追求，实为文人的一种理想，最初是儒家"退则独善其身"和道家"复归返自然"的生命形态与过程，在中国传统文化中有着很高的道德价值和文人情怀。

纵观历史，文人对耕读的诉求，起源于南北朝后期。从表面上看，陶渊明式耕读可理解为魏晋玄学为表述生活态度而出现的产物。严格说来，在魏晋南北朝虽出现桃源式的耕读理想，但没有形成真正的耕读传统。真正的耕读，兴起于宋后，其耕读则是宋明理学在人生践行的一种特殊方式。

随着耕读文化的发展，耕读也逐渐从不得已的"进退之道"，演变为士大夫阶层的精神寄托。耕读的理想生活，直到宋代才得到实质性的丰富与发展。

第三章　耕读楼上

由于文化制度的进一步有效推行，耕读文化因科举制度的演进而得到改造与加强。科举制度虽起源于隋，而发展于唐，盛于宋元，直至明清，在使文化得到普及的同时，也赋予了耕读文化以新的内涵。于是耕读文化又获得真正意义上的演绎与发展。

对古代士大夫而言，躬耕田亩阡陌之间，种几亩薄田，养花植树，畅享林泉，吟诗题赋，抒发性情，过着逍遥自在、与世无争的生活，是一种企望与理想。其实，"耕"也只是象征性的，而士大夫文人亲自躬耕却是极少的，只不过是避世之词，能寄情山水、吟诗题赋、修身养性而已。这种耕读生活，只是一种文人寄托与期许，或者说，是表面上、形式上的耕读。就其耕读本质的历史而言，更多的皆是入仕之后，仕途不顺，或遭受挫折，而归隐耕读。这种耕读多半是建立在衣食无忧的基础上，所选择的是逃避社会的一种生活方式。这种冠以雅兴的耕读传承一代或两代人后，囿于生活所迫，只耕不读者多，又耕又读者少，而耕读持续十几代人则少之又少。一般而言，在中国明清，所有家族所推崇的耕读生活，都不是真正意义上的耕读，是以耕入读，读而科举、而入仕的理想追求。

传统所倡导的耕读生活，主要体现在4个方面：一是改变民风，二是学以致仕，三是通达礼义，四是提升境界。耕读究竟有怎样的精神内涵让历代士大夫如此神往？这不仅仅因耕读是自由、自在、自我、自然的个性化的外在表达，其实耕读文化所涵泳的内在义理，与宋明理学具有惊人的一致性，其耕读生活中的家族次第关系，具有等同于宇宙秩序与道德伦常的意义。宋儒则是用相似的方法以冥通天理，是宋明理学的基本修身与格致方法，从中可以看到这种秩序在耕读生活中的投射。耕读即是理学天理世界的境域。

在宋代理学之前，文人对人生只有两种选择，一是入仕"治国平天下"，二是退隐耕读。而宋程朱理学则开启了第三种态度，这就是朱熹在《近思录》里所概括的"出处"进退辞受之理。儒者如不入仕，亦不必退隐山林、遁入老庄或空门，仍可以坚持忠、孝、节、义，而白天耕种，夜晚读书，在耕读之中，存孝道，致良知，化贤树人。

历代以来，虽然耕读的理想由魏晋玄学和儒学所催生，但宋元以后，耕读背后的精神是宋明理学。而传承以宋明理学为精神内核的耕读，是楼上周氏家族几百年来一贯努力与践行的人生方式，以寻求耕读精神的真正内涵。楼上周氏家族纯粹耕读的背后是生命的真实，其具有未来的与审美化的意义。但耕读作为家族或社会生存方式的存在被历史传承了下来，所传承的文化精神，超越形式本身，即为生命赋形、为心灵留影。

楼上周氏家族的耕读，所涵摄的不仅是庄学或魏晋玄学，而且包含崇尚儒家人格理想下的宋明理学那种独特的修身态度，为实现儒家人格理想与家族耕读情怀，而葆有生命的高洁和对山水田园向往之间的统一。因此，周氏家族19代人的耕读，必须处在：一不求离世而逃避社会；二不能违背君臣父子之忠孝节义。

楼上周氏家族自周国祯开始，经过数代人的实践与努力，终于实现了"不愿儿孙去做官，唯愿儿孙个个贤"的家族耕读理想，同时，也实现了宋明理学"进退辞受"和"冥想天理"的修身渴望。而这种家族理想与个人修身，正是耕与读的意义所在。

周氏家族500年的耕读生活，真正实践"读书以养性，读书以养心"之道，并在耕读之中，度节而耕其时，树贤而读以助，肇自然之性，成修养之功，贯彻家族不官不宦不求富贵的思想，只求绵延永恒发展和关怀家族的生存策略与视野，并将这种策略与视野，转化为基本的家族精神和品质特征，熏养族人心灵，塑造子孙，而蔚成风尚。在耕读实践中，周氏家族重视源自日常、源自底层的耕作与走近哲人的身心修养，重视以独立精神、传统活化、时代转化为主要内容的精神内涵建构，让族人在平淡的耕读中自足自信地生存。

在周氏家族的观念中，其耕读的选择，意味着趋向高尚、超脱，是古代文人所追寻的人生，是陶情养性的一种价值选择。在耕作之余，读圣贤之书，开化蒙昧、教化后人，潜移默化地接受诗礼的熏陶和圣哲先贤的教化，立德树人而移风易俗。这种耕读思想，有如宋明理学独特的修身方法一样，修身养性，树人立贤。一方面它不同于魏晋名士隐居桃源式的那种逃避社会的态度，当然也有别于佛学对空的思辨；另一方面也共而有之，这正是楼上周氏家族在主敬的心态下沉浸"耕读"的真正本质。

耕读还可以是一种思想境界或归隐情怀。古代有不少有文化而不愿做官或不能做官的人，他们企望过一种"耕读自适""耕读自乐，不求闻知于人"

的隐逸生活,而这种隐逸生活逐步广之为渔、樵、耕、读4种形式。其渔、樵、耕、读的故事在中国农村家喻户晓,并广泛流传。

所谓渔、樵、耕、读,即渔夫、樵夫、农夫与书生,是农耕社会中4个代表性的职业,也是很多官宦用来表示退隐之后生活的象征。

渔,是讲东汉时,严子陵是汉光武帝刘秀的同学,很受刘秀的赏识。刘秀当了皇帝后多次请他出来做官,都被他拒绝了。严子陵一生不仕,隐于浙江桐庐的富春江一带,垂钓终老,而被传为佳话。

樵,则是汉武帝时,大臣朱买臣的遭遇与读书故事。朱买臣家贫难济,以卖柴为生,但酷爱读书,每每负薪而歌。妻子不堪其穷而改嫁。他仍悉心研读《春秋》与《楚辞》等,闻名乡里,后经同乡推荐,当了汉武帝文学侍臣,后来又当了会稽太守。

耕,所指的是舜在历山下教民耕种的情形,后为历代文人所推尚。

读,则是讲述苏秦埋头苦读的故事。战国时纵横家苏秦到秦国游说失败,为博取功名就发愤读书。每天读书到深夜,每当要打瞌睡时,他就用铁锥子刺一下大腿来提神。

渔、樵、耕、读也是农耕社会的四业,代表了民间的基本生活方式。古代人之所以喜欢渔、樵、耕、读,就本质而言是一种淡泊自守,对田园生活的向往。

耕读历来被文人所企望以追寻,同时也在不断被演绎,并赋予更丰富的内涵。如南阳诸葛亮有"乐躬耕于陇中,吾爱吾庐;聊寄傲于琴书,以待天时",以耕读等待施展抱负;而陶渊明则倡导躬耕于南亩,真正回归人生,实现"把

耕读涵泳

膴膴楼上

酒话桑麻""采菊东篱下"的淡雅与悠然。

在楼上,渔、樵、耕、读是有主次之分的。耕为主,读为辅,渔是闲暇之趣,樵只是生活所需而为之。

在楼上500年的历史进程中,19代人,在农耕之余,还能挑灯夜读,形成了独特的耕读文化,有着丰富的内涵和不一样的取向。"耕读传家久,诗书继世长",这是一副传统的耕读对联,在楼上周氏家族中的堂屋里也常常能看到。可以说我国古代士大夫文人所追求的"耕"与"读"相结合的生活方式,在楼上找到了最好样式。

这里的"耕"即从事农业劳动生产,耕田可以事稼穑、丰五谷、足衣食,以立性命;"读"即知诗书、达礼义,修身养性,以树人格,学"礼义廉耻"的做人道理。所以,"耕读传家"既能谋生,又学做人,实现耕以足衣食、读以养身心的与世无争的生活。

在楼上周氏家族的耕读生活中,其为人处世之道,始终遵循"以孝以友,忍让勤俭,以耕读肇根底,以礼义作门户,师三代遗风,亲睦友助"的传统风范。在治家、处事、待人、立身等方面,无不蕴含着农耕文明那种内敛的、含蓄的、务实的人生智慧和处世哲学,体现了中国优秀传统文化的基本特征,蕴含着丰厚的文化底蕴。特别是在经历明末清初动荡之后,周氏家族更期望后代儿孙能够接续祖训,以耕读传家。楼上周氏家族的耕读是以耕助读、以读美耕,耕读互融,同时用耕以足衣食、读以养身心,不断演绎楼上周氏家族的传承与发展,并世代相循以守。

楼上周氏耕读文化的思想资源和基本精神是对中国传统哲学的汲取与吸纳。从哲学层面看,楼上耕读文化主要承继的思想渊源,即原始儒家、原始道家、中国佛学、宋明理学等思想基础,从而形成了人与物和谐的世界观,即看世界的方式,对自然认识、对生命的理解,是周氏家族文化精神和智慧的重要方面。

楼上周氏家族传统文化的基本精神,主要涵摄了传统文化的4个层面:以人为本的价值观;克勤克俭的生命精神;人与物谐的世界感;天人合一的审美理想。

楼上周氏家族的耕读文化内涵十分丰富,包括做人、行事、信仰各个方面,

第三章 耕读楼上

从最初强调自食其力的自立精神，到勤耕立家、苦读立身、耕读传家。耕读文化的内涵随着时代的更迭在不断变化和丰富，而其精神还表现在儒家与道家统一，实现宋明理学所倡导的真精神。

周氏家族中的贤达之士，在楼上的山水田园之间，为耕读注入了深广哲思，使家族在栖居中有一种更深邃的远境，以生命的方式来思考其家族的生存与绵延，具有不一样的生命价值取向和丰富内涵。将家族绵延放到永恒来审视，珍惜人的生命的有限，抑制个人的目的性追求，以获取家族发展的永恒。

楼上周氏家族看世界的方式，始终与其他家族有不一样的价值观和世界感。在家族耕读生活中，强调"耕以足衣食，读以养身心"。这样的深层次的思考，是周氏子孙的生命状态与生命存在价值显现的基础，重要的不是耕读留下的生命印迹，而是伴着这些曾经出现的生命过程，所包含的耕与读以及对生命的省思。这种特定的视角和表现人生的方式，也是楼上500余年周氏家族生生不息的关键所在。这样只求做贤人的理想与寄望，得到了一代代的不断强化与凝聚，而形成了楼上文化的真正本质与精神。

楼上的耕读文化，有很强的内倾特征，重视人格完善，对仁、礼的追求，以及达到这种完善的自省方式，从养身心开始，而价值取向递接为以贤为尚、齐家乃格。这种偏重于强调人格精神的读，总是有意地涵泳着人的素养、品位、格韵与精神。

这里治身心，其实是有感于人生短促，立于天地之间，立于家族、社会之中，内在安宁、幸福、愉悦、充实而丰富，才为自身所有，此外皆身外之物，而所有家园建设、庙宇文化都是为内在心灵提供领地，只有这样，才能真正提升自我，完善身心。

这个500余年的文化传承，联系着传统耕读精神的根系，凝聚着耕读文化的历史脉络，生发、融会而贯通雅俗的高度和使命，跬积着一代代孝子贤孙的追求和奋斗，也将带给人们独特的滋养和塑造，一种耕读相续的责任和传承担当，令周氏子孙和来此的人们所仰怀与珍视。如今的周氏后人，绵延着周氏历代耕读的气息和品性，凝结成一个共抱共生而渊风穆穆的和睦族体。

楼上的耕读，是周氏家族生生不息的物质与精神传承。在楼上500年的家族教育中，以人性、心性教育为根本，以素朴的生活、审美化栖居的教育

耕读精神

与实践为取向。其耕读精神价值主要表现在4个层面：

一是让人会体验到生活的不易和物力的艰难。日出而作，日落而息，秉烛而读，勤俭持家，这样的艰辛只有真正从事过农耕劳动与苦读的人才能体会，从而更加懂得珍惜祖辈开基拓业、立家治族的不易与艰辛。其传家存厚、处事坦率，是维护家族兴旺不衰之道。这些都是通过以耕为基础来读，才能把耕读相生的道理理解得更透彻。

二是培养人自强自立的精神。在家族的生存绵延中，农田土地的开垦耕种、家园建造、灌溉系统的修筑、生态的培植、精神生活的展开等，都因自力更生，而自食其力，自足其精神，使其耕读在获取生存物质基础和丰富精神生活的同时，也传承了自强不息、厚德载物的家族精神。

三是通过回归自然，回归人的本真生活的生存境界。楼上周氏家族通过耕读，实现人与自然融合，找寻到人与自然和谐相处、相安而生的大道。在利用自然，从自然之中获取资源的同时，保护自然，亲和自然，达到天人合一状态，这就是楼上周氏家族的精神之道。这样的耕读精神，弥合了人与自然之间的距离，实现了人与整个自然生生不息的循环体系的融合与统一。

四是通过耕读来实现对家族子孙的磨炼与熏养，培养更多的正直善良的贤人，老少无欺，实诚相待，睦邻互助，济难扶危，共襄仁善，以求得家族的凝聚与和谐，使家族耕读生活，少有矛盾与纷争，多有宽容与谦让，更加从容自适，更加宁静淡泊，更加悠远恒永。

因此，耕读不仅是指半耕半读的一种生活方式，更是一种情怀、一种文化、一种价值追求，一边辛勤耕作，一边刻苦读书，无论耕作多么繁忙，也不能动摇其读书的追求。这样的耕读，是一种敦厚朴素、平淡正直的人生执守，也是其生命体验，具有原始而本真的哲性，并将人生与生活，平淡着看、比较着看，将耕读超越着看、通透着看，将视角摄向人生根蒂的知性之处。

楼上周氏500余年耕读传承，祖训家规，代代贤人身体力行，克勤克俭的人生，成为周氏家族后人做人立家的根本品格。对楼上而言，为家族和谐，发展绵延，代代多贤人，使富足者能抑己利族，显扬者能抑己助他，又不失去自身生活的方向和目标，充满生活的热情和不断提升自身修为。

在耕读似水、似水读耕中，绵延着家族的深远情怀，耕中寓读，读中寓耕，从此便作为楼上周氏家族发展绵延的生命价值取向，以栖心山水田园，达到天人合一的人生境界，实现耕读中悠然与陶然。其生命的情怀，从此在耕读中找到了呼应，一种耕读如兰，一种读耕似梅，一种耕乐读趣，500多年却绵延无痕，直让人仰止。

在楼上500多年的耕读中，涵泳着原本的、初始的、朴实的人本思想，从耕读里求精神，曾经宕延着几千年文人企求实现的真正桃源式的纯耕之境，在楼上的确达到了静穆之致，令人矜平躁释，清虚和融，一种水流花放、自自然然的千古不磨之美，铺延眼前。楼上家族的耕读人生，如此完整地展示着生命过程，演绎着家族生存发展的精神追寻之路。那生命激奋的耕读岁月，虽然过去，却还不辍地耕读为继。每当此时，令人油然生一种难以承绪接风之慨，这莫非注定要化作某类感怀和些许愁绪，浸润着周氏家族子孙的心扉，也触发那些来此寻找乡愁之人叹怀？我们仿佛站在梓潼阁的天井坝中，向着记忆的深处回眸，向着祖德有范：敬天地、礼神明，执守不一的牵挂相望——耕读若只如初见。

濂溪世第，诗书为怀

楼上周氏宗其家声世泽，称濂溪世第。

濂溪即周敦颐（1017—1073），字茂叔，号濂溪，道州营道县（今湖南道县）人，为北宋哲学家、理学家，以母舅龙图阁学士郑向任分宁（修水）主簿，调南安军司理参军，移桂阳令，徙知南昌，历合州判官、虔州通判。熙宁初知郴州，擢广东转运判官，提点刑狱。所到之处，都很有实绩。"在合州郡四年，人心悦服，事不经先生之手，吏不敢决"。濂溪为官仁和清介，以洗刷冤案、造福百姓为己任。

晚年知南康军，治所在今星子县城。曾游览庐山，为庐山的山水所吸引，在其自为诗中道："庐山我爱久，买田山中阴。"因筑室庐山莲花峰下，这里有一条溪水注入湓江，颇似湖南营道老家的濂溪，周敦颐遂以"濂溪"来命名。

周敦颐在30年的仕宦生涯中，历任主簿、知县、知军等地方官员，职位不高，但他淡于名利、锐志学术；对自己生活所求不多，却常将所得薪俸用来济困扶危。他死后，只有一个破旧的小箱子，内中钱不满百，世人叹服。诗人黄庭坚称赞他"人品甚高，胸怀洒落，如光风霁月"。

周敦颐虽久历宦场，但其政治建树远不如其思想著名。他是宋明理学的先驱和奠基人，其所开创的理学成为宋、元、明、清700年不动摇的官学，精于《易学》，继承《易传》和部分道家思想，著有《太极图说》与《通书》，用以明天理之根源，究万物之始终为旨归，对以后理学发展影响很大。其《太极图说》奠定了宋明理学的理论基础，影响了中国封建社会近千年之久，至今仍然有重要的思想史和哲学史的价值。程颢、程颐曾从其学，其著作后人编为《周子全书》。

周敦颐还工于诗文,在衡阳写下的119字的《爱莲说》因借物言志,用莲花自喻洁身自爱,被世代传颂,具有极高的思想境界,是周敦颐人格精神的写照,更是其人生境界的追求。南宋以后,许多地方为纪念周敦颐而纷纷建立爱莲堂、爱莲书院。南宋以后的周氏家族中以"爱莲"为堂名者甚多,以敬仰其学问人格。

周敦颐的后裔往外迁徙,成族者有50余处,形成众多分支。其家谱都称是周敦颐之后,且其记载与周敦颐出生地的湖南道县楼田堡《濂溪故里周氏族谱》相符。

楼上周氏家族,乃周公之后裔,虽不源于周濂溪之后,却始终绍其学问文章之故,其堂称"濂溪世第",并将"宗传姬旦家声远,学绍濂溪世泽长"作为香火两边陪神对联,以示家声远播、世泽绵长。

诗书为怀

上联:山色映簾自是天开图画外　　下联:水光入户分明人在玉壶中

楼上周氏家族,在500多年家族发展岁月中,许多家族子孙皆能读书以养心、立德以树贤,以求人格之品、精神之富、生命之实。在耕读之余,以诗书佐人生,以酒茶相契阔,是楼上500多年耕读生活的品质与格调。

六世周易,精通诸子百家,首倡诗书继世,有儿子4人、孙子12人。儿子兴隆、兴礼、兴崧、兴元,孙子之朝、之秀、之伯、之粹、之铎以及女婿刘之珠相继入泮,有"九子十秀才"之称,而家道之兴,如椿荣萱茂、桂秀兰芳之态,使周易晚年心旷神怡,其诗曰:

叙 事

老去何曾更少郎，寿行八九意彷徨。
延年家训怀先泽，奕叶薪传裕后昌。
数亩田园沟道稳，几年书案泮池香。
儿孙满眼频歌舞，斜倚几前看雁行。

由诗可知周易有乐享田园、含饴弄孙的欣慰。周易一生，于读书之道，以己之心，上契圣贤，做人之道，上合天理，下宜人情，为人忠厚持己、直道待人。每诲子孙："以孝以友，忍让勤俭，以耕读肇根底，以礼义作门户。"其晚年诸孙十余人，则课其耕读，或含饴分甘，聊为提训，其《即事》：

诗书深究我何曾，古传舆图约略经。
敢谓达人来玩物，聊凭章本和儿孙。

周易诗学渊深，对传统文、史、哲都有较广泛的涉猎，并孜孜不倦地加以致用，在家训中有言："从未因财失义，倚气生非。耕读而外，修斋敬神，铺路修桥……"其一生无善不为，古稀之年颐养于家，一家寿考，累业书香。从其诗《老景》可见一斑：

近来爱试早茶汤，更喜移炉入卧房。
时寝时居天色晚，听风听雨夜深长。

周易的一生，素其本质，而雍儒大雅，其淡然之心、从容之志、敦人之本，开楼上周氏家族耕读之首唱，明学尚质，教子有方，更能裁成后进，学优养萃，满是故事。"九子十秀才"的逸事至今仍在流传，可谓祖德世守之范。其晚年，在寨纪的右侧溪涧边骑路跨沟建一小楼，名曰"听水楼"，山居无事，则登临寄兴，诗书伴日，又常常以自煮茗为乐，栽花种竹，兴会所至，多所题咏，落落穆穆，啸咏于听泉楼上。赋诗之外，间亦摹帖。其诗独得温厚醇古之意；其书，初仿欧阳，继仿松雪，能以劲婉驿骑两家，然均不多作，寄意而已。

周永澍（1866—1941），字召凤，号肇南。光绪十二年（1886）（丙戌）学政杨宗师①取入泮。光绪十八年（1892）壬辰，蒙贵州学政叶在琪赏识，考取一等文生第四名。光绪十九年（1893）癸巳，恩科乡试未第。光绪二十九年（1903），授明经进士。

永澍考中秀才后，不忘诗书为继，开馆授学，而从游者众，喜诗文书法，而能文理双清，可赏可观，并留下了诸多吟咏耕读的诗篇，以教诸子孙，并能启示后人，如《叙谱有感》：

青年泉祖梦黄粱，三岁朝隆无主张。
尺地尽由高姓占，寸心常为本支伤。
嵩公已克继人志，攀仇焉能据我疆。
基业从兹永奠定，长留姓字万年香。

对前三代先祖的不幸遭遇，感触深切，对周嵩立志不忘祖宗基业，誓与高姓构讼复业的决心，以及不屈不折的精神，有感怀不尽之意，而铭刻于心。其《闲居有感》曰：

七旬年进精神爽，四代眼观福寿长。
更望儿曹能奋志，乘风破浪姓名香。

这首诗是对一门两代列胶庠的无限欣慰和祖宗功德的礼敬，是教育子孙不忘诗书，更有对儿孙寄予深深的厚望与期待。有《壬戌后五月分家有感》：

九世同居仰昔贤，分财何以慰高年。
春秋责备果谁是，未许强词饰眼前。

---

① 杨文莹（1838—1908），字粹伯，号雪渔，浙江钱塘（今杭州）人。光绪三年（1877）进士，官编修、记名御史、贵州学政。工书法，书宗宋四家，笔力瘦劲，有铁画银钩之势。亦工诗，著有《幸草亭诗钞》。此书多记太平天国事。卒年71岁。

话到分家梦不成,挥毫聊为振精神。
愁心似缕莫消遣,始忆承先藉哲人。

可以见出,这是周永澍晚年因三个儿子分家时所感所寄的真情实感。诗开头便诉说对往古张公艺九世同居的理想模式依旧十分向往,却无可奈何地为膝下三子分户析产,而不得不感慨万端。其内心极其煎熬,满是自责,这才道出"分家多少闷心事,五夜挥毫写寸肠"的感伤。

周永澍平生诗作不多,却能寓性于情,真挚感人。其一家书香门第,代代承继,耕读文化世守谨遵,声名远播,传之至今。

周正纪(1898—1937),周永澍第三子,聪慧敏学,受父熏养,以诗书为继,出经入史。民国时期,石阡挑选教员,考取甲等第三名,开馆授学,亦喜诗文,有《在贵定甲苏堡训蒙步原韵二首,民国二十年甲戌》:

远别家乡已半年,离情万状总难言。
问心久缺晨昏礼,启口长吟顾复篇。
身历关津多险阻,神驰桑梓少安眠。
书斋坐待归期至,一步一趋结伴旋。

周正纪诗不多,却传承有绪,理义相贯,引人深思,只因天不假年,惜乎早逝。

周其继,周永澍之孙,周正伦之子,生于书香,神姿秀澈,绝慧天然,望若神仙中

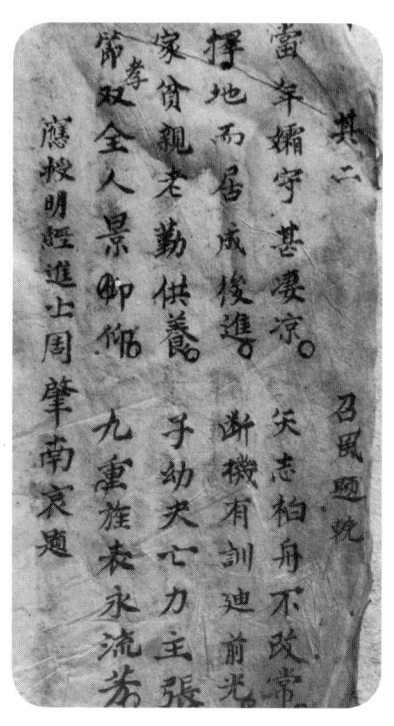

周永澍诗稿

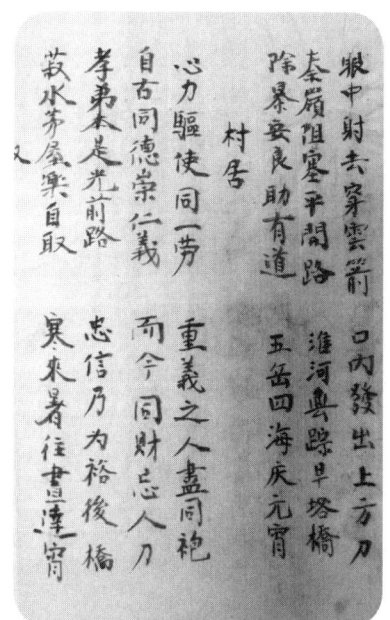

周其继诗稿

人。少而好学，暇则博极群书，至老勤学不倦。爱诗文书法，诗以渊明为宗，以抒写性灵；书法得欧阳询之味，清秀峻朗，又有天真烂漫之妙。其《村居偶寄二首》曰：

> 君子处事要心宽，恁他摧折不动山。
> 所作须当心无愧，出入自有磐石安。
> 清风于世人多美，虚静适己吾且欢。
> 趋庭教子洁与俭，松柏精神难上难。

其继虽不与外事，以训蒙资生，却待人直意，重义轻财，不做一欺心事。一生交友以信，诗书相往，款款深情非同一般，素尚礼义廉耻。居敬存孝，而对贪财忘义之人，却痛恨不齿，其《偶感》曰：

> 心力驱使同一劳，重义之人尽同袍。
> 自古同德崇仁义，而今同财忘人刀。
> 孝弟本是光前路，忠信乃为裕后桥。
> 菽水茅屋乐自取，寒来暑往昼达宵。

其继在与人交往相酬中，善清谈，性傲不谐俗，有清高一世之慨。其喜游山水，家无隔宿粮，亦晏如不愁。其《赏书》曰：

> 一意观书饭意浓，厨灶之中柴也空。
> 诗兴来时人情乱，字句颠倒境不同。

其继年近古稀，即解馆居家，以帮人写香火、写春联等自得其乐，亦为子孙弄柴割草，以闲适自养。其有许多意韵醇厚、咏物自乐的诗篇，足以沁心见性。其《咏南瓜》曰：

> 出泥不张牙，徐徐度韶华。

渐渐篱墙过，芬容足可夸。
强登数十仞，志气几倍加。
吟风吞美景，日月助精华。

其继家居近梓潼基园山林，树木幽深，鹤鸣映带，藤萝高引，别有人间，算个山林闲处士。其《咏蝉》曰：

柳影翩翩午堤墙，叶底鸣蝉噪夕阳。
徐音微起分上下，高声长鸣韵芬芳。
斗志远传声糙糙，鼓翅静听志难量。
日暮卷息饮甘露，天晓声声在山岗。

其继一生，诗书不辍，研诗文，习书法，草木光阴，闲笔养心，晚年还究风水，论命理，喝茶交友……这种传统文化素养使他从根本上接近古代文人的精神世界，涵养其书生气，有超乎寻常的韵外之致。永澍以学富重一时，其继得趋，传承风雅。

周正典（1935—2010），生性聪慧天纵，受家族诗礼熏养，好学不倦，为人清正，弱冠有文名。14岁石阡中学初中毕业，以全班年龄最小，考试则以科科交头卷、科科考第一，而闻名乡梓。15岁即在生产队从农业生产劳动，仍潜心诗律，得《诗韵》即不忍释手，曾手抄一本。几年之间，对各种农活，如栽秧、割草、积肥、犁田、上田坎、砌石坎子、打草鞋、打谷子、挑草等认真揣摩，精益求精。据说其有近十项农活，皆为4个生产队前一二名。后从事粮管所的会计工作。他一生勤勤恳恳，认真钻研业务，谨慎行事，为人谦和而风趣，40多年工作中，从未出现一分一厘差错。最令人佩服的是打算盘，两手同时操之裕如，一时传为佳话。他常说，欲行忍让之道，先须从小事做起。

正典于诗词楹联、琴棋书画等，皆造诣颇深。擅楷书，初学周朴，后自成格韵，有颜柳风骨，足当临池楷模，而盛名遐迩，登门而求其书者，往往应接不暇。善音律，除填词谱曲外，于箫、笛、二胡、三弦等样样皆通，并以此娱情悦性、抒发怀抱。在楼上古寨与周正典同时代人中，喜欢书法，爱

第三章 耕读楼上

好诗词、音乐等人甚多,常常切磋为友。晚年退休后多与寨邻及石阡同道相唱酬不已。

十四歲石中畢業在校期間師長曾講授詩詞頗有興味十五歲村學數月乃手抄詩韻集成近半數十年後於舊書叢中翻得墨跡恆毅堪為後表大凡細小之物初為之似覺平凡過時見之寶為珍品個人經歷尤其如是為激勵家人後學對此再加封頁並附此語志其梗概冀後生珍之 正典一九九六年歲次丙子暮春下浣

周正典诗韵集成序

正典尤工于诗词。其诗词声韵兼备,有景有情,气象沉雄奔放,其根柢唐宋,而精思陶冶,如花酿蜜,如黍做酒,得唐宋声韵。其《布谷四咏》曰:

卧听山间布谷声,高低远近献殷勤。好心不与春归去,要年秋来遍地金。
依稀梦里传佳音,布谷唧啾夜夜闻。疑是神农仙化羽,痴情一片老催耕。
陷身布谷小精灵,恰似拓荒一哨兵。催得秧青麦稻熟,催来处处好收成。
布谷翩翩煞苦辛,枝栖鼓舌太飘零。平安冬去仙宫暖,托报农家满院春。

诗虽写布谷之声,但其背景全是农耕景象,无不充满农家耕读田园之情和山中布谷鸟语清幽环境,同样为楼上田园之美的颂歌。

其《祖孙乐》曰:

告老还乡天地宽,家人团聚乐心间。
琴棋书画勤摸索,衣食住行免困难。
祖教顽孙描柳体,孙背老祖过桃园。
夕阳晚景人称颂,无限风光涌笔端。

正典作诗习书,一词一字往往关乎人情世故,是其生活遭遇、人生向往

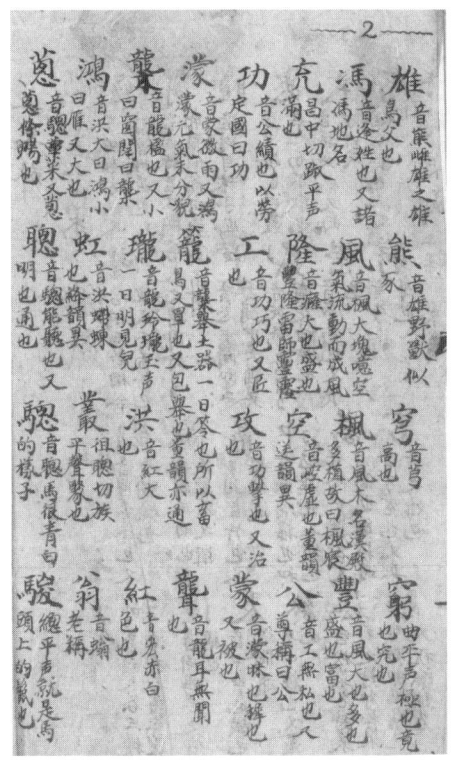
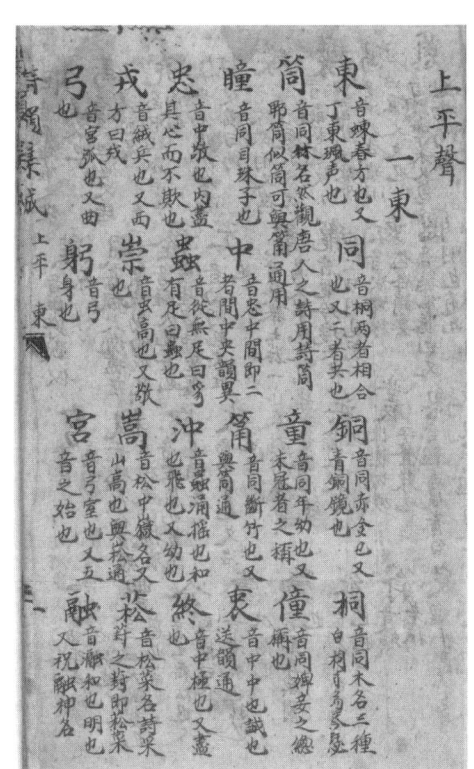

周正典手钞《诗韵集成》

和理想情怀。从其家香龛上所写对联"清晨朗诵尧夫句,静夜恭焚闻道香"可见其内心期许与居敬之心。其自撰的堂屋中柱对联"做明白人在徜徉中保留正气,作平凡事于关节处贵有典型",其名"正典"二字嵌入对联,自然巧妙,

以充拓其胸抱。有此襟怀,其为人,透明度很高。人们在他风趣的言谈行止中,感受到了他的坦率,也印证其为人的正直。凡家族之事,尝竭力赞之或参之,力尽所能。可以说周正典,于族贤哉,于子孝哉,于长慈哉!周正典年逾古稀,却一派生气,仍精神饱满,目光炯如,超然物表,有容人之量,眉宇间透出温厚。这种温厚,令人感到熟悉,也感到亲切。因其世事澄澈,其与人交谈时,每言谈到高妙处,放怀不拘,亦常常坦腹盘礴,时有忘形之状可掬,耿直天真之人,非一般风骨可言。

特别是对后辈勉励时,他又将这种温厚化成慈爱与关怀,令人迎视则生暖流,却难移难忘,似乎把要说的言语,融进期许的目光之中,全成希声大音,不由得人心洽融。这里有他曾经相与相磋的耕友和逐步成长起来的家族后生,如周其继、周其选、周永景、周昌松等,在其深层次的交流中,有时候甚至连言语都显得多余,这是一种独特的又是高层次的无言之美。在晚年,他用全部智慧来加馈于楼上,是那样沁人心脾,而让人无不为之激越。

在楼上周氏家族中,诗文楹联、琴棋书画,代代传承,留下许多关于耕读的诗句启示后人,诸如"自是祖宗功德厚,后人依旧绍书箱""更望儿曹能奋志,乘风破浪姓名香""快意文章原有骨,匡时人品自无瑕""从师负笈常虞晚,教子成名独占先""教子断机勤学圣,择邻讲道志希贤。三迁课读终无倦,一举成名别有天""读书三代德垂后,处事百行孝占先""孝弟本是光前路,忠信乃为裕后桥"等,无不为今人所遵循。

像周之翰、周文模、周荫九、周成柱、周永发、周其开、周其选等,或以诗咏耕,或以诗抒怀,或以诗于教,皆能化入生活,寄情养心。

现仍有如周永景、周永芹、周正簧、周昌松等能承绪接风,以诗为寄。

周永景,幼承家学,喜诗,老而愈迷,有《夏夜偶成》:"休叹人生岁已高,几经颠簸气犹豪。闲凭山石任风雨,静坐河塘助逍遥。"

周正簧,性聪慧而为人正直耿介,一生从事教育,勤勉不息,喜诗书,其诗有林泉之趣,如《垂钓》:

初春早钓坐河东,摔线垂杆不放松。
芳草萌芽穿候鸟,柳丝抽穗舞清风。

膴膴楼上

> 料峭倒寒身微颤,细雨疏落意从容。
> 波起漂沉竿扯动,活鱼尾尾醉渔翁。

周昌松,好学不倦,诗书琴棋皆可把玩。其诗《林园古树》"寨傍东林莲叶状,老枝新放竞芬芳。参天古树百千态,遍地奇花四季香。郁郁葱葱筛日影,巍巍峨峨护龙藏。高枫载鹤凌空舞,画卷悠然好景光"道出了对家居自然环境及绝美风光的由衷称赏。其中年任教,循循善诱;晚年从医,悬壶一心,可谓上承周之翰之文脉,并发扬周永旗之医风,现年登耄耋,而于医于艺,仍风发泉涌,其精神可以感将来哉!

如今,年轻一代中,周汉青、周晓敏、周圣棋等,承绪接风,有出蓝之誉。

古人云:"人事有代谢,往来成古今。江山留胜迹,我辈复登临。"楼上周氏家族在 500 年的耕读过程中,同样面临家族发展中的多种多样的艰难,各种不同的灾难,在艰难、困惑、抉择、奋斗的过程中,也经历了那难以言说的痛楚与不尽辛酸,也凝聚着智慧与不懈努力,也演绎着最审美化的耕读理想。正如古寨老屋的大门上的春联:

> 半耕半读且从容,有田园书斋,将身心收放;
> 可春可秋非寂寞,共殿阁仙鹤,任意气舒张。

在其 500 多年的耕读生活中不断生发的人情世故,既缤纷绚烂又千姿百态,如流水一样,时不时会荡起涟漪,有时也会涌起波澜。楼上周氏家族在发展的过程中,时而悲壮,时而雄浑,时而低沉,时而高亢,并将这些情状不断浓缩凝聚,积蓄力量,不断熔铸其家族的生命精神与价值的崇高和耕读的永恒。

生命情怀,等闲名彦

古人曾感慨,茫茫宇宙,何处栖身?即在无限的时间和空间中,何处是人自立之地,何处是家族栖居之所。人们在这样追问寻绎过程中,倘若目光投向楼上,投向耕读,会发现在楼上的深处,仿佛看到了500多年来那四散的书页,历史把它们裒辑起来装成一卷完整的书:耕读生息、诗礼传家和道法自然。

宇宙,实质上是道德的宇宙,人的道德原则乃宇宙的形而上学原则,人性就是这些原则的例证。理解这个道德的宇宙,即为知天,能够知天的人不仅是社会的人,而且是宇宙的人。这样,一种古老的思想自明代起就在楼上周氏家族的生活中孕育,于是耕读不仅仅是一种诗意的吟咏对象,它本身就是一首永恒的诗,一种宇宙道德的体现,是古老农耕文明在楼上的延伸和回荡,有水静无痕、云山淡抹的清脱。

这里的山水田园,是楼上周氏家族独享的宇宙,可谓天人合一,精神的自足是生活中的价值。这里不仅可以步入生命的初始形态,也能着意寻

生命情怀之一

膴膴楼上

求生命的各种形式。当尘埃劳劳,忽入梓潼阁中,便如置身幽壑,心为一洗,有静人天怀之妙。这里能文不求荐举,善诗不求知赏,而作文每快人心,书画以适人意,能以淡泊静坐养身,以读书习字润心,其有道无道从此考锻,无用之理境亦从此显然。

在静坐静读中,伴竹送月,悟古人之所云,怀静寞之心,去探寻人生和一瞬生命在现实中刻下的无情印痕,这是读书所带给楼上周氏家族的生命情状。可以说,读书既给楼上周氏生活带来无限的情趣,又使其具有了耕读所能具有的最高抱负:忙勤于耕,闲务于读,始终处于清芬无虑的境况。这使人心中油然而涌出山阴前贤陆放翁的诗句"白发无情侵老境,青灯有味似儿时"。这样的清读,曾世世代代在楼上周氏家族这里演绎,真是让人感动得无以言喻,心情就是再晦暗、再沉哀,心光也会立刻香亮明定起来。耕读的闲适,与一种超越世俗功利的精神生活相关联,有如散曲,其结构与长短句的自由性,是对格律化的唐诗宋词的一种解放,更宜于舒缓的叙述。

楼上周氏家族,自四世周国祯立训"不愿儿孙去做官"之后,就控抑子孙对功名的展望,只能遵奉、顺应与接受,不能违逆其深意。代代耕读,年年岁岁,但见得荒天迥地,一份惊悸,一份流连,一份怅惋。这样耕读,不是消极,不是哀婉,而是从容,清远高逸,在耕读中脱略凡尘。高骞远逸,享受耕读,吟玩着耕读。此等耕读让子孙告别随波逐流的庸俗、随性占有的贪欲、人云亦云的附属,从而获得身心皆修、身心皆宜的洒放与从容。

楼上周氏家族的历代耕读之士喜欢古文诗词,尤喜古今对联中的逸闻趣事,炖茶时闲话古今,在农闲时,犹自平和、简淡、舒缓,更带有文人闲散而自适的心态。事实上,中国自古以来的文人,也包括农闲时农民一向崇尚自由闲淡,这种性格虽不利于功利的生成,对于楼上的人们来说,品味耕读却有禅味,如流水,不黏滞,不停留,不执着,有情有趣,在化周流,一切自行止,山自山,水自水,鹤自飞,花自落,这就是耕读人生岁月。这样的耕读淡到看不见人生,像雾淡了山色一样,楼上耕读也将人生名利淡到看不见的地步。将有形的人生空间送到了那寂远的、辽远的、阔远的亘古之中,如孤鸿没于荒天去来无踪,如片片游云,缥缈恍惚,难以确定,如风,如云,如雾,似虚无缥缈,又处处即是,才触处有,一放手无。

这样的耕读境界高古,似乎只对永恒感兴趣,对人生的取舍正像耕读一样,手持诗书,望着远方,穿过纷扰尘世,穿过迷离岁月,穿过冬去春来,花开花落,沉浸于耕读,感受青山不老、绿水长流,从此田园欣欣,山色翁郁。水流了吗?又未曾流;月落了吗?又未曾落,这是一种亘古的宁静与永恒。这里耕读依旧,而成了永恒,如同踏着一片云来,阅历了时光的沧桑,经历了人间风烟,而将它淡去,淡去,清风在怀,我心如许,此身已悟。

在耕读中,清复精神,房屋装修、日用衣食可以一减再减,村落周围那万翠浮绕的世界却殊不可少,以契合古人那"情寄古怀同竹静,品殊群类契兰修"的风雅。耕读之闲,往往会挑选出好时光,当天空明净而把一切都调适得能舒宕出一派闲情时,就于院落果树下,别设净几,品茗叙谈。那样的气氛,三五老少,一卷古书,一壶好茶,一树春光,排除纷扰,享受闲静,而寻味生命。或辨析,或沉思、争论,琢磨出深邃至理的人生感怀。"约住风雨声,移来花月影",才能使美不染一尘,迥出意表,令人沉浸在静美岁月中,容与把玩。这种探寻内心,悠游逍遥,生活简略,立身不名的情怀,使耕读成为守望,山坡上、水之旁、田之中,而耕读精神旋转其上,虹贯其中。

楼上这样的耕读,无言地诉说着一个宁静而超越的世界。倘若结撰这样

生命情怀之二

的世界，如月痕初上水溶溶，如一湾白云耕不尽，如一潭明月钓无痕。耕读的展开如水中之月，通明透亮，荡去欲望的牵扯，置入清新的把玩。

生命之源，贵在本真。闲暇时，正是书籍美静了周氏子孙的胸怀：岁行尽矣，风雨凄然，纸窗竹屋，灯火表荧，时于书间，得许多佳趣。纸窗竹屋，不觉其陋，反成了给闲居增添生机的地方，其所见莫非花，所思莫非月，无意中流露出读书的刹那间领悟生命的喜悦。楼上凝聚的是耕读文化的记忆，它的传统，它的本源，它的庄严，它的理智，它的空前利用自然的想象力，它的创造性，它对自由的理解和对自由的关注——这一切都以耕读延年为基础，愿时间永远不会破坏或者松弛那耕读、那栖居的亲切。

对楼上周氏而言，其耕读之义，渗入性情，已成为习惯与必需，其天真平淡无处不在，为人、处世、心境都是适意、散淡、平和而优雅的。当然，楼上周氏家族，也通过耕读得以超越自我、剥落尘埃、无所矫饰而后获得了生命的本真，并作用于生命过程，使之成为心性，转换成境界。这无疑是把握了人生，走向了性灵的复归，从而获得"此心安处是吾乡"的彻悟。这些正是楼上周氏19代人耕读所追寻的内在逻辑，将这种境界拓辟在如诗如画的田园中，充实了楼上周氏家族独特而深邃的耕读诗意。

楼上人的耕读生活，也有种身处世外的感受，在古井之旁，许多人家屋侧后有楼三间，栽植阳山竹、苦竹，使卧房厨灶都在竹间，枕上常听啼鸟声，而心境开朗受用。特别是梓潼阁旁，有古桂双树，数百年物，秋来花发，抚月弄影香满庭中，待到中秋月夜，更是美之绝致："数丛修竹好为邻，更欲茅檐傍翠蘋。携杖寻芳阡陌去，田畴青处一闲人。"

生命情怀之三

楼上周氏传至三代、四代时，已发展成为当地殷实大户，衣食无忧，富足有余，除行善积德、救困扶贫外，还能以耕养读。其三世祖周嵩，四世祖周国宾、周国祯等就是一边耕、一边读的典范。

楼上耕读文化前有周嵩、周国宾、周国祯等先辈发端，继有周易、周兴兆等文人助澜，前有周国祯"不愿儿孙去为官，唯愿儿孙个个贤"的箴规，后有周易"尔等儿孙，有庐舍避风雨，有桑田给衣食，有学校治身心"的雅望。两种耕读之训，都深深影响着楼上周氏家族人的思想及无可选择之选择。楼上周氏独具特色的家族耕读文化，便这样绵绵传承发展到今天，并且深化了耕读的真正含义，把读书耕田演绎得更加诗意、更加纯粹，并发展成为楼上文化特有的风标，为人类将来诗意栖居，寻得了些许向度。这种努力，便是其19代人践履与努力的价值和意义。

周氏宗谱中记载的这种耕读持家的传统，迄今仍盛传不衰，"率教者奖劝之，劣拙者惩责之，全凭一点公心。勿恃形长护短，由是家有绳墨，而曲直皆归"。在《楼上周氏宗谱》中反复强调要"以耕读为业"，并告诫子孙切记之方"然耕者读之本，勿贪外财，忘乎财之所自有；休贪便利，以损种利之深根，天道四季不息，功亦与为不息"。对耕读及处事、生活等方面则说得更为明白详尽："如有能者，教以苦读，须当依吾训尔等之意，仍费一片裁成洗涤之心，幼时勿与戏言，勿令躁妄，尝取易见易明者启发之，举凡食息起居之微，洒扫应对之末，时时引以正大之规，养成德性，则俗理明而圣贤之理易入，虽下愚，可近中材。"

凡周氏子弟，为学者皆笃志苦学，以求贤良；为农者皆勤耕而读不辍，立家业，做贤人，即甚贫乏者，亦清白自守，于是家族繁兴，风气淳美，人尚礼教，家重师儒，风雅之声，遍于遐迩。读养身心、耕足衣食为楼上之风尚，而世代传承。这种耕读理想，几成楼上人的传统。在地处偏僻的村落里，勤耕善读，文风之盛，而又不求仕进，历史以来，也是极为罕见。

楼上贤士济济，多含英名彦，古怀情深，有庄襟老带之风，文质彬彬，田居雅士。

四世周国祯能潜心读书，接受诗礼之教，悠然成为楼上周氏第一代阅历多端的读书人，从田间地头而一举步入了人生仕途，后辞官归耕，于是将"本分持身，耕读为业"等作为践行之言，还作为遗嘱传于后世家训，要求子孙世守。

周氏四世周国祯，高怀远虑，训之子孙勤于耕种，努力尚学，不求做官，

膴膴楼上
WU WU LOU SHANG

生命情怀之四

但求人贤，谋划深远，由于官场具有极大的不稳定性与风险性，所有的努力付出所得来的名利，不仅有可能瞬间一扫而空，还可能连累家庭及族人的命运。耕读相继是生存的基础，也是归宿和退路。所以，强调耕读并重，是周国祯为子孙寻找的进退之道。

周国祯追求人生中的韵味，追求耕读中的诗意，追求淡泊简远的心境，以哲人的智慧烛照着周氏家族几百年来对耕读选择的永恒。可以说，周国祯是一个不以事物经怀的雅人，这类风雅的踪迹散落在山水意象间，成就了楼上耕读田园的历史感，成为楼上人与山水田园一体的灵魂。后来，六世周易在家训中有仰怀祖父感叹："手泽渊源怀祖父，书田稼穑授儿孙。"

周易的人格和风骨，是他耕读人生的另一种高度和精神的另一种厚度。如《楼上周氏宗谱》记载周易之训："溯厥生平，忠厚持己，直道待人。亲朋往来，时切恭敬。钱米出入，称其有无，从未因财失义，倚气生非。耕读而外，修斋敬神，补路修桥，布施棺椁。朔望神诞，尽礼诚拜。不敢游手以观人忙；偷安以忘己业。于是先业赖以守，门楣赖以光焉。"这些谆谆之言，其实就是楼上周氏家族耕读的传统，也是对耕读的最好诠释。

周兴庠（1716—1765），一生胸襟洒落，雅士风范，不绝俗亦不混俗，和

生命情怀之五

平坦易,顺应自然,遇花晨月夕必储美酒请临。对族中之事,亦能助力果行,惠泽尤多。

周之年,镇远府学文生。少则颖异,敏而好学,为人谦和,如玉之君子。其心性深致,居心甚厚。其心若止水,深沉平静;仁慈至性,坦荡实意;行处自如,景行行止。

周明伦,周之翰长子,思南府学文生,幼承庭训,遒秀端整,风雅清奇,一生勤学,谦和博览,性直仁厚,君子之风。

周学士,明伦之孙,大厚之子。能清操自励,于道光年间立观音阁下之立魁星阁,使得二阁至今为楼上人文胜概。其后辈中颇多好学之士,有玄孙正林,秉性宽仁,发愤习医,远近知名。正林之孙昌松,幼承祖范,精于中医,长于诗文,喜书法、音律,为族中聪敏好学之人。

周永瑜,继成之子生性仁厚,贤士风规。与同族相处,宽厚融洽,精于兽医,村内外每相延请必至。每见寨中道路间石头松动或脱落,即使再忙,必回家

膴膴楼上

拿来锄头,将石头铺就方休。

周正均,永珍之子。秉性正直,非礼不取,非礼不动,耿介不染,举止洒脱,待人谦和,日与修身,律己从严,每以古人至理名言来规箴自己。一生不慕荣利,栽花种竹,萧然自适,并借以自娱。

周其衡,为人随和,明理而豁达,善于言谈,富于涵养,有隐者风范。一生不趋时尚,低调做人,耕读自娱,以茶交友,闲话农事,畅叙古今,其礼仪习尚,名于乡里。

周道昌,永澍曾孙,生而聪悟,天赋甚高,好学勤勉,工于书法,13岁时所书祖碑,字形清隽,挺拔朗峻,既见功底,载誉一时。一生从教,后回村执教,教书诲人。道昌温文儒雅,待人至诚,晚年则躬耕自食,善下河打鱼,好与农友煨茶闲叙,从容悠然。道昌真实执着,风骨凛然。

周道昌就是这种不经意闲士,曾有人半带欣赏半带审美性质写了《渔父词·咏道昌》三首:

好个闲人是道昌。薅秧还因下河忙。和月醉,煮茶香。乐在潆岭钓竿扬。
平生只求一渔蓑。天晴天雨水里过。五爷者,棹船歌。坐在河边奈若何。
人生闲适何须求。河里摸鱼忒自由。一蓑笠,一扁舟。弄月吟风不肯休。

楼上耕读文化培养出来的乡村贤良甚多,耕读为业,身为族范,推行伦理教化,诗书传家,可谓"族尚耕读钟毓秀,风规诗礼贤人多"。这些贤人族范,耕读一心,自得其乐,或开办私塾,教子课孙;或游山临水,广交朋友,吟诗作赋,棋琴书画,自乐自娱……不一而足。

在楼上周氏家族的传承中,历来就重视诗礼相尚、孝悌为本、崇德树贤等优秀文化传统,以耕读立族,以诗礼传家。把耕读作为立家之本,把诗礼作为立族之方,并通过礼义相尚,来实现家族的和融,人与人之间友好相处,使家族形成了许多礼义规范与家族传统。

清风明月，耕读望境

在楼上这片山水田园之地，周氏子孙，日出而作，日落而息，构筑了一个家族世世代代与山水相望，与田园相守，朝与乎共游，暮与乎同朋，耕读于斯，偃息其间的生命之境。渐渐地，周氏与楼上这片山水有着共同的生息，留下太多的记忆。周氏由此进入了耕读相济、山水相望、田园相守的耕读序列。立身不名，读耕不隐，出言有章，进止有礼，从容恭谨，清操不渝，这是楼上贤人耕读的格韵，故而耕种、读书、修身、养性等乃成为楼上家族贤人的必要前提。楼上周氏家族，在几百年的生活中，是平淡，是宁静，是和谐，是相生，是隐逸，是审美，是丰富，是寄托，是追求，是有趣而充实的。

楼上以诗书为文，以勤俭为质，以耕读为本，构筑起楼上的耕读历史。春时赏花，夏时赏岚，秋时赏月，冬时赏雪，自然的馈赠又增添了楼上无穷无尽的别样风致。其山色之美、田园之胜、耕之乐、读之趣，不仅是景，更是文化，既源于远古至今大自然对楼上的特意垂青，又承载着500年来周氏子孙对它的深深眷恋。

田园望境，是楼上周氏家族在500多年的耕读生息中所创造的一个价值世界，有深刻的悟性，有独特的理解与表达，对家族的未来有特别视角和不同的取向价值，是一种人生生命的智慧与境界。因此，其人生也更能简约与淡泊，在闲适的日常中，让人精神获得纯净和淡远，以化成人生那一股清气，一颗闲心。日日随缘、事事任化的佳境，正是楼上周氏读书耕田、打扫凡心、闲居乐处的极致，更是楼上家族生活理想中的境域。耕读永远是一种期盼，是充满自足的和谐境界。这里每个人都是人生的演绎者，又是耕志的咏叹者，"唯愿儿孙个个贤"就是历尽伤悲后的觉知，觉悟了别人所不能觉者，或所未

膴膴楼上

觉者。

耕者爱土地,读者重诗书,贤者甘淡泊。守望田园,那就是一条耕读的永恒之路,仿佛有限的生命,经过耕读生活的皱擦点染,就变成了既迷人且令人沉浸的守望的境域。

楼上周氏家族以自身践行,对耕读人生、家园理想做了诠释,读赖耕以资助,耕由读而提升。耕的内涵、耕的智慧、耕的慰藉,皆由读得以丰富。耕因读而脱俗,而澄明,而悦适,使之有境界、有格韵,有读之境才有耕之境。500多年来的耕读生活沉定内敛,心无二至,守望一心,与山水相往还,以至宁静澄澈。

这样的守望如等待清风明月般期待,又如云淡烟雾般诗意,是楼上的山水迷离与悠远、生命情怀所成就。但山水田园的守望又不是这般简单,它总是浓稠的交叠与纠结,一边是耕,一边是读;一边须勤劳苦作,一边须节俭传承;一边是艰辛,一边是放怀;一边是风景不殊的体察,一边是峰烟岁月的牵挂;一边是对生命、对山水、对自然的一往情深,一边是对生命易逝、四季变迁、家园之思的万般感怀。如此守望,田园的诗意总带着一丝丝楼上周氏的慨然,如此这般的守望总是要去掉肤浅与浮躁,寻求朴厚、踏实、艰辛与高华。

耕读望境之一

第三章　耕读楼上

耕读望境之二

　　周氏家族培养贤人的使命，是以耕读来涵养族人的心性，以审美经验提升族人的教养。在楼上周氏家族的传统村居中，也昭示着一种村居山水化、园林化的努力，既与自然保持亲和、相居相安，又不受役于纯然可见、局部细微的局限，并始终保留独立与超越的姿态，以及山水相望、田园相守、耕读相续的情怀。

　　楼上周氏家族正是从这里反复地重返耕读的开端。耕读也正是因此来面对代代族人对自身的生命塑造。这种山水化的教育之道，指向建立一种根源性的心灵模式，指向楼上周氏家族自主的家园之美，是周氏家族生息绵延的栖居之地，也是其心灵存放世界"别无归处是吾归"的生命望境，这可以说开启了明清楼上耕读的智慧里程。

　　周氏家族19代人，作为此"望境"的践行者将接续不断去拓辟奂美与共的境域。以人文山水化的理想，来营造精神家园，通过山水化园林化的家园，去建构一个家族涵养性灵的生活世界；以一份耕读样式的园林之美，来放怀情致，濯滤尘思，成为周氏家族身心俱足的境域；以一种诗意的本土建造语言，

· 093 ·

膴膴楼上
WU WU LOU SHANG

塑造宁静自然之景，使家族子子孙孙始终与自然有着紧密的亲和关系，在自然之中成就心性，实现对身心本性的回归与塑造。这一切凝聚成一种家园建设的世代"望境"。

楼上这美丽而又宁静的古寨，带着重温这个家族历经沧桑而瓜瓞绵绵、耕读相续的历史过程，带着周氏后人去感怀先祖生息栖居中无数个让人记忆、让人感怀的生命努力。楼上周氏历经500余年冬秋春夏，用耕读不二的坚守，让子孙在这山水如画的息居之地，实现着目既往返、心亦吐纳的闲适，即与天地自然进行多种交融，而拓辟耕读的望境。

这个望境，是周氏家族不断发展的生息之境，更是其相守相望的心灵之境，是周氏子孙与田园、山水之间精神往还之境。这种循环往复的精神交融，让周氏子孙能真正去理解生命价值的内涵。也可以说，楼上古寨所构筑的耕读望境，赋予了周氏子孙一种山水田园化的持久往复的心灵方式。这个方式，也将会成为各地来楼上品读文化的人们有可能从这里带走的真正的馈赠。

楼上的耕读望境，既是耕读中的山水田园相望之境，亦指家族在岁月中所面向的价值取舍、精神追寻的心灵之境；既是指家族生息繁衍，传承耕读文脉过程中，那曾经历史瞬间的回望之境，亦是楼上周氏家族梦想之境，抑或是500余年来文人理想生活追求、人生寄予、心灵存放所栖心的家园之境。楼上更是以耕种收获演绎着一幅幅村居和融、农耕乐融的历史画卷，用耕与读不断践履着文人的桃源理想，演绎着如《楼上山居图》《楼上山居乐耕图》《楼

耕读望境之三

上山居春韵图》《楼上山居秋色图》等一幅幅美不胜收之景。

耕读望境之四

　　望境，是楼上周氏家族走向未来所牵引出的望与问、行与走、耕与读、居与养、闲与寄之间的追索与应答。心灵在山水四季的凝视和俯观仰察中被渐渐开启，并在那遥远处凝眸回望家族一路走来的耕读之路、那起伏跌宕的历史过程，与渐行渐远、蜿蜒叠展的田园。隐隐可望的遥岑，似乎有某种相似的联系，以便在瞻望未来时，有许多山水精神的启悟，始终不忘初心，绵绵递进，以至永恒。

　　望境，更是楼上周氏家族止泊田园的一种心境。不仅是楼上周氏家族其心所面对的家园境域，而且是由心而成就的审美境域。将耕的艰辛与读的宁静，融为对生活、对山水田林的澄怀一心，洗濯过滤掉那不应有的烦忧，使其进入文人化的境界。无论是站在观景亭上，其村烟在望，远山来迎，或者是仵身观音阁，或俯或仰或上或下，各种景致不期而遇，皆可由远及近，亦可由近及远。在楼上，望境因古寨、树林、田园、山色、云岚而滋生出许多诗意境界，不同之人，有不同之境，四季有境，其境亦在境，境亦在人。

天地悠悠，田畴载绿，花木扶疏，天无常心，唯敬是怀。以宁静之心，守望楼上耕读之道。一代一代的传承，赋予了古寨耕读文化悠久绵长的历史与丰厚纯朴的底蕴。

楼上田园的平远、潕崄河的深远、佛顶山的迷远，塑造了楼上周氏家族心灵中山水田园远望之境，塑造了楼上500年历史独特的以远为寄的耕读品质，也塑造了楼上耕读文化的家族恒远相续的审美谱系。

当人们仰瞻玉屏悬岩，绝世独立的倒栽松让凡尘的视线震撼不已。古松往昔枝繁叶茂，屹立挺拔的树干，遒劲的曲枝，散成云彩的形状，正凌云而上，势夺碧霄。它昭示楼上周氏家族500年历史的生命精神，也成为周氏子孙一道精神望境。

耕读望境之五

天福井的泉水从石壁间流出，沁人心灵，就如同淡荡春风轻抚，滋生出一种逸心畅神的境地，同时也易于沉思和创造生命之境。生活在楼上，就是生活在人世间最理想的家园，生活在最集中最典型的生命望境。

放怀古屯立，收尽云与烟。登上了古寨的观景台，举目四野，众山低伏，那犹如仙境般的画境，扑面而来。放眼望去，古寨斜依在潕崄河峡谷的怀抱中，重重叠叠、水墨的建筑物参差错落在山中一片深深浅浅的绿色中；山下潕崄河似玉带环绕，蜿蜒穿梭，空灵无比；寨外的梯田，形态不一，千变万化，紧铺顺叠，尽收眼底。层层梯田，线条如织，似不经意，甚是优美，如行云流水，潇洒柔畅，宛如律动的旋律；村头古木林，虬枝盘旋，蓊蓊郁郁，绿荫如盖，鹳鹤栖枝，生机盎然。眼前的一切都野趣天然，和谐亲切，简直就是一幅浑然天成的泼墨山水画。所谓的"天人合一""诗意的栖居"，恐怕也不过就是当前这样的望境。

耕读望境之六

第 四 章

沧桑楼上

600多年前,楼上周氏由江西丰城,初迁居四川威远洛阳乡,再迁潼川州乐至县仁义乡,转迁至楼上,历经了社会动荡、颠沛流离。其家族变迁、世态沧桑,让人感慨万千。

创制之辛，霹雳之变

楼上始祖周伯泉，自川入黔，未携家谱，则住居四川情况及家人、族人多少概莫所知，亦无可寻，只是适居楼上之后，其记载者仍少，就其大概，兹列于下。

明弘治六年（1493），周伯泉、伯卉兄弟避难来黔，因伯卉于思南府蛮夷长官司塘头山革泽得业。周伯泉行到寨纪，备银170两，买高攀田土一庄，东起雷打岩，向西，沿河至漻崄河黄蜡岩，由黄蜡岩再上黄泥田，经半坡、沟边、媒人坳至亚秧寨，折转台子田上火石丫，走坪上至南山寺下降佛山，再由灯山到雷打岩，方圆数十里之地，安居繁衍。

此时值创制草昧，周伯泉费尽辛劳，于寨纪建正宅厅楼三间，两廊、天井及鼓房、马磴，铺路、架桥，植树建园。以耕读诗礼传家，家道渐兴。其生前还于龙洞湾、亚秧寨、皂角坪分别修建了规模宏大的三个生基墓地。

周伯泉正值当年，不幸亡故，子朝隆、朝贵尚幼，随母改适铺溪就养。此时田业无人耕种，佃与高姓管理。朝隆长成后，欲回复业，殊不知高姓起霸业之心，而未能复业。即继续在铺溪地住坐，后其子周喜、周富、周嵩、周琦等长大，请凭亲邻、里长商议复业未能，遂与高姓构讼20多年得以复业，而回归楼上，耕读度日。

明崇祯年间，楼上周氏已为殷实大户。周国祯欲以贵保富，上省布政参房，例满即放湖广经政厅，归家收拾上任，至家而七子俱亡，于是晏然悔悟，认为是为官之祸，立将札照呈缴，终日于梓潼阁中修斋念佛，敬天地，礼神明，救难济急，无善不为，后续娶李氏，生世忠、世良、世英。而周氏一线瓜瓞，再逢生机。

第四章 沧桑楼上

周氏从清初至乾隆时期,经过近百年的生息休养,至六世周易时,乐享田园,诗书是继,其四子、一婿、五孙同时考中秀才,名"九子十秀才"。周氏至此,人文蔚起,闻名遐迩,并一直持续至道光之后。近200年桃源式的耕读生活,铸就了周氏家族的灿烂文化。道光时,周氏人口倍增,耕种开垦逐步艰难,外迁极多。

至咸丰、同治年间,贼匪倡乱,周氏深受其殃,数十年间因匪患而人心惶惶,不得不筑屯避乱,所需人力物力太多,而梓潼阁尽毁,楼上古寨除两栋马桑古屋及少数房屋,因贼匪所住而未毁外,其他概为灰烬,几乎被夷为平地。

民国三年(1914)甲寅,楼上从思南划归石阡县。从此,周氏家族成为真正意义上的石阡县人。民国期间,因军阀混战,土匪猖獗,横行邻里,抓兵派款,生活不得安宁。解放初期,土匪滋事,特别是铺溪冯国清,号名"冲天炮"趁乱起事,烧杀抢夺,为害最深。

始祖周伯泉(约1470—约1533)生于天顺末至成化初之间。其生性聪敏,少年英气,外和中毅,处事正直,决事果敢,善思虑,有胆略,虽非出身于累代簪缨之家,亦是书香门第。从其后来的所作所为中,可知其幼承家训,学问渊深,而能度理运筹,诚高瞻而深远,亦擅风水之学。及方冠之年,临难而避,历经磨难,辗转千里,择楼上而居。这本是周伯泉超乎常人的智慧与选择,也可能是上苍恩赐,使得周伯泉及后世子孙有这样绝美无比的世外之源。

周伯泉择居楼上后,草昧之初,结庐沙田岩洞中,一切皆得重新创制,首先筑基建屋,渐次开垦田地,所有产业则尽力耕管,可谓备极苦心,劳神费力。此间,还急难救贫、抚恤帮弱,一时闻名遐迩。

周伯泉仅用几年时间,将寨纪家园及田业管理得井

明代老屋

膴膴楼上

井有条。其家业除佃仆努力耕管，更得力于与周伯泉一道而来的蓝管家尽心竭力扶助。周伯泉修建好寨纪屋舍，安家心切，先娶始祖母龚氏，后续娶始祖母王、文、梁、雷氏等皆无子。这对周伯泉来说，是难以承受的苦楚，费尽这么多年心血，花如此多代价，有幸买得这山水绝佳之地，无子为继，何以传承，本想从弟伯卉处抱子续后，不料伯卉仅有一子朝桂。此时，周伯泉已然心灰意冷，然龚、王、文、梁、雷氏，却深知伯泉之意，力劝再娶，周伯泉始终未能应允。对周伯泉来说，娶五个妻子，皆无子，这似乎是难以抗拒的宿命，只有认命而已。而龚、王、文、梁、雷氏，却不依不饶，苦苦劝慰，有时也据理相逼，如若不娶，她们当全部回娘家居住。在此情况下，早已过了不惑之年的周伯泉，只好再续娶张氏，果然一年之后，张氏相继生下二世朝隆、朝贵。

周伯泉想到后继有人，尽心打理家园，栽柏培桂，开垦田土，事无停留，并着力修造三穴生基之墓：一穴堪定在龙洞湾右侧，备给自己；一穴选定在亚秧寨，备留龚、王、文、梁、雷氏归葬；另一穴选在皂角坪，则给张氏。当三穴生基墓修好，周伯泉建造家园已焦劳十余载，总算事事有条理、处处有安排，而甚感欣慰。不料，周伯泉正准备乐享安居之时，却不幸身故，这是周伯泉没在意的事，其前四代人要经历观音托梦时所道的磨难由此开始。此时，二世朝隆年仅三岁，这对楼上周氏来说是一场霹雳之难。

这也算是楼上周氏所遭受最难最险的巨变。年轻的始祖母张氏，因子幼无依，又不谙世事，难以支持。在万不得已之际，她将田业佃与高姓，带子改适铺溪冯姓，更可悲的是朝贵因病夭折。对朝隆而言，幸遇后父宽仁，视如己出，慈爱有加，等朝隆长大后，并代为婚配，娶妻张氏，并嘱以复业之事。不料，文契遗失，而高姓起心不良，估欲占据。朝隆势孤力弱，孤掌难鸣，而不得复业，只得遵养时晦，仍在铺溪地上住坐。后父极力帮助他修房造屋，现铺溪仍有"周家湾"地名，就是当年周朝隆所居之地。

二世周朝隆（约1530—约1604），性敦厚纯固，为人忠厚，谨言慎行，行善至孝，唯力唯心，也因此深得后父喜爱。可惜其未能传其后父的姓名，使得美中不足。其楼上周氏子孙，谈及这段往事时，每每感怀于心，而有没世不忘之叹。①周朝隆于嘉靖三十五年(1556)左右,娶妻张氏,生六子长周喜、次周富、三周嵩、四周琦、五周珩、六周凤。至此,也算周氏之幸,虽瓜瓞一线,却后继绵绵有望,不绝于斯。

---

① 笔者多方访问、考察并参阅周、冯及周围他族家乘、谱志,墓地碑刻等史料,加以分析、推证,其结果应为冯氏第四世冯佳城(据冯姓族谱及年代应为冯氏第四世祖佳城,原因有三:一是通过年代印证;二是族谱所载中冯氏自平丘移居铺溪,始于第四代万才、佳城,万才有娶妻陈氏、王氏,各生二子,而佳城,娶陈氏无子,才有继娶带有孩子的张氏,而能视如己出,居之二代,复业才回寨纪;三是张氏祖母墓仍然安葬于当时寨纪地亚秧寨后山,今名皂角坪,如果张氏祖母改适铺溪后,生有子女,按当时习俗,其子必将葬于铺溪地上)。

构讼之艰，灭族之灾

周朝隆父子在铺溪周家湾居住，勤于耕种，和睦邻里，有口皆碑。据说有一次周喜、周嵩，年龄还不大，去彭家坳、葛宋一带（铺溪冯氏分居地）帮忙耕种。劳作休息时，周嵩看到对面（楼上）地方，赞叹说，那些地形生得好安逸。话刚说完，冯家长者说，对面那些地方是你们周家的，等你们弟兄长大些，再回去复业，收来耕管。等周喜、周嵩兄弟四人长成，欲上承祖父之业，下创子孙之基，于是请凭亲邻李大甫、辜荣先，里长罗正文等，商议复业回里。殊不知高姓仍欲吞谋，遂与高姓在思南府构讼。当时兄弟之中，唯周嵩有胆有略，精明能干，一人出头，到思南府城与高家构讼，据理力争，家里由周富筹措讼费，周喜则往返铺溪与思南之间，给周嵩送构讼费及衣物等生活之需，构讼持续三载未果。时周喜在去思南途中因劳累过度，不幸而亡。周琦也于家中因病亦殁。周富遂灰心失意，只有周嵩仍然坚持。

周嵩念祖父伯泉创制之辛，不甘轻易失之，独与高姓迭讼不绝，数载下来，仍因文契遗失无证，官府难以判决。于是周嵩便回到楼上，找到当年帮周家

二世朝隆居铺溪屋基

铺溪周家湾

第四章 沧桑楼上

的熊氏恩姑。此时恩姑已是耄耋之年。因当年事因巨变,恩姑亦是有心之人,曾将文书等装进箱子,托付蓝管家藏于沙田河对门,姜茶沟与茶盆岩之间悬崖峭壁的山洞之内(现名藏箱硐)。

周嵩虽然得知文书藏在洞中,深知这些年打官司下来,没有这文书是不行的。而周嵩的到来引起了高家注意,白天沙田周围布置仆役蹲守。周嵩也不敢贸然前往取文书,即使取到了文书下来,弄不好也会被高家抢去,毁掉文书,这官司将永远打不赢。因此,周嵩只知这硐在绝壁悬崖上,至于怎么上去,路如何走,自己也不知道。他对这里的地理地势不熟悉,只好白天偷偷去查勘,从河这岸把河对门悬壁间藏箱硐的位置找准了再说。他通过几天观察,对照熊姑描述的情况,经过分析,大致上把洞的位置摸了清楚。

藏箱硐这山如屏风卷折而立,屏风横依山面次第而高,面河一端,则高数百丈的绝壁,硐在上端三分一处。周嵩曾乘着月色,独自一人来到山脚,无论反复寻找,都找不到上硐口的路,只好回到周家湾熊姑住处,将情况向熊姑说了。熊姑说兰老七现已不在人世,但孙子兰贵还在,也许会将当年藏箱子之事告诉兰贵。

周嵩当下急急赶去找兰贵,到了兰贵家,说明情况。兰贵热情相招,并

藏文契箱子硐悬崖

膴膴楼上

把当年祖父藏箱子经过一一说来。因兰老七兄弟,跟随周伯泉从四川到楼上,周伯泉从来没有把他当外人,情同兄弟,而兰家所居之地,全是周伯泉赠送的。兰贵也情重感恩,愿意帮助周嵩去峒中取箱子。兰贵曾听祖父说,此洞从山脚而上,悬壁没路,是无法上去,要想到达峒中,只有顺着屏风山脚的沟沟,先顺着山脚爬上去,绕到屏风山的另一端,才能到山顶上,然后再沿着屏风山顶上沿回折到藏箱峒上面,捆上绳子,顺着绳索才可能下到洞边半坉上,再沿半坉进到洞中。

周嵩与兰贵准备了从山顶下来的绳子,用麻搓了几个晚上,搓得百多米,估计差不多够长度,还要做个滑轮,从洞返回往上爬时,一人之力不够,利用滑轮才行。当一切准备就绪,思索再三后,两人乘着月色,并带上绳索、滑轮与锄头,从沙田过河,手拿镰刀一边砍荆棘,一边找路,这样折腾了近一个晚上,终于找到了箱子。箱子用黄蜡密封,文书保存完好。

周嵩得到了当年文契,随即返回思南府城,将田产文契拿出。蒙官明断,收回楼上当年所佃的全部产业。周朝隆父子才得还乡安居。这时朝隆渐老,窃虑地广人稀,难为久计,在勤耕同时,要求弟兄四人必须苦读以撑家业。从此耕读传家,代代谨遵,而田业由周嵩执掌,虽然复业千辛万苦,总算能够保住先祖的家业,周嵩亦非常欣慰,要求四子努力向学。

在周嵩与高姓争讼所费讼银 60 两,周富等商议各补出银 15 两,田业平摊。明神宗万历二十二年(1594)周富补出己项,其余尚未凑给,却忽遭变乱。周珩、周凤为之逃散。其变乱原因,主要是万历二十三年(1595)乙未,播州宣慰司杨应龙率兵反明,兵犯石阡府龙泉司等处。其乱蔓延至万历二十八年(1600)庚子,是年杨应龙叛军再次攻下石阡府龙泉平长官司,掳走土官安民志、吏目刘玉鸾。思、石守备杨惟忠退保思南,最后,明王朝集中八省兵力 20 余万,在总督李化龙的率领下予以讨平。

据《思南 600 年大事记》,明万历三十八年(1610),贵州巡抚胡桂芳条陈所记,思南、石阡、铜仁等府皆有苗族起义,地方统统治者多次兴兵镇压。万历四十二年(1613 年)所载,水砚、黄柏、牛角三山等苗族在思南、石阡、铜仁、思州四府之地,亦相继起义,政府举兵围歼。此间楼上也受到了一些影响。

万历四十四年(1616),苗族起义从铜仁、石阡、思南、思州发展到南至贵阳、北至湖北、西至川东等地，对明王朝在湖广、贵州、四川的统治以极大的威胁，而明王朝，则举兵进讨，军队进入地方，不受约束，侵扰百姓，在此一系列变乱中，楼上周珩、周凤失散难寻，周富、周嵩只有明哲保身，谨守其业。

及后寻查周珩、周凤，一直杳无音信，才将田土作二股均分，周嵩得受左边寨纪一股，载粮五斗六升，土丁七合；周富得管右边戴家山一股，载粮六斗，土丁七合。其界自鱼泉跟沟直上龙硐湾，跟左沟直上土巢，跟沟直上火石丫为界，分定管理。书一样分关二纸，各执管理。后因人丁稀少，难以承当三丁五丁之抽，周富四处寻访二人。周凤不知何去，唯周珩复回。周富念切手足，将自己受分戴家山产业一半分与周珩，同应差粮。因此存有分关文书一份。

周富于万历年间，娶妻杜氏，生子国伦。周嵩约于万历二十五年（1597）丁酉，得娶苟珊之女为妻。苟氏（1570—?），生于隆庆四年庚午，生四子，长国宾、次国贤、三国祯、四国贸。

万历之后，仍不太平，明熹宗天启二年（1622）壬戌，水西宣慰司同知安邦彦叛，阡民供军粮至贵阳不胜其苦，凡八年而乱平；

天启四年（1624）甲子，苗族起义军抵阡城西门外，次日退去；天启五年（1625）乙丑，起义军复来，知府许国秀领军坚守；天启六年（1626）丙寅，水银山等苗族起义，于铜仁、思南、石阡之地，时起义军曾攻至石阡城，知府陈达道、推官王命来协力防守。在此期间，楼上周边也时有土匪袭扰，楼上也因此深受影响。

周嵩父子五人，经过多年辛劳耕管，勤俭持家，有产业一庄，其田园阡陌，佃户百余。此时周国宾身当思石总乡约，也算家道殷实，于是修理楼房厅屋，上马磴、下马磴、国宾、国祯等兄弟合力建立阁坳口、青龙嘴文阁两座、楼上城隍祠一座。思南蛮夷长官司安土司报为殷实大户，并于崇祯十四年（1641）辛巳，将田业派作四股，各股载粮一斗三升五合，留下二升。日后姑婆田归家作分三股，每股分粮七合，由周国祯当家打理。是时，干戈虽息，军赋犹重，而寇贼屡至，兼之官吏贪赃，周嵩父子仍感地广人稀，影只形孤，置身其地，忧心忡忡，深恐难以保家，日夜忧思，欲贵以保富，不得已让学有所成、阅历多端的周国祯上省布政司参房任职。

明万历间修建梓潼阁、兰桂桥

明崇祯十七年，即清顺治元年（1644）甲申，三月，李自成率义军自西安至北京，城陷，思宗朱由检自缢而死，明亡。是年五月，马士英等拥福王朱由崧于南京即位，改元弘光。

清顺治二年，亦即弘光二年（1645）乙酉，南方贵州等各省奉弘光诏书，举行乡试。是年五月，清兵攻陷南京，福王政权瓦解。闰六月，明唐王朱聿键于福州建立反清政权。顺治三年（1646）丙戌，八月，唐王政权瓦解。十二月，瞿式耜等拥桂王朱由榔于肇庆称帝，建元永历。

楼上周氏值此明清鼎替之际深受其害。大清入主北京，明桂王永历割据南方，而孙可望又蹂躏贵州七八年之久。

清顺治四年（1647）丁亥，四川、贵州两省处于军阀割据自雄的局面。南明大西军在孙可望、李定国、刘文秀、艾能奇率领下迅速南撤，正月进入贵州，三月进入云南。清军方面，委任明朝降将王遵坦为四川巡抚。在大西军和清军主力转移以后，四川、贵州大部分地区实际上处于分裂割据状态。南明自弘光朝廷以来虽然任命了阁部、总督、巡抚等高官，大抵仅拥虚名，实权分别掌握在盘踞各地的军阀手里，其只知盘踞地方，殃民自肥。

是年故明总兵南宁侯张先璧提师十万，驻湖南沅州，被清兵追逼奔入平溪（今玉屏县），劫杀烧掳，各州郡闻风丧胆，忽传令老营扎石阡，郡中人惶恐不安，纷纷远避，得石阡府推官王命来力止之。南明十万败军，驻扎石阡，虽然阡城未遭掳掠，但阡城周围以及隔城仅十多公里的楼上，被扰之苦，自不必言述。

清顺治五年（1648）戊子，正月，清军已攻陷湘西沅洲，逼近贵州铜仁。

皮熊受命由贵阳、平越进守平溪，击退清军进攻。二月，明平溪总兵吴尚虑率副将三人，迎战进攻平溪的清军，皆阵亡。四月，清军分三路攻占铜仁府，进行惨无人道的杀戮，史称"戊子屠城"。

清顺治六年（1649）己丑，南明败军多由湖南入铜仁，由平溪进入石阡，形成流寇，烧杀抢掠不断。这一年铜、思、石境内复旱。旱灾加兵祸，境内世乱如麻。

清顺治七年（1650）辛卯冬，南明武陵侯杨国栋屯驻石阡，历七年之久，至顺治十四年（1657）丁酉三月，其副将杨新桂纠合刘德贵、刘世勤等杀死武陵侯杨国栋，其间众叛将劫掳财物、焚其衙署，并纵烧粮仓、学宫、民德书院及民居数百栋后，相率逃走。后杨新桂被清军击杀。

清顺治十五年（1658）戊戌，经略洪承畴帅兵取贵州石阡，石阡始入清版图。是年三月，清廷正式任命原思州、石阡等府所属长官司正副长官仍袭本职；八月，任命原铜仁、思南等府所属长官司正副长官仍袭本职。是年，铜仁府、石阡府、平溪卫等地皆大旱无收。

自明迁居以来，楼上所遭灾难，据《楼上周氏族谱》称为"戊（子）、己（丑）兵变"，对楼上周氏家族造成了几乎灭族之难，其家族中除外做官及外逃者，皆玉石俱焚，老幼悉扫而空。

楼上周氏第四代中只因周国祯一人应差，有幸逃过此劫。在此兵变及数年兵荒灾难中，周国宾、周国贤、周国贸、周国泰、周国政等俱遭其荼毒，独周国祯全家无恙。周国祯于省藩署参房例满分发湖广经政厅，领凭赴任，归家甫数日间，七子世高、世臣、世昌、世爵、世绿、晚弟、潼弟相继而亡。周国祯知为跟官果报，遂无意宦途，立下誓盟"子子孙孙永不为官"，即将札照呈缴，于梓潼阁中，朝夕修斋念佛，广行布施，清贫度日。

清顺治十五、十六年，石阡兵患少息，始归一统，与民休息。年近六旬周国祯复娶李氏，生三子，长世忠、次世良、三世英，也算是瓜瓞枝蔓，生发有望，周国祯则笃信是梓潼帝君的庇佑。因将瓦厂、鱼塘、大堰、高家田、基园山林归阁，以作香费，而不纳粮，其赋税则由其他田地平摊承担，并永为定则；并以火石丫、牛滚凼、蜡树田做清明祭扫之资。

从明弘治六年（1493）癸丑周伯泉卜居寨纪始，至康熙二年（1663）癸卯周国祯安居寨纪其第三子周世英出生，在这170年间，楼上周氏家族屡经磨难，甚至灭顶之灾。这里有家族的不幸，有历史的灾难，但总算一线瓜瓞，其家族又展现了滋蔓而兴的面貌。

面对这一系列不幸遭际和种种厄运，是始祖周伯泉、始祖母张氏、三世周嵩和四世周国祯，靠他们对家族的责任与使命，以及养晦隐忍的韬略、坚定不移的意志和彻悟生死的智慧，使家族在历经这多种多样的灾难后，从难以承受和难以逾越的灾难中走出来，转危为安，休养生息，平稳过渡而至绵延繁盛。

楼上周氏后裔能栖居楼上福地，最应当铭记的，首先是始祖周伯泉不远千里寻地卜居的卓识和远见；其次是始祖母张氏，在周伯泉不幸身故的凄悲中，沉着冷静，智慧抉择。可以说，在当时那种生存环境下，始祖母张氏改适铺溪，是最隐晦而理性的选择，才将一线克延下来，否则，今天楼上何以有周氏，又何以称楼上。当然，在明清封建思想观念中，周氏始祖母张氏改适铺溪，后人会难以明白和难以理解。也许有人要问，周氏始祖母为何要改适冯姓，而不愿守节抚孤，以志清白之心呢？究其原因有三：一是楼上地广人稀，当时仍处在深山密林，荒夷之地；二是始祖周伯泉亡故来得突然，周氏祖母张氏无所依靠；三是危机四伏，楼上周边地广人稀，盗贼或不良之人所带来的威胁太多。倘若匪盗或外人起不良之心，首先处于危险境地的是二世周朝隆，有可能性命难保。如果始祖周伯泉当时有三兄四弟，或有堂公伯叔可恃，那么，周氏始祖母张氏则困有所依、急有所求、难有所解、危有所靠，则当例外。也许在当时这种情况下，周氏始祖母张氏的选择更是一种责任，也是一种智慧。只有这样，才能更好地使周氏二世周朝隆长大成人，才有可能使周氏绵延有期。

楼上周氏后裔后来还能居楼上，离不开三世周嵩的努力与功绩。周嵩坚持与高家长期争讼，主要是虑及先祖创制之辛，其产业，不能因为高家强势，而轻易让高家霸占。周嵩有胆略、有意志，能周旋、能运筹，敢面对、敢较量，对高家多年经营所形成的势力，没有一点胆战心怯，而是决心誓与力争。在其数载争讼的过程中，面对长兄周喜的亡故，四弟周琦亦殁，周富灰心放弃，在长期争讼无果的情况下，周嵩以一己之力，坚持到底，其艰辛与付出，是不言而喻的。通过前后20多年的争讼，在蒙官明断，复业之时，周嵩仅30来岁。

这是一场家族生与死的较量，无不令人感叹其来之不易。

同样值得周氏子孙永恒纪念的是四世周国祯，他以超凡彻悟，洞明人生的生死之后，沉毅果决，立下其子孙"永不为官"之誓，为子孙之计至深至远，周氏家族从此更加敬天地、礼神明，救难济急，无善不为，以至耕读为业，本分持身，由是积德后报，家族繁衍。正如《诗》有之曰"绵绵瓜瓞"，而500多年后仍兴盛不衰，迄今福祉有加。

岁月流转，物换星移，500年来，楼上周氏家族走过一条交织着衰微与兴盛、悲怆与辉煌、腥风血雨与和风丽日的不寻常历史之路。这一切汇成了跌宕起伏的家族历史河流，铸成了周氏家族灿烂丰富的耕读文化。

烽烟之悲，民国之痛

始祖周伯泉迁居楼上以来，前四代人不幸多难，而所处时势维艰，虽周氏族谱未有详细记载，但根据当时历史情况，直接或间接使周氏家族遭受不同程度影响，其历经各种周遭，兹举如下。

周氏始祖周伯泉于寨纪居住，安定下来，便遭受时局动荡的影响，时逢二世周朝隆出生不久，即遭遇各种兵乱或灾难之忧，难以枚举。据《石阡县志》等历史文献所载：

明武宗正德六年（1511）辛未，江津贼方四等寇石、思，大兵攻之走之。

明世宗嘉靖十八年（1539）己亥，铜仁、思南、石阡等府连年干旱无雨，河水断流，土地干裂，五谷颗粒无收，百姓唯用草根、树皮等充饥，饥民载道，难民无数，许多地方惨状至极。此时，松桃龙许保等在蜡尔山起义，连破思州府（今岑巩）、印江、石阡等地。

嘉靖二十九年（1550）庚戌，先有播州李保等纠草塘、邛水、重安、都匀、平浪等司黠酋，据湄潭县杀劫一空。总兵石邦宪，从石阡间道攻之乃平。

是年，铜仁苗族起义军攻陷思州府，并执知府李允简、知事王月谦、府吏孙文丙等而去，此次战事长达十余年之久。

明神宗万历二十三年（1595），播州宣慰司杨应龙率众反叛，犯龙泉司等处，蔓延至万历二十八年（1601），总督李化龙率师讨平之。是年镇筸苗族起义军攻破石阡城。

明喜宗天启二年（1622）壬戌，水西宣慰司同知安邦彦叛，阡民供军粮至贵阳不胜其苦；按安邦彦二月围贵阳，十二月巡抚王三善大破贼于龙里，贵阳围解。

天启五年（1625）乙丑，潜来的叛军焚城外寺宇、民居、客店殆尽，知府许国秀亲冒矢石，偕绅士军民坚守，城得瓦全。叛军时扰阡城至崇祯初年尤甚，知府陈达道、推官王命来协力防守得无他患，士民德之。

崇祯三年（1630）庚午八月，总督朱燮元讨诛之，凡八年而乱平。

从这些历史记载中可以看出，楼上周氏家族，居于思、石之地，距石阡县城30里不到，同受骚扰，也深受其害，每次影响及受害程度不一样。如万历年间，楼上周氏周珩、周凤因之而逃散，乱后周珩回到楼上，而周凤则不知生死何处。再如天启二年（1622）水西安邦凉彦叛，其捐输之苦甚重。

明清交替，天翻地覆，即使楼上周氏所处思、石之地亦概莫能外。明桂王永历元年（1647）丁亥（清顺治四年，是时明之南北两京虽陷，贵州仍奉永历年号），南宁侯张先璧驻军石阡署府，王命来智遣之，却劳民伤财，百姓军赋甚重难堪。

特别是顺治五年（1648）戊子、六年（1649）己丑，南明军队退败思、石之地，形成流寇，烧杀抢掠，直至顺治十五年（1658）戊戌，经略洪承率师取贵州石阡，战乱才停，百姓始安。楼上在此期间，除周国祯等少数外，尽遭劫难，几近灭族。

清朝建立不久，至清康熙十二年（1673）癸丑，吴三桂据云贵反清，石阡陷入。十一月，吴三桂自称天下都督招讨兵马大元帅，蓄发易冠，云贵总督甘文焜，自刎于镇远吉祥寺，贵州巡抚曹申吉降三桂，自云南至湖南踞衡州称帝；康熙十九年（1680）庚申，清兵入贵州，十一月复石阡，自此石阡之境无兵扰。

这八年时间，干戈历境，楼上周氏不免受其摧残。从康熙二十年（1681）辛酉开始，至道光三十年（1850）庚戌，近200年间，周氏得以安居田园，诗书为继，耕读族蕃，人文蔚起，其族中子弟频登黉宫。其后于嘉庆道光年间，因周氏家族人口倍增，耕地减少，而难以开垦。道光之后，正值咸丰、同治之变，故播迁他境者，计百余人。

从乾隆六十年（1795）乙卯，正月十三日，大塘石柳邓、吴八月等起义反清开始，直至同治十一年（1872）壬申，小江樊老七起义失败被获。嘉庆在诏书中也不得不承认官逼民反之实，国家深仁厚泽百余年，百姓生长太平，若非迫于万不得已，焉肯不顾身家铤而走险？总缘亲民之吏，多方婪索，竭其脂膏，因而激变至此。

　　清代从乾隆中后期开始，民族矛盾和社会矛盾日益激化，各地民众的反抗斗争此起彼伏。如1796年到1804年的白莲教起义历时九年，1795至1806年的苗族人民的反抗历时十二年。虽然，先后被清政府的高压手段镇压，但政治腐烂已深。清朝吏治本身没有得到改革，贪污和冤狱反而更加普遍和深入，暴虐的方法也更残忍。民众反抗力量，遂在各地重新爆发。1813年的天理教起义和连续不断的天地会起义已遍布全国各地，在各地反抗斗争的打击下，清王朝迅速走向衰落。

　　铜仁从乾隆六十年（1795）至同治十一年（1872）苗族起义就连续不断，有近二十次规模较大的起义，有的持续十多年。由于苗族起义不仅反抗清政府的暴政，此期间，各地匪患连绵，土匪烧杀抢掠，当地百姓叫苦不断，楼上周氏家族也因此深受土匪之害。而清政府军队入黔镇压之时，亦是输捐助饷，各种名目的筹款，变着戏法的敲诈勒索、盘薄斯民之时，铜仁、思南、石阡等所遭荼毒，方深浩叹。

　　咸丰元年（1851）辛亥，楼上周边也因匪患频起，人心惶惶。三月，荆竹园起义军攻石阡城。

　　咸丰四年（1854）甲寅，桐梓县革役杨龙喜作乱陷县城，据雷台山为巢，被滇黔大军剿败，追过阡境，

　　至咸丰五年（1855）乙卯二月，杨龙喜为官兵所败，逼近石阡，乡里初闻干戈，不胜恐怖；三月初八，追杨龙喜的官兵过境，而杨龙喜由本庄窜入石阡浮桥口，走平地等处，都司杨启贤追至龙颈坳。

　　六月土匪将从铺溪、葛宋、楼上一带下窜石阡，知府黄培杰调团防堵滥泥山、路濑等处。

　　九月，铜仁上五洞民因粮事，徐廷杰、梅济鼎、夏昶领导之红号军起义，九月集数千众，十月初二日攻占铜仁城，知府葛景莱自杀而死。远近震恐，黔东各地纷纷响应起义，一时之间，思州、玉屏、石阡、松桃与湖南之麻阳、晃州，先后告陷。十一月下旬，翟浩曾同镇竿总镇分檄都司田宗藩、吉隆阿、侯光裕，督带兵勇，逼扎城下，逐日环攻。

　　十一月起义军至石阡，以数万之众，攻陷石阡城。后石阡城署知府黄培

杰调团兵击退。

咸丰六年（1856）丙辰，正月初二，红号军由白沙至走马坪，红号军与乡团战败由铺溪、上葛宋、下葛宋、楼上、直桥等处而归。

正月，石阡刘庆元率直桥乡团迎战起义军，自冬至春，不敌而死。团首周璜，越三日战死。起义军大破直桥团上下十余寨。时知府黄培杰、都司陈定元，闻城内起义军空虚，遂以轻兵袭之。次日，起义军复攻城，适铜仁援兵至，城得以保。二月，黄号军王士秀投城。三月，红号军复至石阡城，城虽未破，此间石阡停科考。

咸丰八年（1858）戊午，春正月，知府周夔往思南征剿荆竹园起义军，三月，小江段大伍起事，五月二十五日白莲教黄号军胡胜海联合苗族起义军攻克婺州，以荆竹园为起义军根据地。九月起义军攻破镇远城；十二月起义军攻陷思南城，知府福奎死之，石阡介镇远、思南之间，戒严。十二月二十七日，春奉石阡知府令防堵，营兵景正扬等50余人，沿途团丁百余人至文家店驻扎。

十月，土匪趁机从四周蜂拥而至扰铺溪、甘溪、葛宋一带，邻乡人争先逃遁，房屋尽毁。

咸丰九年（1859）己未，钦差田兴恕到石阡，命总兵刘季三围攻起义军而被义军击毙，总兵吴洪胜战死。复令总兵熊焕章接代，熊至力主安抚，熊驻军楠木窝不攻，唯与绅团寻事作对。李兴得等久据荆竹园，两陷阡城。

按《成其济齿记》载，咸丰九年（1859）己未，余庆聂四胡子纠合施秉、黄平被难逃民，以合团剿起义军为名，聚众谋乱，至瓮谷垅遇伏，死者数百人。此时楼上各村寨，皆筑屯而居。

咸丰十年（1860）庚申，二月初，黄号军驻营廖家屯；三月黄号军进入铺溪。闰三月，提督军门田兴恕由石阡至廖家屯攻破黄号军，大兵陆续直抵省城。四月米价昂贵，饥馑交迫，道路死者甚多。五月、六月干戈之后，大病复作，各村死者不计其数。十一月二十一日，土匪忽至，财物六畜，概行掳去，房屋皆毁。

从田兴恕提督贵州，率师入黔，勒令铜仁、石阡、思南民输金助饷。境内素本荒瘠，几刮白银至十万两有余。此次捐输。斯民所遭荼毒，甚深。

咸丰十一年正月，土匪由望金岩往楼上而来，自朝至暮，约有数千。宿于通草坪、上下葛宋，夜偷袭楼上。人居屯中无损，除文昌阁外，多数房屋、梓潼阁等庙宇，尽被烧毁，所存极少。七月，土匪由媒人坳清晨忽至葛宋，死伤数人。

楼上于咸丰期间，深受当地土匪灾殃，不得不筑屯以备。分别筑有楼上屯、毛堰沟屯、小屯、大岩千屯、小坝屯、漻崄河屯等，其人力物大量耗费，田园耕种不力，生活日下，只能艰难度日。从同治开始，楼上就与近邻同处于匪乱之中，更是饱受蹂躏之苦。

同治元年（1862）壬戌，三月，荆竹园起义军破石阡北门外荆竹塘营，因唐秀东之死而去。

是年周围土匪也于楼上、葛宋、红岩、铺溪、甘溪等处每晚袭屯。楼上因屯固人多未破，却被土匪烧毁庙宇、房屋，其殿宇无复有存。楼上除两间马桑古屋外，文昌阁及一切房屋皆被烧毁殆尽。此次受害之深，至今每当长辈论及此难，仍惊恐不已。

同治二年（1863）癸亥二月，十八日夜，有土匪由葛宋私过，是夜破红岩屯。九月土匪又窜至红岩铺溪、葛宋，扰抢不宁。

同治三年（1864）甲子，九月，湖南统领李元度由石阡进兵白沙，直抵荆竹园大营，而石阡之乱犹剧。

同治四年（1865）乙丑，土匪不时而出入楼上、葛宋一带，农人荷矛以耕。十二月，荆竹园起义军复攻陷石阡城，署知府黄启兰（前守黄培杰子）出走，

古屯远眺

急命周尚濂、杨大镛等督乡兵迎击，乡团复城。

按《夏纯彦实录》：同治四年乙丑，十二月初八夜四更时，起义军等又由城北偷入，亦系练兵为内应，黄太守逃，其衙署、庙宇、街店、民房多在战火中被烧毁殆尽。起义军在城八日，见乡兵来攻，弃城而走。杨大镛等迎黄太守入城，将民房尚存者拆之城内，分作五屯固守。

同治五年（1866）丙寅四月，贵州按察使李元度，率楚军驻铜仁。

四月十五日夜，由西而来土匪潜至埋伏于上下葛宋及王家山、何家湾等处。十六日，四处并作，掳去90余人。延至十七日，高家山团首迎请土匪已降者，名为两碗客，及团内兵民，约有数百人，往三角塘与土匪相战，团兵败回。土匪杀所掳男女数十人，未杀者胁迫而去，不知所终。

五月十三日夜，荆竹园义军攻石阡城，义军从城北梯入，严谨与都司陈定元竭力固守，抵死相拒，被起义军所杀。为此小芳园李绍莲有诗记载当时城中景象：

千家万家睡梦里，杀气宵腾喊声起。
……
强定惊魂望城东，城北一带火烟烽。
喊杀喧天焰烛空，急煞严守陈都戎。
……
喘吁急避向遥村，囊中乏钱缺饔飧。
饥肠辘辘转双轮，终夜悲伤思母弟。
黎明起寻近城地，东逃西奔幸会归。
城郭如故景物非，横尸遍野无收拾。
破残衣物纷秽积，家无器用厨无烟。
妙手空空虑万千，几回徒唤奈何天。
惟望兵后免荒年，长享太平安阡陌。

时武生杨通铨等在城外打石坡屯中，与房书李文士谋，乘水涨毁桥，以断起义军续来之路。随即暗约乡团数百人，于十五夜，四更时缘梯入城内，内外夹攻，夺回石阡城。石阡在此次城破之后，石阡知府黄启兰，以失城并各项声名，先往铜江迎合带请进兵。

同治六年（1867）丁卯，李元度率军由思南进攻，入夏后，攻荆竹园，楚军大疫，随令枭司席宝田，以剿办八号、清江之军，先赴思南，会同李元度攻打荆竹园。先后攻战大小二屯，即进攻荆竹园，抵北卡大围猛攻未下，先是命李光燎率兵由石阡进攻席家山、罗家山一带，惟荆竹园四面险要未下，相持既久。

同治七年（1868）戊辰，春正月，援黔湘军席宝田、李元度攻占思南府荆竹园起义军根据地。部分起义军奔走轿顶山。席宝田领军复攻破轿顶山。四月，铜仁开科。五月二十六日，白号军根据地贵州思南府偏刀水为湘军席宝田、川军唐炯等攻破。八月十六日，刘仪顺被俘。

同治八年（1869）己巳，三月楼上、下葛宋一带，闻土匪将至众皆惊散。五、六月米价昂贵。十月中旬，土匪至下葛宋一带劫掳人物而去。此期间，土匪时窜入境，屡经兵燹，遍地疮痍，民不聊生。

同治九年二月中旬，土匪夜行潜至通草坪，上葛宋。同治十年，四月，土匪突至，破甘溪寨营，烧杀不堪，旋退扎筲箕湾，官兵追至，由葛宋往白沙而去。

同治十一年（1872）壬申，小江樊老七起义失败被获。提督军门湖南周达五破香炉山起义军营。

同治十二年癸酉二月，有少数起义军于石阡老林躲藏，以树皮充饥，官兵追至全部被杀。至此，苗族起义失败。

楼上周氏至咸丰开始，因战乱之际，土匪趁势滋扰，但因周氏家族人多力厚，齐心抵抗，未如他族东奔西走，到处躲藏，匪去复归，匪来复逃，颠沛流离，而每被匪所伤，只能努力修屯，聚处而能略见相安。然即使昼出屯外，恐为匪所擒，夜居屯中，恐为匪所破，从而弄得人人自危，朝不保夕，家家不安，寨寨不宁。幸而周氏人多力聚，时有周大琦、周大璠、周成国凝聚族力，与有蓝翎守备周大珍、蓝翎外委周成全等义卫乡邦。从周成国后裔中所保成咸丰六年八月石阡府、十一月贵州巡抚部院颁发给周成国军功执照，可见当时家族所经历的那段难忘历史记忆。

光绪二十六年(1900)庚子,李成虎(思南许家坝人)因毁教堂起衅,盘踞川岩坝,石阡城戒严。知府邓树滋调镇远、铜仁兵击之,匪闻之窜走。

宣统元年(1909)己酉,春,游匪李福安作乱,据葛彰司、河坝场等处。知府陈武纯调镇、铜、思南兵攻灭之。按此实团众互相攻击,死亡者多冤屈,镇铜兵掳去良家子女甚多,尤属可悯。

宣统三年(1911)辛亥,八月,湖北武昌首倡革命,各省应之。九月,贵州反正,石阡知府毓年(旗人),知信潜逃,地方无主,几致扰乱。后省委新任知府张绍铭到,又滇军至地方,少安。十二月,清帝逊位,改为民国。

民国元年(1912)壬子,冬,代理知府陈鸿鬻调兵平本庄一带。是年土匪潜发石阡西北隅,上自本庄三间店,下至塘头,被张云程、李玉清等蹂躏不堪,代理知府陈鸿鬻咨请胡统带(锦堂)、班督带(纯义)进兵,调团相助,杀匪千余,地方初安,唯漏周匪老海等数人而已。

石阡府颁发军功执照

民国六年(1917)丁巳,周国华任石阡知县,关心民瘼,虑匪风不靖,闾阎终不得安。时巨匪周老海,方纠合股匪,盘踞思石间,大肆抢掳。阡民受其害者甚酷。民国七年(1918)戊午,四月,周国华乃亲督警团合攻老海等,于丁老寨苦战连日,夜恐不支,又咨请陆军夹击,遂击毙老海于野茅渡,生擒党魁鸡脚神、青竹彪,杀贼数十,追歼余贼殆尽。

七月十三日,七区葛彰司被劫,知事李退谷,令团兵往援。十五日,石家场副区长吴河清被匪捉去,令警备队往援留城中,兵

贵州巡抚部院颁发军功执照

膴膴楼上

不满十人。十九日五鼓,股匪400余人,由施秉一日夜行百里,经甘溪、葛宋、楼上一带,倏至阡城,叫声大作,居民由梦中惊散。李知事藏匿后山。匪大肆劫抢衙署、民房一掳而空,午刻由思南县大路逸去,幸只杀一人。妇女奔过河者,淹死三人,下街火起,旋亦扑灭。民国九年(1920)庚辰,七月十九日,股匪至,石阡全城被劫。

民国成立,始尚初安,忽因南北内讧,势成鹬蚌,以致地方土匪,此灭彼兴。楼上周氏家族迭遭匪乱,然于烽烟中,为保卫家园不遗余力,后始得于逆乱中生存。其艰苦之味,仍历历在目,未敢忘之。

民国期间楼上周氏家族,在匪患的频频扰扰中生存,由于经历了咸、同战火之后,家族万众一心,积累了有寨必有屯的经验,完善对屯堡的修筑。每当匪患到来之际,利用梓潼阁、各粮寺周氏于明代所铸的铜钟,声音可传几十里,于第一时间通过钟声使家族知道土匪进寨情况,从而有效组织家族力量,进行集体防卫。因这时周氏族,有几千之众,凝结一心,一般土匪也就不敢窥视与抢劫。

在清末之后,因其家族同心,未遭受过多灾难,而人口剧增,大量购置田土,

民国期间修建阁坳口戏楼

第四章 沧桑楼上

因周边邻近村寨，频受土匪侵扰与抢劫，往往家破人亡，而楼上周氏所置买田土，远至本庄（原葛彰司）百米大田，近至周边台子田、葛宋、葛冲等。

同治之后，楼上也因此而得以相安，周氏家族得到了几十年休养生息。为了丰富精神文化生活，民国年间建造了戏楼。戏楼建筑空间疏落有致，主次分明，舞台横枋上雕刻的花鸟、戏剧人物栩栩如生。每年春节至元宵，这里会上演各种戏曲。周氏家族从历史、家族及生活中发掘素材，以教化兼娱乐形式，自编自导自演京剧、花灯、木偶戏、傩戏、人大戏等。至今，每年清明节，周氏家族举行隆重的祭祖仪式——清明会。寨中村民仍在古戏楼上表演古老的戏剧，戏楼繁华依旧。

自明代以来，梓潼宫除了供奉神祇外，更主要的用途是作为周氏家族庠序之所。清中期，私塾兴起，遍布楼上，使家族所有子弟，几乎都能入塾接受教育。民国十五年（1926），将梓潼阁辟为保民小学，开办新式学堂，为家族培养了许多优秀人才，也敞开与外界的联系。至民国中晚期，升入石阡、

梓潼阁小学

镇远中学人数不可计数。这一时期所培养家族子弟，对于家族的文化传承、文脉延续有着非常重要的意义。

清末之后，楼上长期兵荒马乱和土匪烧抢，其大量历史资料也毁其中。随着时间的流逝，本地知道历史情况的人日渐凋零，事实的真相就慢慢地尘封在岁月的泥土里。

然而，不幸的是，民国期间，鸦片烟渗入农村之后，一时种植鸦片烟的人急增，而吸食鸦片的人也不少，弄得卖田卖土，家破财散，更有人亡之训。这可以说是楼上周氏家族中继咸、同之后，最痛的不幸。

1950年楼上解族之后，通过1951年土地改革，人人分有土地，家家生活有了保障，特别是改革开放以来，经济建设得到迅速的发展，生活蒸蒸日上。今天更是迈向新的历史时期，脱贫攻坚，迎来全面实现社会主义小康愿望，建设美丽的新农村。

以史为鉴，记住那曾经的不一样的过往，让楼上周氏家族子孙更加懂得珍惜今天的幸福生活，以创造更美好的未来。

第 五 章

故事楼上

　　周氏聚族而居楼上衍生以来,根据生活经历,对地名与生境赋予了诸多美好的愿望,通过口语相传与文字记录,形成了楼上独特的地名约成、民间传奇、谚语、对联和逸闻趣事。

楼上由来，地名之异

西南一隅，崇山峻岭深处，参天古木与清澈的潕阳河之间，一座500余年古寨，名曰"楼上"，其山水、田园相守望，有看不完的美、品不完的韵。

"楼上"这个名字，在许多人看来不像是一个村寨的名字。楼上原名"寨纪"，何时开始称"楼上"，没有准确的记载，而难于确证。

500多年前，楼上也许是苗人所居，也许是"赶苗拓业"而人少荒芜。虽然难以找寻那曾经人居的更多印记，却以原有地名，如"上苗寨、下苗寨、茶盆岩、弯柏香、公公背媳妇……"等流传下来，至今仍继续沿用。据说在黄平县旧州、谷陇一带仍有许多苗族老人，能说出这些相应的地名来。这本身一定存在着一种鲜为人知的历史瞬息剧变，其背后一定隐藏着无数难以知晓的历史神秘。曾经居住在这里的苗族及其他民族何时迁居，楼上周氏始祖为何千里迢迢从四川来到这里，当时留居此地的高氏家族，为何要出让土地，等等，这些都是难以厘清的历史，只有从周氏后裔的口口相传中，寻得一点不完整的远去的遗韵。

在明朝弘治六年（1493），周氏始祖周伯泉（周氏原籍江西南昌府丰城县，祠名大本堂。其先祖于四川威远县为官，后世居于威远县洛阳乡大坡里，地名晒金坡。后移居潼川乐至县天井坝仁义乡），因避难图存，入黔择居，行至寨纪（楼上的古称），备银170两，买得田业一庄。繁衍生息至六世祖周易，因其饱读诗书，酷爱品茶、吟诗、赏月，故在寨纪右边水沟处修了一小楼，名曰"听水楼"，门上有一联："滚滚山泉惊午梦，幽幽庭树畅生机"；小楼室内有一联为："诗书消永日，风雨送流年。"一日，居于仁佳寨的同辈堂兄周镜，从火石丫整田（犁田）回来，路过听水楼下时，因口渴想到周易的听水楼上喝喝茶，便在楼下大喊："有人吗？"因为沟边水声大，周易没听见。周镜再喊，周易听见了，便应声道："怎么无人，我在楼上。"周镜见楼上有人，便上楼喝茶聊天。自此"我在楼上"被传为佳话，久而久之，家喻户晓，而传为地名。其原名"寨纪"渐渐被人淡忘，"楼上"之名，因此名扬思南、石阡两府。

也有人说"楼上"之名，是因周易在水沟边，跨沟修建听水楼，楼层不高，路从楼下木桥巷经过，名之"楼巷"，因谐音而曰"楼上"。这也算对楼上地名来源的他种解释，尚无确切的佐证。

"楼上"这个地名听起来很奇特，也因此有不少逸闻趣事。据说，一次有位北方的游客在楼上古寨旅游时，接到朋友的电话约他吃饭。他说："我在楼上呢。"对方说："在楼上，那我开车来接你。"岂不知此楼上非彼楼上。此楼上并非房屋、茶楼、酒楼之楼上，而是一个古寨的地名。

古寨院落，多数坐东北向西南，少数坐北朝南，并依山而建，其整体布局下部呈荷叶形状，巷道曲折环绕，均为青石铺就。古寨原有30余栋马桑古屋，见证着古寨久远的历史。现马桑木长不高，传说是因为被张三丰"封整"过。清咸丰十一年（1861）大部分古屋被贼匪付之一炬，唯有周正益、周正齐所居老屋幸存。

现古寨保存的清代建筑亦多，许多人家的木窗皆雕刻着飞禽走兽、梅花以及蜻蜓、蝴蝶、喜鹊等吉祥物，其造型优美，刀法娴熟，线条流畅。寨中众多古老匾额及部分尚存楹联，富有深厚的文化底蕴，诗书堪称精品，体现了耕读并重、诗书继世、以礼乐传家之风尚，以及各种古风古俗，无不展示着古寨古老淳厚的文化底蕴。

楼上地名之多、叫法之独特，堪称一绝。在其地名中有着深厚的历史遗韵、家族变迁、地理形态、生活习俗、文化追求与审美含蕴。命名样式也非常丰富，有以植物命名，有以生活器物命名，有以地形特征命名，有文化赋予，有拟人象征，林林总总，缤纷多彩。

在楼上地名中有许多古已有之，现仍然使用，也可说是对曾经居住于此、因历史变迁而离去的先住民的一种缅怀。这类地名以曾经居住于此的其他姓氏来命名，田土名称也多。这类地名中包括先于周氏、与周氏邻里而居，地名因袭的有：仁家寨、上苗寨、下苗寨、弯柏香、亚秧寨、高家林、寨底下、

膴膴楼上
WU WU LOU SHANG

贡家屋基、雷家水井、戴家山、董家湾、高家林、何家大田、高家田、杨昌田、龚家朝、罗大土、生基坟、兰老七坟等。

或因出嫁女儿时,而陪嫁出去的田土山林等命名的也多,如:姑婆田、张家田(陪嫁)、熊家田(陪嫁)、殷家田、曾家田、邱家田等等。这些记载了楼上周氏家族迁居前后的一些历史发展与变迁。

下苗寨近景

或记录着曾经过往,如:石灰窑、官塘、水碓房、油榨房、上碾房、下碾房、车田、洪水、清明田、瓦厂田、土墩田、烟田、熬药硐、洞嘴老爷、婆婆坟、屯上、楠桂古桥等。

楼上周氏家族,除了耕读传家之外,还特别信仰神明,而且将儒、道、佛等信仰相融合,并留下许多历史含蕴。所以许多地名或以建筑为名,或以所处之地为名,承载着历史。这也是一种文化与信仰的概括与浓缩,如:红字岩、学堂垴垴、庙坪、城隍庙、文昌阁、和尚田、挂青田、庙上田、和尚林、

上下苗寨远景

和尚坟、小屯寺、各粮寺、山王庙、苦竹庙、梓潼阁、观音阁、土地庙、石佛、降佛山、香炉山、南山寺等,使地名特点突出。

以树或树林命名地名、田土名称特别多,这也是楼上周氏生态文化之观。楼上周氏所居之地,物类繁多,树的品种多样,对树的保护、培植也相当重视,所以出现了许多以树名为地名的称呼,独特而丰富。以树为地名的有:弯柏香、核桃湾、枹桐湾、枹木林、倒栽树、大青冈树、毛栗林、柏香林、杉木湾、枞木树、长林、凤硐林、化稿林、苦竹坪、漆树坡等;以树名为田名的有:蜡树田、李子树、杨柳树、棕树田、偏桄子树、拐爪树、槐子树、枹桐树、桂花树等,容易记忆,也好分辨。

在楼上地名中,田土名称极多而丰富,除了以树名命名之外,更多的或以田的外形特征为名,或以田的用处为名,或以田的大小为名,或以田的用途为名。如刀撇子大田、凼凼田、磨搭勾、袜子田、牛滚凼、花马丘、越山田、锅底凼、窝凼田、瓮孔田、消坑田、榜上田、门首田、鱼塘田、麻窝凼、两头尖、顶头大田、高坎子、岩根田、湾大田、长秧地、花田、滥田湾、沙田、岩洞田、百米大田、圆田、长田、大坪土、方水丘、过水丘、陀田、坳颈大田、三尖角、大秧地、月亮田、马鞍子田、大田坎、扇子田、连四丘、落底田、过冬田、核桃大田、檀木树、菜子田、垴垴田、鸭嘴田、牛脚杆大田、冒水孔田、弯弯田、过冬田、车田等。

楼上地形丰富,地名中以地形特征命名的也很多,如以垴、湾、沟、坡等命名。其中以垴为名的有:鱼泉垴、团坡垴、学堂垴、大坡垴、大垴垴、屯垴垴、大堰垴、岩垴垴、阁垴垴、生基垴、洞垴垴、茶园垴垴等;

以湾为名的有:周家湾、龙洞湾、绿井湾、水井湾、当湾、牛硐湾、载朝湾、搁岩湾、西冲湾、

两头尖田

膴膴楼上

潮田湾、滥田湾等；

以沟为名的有：鱼泉沟、双水沟、环堰沟、茨沟、大沟、姜茶沟、窑硐沟、架枧沟、垮沟、干沟、毛堰沟、风岩沟、沟边等；

以坡坎以及其他为名的有：高坎子、对门坡、水井坡、半坡、大坡、黄泥坡、大堰坎、田门坎、林堡堡、卡颈颈、小屯、皂角坪等；

还有以动物命名的有：天鹅抱蛋、牛老壳、牛心子、牛腰肝、牛鼻孔、牛峰包、牛脚杆大田、牛尿坟、大猫洞（老虎）、毛狗洞、野猫洞、鸡灶石、鸡公岭、猫鼻岭、撮箕口、金线吊葫芦等；

还有以石命名的有：石鼓、石锣、石钵、石仓、石笋、四方石、滑石板、薄刀石、扑石、火石丫、石灰窑、赖巴石；

以岩字命名的有：老鹰岩、白岩、茶盆岩、窝屎岩、岩脚、岩门口、撑腰岩、炸口岩、壁岩、黄蜡岩、猴子岩、尖子岩、搁岩、风岩、红字岩、岩门口等；

以山或地形特征等命名的有：印把山、关众山、灯山、香炉山、轿顶山、轿子洞、仙人撒网、三点白、大止塘、小止塘、薄刀岭、大偏洞、凉风洞、仰天窝、亮洞、冒水孔、两头尖、苦荞坪、林边边、水背、长滩、长圫等。

楼上这诸多地名，似乎也承载着家族的生息脉动、往事追怀，是家族发展的地名之书，也是家族历史文化最简约的概括，有一种轮换迭现的历史时空感。也正因楼上湾湾垴垴、坡坡坎坎多，不是上坡下坎，就是下坡上坎，在劳作之中，栽插薅种即收割非常艰辛，故在生活中有一些关于坡坎的劳作之歌，如《楼上坡坎歌》：

楼上湾湾垴垴多，太阳升起怕爬坡。

沟沟坎坎刚刚过，凼凼窝窝得快梭。

民间传说，逸闻趣事

上楼观景观楼上

在明代，楼上地属思南府，其田土人丁税，全属思南征收。至清康熙中期，新买田土中，有属石阡征收的。这一族两府皆管，也因此留下许多逸闻趣事。

乾隆年间，有一次，思南蛮夷长官司安土司、石阡军民长官司杨土司来到楼上巡视秋粮征收情况。路过灯山、毛堰沟至官塘一带，见新开一湾大田，可收百来挑谷子，水源又好，年年都可丰收，两土司心想自己必收此粮税。

来到楼上一问，是楼上周氏第六代周坤、周易兄弟所新开的田。因周坤有5个儿子、12个孙子；周易有4个儿子、12个孙子，人口增长迅猛，必须不断垦田种粮才能满足温饱。此新开的田，处于思、石边界之间。两土司来到周易家，吃完午饭，便到"听水楼"喝茶赏景，问及秋粮一事。周易说："今年已完纳。"再问及灯山靠官塘一湾所新开水田，周易说尚未完纳，乡约来过，不知交思南还是交石阡。此时，安土司说交思南，杨土司说要交石阡，相互争执不下。周易见状说："两土司不要再争执，粮税肯定要交，到底交思南还是石阡，我看由两位土司商量个方案，再酌定如何。"两土司商量来，商量去，得不到统一意见，各执一端，不相退让，有动粗之举。最终他们请周易想办法。周易说："我楼上是礼仪之邦，是文化之族，不能动粗也不能吵架。既然两土司如此信任我，我就说说我的想法。我前几天在听水楼喝茶，突然觅得一上联，却对不出下联，两土司长官都是自幼习诗书，今天在此，一边品茶，一边对我出的对联，谁先对上，秋粮由谁来征收，二位觉得如何？"话音未落，安、杨两土司都说这样最好，一致同意。

膴膴楼上
WU WU LOU SHANG

古寨老巷

听水楼古巷

两土司本来就因世代世袭，虽曾读过书，却胸中文墨不多，平常却又以文化人自居，觉得在楼上周家丢不起这没有文化的脸，都说快出上联。周易说，不急，再煨罐茶，喝了再对也不迟。周易迅速拿出笔墨，拟成文书。两土司签字画押后，周易才将上联说出："上楼观景观楼上。"此联一出，两土司心中暗喜，这回周家秋粮税我收定了。安土司马上说："上床睡觉睡床上。"此联一出，大家哄堂大笑，安土司有些难堪。周易打圆场道："对是对上的，不太工稳，并指出上联有上字，下联不能重复。"杨土司说他对上了："下桌醉酒醉桌下。"周易说要不得，太土太俗。安土司马上又对："下河摸鱼摸河下。"还没等周易评说，杨土司也抢着说："下田栽秧栽田下。"周易又说要不得。两土司不服，都觉得自己对得工稳。周易说道："'上楼'，'上'是动词，'楼'是名词，而'楼上'是地名。"就这样，两土司对了半天，对出来一些，都要不得。此联属回文对，难在"楼上"是地名词。到了吃晚饭时，两个土司还是没能对上。之后的几十年间，此新开的一湾田，两土司一直没敢来提收秋粮一事。为此，周易说，此田与土司有缘，就叫土墩田，田中留下一土墩点灯为纪，点灯费用由他来出，

第五章 故事楼上

以纪两土司争粮之事。自此以后,就再也没有人敢来对,至今仍然没有人对上这副对联。

土墩不点灯,楼上暗不明

"土墩不点灯,楼上暗不明",这是楼上几百年来的谚语。土墩田,在灯山当门,田中有十米见方土墩,高三四米。从清以来,至民国间,土墩上还有点灯台,天天点灯。灯山之名,缘于远望山形如灯焰,而此山中间山体隆起峰部,栩栩如一佛端坐诵经的形态,古土墩田中点灯,原先为点蜡灯,礼佛之敬,而传下点灯之俗。后开成田后,仍保留点蜡之规。点灯礼佛,佛佑平安,佛降惠慈,则楼上兴旺繁盛,凡往返进出,或通集、或入学、或访友、或外出谋事等皆兴盛而多。经过此土墩的人,络绎不绝,也就点灯不断,因此,土墩灯明,则昭示楼上兴盛、地灵人杰。

如若不点灯,就会认为楼上周氏家族不再兴盛而存衰败之势,往来者无几,土墩也就晦而不明。土墩田中的土墩,一直保留至20世纪60年代,为了好耕种才挖平。现土墩田还在,土墩不存。

土墩田为何一直要点灯,说法不一。据说以前周氏所居楼上,包括寨纪、仁家寨、上下苗寨、凉水井、黄泥田、消坑田、滆崚河、戴家山、下寨、半坡、白岩等去石阡,以及从王家山、何家湾、蔡家岩、下葛宋、后寨、上葛宋、通草坪、小燕光等处通往石阡的路,都是走土墩田,过毛堰沟。而土墩田这一带,树多林密,幽深险峻,阴森恐怖,是鬼神出没之所,点灯是为行人壮胆,因为灯为火,火趋鬼。这是农耕时期,农人最典型的经验判断。

据在楼上灯山居住的84岁老人周正新说,记得上一辈老人曾口口相传,土墩田之所以常年点灯,

土磴田

膴膴楼上

其实是很久以前,思、石两位土司,当年来楼上收税,因为土墩田是新开田,以前是山林,指手为界,属思南蛮夷长官司领地,而灯山至亚记寨这一坡田土,是周氏四世祖周国祯于康熙元年(1662),从石阡军民长官司属地乐化董廷璋处买来,当即遗嘱,此业做我房公地,只许耕食,不准分管。在思南与石阡交界之间,开田耕种,土司来收粮税,因周易机智,两土司未能收成,周易为子孙牢记此事,以点灯为纪,不仅是照明壮胆往来之人,而是有更深的寓意,也算另种意义上交粮税。从此,土墩田就年年岁岁,天天不断点灯以示之。

弯柏香的故事

弯柏香是楼上最早的地名。因一根巨大柏香树从路后坎,弯下来穿过路再往上生长,过路人必须从弯柏香上走过。凡是在楼上生活过的人,都知道弯柏香和弯柏香的水被苗族人囥落了的故事。后来,是楼上匠人,去黔东南、黔南等地做木工,特别是到黄平县的谷陇一带,还有许多苗族老人听说这些木匠、解匠是从楼上来的,都要问问知不知道弯柏香,还说用锅把水囥落了,已测试是不是楼上来的人。由此可以想见,弯柏香凝聚了多少曾经居住于此的苗族先民深深眷念情怀,那不舍而舍的后面,有难以言说的伤痛。而后来迁居此地的周氏家族,也因水被囥落了,大片田园无水源供给,而改田为土,又是何等遗憾。

水在楼上,可以说已是最好的资源,全境有20多处龙洞水,长年不断,流量极大,足以灌溉多数稻田。但最令人痛心的还是弯柏香那股水源,它是整个龙洞水源中海拔最高、出水量最大、灌溉也最多的水源,在明初开始的大范围赶苗拓业的形势下,原住楼上地区的苗族先民,在不忍不舍而又迫不得已的情况下,做出了极度的选择,用七口大圆车锅,将弯柏香水给囥了。而在春夏之交,连续大雨时,这里还能涨出来很大的水,此水从绿井湾而下,可灌溉整个楼上三分之一的土地,春天所出之水,经枞木树、百米大田、凉水井而下卡颈颈,经寨纪大沟、水井湾、大桥(楠桂古石桥)、野猫洞、大堰埫、新开塘流入河中。

从明代以来,春夏天,大沟中水量极大,沿沟修有很多碾房,楼上周易还于沟边修了听水楼。后来每年都这样,春夏水源丰富,一到无雨时节,则水出得很少。

直到20世纪的六七十年代,楼上村(当时联合大队)投工投劳,组织生产队挖水,挖了若干年,挖不出来,冬天每挖一次,第二年就出水又小了一些。最后用炸药放炮挖水,还是没有效果,反而把水流弄得越来越小,令人扼腕而叹。倘若弯柏香水仍在,楼上会增加上千亩水稻田,都能旱涝保收,则即使楼上周氏家族人口持续增长,也不会代代外迁,以求更好的生存之地,而人口稠密程度也难以想象。今天楼上,则难思那物阜之盛,因此弯柏香这个名字,所含蕴的那段难忘历史遗憾,与远去印迹,是楼上最难抹去的记忆。今天,我们站在几百年前弯柏香被苗族先民所囤落水源的地方,心中纵有千言万语,也将慢慢随着历史的烟尘一同飘散,但弯柏香的名字还深深地镌刻在苗人与周氏子孙心中,永远给人一种穿越历史的无限遐想。

姑婆田、姑婆土,姑婆死了还舅主

"姑婆田、姑婆土,姑婆死了还舅主。"这是楼上从明代万历年间,就开始流传的一句口头禅。一句简简单单的话语中,确含蕴着楼上许许多多的人情往事。

楼上姑婆田

明代姑婆田姑祖墓碑(现甘溪)

楼上周氏家族,从第四代开始,其地名就有"姑婆田""姑婆土"之称,至今仍有叫"姑婆田"地名。

所谓姑婆田、姑婆土,就是陪嫁出去的田土,一般姑婆死了之后,还要归还舅主。楼上周氏最早陪嫁的姑婆田,是三世周嵩这一代人,于万历二十二年(1594),与高家争讼,复得田业,返回故里时,第一次陪嫁姑婆田土。

膴膴楼上
WU WU LOU SHANG

据《楼上周氏族谱·思南丁粮原本》载：

万历二十二年，嵩祖分粮五斗六升，崇祯四年派作四股，每股一斗三升五合，分与祯祖四人，留下二升，派在三份，姑婆田上每份七合。康熙二十四年，世英买榜上田，赎雷朝阳仁佳寨门首田二份，共粮九升，价银七两六钱，又分姑婆田粮七合。

陪嫁姑婆田归家，世忠得受黄泥田，世良得受高家田，世英得受熬药硐，每股载粮七合。

从以上记载中可知，三世周嵩纳粮总数五斗六升，崇祯四年（1631）派作四股，每股一斗三升五合，共计纳粮五斗四升，陪嫁的姑婆田应纳粮二升，加在一起，刚好是三世周嵩应纳粮税的五斗六升。后国祯四兄弟，因戊、己兵变，仅存国祯一人。其姑婆田所纳粮税，由周国祯三个儿子分摊，每份七合，共计两升。陪嫁出去的田土，丁粮仍由娘家舅主分摊完纳。因此，从交纳粮税来看，陪嫁出去的姑婆田是黄泥田、高家田、熬药硐等，是陪嫁一女，还是陪嫁三女，没有明确记载，这仍令人疑惑。

从记载中还可知，楼上周氏有记载的第一代姑婆，是迁居寨纪第三世周嵩之女，周嵩嫁女时开始陪嫁田土。其女（姑婆）出嫁雷家，姑祖雷朝阳。其家就居住在寨纪左下边，苦竹坪之右手，现还有地名"雷家水井"，就是当年姑婆所居所饮之水井。其姑祖雷朝阳，与周氏相融洽，如因急难卖予他的仁佳寨门首田，能备价赎回，不生争讼，是明理识体之人。

但在封建社会中，作为乡村嫁女，除嫁妆之外，还要陪嫁田土山林，这在明代贵州不多见，体现周氏对女儿在家族中的地位，财产上的分配（近处陪嫁田土山林），也体现亲情及相互的融睦关系。

楼上周氏第二代姑婆，史料难寻，从甘溪陈氏迁居历史，前两代人生平，现尚存的周氏姑婆墓碑及楼上周氏族谱相互印证分析，可知周氏的第二代姑婆，应是楼上第四世国宾、国贤之女可能性大。此姑婆大约生于明万历末年，出嫁甘溪陈氏，姑祖陈仲文（陈氏第五代）。正是由于所陪嫁田土或山林，当姑婆死后，周氏备价不能赎回而发生官司。

据传，一是说当年周氏曾买下甘溪下坝田，姑婆出嫁后，将其作为陪嫁，姑婆死后，未能赎回而引发争讼；二是说周氏将潕崄河上黄蜡岩山林作为陪嫁，而黄蜡岩处于周氏与葛宋冯氏交界之处，原属铺溪冯氏之地，离楼上周氏更近，冯氏便卖与周氏，而甘溪陈氏所居之地皆是从铺溪冯氏买来的，有些是赠送的，因冯氏最早来铺溪，其所买之地都是"指手为界"。而楼上周氏稍晚于铺溪，迁居住坐，其所买之地"脚踏为界"，即耕管到哪里，边界就到哪里。因此，黄蜡岩及周边山林，自始至终都为周氏所管辖范围，姑婆出嫁时作为陪嫁，死后周氏重新赎回。

黄蜡岩靠河西北面，绝壁高数十丈。刚赎回不久，在黄蜡岩壁岩上部聚集了大量蜜蜂。每年春秋两季，蜂蜜从绝壁上流下来，下面用斗大圆车锅接蜂蜜。因此，葛宋冯氏与甘溪陈氏，望着一年如此多的蜂蜜，都来与楼上周氏相争，最后是判予周氏，至今仍为周氏后裔所管，只是蜜蜂已不在，只留下黄色岩壁，供人们回忆与慨叹。

姑婆田土，陪嫁出去容易，姑婆享用一生之后，则收回很难，但又考虑姑婆出嫁后的家境贫富不同，有时又不得不陪嫁，在陪嫁之前，则立定规矩，楼上周氏陪嫁出去的田土山林，姑婆死后，则必须收回。这楼上周氏族谱所载的族规，凡陪嫁出去姑婆田土，当姑婆用完一生，则还归舅主，不得估占，这也是周氏为子孙长远之计。

周氏作为耕读家族，土地是农耕经济的命脉，既希望嫁出去的女儿能过上好日子，又希望后代子孙与亲戚少去许多纠纷，因此，才立下规矩："姑婆田、姑婆土，姑婆死了还舅主。"虽然简单，却又明确彼此使用期限。尽管周氏对陪嫁的姑婆田，有这种期限及耕管规定，但历史的生发中，也同样出现不可回避的矛盾与争诉。

楼上周氏陪嫁田土，在清代嘉道中衰时期，是较为普遍的现象。但因史料记载少，许多事实很难追寻，只有清代中晚期及民国时期，因口口相传，至今仍知晓的是周学颐之二女菊梅，其嫁到旧屋基张家，陪嫁姑婆田，现仍称张家田等。

楼上周氏陪嫁田土山林，从明代万历年间开始，历清初、中、晚期，直至民国才结束。但在清代中后期，楼上周氏由于人口倍增，土地有限，能陪嫁得起田土的不多，但陪嫁这种习俗一直传承到20世纪的50年代。

现在观音阁上所见石林坝下段的榜上田边，还有名叫姑婆田的几丘田，就不知是何时陪嫁出去的，又何时还舅主的。姑婆田，是楼上周氏家族繁衍生息中的一段历史记忆，其中含蕴着许多迎娶嫁出的往事，也体现家族对待子女的情怀，让人不可避免地产生许多追思与寻绎，那曾经的与逝去的生命印迹。

一望帽子落地

自康乾休养生息之后，从六世周易开始，楼上周氏家族耕读不辍，诗礼冠名思、石二府，而读书人遍布族中，至清中期，已有30余人考中秀才。因明末清初周氏四世周国祯有训"儿孙永不为官"之后，周氏家族的读书人一般考个秀才就知足了，不求显达。

清末周永龄，是楼上周氏的第一个贡生，官名士珍，字宝山，师从林宗师，考取一等补廪而出贡。

科举制度从隋初开始，至清光绪三十一年(1905)废除，其间经历了1300年。这期间，科举制度不断完善，到明清时期登峰造极，"金榜题名"成为文人一生追求的目标。

明清时期的正式科举考试分为乡试、会试、殿试三级。乡试每三年举行一次，即在子、卯、午、酉这四个年份中的八月举行，所以又称"秋闱"。乡试中试的称为举人，第一名称解元。接下来是会试，举人取得了参加会试的资格。会试是由礼部主持的全国性考试，乡试的第二年在京城举行，因考期在春季二月，故称"春闱"。会试考中的叫贡士，第一名称会元。会试之后，即进行殿试。殿试是皇帝亲自主持的考试，参加殿试的是会试选拔出来的贡士。殿试分三甲录取，第一甲赐进士及第，第二甲赐进士出身，第三甲赐同进士出身。第一甲录取三名，第一名俗称状元，第二名俗称榜眼，第三名俗称探花。以上选中的统称为进士。进士榜用黄纸书写，所以称"金榜"，中了进士就是金榜题名。

在进行三级考试之前，首先还要取得参加乡试的资格，那就是先要参加童试。参加童试的人称童生，考中被录取"入学"后称为生员，俗称秀才。

考上秀才，才有资格参加乡试。要想考中秀才也很不容易，远非我们现在人理解的那么简单。童试包括县试、府市和院试三个阶段，院试由各省学政主持，学政又名提督学政，故称这级考试为院试。院试合格者才是生员，被分往各府、州、县学学习。有些人考了一辈子，连个秀才也考不上，成了白发老童生。

生员分三等，由官府供给膳食的称廪膳生员，简称廪生；定员以外增加的称增广生员，简称增生；于廪生、增生外再增名额，附于诸生之末，称附学生员，简称附生。生员每年由学政考试，按成绩等第依次升降。各府、州、县学中的生员选拔出来为贡生，可以直接进入国子监成为监生。

"岁进士"就是岁贡生，是从各府、州学中，每年选拔最优秀的廪生，贡荐入礼部参加会试，一般有贡生、副贡、岁贡、恩贡等不同形式的贡荐。贡生与举人有同样的资格，入贡者可以在家乡宅居门口或路边立"闸子"，也称闸杆，是级别和荣誉的象征。

周永龄入贡后，也想在家门口立闸杆，去玉书大公（族称）家买杉木树来立闸杆。两人来到树林边，看着所要树木讲价，从十两银子开始还价，玉书大公喊高升，永龄加五两，又喊高升，又加五两，再喊高升，又加五两，一直加到30两银子时，准备成交。这时玉书大公对宝三先生说："你望我这杉木树又直又高，一望帽子落地。"此话一出，宝三先生说："我'帽子'（顶子意思）都落了，还要立闸杆做什么？""你这杉木树我不要了"，这在当地称为讨口封（也称口风），口封讨得不好，做事则不顺，结果闸子也没有立成，这成了茶余饭后代代相传的逸闻，被族人所津津乐道。

为人不恭，罚他回去石春

清朝咸同年间的周大璠，时任蓝翎同知。周大璠性豁达，素沈毅有大略，学问渊深，为周氏家族不可多得的人才。周大璠治族有方，家族族群意识、凝聚互助、风俗信仰、修桥补路、扶危救难等皆因他而得到提升与完善，其一生"修族谱、立义学、施赡田"，有威可畏，有德以怀，家族因此而日益兴旺。同治十一年（1872），下葛宋发生灾荒，周大璠送一仓谷子给下葛宋赈灾。

楼上周氏武功最强的也是周大璠，大璠上云南去，走到滥泥山。此山土匪猖獗，放哨土匪见周大璠骑着枣红马，便向山寨土匪头子报告："肥羊子来

膴膴楼上

了。"土匪见大璠一行人不多，集33人围了上来，33把梭镖一起攻向周大璠。周大璠处乱不惊，只见大璠枣红马突然跪地。大璠手拿一把一尺二长的铜锏，一招雪花盖顶，霎时把33个土匪手中梭镖一起绞落地下，剩下的土匪，则四散逃走。咸同之际，周氏家族也因他聚族守卫而得以保全族人。

据说廖家屯的廖老爷素与大璠交往过密，而且于此动荡之年，往往相互帮衬，情同兄弟。有一次，廖老爷派一差人给周大璠二老爷（有一兄早夭，实际排行老二）送信。而这差人，平时在廖家屯仗着廖老爷威风，不把别人放眼里，对待他人不恭不敬。因此，这次到了楼上，从天福古井开始，逢人就大声霸气地问周二狗家住哪儿。大璠二老爷（乳名二狗）就住现在的马桑古屋，离天福井百来米。当差人从天福井一路喊上来，大璠便听见来人不礼貌的喊声。于是他走到龙门口，大声应道："是我，你来。"随后领他进屋，先倒茶给他吃，再问他有何事。等吃完饭，二老爷对送信差人讲："廖老爷在信中没有说别样，他让你回去时，把这雷钵（大礅磴大，百多斤重）老回去。"并把一封给廖老爷的回信交给差人。差人从楼上把石舂老到廖家屯，近80多里山路，衣服磨坏了，人也累坏了。

当廖老爷看到派去送信的人，老了个雷钵回来，问明情况，又看了回信写道："来人不恭，罚他回去老石舂。"廖老爷当场就笑得前仰后合，嘴里说："罚得好。"

平时这差人在廖家屯无礼惯了，这次二老爷收拾得好。

从此，老石舂的事就传开了，那些有事需要找二老爷的人，再也不敢直呼大璠先生乳名二狗了。

同治赐匾：中流砥柱

四世周国祯后裔周明春生子三人，长子大璠，钦加候选知县，下八府台，官印周尚廉；次子大琦，钦加花翎都司，官印周尚忠；三子大珍，出继徐姓更名徐大升，先在总兵田兴恕军中任

皇帝赐匾周大珍

第五章 故事楼上

中流砥柱

外委向导，后在总兵熊焕章军中任粮太官。因军功钦加蓝翎守备，辖三十三屯。

同治五年（1866）丙寅，号军12000多人重新占据荆竹园，利用其天险地形，大加修建改造，以抵抗官军进剿。清朝派遣统领李元度率楚军援黔，贵州藩司兆琛、臬司席宝田、总兵周洪印、湘南巡抚李瀚章、四川总督骆秉章、巡抚崇实，重新组织川、湘、黔三省官军团练共10余万人进剿荆竹园号军。是年四月，统领李元度令锐字营统领李光燎带兵，由石阡进攻。李元度率军由思南进攻，陷大小二屯，即将进攻荆竹园，荆竹园四面险要，相持既久，席宝田率军前来助攻，终因地势易守难攻，仍未攻破。

李元度无计可施，于是考虑到原总兵田兴恕所赏识的徐大升，现正在总兵熊焕章军中任粮太官，于是从南木窝急调徐大升来参与谋划攻打荆竹园。徐大升接令后，思虑再三，于是献策说，荆竹园地势险要，长期战守，粮食紧缺，应先断其粮道。李元度认为此策甚妙，立即派提督营、边统营、章字营及安、边、振、武这四个营，共计两万兵力，由邓第武率领从许家坝，进攻乌江西岸的汪家寨、秦家寨，截断了荆竹园号军的粮道。因失去了粮援，号军的抵抗力逐渐减弱，然后官军逐关逐卡，步步进逼拼夺，最后只剩荆竹园。此时李元度任命徐大升为先锋官，领军主攻荆竹园的最后险关。徐大升反复思量，心生一计，于腊月三十日亲率三千余人，一人牵一只山羊，每只山羊头上挂一个灯笼，直奔到荆竹园，并不急于进攻，向屯内号军喊话："快快开门投降，否则屯破人亡。"屯内号军也大骂官兵："不要来吵老子们过年，有本事的打进来，否则快滚回去。"官兵只佯攻几次，见天快黑而不再进攻。

至深夜，徐大升吩咐，点亮羊头上的灯笼，由一人牵羊带路下山，三千只山羊一只紧跟一只走下了山坡,三千个灯笼排连一线,顺着山间之字形小道走出山谷,慢慢消失在夜幕之中。屯中号军眼见攻屯官兵退去,毫不介意地过年喝酒庆祝,一片欢声。等待三更之时,徐大升见时机已到,一声令下,三千人马按事先布置,各自抢攻,不时攻入屯内。顿时屯内号军乱成一团,各自逃命,相互践踏,连屯内耕地喂的大水牯也被踩死了。在一片喊杀声中,固守多年的荆竹园被攻破。逃散的号军,则奔轿顶山,席宝田率军复攻破,遂剿号军。

后李元度按功上奏,同治皇帝于次年同治七年二月命人赐徐大升金匾两块:一曰"中流砥柱",一曰"义卫乡邦"。两匾至今保存完好,存于徐大升后裔宅居内。

张三丰醉题红字岩

张三丰是丹道修炼的集大成者,是道家内丹祖师,主张"福自我求,命自我造"。据传张三丰无论寒暑,只一衲一蓑,一餐能食升斗,或数日一食,或数月不食,事能前知,时隐时现,行踪莫测;或说,能一日千里,善嬉谐,旁若无人,而游止无恒。

元朝数尽,明主未立,张三丰又结庵武当山。曾游武当诸岩壑,日久而乏味。洪武二十三年(1390),张三丰离开武当云游,往昆仑山脉寻找龙脉之祖,再沿着云贵,一路搜奇览胜,不知不觉寻到楼上这风水宝地。

张三丰从坪上南山寺而下,走降佛山,只见山势百折千回,觉得是修炼之地,但都被菩萨占去,从降佛山立望许久,跨步驾云,经乐化隘门关,走坠角上石万屯,再走直桥上杨柳山,折西经双尖,至佛顶山,走滥泥山,走马坪、白虎山、通草坪、白岩经牛峰包,随坪上下来,由绿井湾,下仰天窝到红字岩顶上。此时张三丰,站在昂向云天的红字岩岩顶上,环顾四周,左有灯山下毛堰沟游龙来护,右有火石丫、走白岩、下王家山回龙来护,见红字岩面前双峰屏立,龙脉一沉,下走梓潼阁,一览众山层层屏立环错,山势蜿蜒,或岭峻雄奇,或势拔云天,各尽其妙。当见四面山势汇归至漻嵴河,则赞叹不已:"龙昂一峰望云天,忽又沉身潜大渊。漻嵴层层相拱揖,此地形胜道无边。"于是他选择仰天窝作为修道炼丹之地,在靠东的半山两悬耸峙岩石之间，用一巨大石块架成天桥，以便下山提水，并在悬崖上题字"见道见佛"。于此，每日于岩上修道炼丹，还时常游灯山，下走梓潼阁，去漻崄河边游走，还曾在熬药硐、风硐中炼丹修炼，在黄蜡岩招养蜜蜂十万，以显示其法力无边。现在楼上寨纪、灯山一带还留有张三丰脚印为证。

据说，楼上据此福地，修梓潼阁，植北斗七枫，栽紫薇，建仁家寨，都与张三丰相指点有关。

传说明万历年间，张三丰云游又来到红字岩。这时楼上周氏第三世周嵩父子已从铺溪回到楼上，得归产业，修理楼房厅屋，以及上马磴、下马磴，而家道日昌。一天周嵩引湾大田水来灌田，经红字岩，正遇张三丰，便请张三丰指点养生之功。

张三丰醉题红岩

张三丰随周嵩来看了寨纪周边，先看古屯岩崖，又走梓潼阁，而至下面观音阁所在之山，见周围山势环立，山山峻挺，昂秀迎来，建议周嵩如若在梓潼阁这乌龟背上建宫，占尽形胜，能以柔克刚、以静制动，则楼上周氏绵绵瓜瓞。于是，周嵩父子合力，建宫于此，养身修真，以著道象。

张三丰将道家修真理论向周嵩讲解。但因其玄奥，文字晦涩，难于领悟，张三丰便将《无根树》传之周嵩，并告知必将其中两首好好记诵，方可领悟修真之理，而传之子孙。这其中两首为：

无根树，花正幽，贪恋荣华谁肯休。浮生事，苦海舟，荡来漂去不自由。
无岸无边难泊系，常在鱼龙险处游。肯回首，是岸头，莫待风波坏了舟。

无根树，花正微，树老重新接嫩枝。梅寄柳，桑接梨，传与修真做样儿。
自古神仙栽接法，大老原来有药医。访明师，问方儿，下手速修犹太迟。

张三丰告知周嵩,梓潼阁建成后,把儒家修养人道、道家修炼仙道结合起来,以修人道为炼仙道的基础,并传诸子孙无论贵贱贤愚、老衰少壮,只要素行阴德、仁慈悲悯、忠孝信诚、全于人道,离仙道也就自然不远了:"人能修正身心,则真精真神聚其中,大才大德出其中。"

后来周嵩之子周国宾于此修身养性。周国祯上省布政参房。明末戊子、己丑兵变,周氏家族遭受灭顶之难,周国宾逃遁于施秉云台山,后建宫筑殿修道隐身。周国祯回楼上后,细细领悟张三丰《无根树》及所题"要知端的通玄路,细玩无根树下花",因而从"肯回首,是岸头",以及"梅寄柳,桑接梨"而开悟,而续娶李氏,以生三子,并立誓儿孙不为官。从此虚静无为,冲退自守,敬天地,礼神明,补桥修路,无善不为,又将梓潼阁修葺一新,并于阁南种紫薇于一株。

张三丰自从楼上建梓潼阁之后,出去云游,隔一年半载,又要回楼上这里来修行。据说楼上仙鹤就是来陪张三丰修行的。因历代仙人都是乘鹤而去,张三丰也是乘鹤来此修炼,而大有收获"散则为气,聚则成形"的境界。

张三丰在楼上的修行,为梓潼阁增添了意韵深远的哲学底蕴和美学内涵,对楼上周氏家族崇尚儒、道、佛等文化,产生了相当重要的影响。

香炉山气吞龙底坝

楼上周氏入居寨纪后,传至四世周国祯,用九十四两一钱银子,买得董廷璋阡属水东里之地,地名灯山的田土一副。雍正十一年(1733),将田派作三股,周世良分得灯山及香炉山田土一份,现为周兴启的子孙居住。

香炉山,位于降佛山山脚外的平缓略带坡地小山上,由数块大石叠垒而成,形如香炉,历来为灯山的周氏子孙视为风水宝地之一。因降佛山与香炉山存在,自古有"降佛山外香炉山,焚香礼佛书香来"的传说。所以,自周兴启的子孙居住此地之后,世代耕读,财方水圆,

香炉山

平平安安，书香不断，皆缘于香炉山福地所赐。

距香炉山 15 里的龙川河边，有一个三面环水的龙底坝，地形好似一个龙头，后面的鸡冠石，其陡峭似龙角，而石头铺高于河床的土坡，似龙的上颚，龙底坝则平坦如龙舌。每当河水上涨，龙舌会轻轻抬起，洪水自然也就淹不着龙底坝了。虽然龙底坝临河而居，从来就没有被水淹过，也算一奇地。但居住此地之杨氏，其族中子弟读书，一直未能考取过功名。于清末年间，杨氏家族请了一名湖南来的风水先生，起案作法，寻找原因，才发现有一香炉倒影在河水中。河水如油而燃，烟雾缭绕之状，都从河中飘往楼上香炉山方向。于是，风水先生顺着烟的方向寻来。见一石山生成的香炉，风水先生便说，是这香炉镇住了龙地坝，收了龙底坝的灵气，并说道："香炉燃尽龙底水，书香收到灯山来。"在风水先生看来，因香炉山把龙底坝之文气聚来了，因此香炉山地灵人杰，而龙底坝则损失了文秀之气。

龙底坝的人，得知此香炉山亏了龙底坝，于清末至民国期间，在夜里偷偷来了三次，才将香炉山顶上的炉堂石削下来。从此香炉山不如当年，而龙底坝杨氏则频频有子弟考入府学。又经历百多年来的岁月剥蚀，现香炉基座石身仍存，炉顶上的两块大石则断于旁，而香炉最顶上一块已不知淹埋在何处。

从灯山香炉山所承载的历史过往，让人不得不油然而生探奇寻古之乐趣所在。

灵猴揽月，吃光施秉，窝肥小屯

在楼上长滩河对面，壁立着高耸的猴子岩。山顶上有一奇石，形如猴子揽月之状。猴嘴朝施秉，屁股朝小屯寺，故有"猴子岩，猴子岩，猴子揽月，年年来，吃光了施秉，窝肥了小屯"之说。据传明清时施秉属地的人，因猴子偷吃庄稼之故，年年收成遍壳，旱灾不得收，虫灾不得收，风调雨顺也不得收，由此，年年饥荒，难以度日。后请来了风水先生，看个究竟，得知是楼上猴子岩这石猴之怪。

这只猴子，原系小屯寺天彩禅师来小屯寺的途中，在四川一山的半山腰，看到一只受伤的小猴子，奄奄一息，顿生慈悲之心，于是将小猴子抱起，精心医治喂养，等小猴痊愈后，将其放归山林。不料天彩禅师到小屯寺住下不久，突然有一天傍晚，天彩禅师发现一只小猴子朝小屯寺山门走来。禅师走近一看是自己所救的小猴子，顿生奇怪，小猴子何以千里寻来，真是缘因所然，于是将小猴子带进寺院。小猴子灵性非凡，天彩禅师也喜得灵物，每天朝夕相伴，小猴寸步不离禅师。

这只小猴不仅通人性，更通佛性，传说是孙悟空转世，却比孙悟空更温顺听话。小屯寺烧香礼佛，人来人往，各色人物中，小猴都能辨别善恶，更能预知烽烟匪患之兆，如有先知。每当土匪袭屯之类的事，小猴都要叫着牵领禅师，到寺旁独耸百丈石岩上。为此，禅师便知危险将临，必储屯粮水，于小屯石岩之上。此石岩故名曰"小屯"。此寺，也因此名曰"小屯寺"。

每年中秋节，天彩禅师都要带着猴子，爬到猴子岩这座山上来赏月，因为楼上的月亮每到秋天都是从这座大山的背后升起来。猴子年年随禅师来赏月，也激起猴子探月揽月的好奇心。就在天彩禅

猴子岩

师圆寂后的那一年秋天，一月明之夜，猴子独自来此，瞻顾以立，不料却化为石猴，成揽月之状。所以施秉请的风水先生认为，猴子每年都要吃光施秉许多地方的庄稼，特别是马溪一带，以养精蓄锐，同时，"窝肥小屯"以回报禅师收养之恩。因此，每隔50年，施秉人都要偷偷跑来把猴子下牙巴骨打掉，而50多年后，被打掉的下牙巴骨又长成原状。现在猴子下牙巴骨又快长成原来没有被打掉时的样子，而施秉地上的人，怕也没有人知道这其中原委，而再来将它打掉。或许是灵猴安心寻禅师去了。

楼上之景，猴子岩算一奇，因此，凡来楼上的骚客，必登猴子岩以骋其怀，以纪其事，正所谓：不上猴子岩（ái），楼上冤枉来。

第五章 故事楼上

硐嘴老爷的神灵

长滩河对面有几丘田,称田门坎,是二世周永元的老业。顺着左手边的田埂往里走百十来米,则见一小山岭脚下有一岩硐,硐不高,内有暗河,河水从硐口流淌出来,长年清澈,水量极大,楼上自古称硐嘴老爷。楼上在硐嘴老爷边上割草、弄柴的人,会经常看到碓啷个长(两米多)的大鲵现出,有时发出如婴孩般哭声,便认为是神灵化身,自然也是关顾楼上之神。虽然此水只灌溉不到二亩之地,大凡楼上之人对硐嘴老爷却敬畏至诚,无论大人细娃经过硐嘴边,或割草砍柴,皆毕恭毕敬,不敢稍有放肆,怕得罪硐嘴老爷。

据说此地曾因边界与凯景李氏家族多次纷争。楼上迁居此地时,凯景陈氏相望而居,隔河为界,河对岸是凯景陈氏之地。早在明代末年,河对岸的山地,因陈氏既不能开荒耕种,又不可能下到靠河这面山来砍柴割草,所以将河对岸山地多半卖予楼上周氏。后至清中期,陈氏又将凯景靠河方向之地卖予李氏,并没有明确所买之地的边界,所以因边界不清,李氏经常来与周氏争讼。因凯景属印江地,来断案的张氏土司官,坐着轿子来到田门坎,想过河去实地查勘后,去凯景吃饭。凯景李氏便将一块形如薄刀的大石头,从山上削下来,石头滚下,其势如天崩眼前,落入硐嘴老爷外边沟中,吓得土司心生恐惧,不敢过河。这时的土司官,从石阡赶来,又饿又乏,想吃饭喝酒,吩咐楼上准备饭菜。随后不久,只见周氏一壮士,臂力过人,右手紧握一张大桌子一脚,桌上一席九碗菜,从岩坳坳而下,飞奔至张土司边上,放下桌子。土司官见桌上酒杯,满满的一滴未溢出来,心想楼上周氏有如此神力之人,而且礼数周到、民淳纯正,肯定凯景理亏,本来想偏向凯景而判,隔河各占

硐嘴老爷

膴膴楼上

一半。不料沟中被巨石所拦，水立即上涨，此时洪水便从硐嘴老爷奔涌而出，将凯景所削下来的石头冲入大河之中，凯景又削，硐嘴老爷又涨洪水冲掉。这样，土司认为："神灵所护者，正矣！"即按周氏所说边界以定。从此，周氏与凯景山林之争，因硐嘴老爷神灵所护而结束。张土司于是指手说，从硐嘴老爷直上，下段至木挂溪，上至山顶岩边边，归周氏所有，而从硐嘴老爷的右手边直上山顶边，至黄腊岩也为周氏所有。从硐嘴外沟至凯景这几里地为关众山，经撑腰岩，而上凯景，这是楼上与凯景之间古道。

凯景之地，历来干烧无水，当门靠楼上外边是一个大峡谷，谷深数百米高，上边松柏茂密，为凯景所植，以聚风水。凯景春夏之季，因雨水汇集而成小溪，就从峡谷中流入长滩河中。至清乾隆年间，凯景在当门修筑山塘一口，养有红鲤一对，长三尺，一时文风渐盛。于是李廷勋便考取功名，外出做官，其子进士及第，号称鲤鱼老爷，赴甘肃做知县，不料因名号之称与甘肃之地反号"鲤鱼老爷坐甘肃，地干无水鱼必死"而身亡。而塘中一对红鲤鱼，则趁春雨塘水上涨之期，翻出塘堤，顺溪游进硐嘴老爷之中。

后凯景所筑之塘虽已干涸，春夏之季，仍有不少水往外流下而形成瀑布。此瀑布正对楼上古寨龙洞湾碾房水车。李氏认为此风水让楼上水车转（赚的谐音）去了，所以，现往外流的水用水泥筑沟引至一里开外，再引其流下，流下之水因山阻挡遮避，楼上看不见，得不到凯景风水之助。

撑腰岩与撑腰杆

撑腰岩是从楼上通往凯景最近的路。此路从硐嘴门前经过，沿山谷往里走，大约半里，进入峡谷，两山壁立，幽深隐翳，则路沿左山折转而行，路极窄，仅单向可行，倘若相向而遇，必须有一方俯伏于山，方能让道。至转折处的岩壁间，岩缝留有尺许空间，凡是经过这里的人若用树枝弯着撑上，虽然山路难行，无论挑抬或背物，来去凯景或楼上，则脚不酸、腿不软，腰不打闪闪。如若不撑腰，打滑摔跟斗，闪腰伤脚年年有。

正因有此撑腰岩，从楼上走此路之人都知道，过硐嘴必肃立以敬，如若饮水，必用丝茅草打结，丢至硐嘴的水中，方可饮水，否则肚子要疼。倘走到撑腰岩，大人细娃都必用树枝三五根将其撑到石壁缝间，才脚不打滑、腿

撑腰岩

不打闪,腰杆有力。几百年下来,凡楼上周氏经行此路,从未有人畜经过撑腰岩失脚跌倒受过伤。

但从凯景下来,经楼上走周边亲戚,或赶葛容场的人,事先不知有此蹊跷,则经此路,多半被跌,却不知究竟,往往心生恐怖,尽量不走此道。究其原因,一种说法是明代时期,周氏道法高深之人,因与李氏有隙,而于硐嘴中放蛊,以制凯景不讲理之人。另一种传说是硐嘴老爷水管的这几丘田,米特别好吃,粒粒晶莹润糯,凡胃有病者,吃后必愈。故思南蛮夷长官司的安氏土司,每年秋收之后,都要到楼上来吃上几餐,以饱口福。所以,为防凯景人下来捋谷子,楼上法师施以法术,放蛊护谷,使盗谷之人内心生怯,不敢再来。也有人认为,盗谷之人一般慌不择路,过硐嘴老爷不恭不敬,必然惹怒了硐嘴老爷,是硐嘴老爷惩治的结果。

公公背媳妇的凄楚

潕崄河发源于白沙黑山沟和绿阴塘、猫渡塘,流经白沙镇、月亮岩、甘溪至潕崄河,再下长滩河,过木挂溪、中坝,流经石阡县城,下段称龙川河。

潕崄河峡谷内,以河谷为主体,以峡谷、险峰、滩奇、涧瀑、溶洞为主要特征,构成潕崄河雄奇深秀的山水风光。两岸或悬崖迭出,或峭壁连绵,或玉峰插天,或夹峙中流,或山环水绕,蜿蜒起伏,或迂回迤逦。潕崄河不仅以其自然之美引人流连,更以其深秀沉静让人感叹。栖身于沙滩的水鸟,碧波荡漾的潭水,曲折奇异的河床,悬崖绝壁连绵错落,如一幅幅镶嵌于碧水蓝天之间的图画,让人目不暇接。在黄蜡岩那数十丈高的绝壁上,还有蜜蜂蜂巢,与那蜂蜡流淌的痕迹。潕崄河边开有梯田,时有渔夫、樵夫、牧人、耕农往来其间,因而处处是风景,让人难以忘怀。

在潕崄河龚家朝上边,还有一个"公公背媳妇"的凄美传说。相传在潕

膴膴楼上

WU WU LOU SHANG

崄河文笔峰旁边，龚家朝后山的侧面，有一尊天然的双人石像，恰如公公背上背着媳妇，媳妇盘着发髻，插有簪子，簪柄则指向云天。

据说，在那尊石像的山垭口，很久以前，住着龚氏一家三口，公公、儿子与媳妇，以耕种和打鱼为生。儿子、媳妇既勤劳又孝顺。然而，世事难料，一天，儿子去河里打鱼，正在收网的时候，突然狂风暴雨，顷刻而至，河水陡涨。儿子急忙将渔网捞起，一个洪峰袭来，连人带网卷入河中，再也没有出来。天黑时，父亲见儿子仍未回家，来到河边，只见挂在树桩上的渔网，而人已不在。看着河里涌起一个接一个洪波，父亲知道儿子被水冲走，顿时瘫倒在地。媳妇来找，见此情景，痛不欲生。美好的生活，才刚刚开始，丈夫就走了。媳妇不愿相信这是真的。无论天晴下雨，她每天都要独自爬到山顶上守望，以盼丈夫能归来。上山的路，陡峭难行。一天，她一不小心，滑倒在岩边，两腿受伤，站立不起。幸好心疼儿媳的公公寻来，将她背回家中。媳妇脚伤未愈，却要上山守望，为此公公只能每天背着媳妇上山又下山。一天，公公背着儿媳刚刚爬上山去，天色突变，公公急忙转身，正准备往山下走，只见一道闪电，一声巨响，公公与背上的媳妇皆被闪电所击，两个人兀立不动，突然大雪纷飞，儿媳妇便冻凝在公公的背上，最后形成了公公背媳妇的天然雕像，从此伫望山巅，成了永恒的守望。有人说是公媳，因有悖天伦，而惹怒老天，才遭此恶果；也有人说是老天爷错怪了公公媳妇，之后连续不断地下雨打雷，为悔恨而流下的泪水；也曾有人说此地处石阡通往黔东南要道，远古时苗人迁徙途中，媳妇太累了，公公便背着儿媳走，走过山顶时则被闪

公公背媳妇

电击中，而化成了石像。

也有传说是明代以前，黄蜡岩对面山壁间，有个风硐，里面住着妖怪，凡是接亲抬轿子过此地，硐中就一阵旋风卷来，把轿子里的新娘卷走。而公公背媳妇，正是缘于此。新婚丈夫为了到风硐里去找媳妇，进了硐中，就再也没有出来。后来，公公在河边看见了媳妇的尸体，便背起往龚家朝往山上走，想将儿媳埋在山顶上好看得见风硐，以守望丈夫归来。为此而得罪了硐中妖怪。妖怪便施法将公公与媳妇定在这里。张三丰云游楼上时，曾多次来此硐封杀妖怪，从此就再也没有发生过类似的事。

公公背媳妇，虽有不同的传说，也难于一是，但只要公公背媳妇石雕像存在，其故事就可能继续下去，最终演绎成像雕像的期盼一样，成为人们对美好生活的期许与守望。

倒栽松为何倒栽

在长滩河南岸的玉屏悬壁之上，屹立着一棵倒栽松（当地称黄秧树），几百米高的松枝似云彩覆盖在长滩河上。而此松，又犹如遒劲之士，屹立屏山。

这棵倒栽松，最神奇之处，就是倒着栽植以长成。其树围近两米，何人所栽、栽于何时，没有确切记载。但楼上周氏家族，普遍认为是周氏四世周国祯所植。据说顺治初年戊、己兵变，四世周国祯的兄弟三人全家罹难，其兄国宾之女，年甫八岁，被兵掳至云南，配与张姓，所生一子张文标，长为营弁。后于吴三桂反清之际，出兵至思南板桥，手执家书，访到楼上，遭蛮夷司差人下乡，谓周国祯停留兵丁，后被责令解回原籍，让楼上周氏家族出盘费。因一时难以张罗，遂将国宾名下袜子田、蜡树田、仁家寨门首田等变卖以应资费。后周国祯年过古稀，仍忘不了当年戊、己兵变时的失亲之痛，便与三子

倒栽松

至云南寻亲，回来时为留纪念，带了三棵松树回来。相传其中一棵就倒栽于长滩河对岸玉屏绝壁之上，周围险绝陡峭的石壁间没有一棵大树，不知这松树为何要倒着栽，但唯一活下来的便是悬崖峭壁间的这棵倒栽松。

这棵松树长成遒虬横挺的枝干，伸向绝壁之外。枝干昂扬繁茂，如绿云腾空，有冉冉停云之姿。每当红日升起，其松影倒映河水中，移向河沙坝。在微风之下，松枝摇动，影亦婆娑，意蕴丰富，更增加松树神奇的美感。而此松松针三针一束，松香晶银透明。由于四世周国祯古墓正朝向此松，因此周氏子孙特别尊崇敬畏这棵松树，并称之为黄秧树。就是到20世纪中后期，山上山下无柴可砍的时候，也没人敢动此松一枝一叶，并加以特别保护。

古松横绝于长滩河水之上，美轮美奂的风姿，却又是要向楼上顾盼，其穆穆雄浑之气象，使这棵古松，仿佛是周氏家族几百年所经历的磨难而幻化出的生命象征，任凭风霜雪雨，照样横绝于绝壁太虚之上。如今，这棵枯松经历了数百年风雨剥蚀之后，又似乎完成了其雕塑般造型的使命，必然要回归大地，不得不老死而躺卧在玉屏悬壁的边上。

金银双桂文气生

楼上古寨古树成群，闻名遐迩，其中有金银双桂最为奇珍。梓潼阁坐东向西，从北侧沿阶而上，便到东厢门外，一半圆形院坝，坝中有连生双桂，高数丈，两树有同样粗壮的树干和树枝、树冠。树冠并如盖张，将院坝遮完，是乘凉观赏佳所。此双生桂树，又分别开白、黄两种不同颜色的花，俗称金银双桂。

桂，即木樨，又作木犀，属木樨科常绿灌木或乔木，四季常青，常见的有丹桂、金桂、银桂、四季桂等。这双生金银桂，中秋节开花

金银双桂

时，香气馥郁，弥漫着整个梓潼阁及古寨。此双桂，若遇丰年，就只开黄色，表示遍地如金。

梓潼阁最初作为周氏子孙礼佛修斋之殿，后逐渐拓辟为庠序之用，植双桂于阁北院坝中，赋予了不同的寓意与期待。古代科举中的乡试，多设在秋季，凡中举者，比喻为月中折桂。周氏先祖植此双桂，期盼楼上周氏子孙贤人辈出，而又能耕读相济。于是，这两棵树形象于耕读合一，耕为银，读为金，读需耕养，耕需读润，耕读相济，变成了周氏家族世世代代对耕读的守望，对美好生活的期待。更有奇异处在于，每逢两树都开黄花，第二年必有子弟中秀才。这是自古以来就有的预兆，在周氏家族的意识中，人才比黄金更贵重。

500年以前，或许真的是把两棵树合起而栽，据说是三世周嵩所植，希望子子孙孙凝聚如斯，和融相处，团结一致，能像双桂一样，在岁月的流转中紧紧相依，互为帮衬，互融一体，凝聚生命力量，来承受可能发生的各种苦难，以亲密无间的相依相抱，守望并支撑家族的恒永。

千年紫薇 如斯万古

紫薇别名痒痒树，或哈哈树，属千屈菜科。年轻的紫薇树干，年年生表皮，年年自行脱落，表皮脱落以后，树干显得新鲜而光滑。老年的紫薇树，树身不复生表皮，筋脉挺露，瘤疤疏落有致，树姿虬曲优美，且于夏秋少花季节开放，花色艳丽，花期极长，有"百日红"之称，也有"盛夏绿遮眼，此花红满堂"的美好寓意。种此紫薇，昭示着梓潼阁这庙堂与庠序合一之所，人才绵绵。正如宋代诗人杨万里所诗赞那样："似痴如醉丽还佳，露压风欺分外斜。谁道花无红百日，紫薇长放半年花。"明代薛蕙也写过："紫薇花最久，烂熳十旬期，夏日逾秋序，新花续放枝。"

千年紫薇

如果人们轻轻抚摸一下，立即会枝摇叶动，浑身颤抖，甚至会发出微弱的"咯咯"响动声。这就是它"怕痒"的全身反应，实是令人称奇："紫薇花开百日红，轻抚枝干全树动。"

梓潼阁南侧这千年紫薇，无历史记载，是楼上周氏所植，或本身固有，它的存在，又给后人另一种生命感悟。它历经千百年的风霜冷暖，却依然如少女般晶莹剔透，容颜不老。神奇苍古的树形又似无邪的少女在开心地笑，若你用手在树身上轻轻抚摸，整个树便真的如少女般"哈哈微笑"起来。昔日梓潼阁小学，每当开学时，学生由老师带领行至树前，注目瞻仰之后，依次触摸它的树身，因为它会赐予虔诚恭仰而触摸过它的读书人以文气与平安、耕种人以丰收、经商人以财富、老年人以延年长寿。故此树为楼上祈福之树，闻名遐迩。

梓潼阁北植桂树，南栽紫薇，还有其在文化寓意：梓潼帝君乃衡文天下之神，又是送子之星，希望周氏家族子孙瓜瓞而人才辈出，如桂之盖张，圆圆满满，如薇之桢干，可历风霜。

"老薇经霜高晚节，古干尤臻四面看"，楼上周氏家族犹如这苍朴多姿的千年紫薇，在岁月中并没有被剥蚀，反而通过时间雕琢，慢慢凝成浑穆之美与苍茫之质，极具生命象征的意义。

北斗七枫参天象

梓潼阁基园山，有一片神奇的古树林，由紫薇、丹桂、红枫、柏树组成。原有各种合抱以上柏香树近千棵，这些古树树龄都在300年以上。最奇者是有参天的七棵古枫，高达40米，胸径1.5米左右。原有的30多棵高达40米的古枫树，现只剩七棵。也许是天意使然，这七棵古枫恰恰呈"北斗七星"状分布。后经贵州省规划院测绘后发现，七棵古枫树与北极相差5度，每度代表着500年。由此推断，这个寨子在周氏迁居之前，已拥有2500年人类居住的历史。在七棵古枫树上栖息着数以百计的鹳鹤，乘朝阳而出，沐晚霞而归，年复一年，与古寨相守。鹤是人间最具灵性的禽鸟。鹤飞千里后，只稍作休息又可翱翔千里，素有"古枫参天呈北斗，仙鹤翔集著南风"之观。鹳鹤飞鸣翔舞，与古寨相融相生，也使得古寨一派生机，让人充满对古寨的无限向往。

周氏独钟情古枫，缘于星象之说。有人研究后认为，最初的楼上古寨，就是以"北斗七星"树为中心，以"北斗七星"的天枢、摇光、天权、天玑形成四个系象限，划分为不同的四个分区，其东南象限为生产区，西南象限为居住区，东北象限为文化娱乐区，西北象限为墓葬区，功能分区明确，而居住区的布局更让人惊奇。整个古寨的巷道有2000余米，自然而然结构为一"斗"字。"斗"字的起点在周正齐所居老马桑古屋的三合院的中心，终点为古寨的水源——天福古井，且

北斗七枫

起点位于北斗七星中天权—天玑星的连线上。这无疑增加了楼上的神秘色彩，让人感叹与唏嘘不已。

楼上古寨重视风水，是因为他们把风水和宗族的兴衰联系在一起。楼上古寨是以宗族血缘关系为根基的古村落，很重视宗族的发展。而风水又关系着宗族的兴衰，所以周氏对风水很重视。

古树是活着的绿色文物，古寨有如此多古树环绕相护，展示了古寨对天人合一的思想追求，也展示其坚忍卓绝的生命记忆，含蕴着许多传说，也有了岁月磨砺的深度。

古墓传奇

楼上古寨周围分布着所有周氏家族历代先祖的全部墓葬。自明清以来所有古墓都有墓碑，大多数明清墓葬都用青石包成，阴宅阳宅相依相靠，其墓冢文化深厚难究。其境内有四方碑古墓、九子十秀才古墓、文林郎古墓及和尚墓群等，墓碑上撰有墓联，墓群建造特色为省内少见。

1. 周国祯古墓

周国祯四方碑古墓，墓前左右各有一座方碑，高约六尺，每边宽约一尺二寸，四面方正，故名"四方碑"。方碑四周均刻有碑文，每座碑顶凿有一葫芦。碑文主要记载周氏始祖周伯泉避难图存，贸易入黔以来，其家族发展的历史，以及墓主人周国祯不幸的人生遭遇。

四方古墓

勤劳耕作的周氏，延续到周国祯一代，已经成为殷实大户。但恰逢此时期贪官污吏多如牛毛，土匪猖獗。为了保护家业，周国祯步入仕途，试图以贵保富。他曾上省藩署参房。顺治年间，遭戊子、己丑兵变，地方玉石俱焚，周氏家族均遭其难，唯周国祯全家安然无恙。后来他被派往湖广经政厅任职，顺道回家。不几日，妻子和七个儿子相继而亡。短短几天，周国祯经历了人生最大的痛苦与不幸。面对这一切，周国祯以古人所谓的"天薄我福，吾厚吾德以迎之；天劳我形，吾逸吾心以补之；天厄我遇，吾享吾道以通之"的豁达的人生态度来化解这人生的遭际。为此，他禅悟"这是为官导致的恶果"，于是发誓永不做官。他将文凭札照呈缴，于悲痛与悔恨中度日。当时，直桥河西有位李公好心劝慰,并将自己的小女儿许配于他。在年近六旬之际,他喜得三子。从此,敬天地,礼神明,居家度日,朝夕于梓潼阁中,修斋念佛,修桥铺路,救难救急,无善不施。

据传,后周国祯携子世忠至洋溪,与雷外公拜年,夜梦三须胡道人指楼上青龙手岩下阴地一穴,醒乃知一梦,即归,果得其地,意为帝君之所指,建阁在前,基园四置,界齐山脚。遂将和尚田一份、瓦厂田一份、高家田一份、鱼塘田一份、大堰坎田一份,归阁做庙用之资,不纳粮税。这些田的粮税由三子分摊完纳。又设祭祀之典,将蜡树田、牛滚凼田、火石丫田永做清明拜祭之需。并述古而祝帝曰:"不愿儿孙去做官,唯愿儿孙个个贤。"这是周国祯为子孙绵延所计,其意可谓深厚而广远。此间,周国祯又买田业一庄,尽量使家家富足,并告诸子孙永遵所训。从此以后,子孙耕读是守,诗礼传家,而文气蔚成,有贡生、秀才40多人。

周国祯追思前往,悟及人生,一切皆能释然。人生而为人,不必归复于某种先天赋予的状态,人生的价值并非依附于某种先行存在的地位而显现。周国祯晚年有感于人生所受遭际,而复归生命本真,以沉潜于家园情怀,所引发的哲思,上升到人的生命价值找寻的转换。功名越来越不是他确立生活意义的根本标准,而人作为一个生命体验价值意义,才是他关心的根本问题。

周国祯置身于乱世凡尘,一生遭际,命运多舛,岁月轮转,往事不堪回首,或许,人生便是这样,一边悲怆难抑,一边还得继续前行,转身与往前,直无选择的余地。凡持身涉世,无不勉以古谊,不趋捷径,而循前规,淡然于仕途之外而已。

周国祯的悔悟与善行,得到了神秘土地的良善之报。几近灭绝的家族从此再次繁荣,他的子孙后代,如瓜瓞连绵不绝。如今,周氏家族已传19代,郁郁8000余人。后世子孙一代代遵循着他"唯愿儿孙个个贤"的训诲,耕读不辍。

2. "九子十秀才"古墓

在楼上古寨始迁地寨纪的后面,有一座"九子十秀才"古墓,墓碑碑帽为"顶子"状,为周氏第六代周易妻黄氏墓。黄氏生四子三女。周易说,人生的最大乐事,莫重于子孝孙贤。而孝子贤孙都由祖宗所积功德、厚报而来。相传

"九子十秀才"古墓

周易与妻黄氏,努力耕作,全力供养,精心训导。四子及五孙,亦潜心向学,后四子、五孙及一个女婿,皆考取了秀才。时任石阡知府的罗文思,于乾隆三十三年(1768)戊子,赐周易夫妇匾额"名继燕山""熊丸训子";思南府安邑张侯则赠以"积厚流光"之匾。

古墓石碑,立于清代嘉庆八年(1803)癸亥。而黄氏墓碑上刻有对联:

案多黄卷曾传子,
箧有熊丸又授孙。

这副对联是对黄氏的至高称赞,而黄氏对子孙的教育从中可见一斑。楼上也因周易黄氏引领而文风蔚然。从此不仅黄氏"熊丸教子"的故事广为流传,楼上周氏家族,也因此格外重视文化教育,人才辈出,书香门第之家比比皆是。

3. 周学颐夫妇合葬墓

周学颐(1835—1896),大文之子。秉性温厚,幼聪敏好学,苦习诗书,安心若素,不料兵燹屡至,未获科名。改习技艺,节俭自持,他曾说:"守业已慰于先祖,创业且计于后人。"他为人端方,勤劳致富,救济贫困,一时身名,影响及今。

其妻张氏(1834—1898),旧屋基张成智之长女,年甫16,归周学颐为妻,则宜其室家,敬翁姑,和妯娌,睦乡邻,克尽内助,中馈之劳,相夫之德,有口皆碑。张氏生一子三女,子成烈,考取秀才,素慷慨大方,豪侠好义,居家顺承,待人谦和。孙永靖,亦秉承祖风,勤俭持家,其子正邦入镇远道中学,而承继书香之业。

墓碑中间主联:"老树经霜晚节犹贞古干,奇花醉雨瑶池尚播余辉";两边衬联:"报春晖名垂寿藏,悼萱容泪洒碑铭。"夫妻两人,生前相濡以沫,死后相守相依。夫儒雅洒落,妻贤惠温婉,一对人间伴侣。夫妻两人相继去世,还要相守相伴,合葬一起,继续恩爱之缘。

此墓碑楹联独具特色,主联内容,含蕴深厚,绝妙好词,无论寓意、平仄、声韵、对仗及文采,皆令人敬慕感慨。而衬联则道其子孙的无尽怀念之情。此墓风水之好、书法水平之高,令观者称赏。其墓碑石为五镶四柱,碑、柱、碑帽、碑脚,长宽比例协调,线条流畅优美,石刻纹路,简洁精致,建造工艺极高。从中可见楼上家族之人文涵养及敬祖孝道之一斑。

古墓石联

老树经霜晚节犹贞古干
奇花醉雨瑶池尚播余辉

第 六 章

建 筑 楼 上

  楼上建筑，因地制宜，其家园适处宜居，借助自然山水之美，来拓展家园生存空间，并赋予更多的人文含蕴，而成为世代相守相望的大美境域。楼上周氏家族，于长期的耕读熏养中，宗族观念极强，有许多内在的逻辑。因此，周氏家族不惜巨资修建亭台楼阁、祠堂；纂修宗谱，添置族产，祭祀祖先；办私塾、兴学校、修桥、筑路、开渠、筑塘、修堰等家族文化事业与公共生活生产设施等，构成了楼上周氏家族繁衍兴盛的绵绵之观。

宅居格局，独具匠心

楼上古寨在建筑形式、构造手法、工艺制作等方面具有独特的风格，极具审美价值和宜居价值。其所蕴含的文化追求、审美理想及艺术的匠心都是独特而鲜明的，是其500余年历史文化的徽记，更是家族理想的具体体现。这个家族生存方式的选择、生命状态的绵延、精神生活的理想追求，以及家族的心灵存放与表达，无不在宅居建筑及家园建造中展现出来。

建筑类型与平面架构

建筑作为社会生活的物质形式，已经起到村落发展进程中文化载体的作用。因此，作为一种文化载体，建筑是一个积淀、沿袭、继承、变化和发展的过程，是各种社会需要、思想观念、价值观念、道德观念、审美理想的反映。

古寨的宅居建筑包含了明、清、民国、中华人民共和国成立后等不同历史时期的400余栋，其中，明代至民国时期所建造的民居约占总量的一半。各建筑均传承有序，并一直在沿用，基本上可分为5个时期：明代及清代早期、清代中晚期、清末及民国时期、改革开放以前、改革开放以后。按建筑物栋数统计：明代及清代早期约占2%，清代中晚期建筑约占30%，清末及民国时期建筑约占18%，改革开放以前建筑约占20%，改革开放以后建筑约占30%。

古寨的建筑工艺是在适应环境下经过逐步完善形成的文化载体。其建筑实体与空间营造的最显著特点，是关于生命的诗意与诗思，既存载着中国文人审美理想的渊薮，又着意表达楼上宅居的地域特征和耕读所形成的审美个性，也是原生态文化中浑然朴素的天人合一、宇宙人化、道法自然的原始文化思想与人文追求及理想的有机和谐。

第六章　建筑楼上

尽管楼上周氏生活在相同的生态环境中，但每家每户择地而居的空间利用，却又各不相同。一般而言，宅居建筑因自然环境、生活方式的不同，其建筑特征与风貌有所差异。楼上传统民居属于南方地区普遍采用的穿斗式木构架类型的建筑。寨内一座

宅居艺术

普通宅院的建筑通常包含以下几个部分：正房、厢房（厢楼）、龙门、偏厦、仓房、院坝、围墙。其中，仓房多在宅院周边建造，布置较为灵活。

平面空间组合是建筑最基本的形态。楼上传统民居的平面形态有：一字形长方形宅居、曲尺形宅居、三合院宅居、四合院宅居。

一字形长方形宅居，是楼上村较为普遍和最简单的一种平面类型，多分布在村寨边缘。

曲尺形宅居，是在一字形宅居的一侧加建横向的厢房而成。楼上曲尺形宅居横向所加厢房多为面阔两间或三间的二层楼阁，地基比院坝略矮点，是为厢楼。厢楼上层常作为日常起居，或用作书房或闺房，下层主要用于圈养牲口或堆放杂物。其功能可形象地概括为人居其上、畜处其下。

三合院宅居，是在曲尺形宅居的基础上，再加建另一侧厢房或厢楼组合而成。此类宅居通常位于寨子内中心区域，形制最为规整、完备。营建此类宅居通常需要较好的经济条件。三合院宅居的院坝之前，如果要加建门楼（亦称龙门）及围墙使院坝形成围合空间可称为闭口三合院，反之则称为开口三合院。各宅居中，龙门所建位置均位于正房的左前方或右前方，而未在正房中轴线上。由于山区地势所限，楼上村的三合院建筑中，厢房或厢楼多占压正房前的院坝空间。唯有少数宅居例外，正房三间均未被遮挡，院坝最为宽敞。

四合院宅居，是在三合院宅居的正房对面增建一座倒座房而成，也称此倒座房为对天。对天的功能、形制与厢楼类似。此类型宅居在楼上古寨所占

膴膴楼上

比例不大,如周正素宅,借用毛石堡坎作为厢房的围合功能形成四合院,形制较为特殊。而其他四合院或对天只建一半,或对天地基比院坝更低一些,主要是不挡正房光线,并留出可望之景。

楼上古寨三合院占大多数,即是三间两厢的庭院,不封闭,其主要部分是正房。正房多为三开间,一层的中央开间称作堂屋,自明间进入房间之后为堂屋,堂屋两侧安板壁墙,壁两边也有门可通后堂。堂屋的后板壁称为香火壁,设有香堂,即香火。周氏香火称汝南堂,正中供奉祖先牌位、香炉及烛台,用以祭祀祖先,供奉"天地君亲师"牌位。堂屋是全宅最为神圣的地方,是全宅的中心,祭神拜祖的场所,因而也是家庭处理大小事务以及待客、聚集的场所。一般遇到家中老辈寿辰、儿孙辈嫁娶,都在堂屋里行拜寿与婚礼,并设寿、喜之席,宴请亲朋好友。遇老辈去世,除了在家族祠堂行丧礼之外,还要将棺木停放堂屋按习俗做道场。

在楼上古寨的堂屋中,香火两边家家都有"宗传姬旦家声远,学绍濂溪世泽长"的对联,表明周氏家族乃周公姬旦之后,而诗礼传家无不承继周子之学,因周子有《爱莲说》,予独爱莲,出淤泥而不染,濯清涟而不妖之赞,故将村落布局成莲叶形特征,表达对周敦颐的崇敬,以示传家有道、耕读有声,清白做人,拟其清莲风韵。

堂屋的开间大,前面空敞,有大门、门窗、板壁墙,而在明间前檐廊部均后退1步架或2步架,形成吞口。香火墙与后檐墙之间形成的空间称为道巷。堂屋板壁墙靠近大门位置开门进入左右次间,次间均前后分割为两个空间,前面的空间多用作灶房、饭堂或储藏间;后面的空间安设木地楼用作主人的卧室,一般卧室的门不得直通堂屋,并将窗台

大门装饰

设得略高。窗棂做得复杂而讲究审美观赏，有的还里外两层。除灶房以外的各间房屋的楼顶上均安设有阁楼，用以储藏粮食或堆放杂物。部分建筑为扩大使用空间，在出山一侧或两侧加建有单坡顶的偏厦。

宅居不可缺少的厨房，一般与大房两山的地相连，建造单层的房屋紧贴在大房一侧，称为落坳。在自给自足的农耕经济制度下，厨房的功能比较多样，除做一日三餐之外，还要堆放柴草、舂米、腌菜、磨黄豆、煮猪食，逢年过节还要做年糕、酿米酒等。

因气候湿热，厢楼多干栏式建造。用柏木或杉木做成两层楼的木构架，柱子随地势高低长短不同地架立在陡坡上。房屋的下层做猪、牛等牲畜棚和堆放农具与杂物。

上层住人，分客房和卧室，四周向外伸出挑廊，主人可以在廊里做活儿、休息。这些廊上的柱子，为了便于人与牲畜在下面通行，多不落地，仅靠楼层上挑出的横梁承托，使廊柱悬吊在半空，所以这种宅居被称为吊脚楼。人住在楼上通风防湿，以前防止野兽，现多防蛇虫的侵害。

庭院自然是一家很重要的部分，起到采光、通风、聚集和排泄雨水以及吸除尘烟的作用。三合院，三面房屋门窗都开向庭院。四合院，则四周屋顶皆向内坡，雨水顺屋面流向院坝；屋檐上的雨水，经瓦沟排至地面，再经院坝四周的地沟流出宅外。这种四面屋顶一侧皆坡向天井，将雨水集中于宅居之内的做法称为"四水归一""水不外流"等，这是把水当作财富的习俗。院落是村落形态最主要的构成因素，院落的朝向、形式、布局及相互关系几乎都受到风水观念的控制和影响。其院落建筑大多数呈规则正方形、长方形的三合或四合院落。一般两厢房，呈内八字，做稍稍收紧，以示谦逊。也有聚气养生、聚财兴家、财不外露等之说。

古寨在家园的建设中，深悟造化之至道，因地制宜，家园一体，崇尚家园空间层次，更以心灵空间去融会自然空间，而得到内在无争、无尘。

楼上古寨宅居建筑体系，属于南方地区普遍采用的穿斗式木构架类型。穿斗式木构架，也是沿着房屋进深方向立柱，但是柱的间距较小，柱直接承受檩的重量，不用架空的抬梁，而以数层"穿"贯通各柱，组成一组组的构架。在构架的"穿"之上，多立有不落地的短柱，称之"瓜"。瓜、柱数量的多少通常代表建筑体量的大小。楼上古寨的宅居，其正房的构架类型有：七柱六瓜式、七柱四瓜式、七柱二瓜式、五柱四瓜式、五柱二瓜式、混合式。混合式指明间与两山构架类型不一致。厢房（厢楼）的构架有四柱五瓜式、四柱三瓜式、四柱三瓜前加吊瓜式、三柱二瓜前加吊瓜式等类型。现存楼门则均为三柱一瓜式屋架。

马桑古屋周正齐宅居

七柱六瓜式

建筑各缝梁架的横向之间主要有扇架、斗枋、檩、楼枕等联系构件。扇架（穿枋）是穿连柱头形成一联，穿过三柱檐柱向外承载檐口的是挑枋。斗枋也称落檐，根据所在位置的不同可分别称为：上落檐（上槛）、中落檐（中槛）、下落檐（下槛）、前落檐（前檐部位的斗枋）。堂屋前后落檐称大落檐（下槛）、后落檐（后檐部位的斗枋）。檩一般有上、下两层，下为基方，上置圆檩叠压组成，多砍制有上下檩挂口，根据形制和位置的不同，可分为：檩、大梁、卯梁、挂口四类。檩是上层圆檩的通称。下层檩中位于明间脊部者称为大梁，其构架用料较大，端头全部伸出柱外皮。卯梁与挂口亦属于下层圆檩，它们的区别在于卯梁仅用于明间，其两侧端头均伸出柱外皮。楼枕即清式建筑中的楞木，形制与檩类似，两头交于柱内或置于穿枋之上，其上铺楼板。

围护结构主要有毛石墙、木围栏及木质板壁墙三类。毛石墙以不规则山石干摆砌筑，主要用于院墙、屋基坎。石切于屋前称阶檐坎，屋后称阳沟坎。木围栏主要用于围挡牲畜，常在干栏式建筑底层使用。木板壁墙是在柱枋之前安设边框(称站枋和横枋)。边框中间镶嵌木板，主要用于间隔室内外的空间。板壁墙在楼上村传统民居中作为围护结构大量使用。

宅居屋顶主要由悬山、歇山、单坡三种坡屋顶形组成，三种形式经过组合、

第六章 建筑楼上

拱接后变化无穷,极具美感。屋顶均采用青色板瓦正反扣搭于椽子(俗称瓦皮)之上,此种做法经济实用,与环境高度和谐,但屋面通常需要一至数年重新铺捡一次,铺捡频率与瓦片叠压的繁密程度直接相关,靠近屋脊部位的瓦件扣压往往略密于檐头部位。屋顶的装饰主要集中于正脊,正脊由板立向排列而成,正中通常用板瓦堆叠成品字形、圆形等作为装饰,两端堆叠呈起翘状,以上做法通称为垛脊。屋面坡度一般"步架一尺,举高六分",屋面坡度应为六分水做法,但各建筑屋面的实际坡度尚有一定差距。在实际建造中,正房的两山木构架略高于明间,使屋面略有升翘美感。

外檐内檐装修

楼上古寨宅居装修风格偏于素雅,外檐装饰的重点主要集中在门(板门、隔扇、腰门)、窗、吊瓜、挑枋、瓦口木、门簪等部位。

大门是外檐装饰的重点,门的种类主要有板门和隔扇两种。板门由间柱将明间分为竖向的三部分,中间为双扇板门,两边下部为木板壁、上部为芯屉。隔扇均为六扇,安设于明间,装饰重点集中在隔芯和绦环板,做法与清官式六抹隔扇类似。窗的形式多为透窗,一般不能开启,常设于左右次间或后檐的板壁中间。前檐部位的透窗均于室内裱糊皮纸,后檐部位则通常在内侧安设横向推拉式滑板。与隔扇芯屉一样,窗芯同样是最负装饰的部位。

每家宅居大门,做式精致、美观,现仍传承着许多传统、古老的工艺,"半榫""闷钉""抄手榫"以及"榫卯""挤楔"等,这些木式技艺在楼上还在继续发挥作用。

芯屉的图案极富变化,其形式有:直棂窗、满天星(直方格)、大套小(类似于步步锦)、古老钱(类似于龟背锦)、卷草(对龙、凤、动植

大门内装饰

物类图案的通称)、对对筷、盒盒窗、万字格、万字带盒盒窗、单万字带双双筷、三穿柳(一码三箭)等。其中以三穿柳最为常见。当地有谚语"打个三穿柳,寨寨家家有"来戏称其图案装饰的普遍性。寨中部分宅院的正房及龙门安设有腰门,其高度大致及腰,形状与栅栏类似。

吊瓜是干栏式建筑廊下的主要装饰物,形状以瓜形、鼓形居多。吊瓜的普遍特征是:雕刻手法朴素,构图富于变化。挑枋是房屋檐下的承重构件,民居中均为扁方形,又称扁挑、挑梁。楼上古寨宅居的挑枋头部微翘,外侧底部通常削砍出各种曲线或略作卷杀。不同历史时期的宅居对吊瓜和挑梁头饰的雕刻手法略有不同。

瓦口木是安置檐头第一块板瓦于中部开卯口垂直固定于椽子外皮的构架,称为吊檐和花檐。古寨宅居中瓦口木的做法有三种:一是单层素面做法,称吊檐;二是单层带花饰做法,花饰有线刻和浮雕两种,亦称吊檐;三是双层做法,外层带花饰,称为花檐,仅见浮雕做法,内层素面称为吊檐,两层之间用铁钉固定。门簪一般用于正房门口上方,均为两枚。形制以方形为主,亦有少量为圆形或花瓣形,正面多雕刻花卉纹饰。在书香人家,门簪之上通常挂置匾额以显耀门庭。

内檐装修的重点和核心在于堂屋的香火墙和神龛,其次为门栊。香火墙设于堂屋正中后壁,壁中多开设有神龛,用以供奉神灵即祖先牌位。神龛的装饰多在龛口的花罩及龛前供桌之上。神龛作为全家的精神寄托所在,是全宅的核心部位,当地有"香火不出大门"的说法,故其宽度往往比门口净宽尺寸略宽。

门栊是用于固定门簪的构件,位于门口内侧上方,较为隐蔽。但每家堂屋的门栊均雕刻出优美的曲线。门簪和门栊之间须

古老花窗

由销子固定，木销均由门簪牛角形后尾的底部向上销入，称为朝天栓。

楼上古寨的宅居的许多构件和局部，都饰以精美的木雕。窗棂间镶嵌精雕细刻的花鸟、虫鱼、鹤鹿、蝙蝠、松竹、花卉等图案，通过自然景象的比喻关联、寓意双关、谐音取意、立象尽意等来涵摄人文内容，使人居建筑环境更富人文涵泳，提升文化品位，实现诗意栖居之境。其艺术审美之雅、寓意之祥、格调之古，也反映了自明代开始周氏家族对美好生活的向往与追求，令人叹为观止。

堂屋有悬挂匾额、楹联作为装饰的传统，这些匾额、楹联皆与家庭历史文化有关，内涵丰富，意境深远，最直接反映家风，如"食性谙侬，青玉案同千百味；书香启后，郁金箱贮十三经"，其内容多为家规祖训，或修身治家格言。香火两边对联，如"祖德宗功家声远，川楚渊源世泽长"，以此来要求子孙后代，不忘祖德，勤俭治家，以振家声。这些楹联、题额，无不散发出浓郁的文化气息与传统特色，使古寨建筑的文化内涵大大超越了建筑自身的

堂屋楹联

食性谙侬，青玉案同千百味

书香启后，郁金箱贮十三经

艺术价值，而弥足珍贵。

楼上古寨，在其建设中，构建了完整、完善、自然合理的巷道及沟渠排灌山水体系。各巷道均以不算规则却略有平面的青石板镶嵌而就，既牢固又自然衔接，虽斑驳凹凸，但几百年任由雨水冲刷，仍无损毁。古寨屋檐水，经水沟注入田园。几百年前，这种道路和排水系统因地制成，具有宜居适用性。

巷道同时也为楼上古寨最好的防火隔离带和救火通道。一旦发生火灾，人们只需撑着就近巷道两边的石墙直上屋顶，把瓦掀开，就能使火苗上蹿，阻其横向延伸，从而截断火路，阻止火势蔓延。再加上全寨男女老幼一起提水灭火，在很短时间内即可将火扑灭。而且，楼上村的庭院中家家户户都有储藏猪食如煮烂的水泡着红薯叶，是灭火的好材料，没有储存猪食则以盛水的水缸以防火。这使得500多年来楼上村都没有出现过大的火灾，得以完整地保存至今。

寨中至今尚存两幢特色鲜明的明代马桑古屋，现为周正齐和周正益宅居。院落为三合院式，主要由正房、东西厢房和龙门组成。此屋用当地木质坚硬、防腐性能强的马桑木建成。周正齐宅居，面阔三间，长12米，进深六间，8.1米，七柱六瓜，有门6扇，也称六合门，前搭腰门。周正益宅居，面阔三间，长12米，进深六间，8.1米，为七柱四瓜，搭腰门。四周铺设青石板，保存较好。

从清咸丰元年（1851），至同治年间，匪患连连，周氏家族每遇匪患，则避居于古屯中，今观景台上，称屯垴垴，当时只有东边可上。易守难攻的较平阔的山顶，用青石垒砌修筑而成。据说匪进寨掳尽财物后放火烧屋，仅留今存的这两幢古屋以供兵匪暂住。后来周氏家族中周大珍，用熟铁浇铸土炮于潕崄河边的鸡公岭上攻打，大败匪众，并使其不敢再犯，才保住了这两幢房屋。周氏在重建古寨时，因当地马桑木已不多了，只好改用柏木或杉木等木料，但建筑风格仍然袭旧。

宗祠阁庙，法天敬祖

楼上周氏家族讲究风水，是与其家族的宗法观念、自给自足的农耕经济及崇文重教的传统相结合的，以求家族兴盛绵延而创造出宜人的居住环境。其山水、村落与田园则体现崇尚自然并与自然和谐相处的生态文明心理；其重要文化建筑如祠堂、梓潼阁、观音阁、戏楼、书院等皆得风水之胜，也甲山水之胜，而成为楼上最重要的人文景观。

周氏宗祠与昭宗祠

周氏宗祠是楼上村落中最为重要的公共文化建筑，包括宗祠、昭宗祠两个。面阔三间，通面阔15米，进深10檩，通进深6.5米，建筑面积97.5平方米。大梁题记为"贵州思石二府新二甲所楼上住居""大清光绪拾玖年岁在癸巳仲冬月上旬建立"。西廊间有《轮水石碑记》石碑一块。

周氏宗祠位于楼上东北，坐北朝南，北靠石佛。其山而上是红字岩龙脉，承云台山之脉势。右边紧依楼上主脉，其势环顾迤逦；左边青龙首，从灯山过小屯而下奔趋抱来，至大堖堖来托护，形成三星（一个大堖加两个小堖堖，形如"品"字，中有月形水田），合成拱月之秀。前面接田而起案山，形如玉碧，迎面隔河轿顶山落轿院外，远山屏列，峦峰交立，层层接上为杨柳山。如此江山，也是绝无仅有之地。

楼上周氏家族的村落聚居，以宗祠为中心，建造宗祠之地，是所有村居宅院中风水最好的。古人云："宗祠地好好一片，阴宅地好只一穴。"

昭宗祠位于葛容街上，坐西向东，与周氏宗祠同时建成，形制与大小相同，不同的是柱的体量还大一些，其柱基（磉墩）四面均雕有花草，做工精美。

㒖㒖楼上
WU WU LOU SHANG

周氏宗祠

梓潼阁后殿

楼上周氏家族建筑丰富而多样，除了周氏宗祠、昭宗祠外，还有梓潼阁古建筑群，文昌阁三座，城隍庙三个，各粮寺、小屯寺、魁星阁、观音阁以及土地庙、山王庙、龙王庙等文化建筑。

梓潼阁古建筑群

梓潼阁位于古寨东北部，青龙山的顶部，集戏楼、正殿、后殿、两厢、石阶及庭院、养正书院及山塘等于一体。占地面积6000余平方米，建筑面积1200余平方米。正殿及两厢、后殿在一中轴线上，正殿居最高处，其平面高于后殿2.5米。戏楼位于正殿北侧，相距约百米，地势低于正殿20余米。

梓潼阁始建于明万历年间，建成后，周氏三世祖周嵩轮水田数丘以做香火之资。南明永历八年即清顺治十一年（1654）甲午，又捐资建阁一座，圣像四尊。清康熙三年（1664）甲辰，周国祯捐资扩建，广培基址，重修其正殿五间；后因渐废，于乾隆时复开基址，广兴土木，重立梓潼阁及两廊书房、三官楼房，并添造圣像五尊。道光十五年（1835）乙未，住持僧普济，募化造观音堂三间；咸丰十一年（1861）辛酉，被苗教烧毁，仅存文阁；同治元年（1862）壬戌，再次被贼匪所毁；同治六年（1867）丁卯，众族

重修梓潼宫序

原住持僧本慧重修正殿及两厢；光绪八年（1882）重建后殿；民国五年（1916）建戏楼。

《重修梓潼宫序》石碑详细记载了这段历史。梓潼阁两边的配殿是书房，也是周氏家族庠序之地，四世周国祯则早晚于此朝拜神灵，曾居住在此，和尚则为了看护神像和敲钟。自此以后，钟声悠悠，香烟袅袅，年年岁岁，朝朝暮暮，暮鼓晨钟，焚香祈祷，而神有攸归，人有凭借，周氏的虔诚与期许，使得家家兴隆，户户荣昌，人文蔚启，贤人辈出。

梓潼阁正殿为抬梁穿斗混合式悬山小青瓦顶建筑，坐东向西，面阔五间，通面阔17.2米，进深15檩，通进深8.3米，建筑面积142.76平方米。正殿较之后殿地坪高出2.5米。梁架明间为抬梁式，采用26柱，其中14柱落地。前檐带廊。明间老檐柱间装隔扇门，两次间老檐柱间正中为对开板门，两侧为槛窗。两次间廊柱间装板，正中开直棂窗。明间后檐荆柱间装板至穿枋，上装走马板，置神龛。两次间梁架装板，两稍间梁架装板并分别开两直棂窗，两山面带披檐。

前檐廊间铺青石，室内为三合土地坪。两稍间后檐处分别有石梯下至后殿。北次间廊间立有《重修梓潼宫序》石碑一块。屋盖部分在板椽上直接干摆小青瓦，铜钱如意卷草纹饰脊刹，灰塑鸱吻。

南北两厢均面阔二间，其中9柱落地，为穿斗式悬山青瓦顶。东间为过道，三合土地坪，在中柱间置对开板门。西间为地楼板，前檐装槛窗及板门，后檐装板，正中开一直棂窗。梁架间均有木隔断。

院落呈长方形，地面青石墁铺，横向对齐，竖宽不等。院落西侧为照壁，乃青砖墁砌。照壁正中有一吞口，内置神像。

后殿为两重檐四角攒尖小青瓦顶建筑，面阔三间，明间两层，为双重檐四角攒尖顶。明间共用15柱，其中四柱落地，底层减柱两棵，二层置雷公柱。两次间为穿斗式梁架，共用18柱，其中10柱落地。后殿前檐带廊，两山有披檐。明间一层前檐老檐柱间装格扇门，二层四周装风窗。两次间前檐老檐柱间装槛窗，上装走马板。后檐均装板。两山装板至首道穿枋。两次间有楼梯上二层。前檐廊间铺青石板，室内铺三合土。明间屋面卷草纹饰屋脊，葫芦宝顶，小青瓦屋面，屋脊正中原放有笑兮和尚石膏像。大梁题记为"皇清光绪八年正月初七汝南族等共修"。

戏楼为穿斗抬梁式二层歇山青瓦顶建筑，坐东向西，结构为左右厢楼配有走廊，居中突出戏台，面阔三间，其中8柱落地。两耳房共用8柱，其中6柱落地。二层明间前部为戏台，正面置屏风。

两侧各置门洞一个，正面及两侧梁枋下饰卷草纹挂落，檐下装鹤颈椽及板。两耳房一层置楼梯上二层。二层前檐、两山及后檐均装板。两山后檐置围墙。一层地面为三合土，有石制柱础。二层置楼板。大梁题记为"民国五年"等字样。

梓潼阁古建筑群，与古寨、古井、古桥、古屯、古墓群、层层梯田、潆崄河、梓潼阁基园山林及栖息于古树上的成群鹳鹤等，构成了良好的历史人文环境和优美的自然生态田园景观。

梓潼阁古建筑是楼上村古建筑群和楼上村及周姓家族历史发展的重要实物见证和信息载体，记录了明、清至民国时期楼上周氏家族以及所在思南府、石阡府政治的变革、经济的盛弱、文化的兴替。现存建筑的布局、形制、脊饰等及自然理念、风水理念，展现了古代工匠和当时人们的审美理念、心理特点及价值取向，为研究当时社会的民俗学、礼学、风水学、环境生态学以及周姓的家族史提供了重要的历史依据。

戏楼是楼上古寨所建文化娱乐之所，从风水文化而论，此地是古寨垭口，建戏楼是挡口避风之用。建于民国年间，但也艰难不易，正值时局动荡之际，匪患连连，而民不聊生，实是用意深微。戏楼建好后，每年春节及端午、中秋，或族中大事，皆有演出，剧种有京剧、木偶戏、人大戏、花灯等，除娱乐审美之外，更主要目的是教化族人，以孝以礼、做人行善、立事以诚，感召风

戏楼一角

化之功。中华人民共和国成立后这里一直作为政策文化的宣演阵地，至改革开放。近20年来，戏楼多半为寨中喜传统器乐的人集聚自娱之所。望着那宽敞的戏台，又蓦然想起先前那耕读自适的生活与精神追求。台上那幕幕变化的戏，文进武出、生唱旦吟，刻下物换星移与变迁。

戏楼后面是一座月形的山塘，"楼上十二景"之一，称山塘涵影，依湾而筑堤，堤外有水田，圆弧形的堤上有浓密松、柏林木，中间亦可穿行，堤若新月，卧浮于池田之间。树影摇荡于塘中，得远山近水之妙。

小屯寺、各粮寺、城隍庙与文昌阁

小屯寺始建于明代。原基址在今小屯寺院前庙田外林中，坐北向南，后因战火匪盗而毁，于乾隆时，移修大庙于如今之地。其占地面积800平方米，建筑面积240平方米。其建筑规模宏大，气势不凡，殿宇辉煌。整个寺庙建筑精细、布局适体、陈设典雅、殿宇壮观，有山门、正殿、下殿、两厢及天井。现仅存正殿、寺院基址、和尚墓群、天井院落，石墁院坝、石阶、石凳、石鼓、石缸保护完好。

山门分一道正门和两道侧门，山门立有牌坊，上刻"龙山寺"。山门前有石阶，石阶两旁各有两个石鼓，石鼓上圆下方。

正殿为抬梁穿斗混合式悬山小青瓦顶建筑，坐北向南，面阔二间，进深六间。前檐廊间铺墁青石。殿内供奉佛像，佛像均以木质为主，高2米。

下殿为抬梁穿斗混合式悬山小青瓦顶建筑。天井呈长方形，地面青石板铺墁，横向对齐，竖宽不等。

东西两厢均面阔二间，为穿斗式悬山青瓦顶。山门及各殿基石尚存，轮廓分明。周围用乱石砌有围墙3米。

小屯寺历代住持僧有天彩禅、五空、顺老、彗悟等人。小屯寺后面是一片石林。右后侧有从窑洞沟引出的清澈山泉，左侧有一地势险要的小山，四面凌空，一山独立，唯有一条小径通往山顶，是古代防匪的屯堡。小山上还有石笋、蘑菇石等自然景观。因其小而叫小屯，小屯寺也由此而得名。右侧有"匍地四口钟"和红字岩"天书"。20世纪80年代，原正殿三间被拆迁至该村国荣乡粮站楼上粮点做仓库，得以保存至今。

膴膴楼上

小屯寺门柱基石

小屯寺宅基坎

各粮寺始建于清代,悬山合瓦顶穿斗式木结构建筑,有正殿及两厢、天井,正殿面阔五间。占地面积500平方米,建筑面积300平方米,20世纪80年代被拆迁至上苗寨并改为储粮仓库。其正殿三间,建筑构架保存基本完好。

城隍庙先后建有两个。现一在楼上大堖垴,一在黄泥田寨边。楼上城隍庙始建于明末,后因渐废,于乾隆时迁于晒米嘴学琏宅右,后又于同治年间移于大堖垴,扩建为四合天井院落,占地面积300平方米,建筑面积150平方米,毁于20世纪80年代,现石阶仍在,基址尚存。

黄泥田城隍庙,始建于乾隆年间,周洪印等集资修建,正殿三间,现基本护存完好。

文昌阁有两座,一在下苗寨青龙嘴,一在灯山,现仅存基址。除此之外,还建有川主庙、土主庙、山王苗等,现皆毁,仅存基址。

黄泥田城隍庙

天福古井、兰桂石桥与古屯

民国十七年（1928），村民集资重建天福井。井口坐东北面西南，最先井口上建筑已毁，后井口上建筑为20世纪50年代，撤迁观音阁来立于井中上。井池分两级，第一级为洗菜用，第二级为洗衣用。现井上建二叠交错的悬山穿斗小青瓦顶建筑，为后重建，占地面积30平方米。井口南侧立有民国二十七年（1938）的古井石碑一块。原井处建有两间瓦房，早毁。

兰桂石桥，为楼上周氏四世周国祯于明代崇祯二年所建，清道光十一年（1831）庚子补建桥墩。桥面为一块青石板架成，长近4米，宽1米，厚0.3米，重约20吨。桥下近两端有石砌梭子形流水桥墩。

据说，桥石从几十里外辇来，两端各有一孔，为绳索或钉木桩，以便辇运所开凿。桥两端各植一桂，桂树开枝散叶，交互掩映。因桂树枝繁叶茂，而成为纳凉歇息的绝佳之境，始称兰桂桥。后清中晚期，又于桥外两边等距对称植两棵香楠，双楠、双桂与桥呈外八字形，又名楠桂桥。

除兰桂石桥外，周氏家族自明代开始又先后修建了寨纪右边沟上的双桂桥、塘池寨前的多子桥、隘门关干沟的多男桥、葛冲河上的凉亭桥、葛冲杨家当门的多福桥、江坡到峰岩之间的多寿桥、灯山的干沟桥。

古屯，明万历间建造于楼上古寨北侧对门坡大岩之上，面积约2000平方米，屯堡坐西北面东南，南、西两面绝壁，北侧深壑，东面石墙围成。古屯作为楼上周氏家族大型建筑之一，在明末及清代，为楼上周氏家族躲避匪患的防御设施，特别是清咸丰、同治年间加固增高屯墙，

天福古井

而雄伟壮观。

古屯从20世纪中后期开始被拆毁，生产队及部分村民撬来修路或修房，如砌坎子、打磙磴，直至撬完。现除墙基和削下来就会引发危险的外，其余都被彻底损毁。如今只有上了岁数的人，对此有些许印象，叹息中成为村民们想象中过往的烟云。永远不会消失的唯有珍惜此屯的部分村民心头中的那伤痛与怆怀了。

楼上古寨人始终以独特的建筑风格统一设计、规划、营造自己的家园，从而形成了属于自己的建筑文化。民居、宗祠、庙宇、院墙、巷道、水井、石碑等，其建筑类型、特征、形式感以及其材质、材料的使用，都具有独特的历史含蕴，这种文化特色在民居建设上体现得较为突出。

观音阁、魁星阁

观音阁与魁星阁是楼上古寨建筑中另一类风水文化形式。

观音阁位于古寨东南的青龙首梓潼阁下面形如莲花开放的石山上，与梓潼阁山脚间隔坳项大田。其山势从灯山、官塘、下苗寨缓缓而来，是梓潼阁龙脉的护龙，起伏连绵奔赴至此，形成大小突耸的两石山，其势不止，有潜行入河欲走之姿，为此周氏建观音阁于小山（龙角之上），以压龙势。所供奉观音菩萨除慈悲为怀、救苦救难外，还能送子、降龙，特别是凶猛蛟龙，因选择立观音阁摁龙是有其渊薮的。小石山形如莲花瓣，中间平坦，四周莲瓣开展，也正好达到观音坐莲的自然形制。

观音阁四围临田，层层梯下，直至长滩河边。河水如玉带环抱梯田，隔河可望者，从潦崚河而下有薄刀岭、搁岩湾、牛腰杆，是牛心子、玉屏石岩、关众山、杉木湾、猴子岩、冒沟

观音阁

山、轿顶山至茶盆岩,峰岭、峦、绝壁、岩曲折起伏,沟壑交错,或雄峻,或巍峨,气势磅礴而尽收眼底。

凭阁而环眺,从寨外而下,层畴错列环绕,潕崄河折叠而来,至阁处则玉带环绕,河面一滩一塘,河水碧波粼粼,穿梭绕行,尽览楼上山水田园之美。倘若隔河远望观音阁,与小石山巧妙地融为一体,有巧夺天工之妙,形如观音坐于碧波莲叶之上,至美之致。观音阁无论是倚山而建的天然,还是飞檐翘角的朴雅,都体现了楼上周氏家族在选址与建筑上的奇妙想象力和创造力。当立于阁上,环览四周,尽收村烟、田畴、山色之美,有占尽田园向山色的美感。

魁星阁是一座两间叠檐式木质建筑,阁基两端依山,而魁星阁就建在大小两石山之间相连的坳项上(龙头颈上),呈骑龙之势。前后基脚由青石铺砌,阁在20世纪中叶被拆除,现地基尚存,稍有坍塌。

楼上周氏家族是一个有梦想与寄托的家族,500多年来,有着无与伦比的家族意识与凝聚力。其家园建设无比艰难,却始终勤劳而俭朴。全族因崇尚文化及其生活宜居的各种公共设施与建筑,从宗祠、阁、庙到桥、井、道等都全族投入,齐心共建。然时光流变,物换星移,周氏所建古屯、魁星阁、文昌阁、观音阁、城隍庙以及小屯寺、各粮寺等,同任何古建筑的命运一样,这些用青石、木料、砖瓦修起来的建筑,都在历经时代冲击与岁月剥蚀,已然所剩无几,只留下一些颓败残垣的地基,在岁月尘封下,荒芜不堪,依稀隐隐间,不时还可寻得些许痕迹。

楼上古建筑群与自然融为一体,是建筑形态因地制宜和多种对比手法运用的典型代表。楼上以岩溶地貌和侵蚀地貌为主,间杂多种地貌类型,盛产木、竹、石等材料,因道路崎岖,交通运输不便,就地取材,主地利用。山地自然材料特别是石材的使用,增加了楼上古寨的自然特色,古寨广泛利用条石、块石、片石砌筑道路、房屋的勒脚、基础、堡坎和外墙,加上山上裸露的岩壁和蓝天白云与古树苍枝,产生了自然、建筑一体化的效果。古建筑均为木结构穿斗式,大多为悬山顶小青瓦屋面,亦有歇山顶小青瓦屋面的建筑。

与石结缘，以石为器

楼上之地多石少土，周氏家族自迁居以来，就与石结下不解之缘。石不仅给楼上这神奇的土地带来了生机与活力，而且让周氏家族的耕读生活，显示出了无穷魅力。楼上周氏身处大山之中，没有被大山所困，而是用智慧与汗水在大山中创造出了丰富的文化，并把石头演绎成有生命力的文化。

楼上主要产两种石料，最多的是青石，其次是从田土中挖出来的体量不大的沙石。石头成了楼上周氏家族无处不在、无处不用的材料。特别是青石，有取之不尽的石材资源，也因此而成为楼上周氏家族建设家园必不可少的材料。这里的每一块石头，都可加工成各种所需的生活用具，如石磨、石礣磴、石槽、石钵、石碾、石盆、石臼、石筅、石水缸、石染缸等；也可加工成石料，如石磴、石条、石板、石柱等，用于修建石梯、石坎、石桥、石碑、石墓等；不能加工成形的还可用来铺路、砌坎子等，对每一块石头都能物尽其用，用其所长，恰到好处，而化用无痕。这里的每一块石头都凝聚着楼上周氏家族人的智慧与汗水。

宅基、古巷道与寨外道

在楼上周氏家园建设中，每座宅基地，都是从深根石中艰难打出来，或者用石头高摞砌成，而阳沟坎、阶檐坎、屋檐沟、院墙、巷道、道墙、道沟坎，皆用青石或毛石干摆砌成，有的仅一个宅基，所费工夫近千个。

巷道多以青石板铺路，较陡处则置石级台。石级表面平整，平缓处面石大小不一，皆深立铺就，几百年不松动，踩踏至今，石阶虽斑驳不平，却雨润可人。巷宽 2~3.5 米，并置有排水沟与之平行。

古寨出行之道，或耕种劳作之道，有坡坎地面，多半都是青石铺成石梯步，主要有古寨至寨纪，直上卡颈颈、凉水井，经百米大田、枞木树、火石丫，大部分坡坎陡的地段，均铺有青石梯步；从戏楼经古寨上部，左上雷家水井至寨纪，右走晒米嘴、上苗寨，再上凉水井，走红字岩、湾大田、窑碉沟，都有许多青石板路。

古巷道与寨道

古寨外至河边，从当门寨巷道开始，左走梓潼阁基园山南侧，经坳颈大田下岩垴垴、车田长滩河；中间下袜子田、两头尖、挂青田、黄泥坡，分左下环堰沟，捞上去姑婆田，分右下殷家田、新开塘；右走水碓房、兰桂桥，分左走野猫洞，往右走偏桊子树，过滥田湾、团坡垴、杨昌田、漻崄河。在这些出行或耕作的道路中都铺有石板或石梯路。

巷道与寨道

沟渠与碾房

沟坎最大最长的是寨右边的大沟，上从湾柏香，下仰天窝，经凉水井，卡颈颈、林堡堡、寨纪，下大青冈树、天福井段大沟、兰桂桥，下野猫硐、槐子树、大堰垴，再下洪水而流入河中。从凉水井而下，两边有石头的地方，则凿石为沟坎，无石处则开砌石为沟坎。沟坎高处近3米，低处在1.5米左右，沟坎下段好多地方都是由1吨左右的石头而砌，全长近5公里。除大沟外，还有从鱼泉沟至黄泥田、周家湾，近2公里；从龙洞湾，下滥田湾、槐子树，近2公里。

渠最长的是从槐子树，接大沟水，经大堰垴，过黄泥坡下，再从环堰沟、榜上田、曾家田到姑婆田，全长3公里；从龙洞湾，经沟对门，过当湾、袜子田，两公里，其他沟渠不长，多利用田过水。

楼上古寨从天福井而下有水碓房，再往下野猫硐有石碾房一个；从龙洞湾开始有油榨房一个、碾房两个；㵲崸河边建有碾房多个，长滩河有碾房两个。地基坎、涵洞、碾槽、碾圆都得用石头，其所需石工、木工很多。

田坎与土坎

从寨门首田开始，至河边的每一丘田的坎子，都由石头砌成，最高的田坎3米以上，长的田坎400多米，低的田坎也在1米左右。最窄的田宽不足1米，有直有弯，有圆有方，有马鞍形，有三角形，形态各异，高低起伏不一。仅古寨500多年来所砌各种坎子，近2000根。有的田仅二分地，开石砌田坎要数百个工天，殊为不易。

这里的每一根田坎、每一段沟坎、每一堵石墙，都是用毛石料砌成，数百年来不垮、不塌、不陷。其堆砌艺术之高、对石头使用之妙，其他村寨难

摞摞美石

有比肩者。特别是许多高坎子，全用毛石干摆砌成，石头之间，看似随意放置，衔接镶嵌，却稳固如山。特别是古寨右边的大沟，年年夏天都要承受十多里山坡汇聚而来的山洪所形成急流的冲刷，几百年来仍坚固如初。周氏家族对石的理解、使用及堆砌之艺术，为古今少见。这摞摞美石，凝聚的是古寨19代辛勤汗水，所费劳力及成本之高，难以计算，是勤劳与节俭而凝结成的艺术，更是古寨19代人的智慧、生活的热情与生命的活力的体现。

石头与楼上周氏家族生活紧紧相连，这里的石头就是生命，就是历史，就是记忆和文化，体现了楼上周氏19代人的生命状态与过程，是其家族精神的向度、生命维度，更是其生命的温度。这些石坎子，虽然经历无数风风雨雨，剥蚀上苔，却变得更加厚重而高古，意韵绵绵。这些石头构筑成了古寨建筑最素朴古澹的风貌，是历史、智慧、生命、审美所赋予楼上古寨这石头的文化品格。这些石头，不仅是周氏家族历史的记录，也不仅是周氏勤劳智慧的写照，还是其与岁月同行的生命激情的不朽碑铭，是19代人行健不息的精神丰碑。

一座老石碾房，是一段生活。一座古石桥，一段毛石头老坎子，一块古碑，一段老石板巷，是生活经历的记录，也是生命在那一历史时刻的慷慨与悲歌。当把这些历史痕迹串联起来时，便连缀起一段难忘的岁月，一个家族与岁月同行的生命足迹。楼上周氏家族世世代代用勤劳与智慧使石头产生了丰富的价值，并赋予了其历史的、文化的、生活的、家用的、审美的意义。

楼上周氏19代人不断将自身的呼吸、自身的生命、自身的岁月，镌刻在这一根根高低起伏的石坎子中。这每一根连绵的田坎，带着春雨的迷蒙，带着秋风的萧瑟，带着孤独的冷峻，带着激越的颤动。这田坎中有过19代人的气息与格调，有着倔强的意志与风骨，最后消融在山水田园和世代的耕读生活的望境之中。这些石坎子是建造家园的虔诚与努力，经受着生命热情与耕耘岁月的砥磨，变得愈加醇厚。那一花一草一叶，将这些石坎子点染，激活成一个个生命的整体，在岁月中悠然，在四季交替中变幻，在19代人的心中被焐热，升温而构筑成一个家族最本质的生命景致和温情世界。

天人合一，道法自然

楼上周氏家族的建筑包括民居、寺庙、祠堂、学堂、书院、村楼、戏楼、寨门、桥、亭、屯、牌坊等类型，在楼上500多年的建筑中，体现的是建筑审美艺术的高度，其中，有智慧、有勤劳、有统一的意志。如今这里的每一块瓦、每一根木、每一块石头以及石头砌成的巷道墙垣，无不记忆着历史的绵延，无不透显着过去的历史文化。当我们看到偌大的无梢古柏树、古枫树，回眸那岁月的记忆，仿佛家族已将数百年前至今天的起起落落、宕跌往还，沉淀为厚重的历史和生命的韵度。

楼上周氏家族村落及宅居建筑中，其主要功能是宜居适处，最深层次的含蕴，就是天人合一。天地人是统一的整体，特别是古寨建造的一贯思想与环境理念，就是利用自然环境和空间组合的广泛性和普遍性，以实现天人合一，又不断追求一种世外之园的环境观、生命观和审美观，并注重对自然的因势相借，与山水环境契合无间等理想境界，创造性地实现了家园建设中与江南园林式建筑殊途同归，却又能实现天人合一的环境理想。

天人合一

第六章 建筑楼上

古寨北依石佛，西接大土龙洞湾，东傍龟山梓潼阁，南面隔河可望从四面交会簇拥而来的群峰环列其间，可见从西南奔涌而来的轿顶山、印把山、佛顶山诸山脉，从东南而来的卧龙山、杨柳山，正南可从群宝山远眺群家山、双峰山，正因此而少有四合院，多三合院，以守望群山，在于满足审美的需要。

古寨在选址布局上，融入环境，尽量契合山形水势，沟通天地，气化相连，实现人居环境与自然环境的和谐。院落巷道随地势曲直宽窄而赋形，房屋建筑沿地势高低而错落组合，宛如天成，别具匠心，以宜居美居为理想，努力实现民居宅居建筑适应自然、适应生活、适应心性的内在要求，极具自然质朴、舒旷悠远之美感。其村居、院落、巷道，充分与山水、田园、树林等融为一体，通过自然衔接与转换，使村落更富于节奏韵律。其宅居可谓水萦山绕，天造地设，实现天人合一。

楼上周氏的先贤，认识事物的内在本质就是从生活适应自然、从家族绵延与发展的秩序开始的，理解与积累天地自然所具有的秩序感，以及家族自身发展与相互绵延。其内在逻辑关系，就是对自然秩序的理解与应用，能够认识所处自然环境，并能理解、保护、利用、完善这种环境，并融入自然环境之中，相互化融，秩序相感，阴阳相交，阴阳互补，阴阳合和，最大限度地与天地自然合一。

古寨的建筑，可谓是儒道两家所推崇的天人合一的理想的缩影。讲究人与人的关系的和谐有序，古寨布局和建筑空间的组织，有对宗祠、庙宇等建筑的神圣感与崇高感，有对戏楼娱乐自适的轻松感，有对书院人文胜地的优越感，有对老巷古墙的历史感，有对闲庭落花的岁月感。其人居环境具有强

朴虚静雅

烈的家族文化氛围，具有审美化的追求，也有家族化的凝聚力和约束力。在开展家族活动和礼仪上，强调家族意识的存在和重要，也可以形象而深切地感受到楼上耕读文化的思想理念和基本精神，以及家族的宗法观、环境观、生命观等丰富的智慧。

楼上周氏家族自明代卜居以来，就尊重自然，对这里的山山水水、一草一木非常珍视，并不断进行生态美化与保护，特别是梓潼阁基园山林，寨中老小无人动过这里的一草一木，表现出极强烈的生态保护意识。寨中少年儿童，自小就懂得保护生态、礼敬自然，从来没有人捕鸟、爬树掏鸟窝，19代人谨遵持守，实属不易。楼上人代代相传对待大自然的敬畏精神，认识自然、顺应自然、利用自然、与自然和谐相处、共生互荣的意识，始终没有改变。

在古寨的建设中，让子孙在家园中领略和体悟人与自然、人与人相融相谐的天人合一的人居理想，就是相互之间的共生、共存、共享、共美，又互融又统一的家园环境。体悟生存、生活、家园及建造的真谛，实现身安心乐、与自然合一的生命理想。尤其当人置身于三合的院落中，绕院庭而漫步，沿巷道而行走，感受到有一种力量，体会到有一种理念在牵引着，使人在有限的空间中去体悟无限和永恒，在瞬时的游历中去遐想生命精神的伟大和崇高。即使是一副副门联、题对，也总是传达出进取、为善、思贤的思想内涵，让人感悟颇深，回味无穷。

周氏家族对自然环境的保护、利用、选择与改造，更能充分利用自然，因势因地，建屋修道，开沟筑塘，修堤筑堰引水等，其蓄与灌，相辅相成，以增收保收，使各种农作物都有好的收成，这样土地产量增加，保证粮食供给，宜耕适处。并通过耕读、寄情山水等生活方式来实现与自然相生相融。19代人的生活习惯中始终保持一种原始的、质朴的，又广泛联系的，一种与自然节律相和谐、相统一的运行规律。

楼上周氏家族充分遵循自然之道，在选址筑居中讲究依山托水的格局，山环水映，寨林四布，寨左多松、柏、枫，寨右多竹、杉及各类杂树，寨前多楠、桂，寨中为果树、花卉，彼此之间互相映衬，疏密有致，打造理想化的生存环境，使子子孙孙在耕读生息中，通过与自然相守相望、互融互生，实现心灵的塑造，实现与天地合其德、与日月合其明、与四时合其序。为此，除了满足基本生活环境需求的基础功能之外,更多和更高的目的,就在于以充分艺术化的时空形态为手段,造就出让人身与心俱宜的最佳居所。古寨建造就是变成一个世外的宇宙生息的样式。

在楼上周氏 19 代人的传承中,建造家园,始终怀着敬畏和诚心,注重居住生态及审美环境,建造之前,还要考虑多种文化因素,并不断注入生态、艺术、审美等,务必使建成后的楼上周氏家族的聚落是一个和谐的体系,讲究天、地、人统一和谐,讲究文化、审美、生活、守望相结合,以形成完美、宜居之地。

楼上的宅居建筑突出地表现在院落的空间组织上,如三合院、四合院,其空间组织的核心——堂屋和院落的组合讲究阴阳互动、相辅相成,在等级上有严格要求。院落在形态上是由四周房舍相围合,但不封闭,外实内虚构成了阴阳互动相荡的关系;正房的堂屋,配置低于正房的落凹,再配以两厢,而堂屋正房及两厢这一主一次又是一对阴阳关系;东西厢的配置亦成第三对阴阳关系,以横轴线贯之。在院落关系之中,纵为主,横为次,形成第四对阴阳关系。不仅如此,院落空间的四维内收,即四面倒水屋面,也构成一对阴阳关系,在整体上是一个序列布局完整的八卦形的内在空间。从内外空间层次演进上看,同样体现阴阳组合关系。巷道—龙门—院坝—厢房—落凹—正房,不仅反映出等级主次的次第秩序与礼制观念,而且每一级都组合成为一个递进层次,形成一个层级的阴阳关系。

楼上古寨建筑是一种大尺度的空间造型艺术,具有艺术深致的哲学向度。黑为阳,白为阴;方为阳,圆为阴;密为阳,疏为阴;浓为阳,淡为阴;重为阳,轻为阴;等等,所有指向阳方面的建筑,其黑白(整体风貌)、轻重(建筑体量、力度)、疏密(建筑松紧、虚实)、浓淡(建筑之间节奏)等,具有阴阳互动的作用。阳胜阴,阳居上,所谓古屯、宗祠、梓潼阁之雄伟堂堂,灿灿必庄,宽阔旷达,飞阁耸檐之观;反之,阴胜阳,阴居上,所谓宅居之建筑,朴素雅致,轻松自然,疏落有致。

在楼上周氏的家园建造中,最高艺术法则,莫过于宜居适处,宅居建筑当与人的心性相通,人因春夏秋冬季节变幻,会产生许多情感变化,表现出来的则是人的喜、怒、哀、乐的不同情绪,应该时时获得对应的发抒或排解,以满足其内在需求,从而让人的内心得到安顿。这种需求就是追求生命本然,

膴膴楼上
WU WU LOU SHANG

能与自然和谐相处，要求人应遵循规律，反映在自然上，不乱时序；反映在人伦上，长幼有序，大小有别，止于至善。唯求有始有终、有节有度、有调和释放，尽量满足于人的情感所需，才会让人身心安泰。心态与家园融和，使人身心俱养，心境弥宽。

古建筑吸取传统山地建筑的因势互借来适应山地地形的变化，以取得节约土石方、节约用地等经济效果。同时因地制宜的造型手法使古寨建筑形成一种镶嵌式的外貌，建筑与建筑之间分散开来以台院式嵌合在山麓与坡、湾结合处，加上台地绿化植被丰富，使建筑与地形结合十分自然。建筑与地面的交线是一条沿等高线上下变化的折线或曲线，而不是在一条水平线上。这些手法使古寨建筑与山水自然绾合镶嵌，融为一体。

古寨的建筑多采用结构构架外露的做法，十分重视建筑材料的结构特点。深色的木构架和石色院落墙体与青黑色瓦，组成一幅幅素朴而雅致、极具装饰效果的村居图画。梓潼阁建筑群在处理建筑审美时，能充分考虑树木深秀，而采用层层跌落的封火墙和翘角的檐角，与古寨统一的同时，不失醒目之妙。同时，还采用了色彩对比、虚实对比、质感对比等手法，使建筑与所处环境相偕为古朴雅致的艺术效果。

道法自然

所有的建筑都非常简朴天然，几乎全是由柏、杉木及方石、毛石、青瓦等传统材料所构筑，然而却富于野趣，着眼于自然美，取于自然，却高于自然，将工匠美、艺术美与自然美巧妙地结合在一起，体现了建筑的人文内涵，提升了传统建筑价值，使之更具品位与魅力。石采于山，宅建于山，与山质地相似、色泽相近，石材的运用使山地宅居与山地环境十分统一，与自然环境协调而融为一体。这种建筑风格、材质、工艺及审美取向，反映了楼上周氏历来对文化的追求与对自然的尊重，同时也反映了他们浓厚的生态环境意识与人文思想。

楼上古寨既是周氏的栖居之所，更是其精神的家园，也是其家族自尊，对生活所担负的责任，其最根本的思想是给人居环境和空间赋予意义。整个楼上村落中，每家庭院基本上是三合院，形成了家家不仅有院落，还能拥有一面山水与天空，是一种审美需求，也是家园审美的理想样式。文化、审美、生活、行为与居住方式之间是融通的、统一的，是与天地相勾连的。其居住从物质到审美到最后构筑成为心灵存放或止泊之所，都是诗意而栖心的。

楼上古寨古村落、古巷道、古屯卡、古墓群、潕崄河、山水、田园及栖息于古枫树上的鹳鹤等，构成了深厚的历史、人文、自然等景观，是人与自然和谐相处、相守相望的文化家园。置身楼上古寨之中，可望山品岚，可在院中赏佳木，可于道巷观苔藓，可往来听鸟鸣，可旁睨竹林云石，于四季之中物诱气随，外适内和，宁静安然，养心寄闲不知其然而然。这种有质有趣的家园，让人心旷神怡，令居之者忘老、寓之者忘归、游之者忘倦。

楼上古寨的建筑是律动的形象诗篇，它决定了500余年的历史面貌，也影响着19代人的心灵感受。它的艺术感染力往往会成为一种无声的精神力量，成为表达思想文化的象征，也成为家族文化精神的标记。

神工天巧，能匠辈出

楼上周氏家族从清代康熙末年开始，由于人口突然剧增，修房造屋所需工匠增多，楼上周围人烟稀少，族中除读书人外，耕者皆缘于生活需要，得学会各种匠艺，包括木匠、解匠、铁匠、石匠、圆桶匠、弹花匠、染布匠、篾匠、瓦匠、割猪匠等。由于工匠从未有家乘记载，早期的工匠，其工艺水平与制作器物，皆未能传于后世。几百年以前的各种匠人，也没能留下匠人其姓名，现能知名的都是近百年左右的匠人。

木匠是楼上最多的匠人，因为修房造屋，木匠活务最多，从建造构架，到装修装饰、家具器物、农用工具等，所需多样，很难有木匠精通所有木工技艺，一般有专攻的多，全能木匠少。

木匠中技术架构最难的是起高架（房屋主体结构），掌握这种架构技能的人称掌墨师。在房屋建造中，掌墨师是灵魂，在下料之前，先将房屋大小尺寸形制、房屋结构，即柱、瓜、穿、挑、枋、梁、落檐、楼枕等之间关系，全部用墨线缩略于高竿（用与房屋等高原竹一半制成）上，副手则将高竿示意图及穿斗关系，用墨斗、墨签画于各种结构的材料上，再交木工师傅下锯、斧凿，制成各种部件。

周成先（1864—1948），周学经之长子，家传木匠工艺，是楼上周氏的历代匠人中的大木匠，并擅长铁匠工艺，既是起高架的掌墨师，又是雕刻花草的高手。其建筑工艺，现存的仅有楼上周氏梓潼阁坳口的戏楼，其他的建筑，如葛冲杨家祠堂、地教庙、何家湾文昌阁等，无论是在当时，还是现在，都算工艺精湛建筑艺术。

成先，生四子，长永科、次永甲、三永连、四永登都是木匠，成先之孙正德、正轩、正鳌、正武皆木匠，此辈中犹以正轩最出名，现梓潼阁做养正书院的四面倒水、开间五间环形走廊的大殿，乃周正轩掌墨建造。周正轩还精于铁匠。成先徒弟众多，正德、正棋皆一时名匠。

周永重，其徒弟正刚、正炳、正强皆名于一时。他们因家族文化熏养，能识文断字，为人正直，身强力壮，木工手艺出众，墨法好，深受近邻远乡青睐。特别是正强，在周氏家族木匠中，算后起掌墨师名师。

周正棋（约1901—1976），周永权之子，成先掌墨师得意徒弟，精通各种木工工艺，无论高架、装修、雕花都手艺出众。其徒弟周其新、周其富、周其琳、周其伶皆得其所传，个个名重乡里。

周其新，正和之子，身材魁伟，义气直道，从未有歪枉之心。因为本地木匠多，其新手艺好，于是独自上贵定做活。起初找不到活路，挑着木工家什在街上转悠而愁身上盘缠不够时，突然被一头戴瓜皮帽的人叫住，说有活路做，便随此人走进一大院。只见主人长须飘拂，说请他帮忙修仓，然后把钥匙给其新。其新打开仓一看，满屋光洋，于是不敢动，叫老爷来看，"你这一屋光洋，要先腾空，我才好过去装修。"通过此事，其新因其耿直厚道，不贪分文，得到凌老爷信任，视为可托之人。据说抗战期间，蒋介石与凌老爷交厚，到贵定家中，凌老爷还引周其新见蒋介石一面。后其新一直在贵定做木工。中华人民共和国成立前夕，国民党抓兵，楼上周氏家族中多有被抓的，从石阡经贵定，凡找到其新的，其新通过凌老爷关系，都被放了回来。现在还有许多人津津乐道。其新做了一辈子木工，直到70多岁才告老还家。

周其富，正锋之子，号荣华，全能木匠，掌墨、雕花见长，从20世纪60年代初至80年代末，一直在镇远、三穗一带做木工，直到古稀才回家，名声在外，寨中许多人都未见过。现镇远青龙洞许多建筑的建造、维修及雕花装饰，都是其富当年留下的工艺。其徒弟周其超，擅长起高架，也是闻名的掌墨师，现养正书院左边四面倒水连五间厢房，是其超掌墨所建。其超之弟其发，现是最年轻一代的掌墨师。

周正昌，也是一时名匠。他生性聪明，做事灵活，善于做木工细活，长于雕刻，特别是他刻的傩面具，刀法娴熟，线条流畅，造型生动，形态多样，其名方圆百里都知道。

膴膴楼上

周其伶，正德之子，全能木匠，样样精通，不仅墨法好，样式也取得雅致。特别是农村所需扬谷子用的风簸、碾房等一般木匠拿不下的活，由他做出来，好看又好用。最让人佩服的是他有文化，善于学习与总结，对木匠中许多传承规矩也了然于心，特别是立房、钉门过程中说福裕，无论是渊源传统，或自己结合时世创新，有说不完的内容，远近闻名。子周昌清亦善木匠，传其父业。其徒弟其勇，善于做古典家具，墨法、做工、样式都有明清风格，工艺上乘，已成为年轻一代的佼佼者。

现楼上年轻一代木匠中值得一提的是周其社。他因家庭困难，小学未毕业，就开始学木匠，学半年不到，只学到一点基本功，后自己下功夫，用心钻研揣摩，成为年轻一代中实木装修、家具制作的名匠。

楼上自清末民国之后，木匠太多，无法一一厘清传承之绪。像周正国、周其元、周其民、周其春、周其炳、周其选、周其未、周其开、周国昌等，都是一代传一代的掌墨师。

楼上除木匠多而有名外，铁匠亦传承有绪而相当知名。自清代末年，周学孟就是有名的铁匠。其子周成书，其孙周永德、周永龙皆是一流的打铁手艺人，钢火好，式样巧，无论石匠、木匠的工具，或是农耕用具及生活器具，样样做得好，名于葛容、甘溪等乡。其子正尧承其祖传，又传其子昌明，家传有道，也是出名铁匠。因其好学勤慧、以信为本、诚恳待人而振其祖业。在楼上如周永科既是民国时期有名的木匠，也是有名的铁匠。周永升之子正纪及其孙其富、曾孙昌君也是家传而名于一时的铁匠。

第 七 章

规 约 楼 上

　　乡治与族治,在楼上周氏家族明清以来取得许多行之有效的规范与措施,是家族自治经验总结,形成了家族的许多风范,也是其自治能力的体现。可以说,楼上周氏家族,在几百年来家族治理中,一方面是从治家开始,逐步参与乡治,一方面是治家、治族、治乡相结合,从而积累并形成了许多治族的经验,使治家、治族与治乡彼此促进、相互统一。

礼义治乡，树贤立族

明代周氏移居楼上后，前几代人，以治家为要，并积极参与乡治，从四世周国宾身当思、石总乡约开始，对乡村治理，有口皆碑，代代传颂。至清朝中期开始，家族繁盛，除了施行乡治外，还得加强族治。周氏家族对家族的治理，从家教、家训、家规开始，逐步形成良好的家风、家声，有了良好的家风，不仅参与乡村管理，更是从治家的经验积累，逐步发展到治族，使整个家族，也逐步有家教、族训、族规等来规范族人的行为。

楼上周氏家族历代出任乡约人甚多，明末周国宾开始，对乡村治理不遗余力。继周国宾之后，第五代周世忠、第六代周镜、第七代周兴璧、第八代周之翰、第九代周文仕及周大璠、第十代周学型、第十一代周成国等，皆积极推行仁义，积累了一些治乡或治族的经验，形成了许多行之有效的乡约与族规，对周氏家族治家起到了重要作用。

周国宾，身当思、石总乡约，生平胸怀正大、举止端方，应对明敏，乡人有事必来延请。以恩义结乡邻，济困扶贫。每年备牛具或种子，招民佃耕，或让利惠民，或酌分其租，分赡亲族，乡誉一时，后世称之。

因明清交替的戊、己之乱，周氏老小皆遭劫难，除周国祯尚存外，都不幸而亡。后知周国宾只身逃往施秉云台山，将全部积蓄用于云台山的修建，至今碑铭可证。

周世忠（1658—1736），周国祯长子，谨遵父训，本分持身，耕读为业，为四邻约首，每捐次以解讼端，常舍己以全恩义。凡修斋念佛、补路修桥，一切都争先优为，擅长厚之称。

周世英（1663—1735），周国祯三子，以修身为要，大度做人，实心为族，

第七章 规约楼上

不仅尽力应筹公事，参与乡治，带领族人修学宫，栽培桂、楠、柏、枫、松、竹等，以寓气象，以崇文教。他常道，田虽薄，不可以薄而废耕也；子虽愚，不可以愚而废学也。有子有田，是人生之幸，亦晚年乐境。

世英一生谦逊礼让，盛德至善，不忘族事，而德昭后范，族人难忘。卒于雍正十三年（1735），年72岁。墓在牛皮沟，冯姓地上，名石仓。

周文士，周仁惠之子，少有才学，贤德廉品，勤政惟明，莅事唯公，易风变俗，事绩可彰，也是周氏家族有执照的乡约。清嘉庆九年（1804），思南府颁发给周文士乡约执照：

署贵州思南府正堂，军功加二级，又军功纪录四次，周（知府）为给照，事据，易学富、游世顺、田秀、姜彪禀举，甲民周文士，现充蛮彝（夷）司约，办事勤慎，堪以兼充新四甲乡约等情，据此除验准外，合行给照，为此照给周文士，遵照即便充当新四甲乡约，凡遇地方公务，催收钱粮，提唤人犯，批查事务，均须秉公，妥速办理，如有窃匪窝户及一切违禁等事，留心严查禀报，毋得怠玩徇隐，及欺诈乡民，致干革究凛，切慎！切须至执照者，计发戳记壹颗。右照给乡约周文士，准此！嘉庆九年三月，（初一）日给，府行遵照。

周文士乡约执照

周文士，质朴端方，宽和有则，居家则力田读书，居乡则历尽其心，存先忧后乐之怀，族有所欲，必遂其欲；族有所恶，必去其恶，因此，所在族乐，所去族思，名重乡里。

周成国，学政之长子、文士之孙，居家淡泊，尊贤礼友，生平多义行，遇事善筹划，

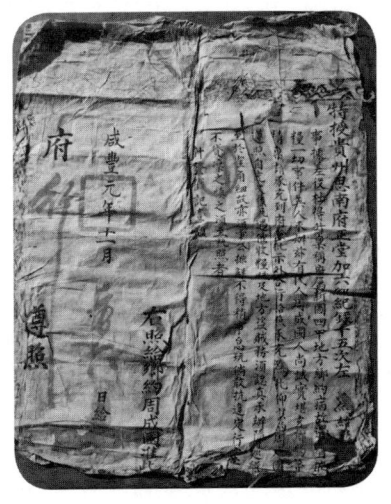

周成国乡约执照

戚族有争讼，必多方排解，尽心为族。咸丰元年（1851），思南知府授予周成国府属新图四甲乡约执照文书：

特授贵州思南府正堂，加六级，纪录十五次，左（知府）为给照，事据差役杜得升禀称，府属新图四甲，地方乡约病故，遇粮一切事件，无人承办，北有民人周成国，人尚诚实，堪充乡约等情，禀请承充到府，除批示外，合行给照承充，为此，仰该约周成国，遵照自充之后，凡遇催收粮赋，及地方盗贼，务须认真承办，随时巡缉，至于雀角细故，亦须秉公排解，不得稍事怠玩，倘敢搞违，定行究革不贷，凛之慎之，须至执照者，（实）计发戳记壹颗。右照给乡约周成国准此。咸丰元年十一月，（初六）日给，府行遵照。

  周成国任乡约期间，倡导乡民互助，遇婚姻、死丧、疾病、患难、春种、秋收等无不如此，同时为了使乡民亲睦、淳厚风俗，尽力推倡，他孝顺父母，尊敬长上，和睦乡里，孝悌睦姻，教训子孙，各安生理，醇化族风。淳化相尚。

  其宽容礼让，利人之举，皆被广泛传诵，至今仍启人思索。在楼上周氏家族中，历代乡约、族长、家长，皆以身作则，从严治家、治族、治乡，对地方社会文化传承与发展，起到过积极的推动作用，取得许多可资借鉴经验。

  楼上周氏家族，到了清代，从参与乡村治理，到家族治理，都积累了可资鉴借的经验，并不断发展，不仅族人拥护，而且族贤尽力推扬，留下很多治族化族的智慧。可以说，在周氏家族中逐渐形成了虽无明文规定的族规、族训，却能施行遵守，形成良好的族教与族风传统。

  族规、族训、族教，是理性的、有目标、有计划的家族行为与影响。族风虽是看不见、摸不着，却有极大的熏染作用与感召力。家族的风尚，多是通过家族治理、内在规范、榜样示范等潜移默化地实现的。

  楼上周氏家族中的族约、族规和家训等，都由族贤参与制定，并带头遵守。其内容都是劝人勤劳、正直、诚信与友善。具体来说，包括家庭中的孝悌修身、主次尊卑、婚姻祭祀等，进而推及和睦乡邻、规避词讼、调解纠纷、严惩盗贼、保护环境等，皆通过自治互助的办法来处理。

  周镜（1686—1760），五世周世英之子。在周氏三世祖周嵩施行轮水灌溉的基础上，曾将周氏所有龙洞泉水，根据灌溉之需，进行全面按需轮水，后族中一切轮水，皆循以为则。

周兴壁，周镜第五子。在乾隆时召领族人，复开基址，广兴土木，重立阁坳口梓潼阁，并两廊书房、三官楼房，使庙貌维新，地方荣盛。

周兴学，周坤之子。秉承叔父周易之训，有修身做人、治心入贤的风范。在艰难时期，率灯山族众，修立灯山文昌阁、城隍庙等，其功其德，口口相传。

周之翰，兴庠长子，石阡府学文生。作为楼上周氏家族兴盛时期的族长，待族中之事甚于家事，与族人共处，不以势相凌，而修内和。凡族人纷争，必屡劝之，不辞劳苦，力息讼端。心系族事，全力组织族人编修族谱，并倡立观音阁。凡利族之事，以身作则，言传身教，堪称典范。

周洪印，周之烈之子。立品端方，孝友正直，维风抵俗。与族贤谋事，公正至洁，带头出资立黄泥田城隍庙。

周明贤，周之屏之子。治家辅族，才学出众，风仪秀发，言论敏辩，被世人称誉。明贤一生耕读为尚，里仁为美，和谐邻族。

周学士，大厚之子。聪明豁达，一生正直坦荡，忠恕待人，忠孝其家。凡族内有争讼，语直立解。不受私贿，归公调遣，敢作有为，能应大事。

周大璠，明春长子，榜名尚濂，字茂轩，钦加蓝翎候选知县。幼敏力学，品纯学粹，体貌丰硕，谈论无戏言，恂恂大雅，型俗杖乡，而规模后进。对周氏家族治理，井井有条。凡族中好学之人，着力培养，为族所用。其治族之道，以礼以义，以德以教。用礼以制心，用义以制欲，能以身作则，言传身教，德服乡邑，名重两府。一生心存族事，慎独慎微，无愧于心，不负家族使命。值咸、同之际，匪患猖獗，祸害地方，大璠不遗余力，操练乡团，修屯筑墙，并实行各种防御措施，使匪贼远避他处。保族保乡，不遗余力，于同治年与杨大镛合解石阡之围。

周学型（1863—1934），大琦之子。少孤力学，风度端凝，蕴负宏远，于学能博闻强记，始终不倦，人品学问，名于乡邑。

学型治理周氏家族，刑措有风。凡族中之事，任劳不倦，最有担当。清末民初，匪患频频，学型与族中贤者，如周成烈、周永澍等，恒为族虑，共谋族忧。凡事能侃侃理明，毫无畏忌私情，曲直因之而定。学型谙于地方治理，制定了许多家族规范。一生为乡邻排解纷忧，组织族人，建修上苗寨宗祠、葛容昭宗祠、阁坳口戏楼，目的在于家族平安兴盛。

周氏家族通过周之翰、周大璠、周学型等族长治理，形成了许多族规，虽不见于文字，却化于族人心中，至今相传仍多。其《周氏族规》虽未形成文字，但通过代代口传至今，概括起来有：

一楼上周氏，繁衍最蕃，而外迁者不少，与思南塘头同支，不得通婚；与石阡他处周氏，虽不同宗，但皆赣、川相继迁入，本系同源，亦不宜结婚。盖取于异姓，所以附远厚别也，慎哉无忽！

一无嗣立继，必于至亲兄弟之子，择其应立者，继之。如亲兄弟无可继之子，则及从堂、及五服之内兄弟之子立之，若再不得，然后于房、于族中择其年纪昭穆不混者，亦可自继之后，承其宗祧，家产尽属继子，外人不得垂涎。然必请凭族房尊长，立约告祖，方为名正言顺。倘立后，继子或卓立，或有忤逆，初次族房共正之。至有不孝恶极，大故不悛，然后改立。稍有可容，不宜擅易，以滋争端，又或既立，而父复有子者，业已告祖鸣众，亦不得抛退，致继子无所归依，家产当悉数均分；如或抱养他姓为子，以承宗祧，必族房许之。虽泼金贿赂，宗谱祭祀，切不可滥收，姑徇永为法守。

一择婿嫁女，备妆奁以遣之，礼也。其或无子而独有女，不忍远离，招婿入赘，以为终身奉养，财产可尽付入赘者，而宅基、田地、山林，入赘者可管理，不得归其所有，否则久后必有纷争事端之弊，永为禁革。如有此等，合族攻之，不许入境。至其境外庄所，姑听其自便。

一嫁女有拨产约，亦维境外庄田可耳。如以本里产业与之，则姑死必还舅主，世为条规，不得僭越。否则，久后子孙反属彼之佃户，是偏爱一时，而遗忧百世之恨，当永为禁革。

一妇人夫丧，守节易节，悉听自裁，或有子尚幼，而借口管业，或无子而借口妻承夫分等，兄弟皆不得填房，亦不得坐堂招夫。前者恐因私相通，后者，比赘入女婿尤属不堪。如有此等，众力攻之，毋令入境。

一娶再醮之女，而有带前夫之子来已后，或无子，而此子又属可爱，比长，亦但宜厚，当赍财遣其归宗，若奉养无人，遂以为子而为之婚娶，致奉养父母之，或留或走悉听自便，皆不得欺凌。

一凡葬坟，有业之山无碍之处，听其自择，先期鸣众踏勘穴场，遵例出银归祭，显出明葬，合族男妇送殡，彼此相安。如有私自骑头截脉，侵葬祖冢及来龙及人家祖坟者，以自迁别葬。若无大碍不得擅迁以滋弊端。三房世英子孙，凡葬，除田土之外，山林荒地不分阴，所择墓穴，只要是三房之地皆可用之。

一凡酗酒及无故辱及族亲尊长者，族长执事拘挐上祠，公同严责，不服者，再犯者经官究治。妇人犯者，责其夫，或夫出外及无夫者，即家长惩之，或家长愚懦不能惩者，临时亲房合议惩处，如若不然，则族议惩戒之法。

一男女乱伦，确有实据者，男则开祠重责，永革禁祭胙；妇则坐其夫，男出不出，听其夫自裁，无夫者听其公姑自裁，无公姑者变临时合族商议。

一窃盗窝赃及族邻人，及犯罪，官府迁累族房者，合族严加惩戒，重责革胙，如再不悛，捆缚入官究治。

一私宰耕牛、坑骗他人、勾引匪类者，以窃盗论。族房严斥之，切不可为之包庇把持，致干法纪。

一不许开场赌博，废时落魄后，来奸盗诈伪，无所不至，悉由于此，犯者严斥之，且令森严，各宜切戒。

一梓潼阁基园山林及周边风水树林，及祖墓龙脉或风水薪木，不论公私，永宜封蓄，其余各家山林亦当开砍有时，如有犯者，依禁重取不贷。

一凡族中子弟，聪颖向学者，皆房亲众力助之，应童子试、府试、院试者，当给银资助，家贫难供，则合族捐纳以送之，若有考取廪生、贡生者，无论贫富，皆有贺仪。凡生监、贡举、进士乡饮谒祖，众备酒席款待，俗称四割，合族尊礼，执事登祠助勷，请酒致谢。

一主祭必须齿德可褒者，有顶戴者，若前有不孝不忠或奸盗等情，虽年高身贵，不得主祭。司礼者，儒士生监皆可。

一每岁丁粮如数完纳，按丁粮条规执行，诸甲若值首户经催之岁，公议补贴不移。

一租谷储于众仓，清明日照烟户之需谷者给领，多不过三硕加二行息，以处暑或前或后三日收毕，稍有缺少黜其合家之胙。

膴膴楼上

一男子十五岁冠巾礼，额制钱五十文，娶妻谒庙礼，取钱一百文，举妾四百文。

一孝子节妇及创祠修谱助厚者，世优胙一分，节妇奉旨旌坊者三分，蒙府县奖额者二分，嫡长子领。

一娶妻尊卑未序，谒庙礼缺。虽有子孙不入派，不设胙，客游十年不归者停胙。

一祠宇乃祖灵所楼，不许停放一切器皿杂物，违者重罚。

一每岁正月初二日，收谱之家，各捧入祠交阅查验，如有不到及收拾不周，至损坏者罚银三钱。

一凡生子娶妻及父母卒葬者，每岁会谱之期，登祠报明司谱者，挨序编入无遗无误。

一每年清明冬至祭礼，宜隆重，凡值年房枝，必于前三日粘贴祠门外，谨书某日祭扫某代以上坟墓，某日冬至登祠谒祖，清明则侵晨鸣锣，齐众上坟，冬至则黎明鸣锣，齐众入祠，各宜衣冠齐楚，不许喧哗，以亵祀事，违者重罚。

一每年除夕，凡值之家，务宜打扫祠堂，至晚必备香烛、牲体，以致虔诚之意。

一凡自幼被父母卖入僧尼籍者，削其祭胙，还俗即复子妇不肖逼人僧尼籍者，削其子妇之胙，能自悔过，俾父母还俗，即复之如无故而入僧尼籍者，虽还俗不得复胙。

一凡不听祖训，不守法遵规，不忠不孝，不守人道而造成恶劣影响者，当由父或祖等，写逐条逐出家门，永不入派。

一凡走家串户，或不系鞋带，或穿拖鞋，务使走路走出响声，勿使人误为盗者。入他人宅院必招唤主人所知，以明身份，毋误会，当遵守不殆。

明清以来，楼上周氏家族，凡不遵守家训或族规者，一律受到重罚责处。其明清两代家风穆穆，为礼化之乡。但至民国时期，时势动乱，鸦片渗入乡村，有个别不肖之子，不遵族规乡约，吸食鸦片，卖田卖土，败家亡家。更有甚者，据说周正国因不守父训家规，将娶进家门不久的媳妇，当与下苗寨同辈兄弟，而被其严父写逐条逐出了家门，至死未得还家。此后，皆以此为戒，再也无类似事情发生，而族风依然。

　　倡守族约，提倡风规，在家族绵延的500多年中，自始至终，父行子效，代代传承，代代积累，虽未明文以训，却能在族中相尚而行。在族规中明确孝、悌、忠、信、礼、义、廉、耻为家族礼仪之约，凡族中无论老幼、辈分，皆虔诚世守，做到礼拜神明、敬奉祖先、孝顺父母、友助兄长、教诲子孙、和顺族里、至公是守；或救贫济危、死丧相抚、患难相恤、劝仁勉善、除恶诫奸、息讼罢争、讲信修睦、务为贤良、共成仁厚。这样的家族之约，通过族贤来引领并参与家族治理，促进了家族礼化风尚，和谐发展。

修谱清源，房分立派

楼上周氏家族耕读文化，承载了家族久远悠长的耕读历史，因而极具家族耕读文化的本源性和传承性；家族世代的生产生活，从表面化一般形式的呈现，到内在文化结构与内涵的逐步深化，代表着家族耕读文化传统，体现着由家而族，由族发展为望族。在繁衍生息中，族谱字派脉脉有序，房分支系，远近亲疏，井井有条，体现了浓厚的家族意识、宗族观念，使家族文化历经500多年的发展，仍然具有家族凝聚性、血缘延续性、家族和谐性，以及与社会关系的融洽等特质，构成了一个极为牢固的内在结构与外在形态，这些都有赖于修谱立派以凝聚家族意识的结果。

世有盛衰，时有升降。谱为家乘，先人之本源在其中，先人之逸事亦在其中。从来族必有谱，所以志支源流，即使代远年湮，有谱则有传，有传则思之，俾后世子孙有序不紊。

楼上周氏，累世忠厚相传，代衍兴隆，人文蔚起。幸有七世周兴元于乾隆五十年（1785）依据先辈父老言传记忆，将迁黔之阅历，首编楼上周氏宗谱，赖其竭力而倡，并作谱叙，著为手书，至八世周之翰于嘉庆二年（1797），承前启后，编修谱得其概，虽未尽传闻，也可使其子孙，举念不忘乎木本水源。

楼上周氏家族于同治十二年（1873）由周尚濂主持编修族谱，并在《周氏族谱·序》中有言：

家之有谱，犹国之有史。史之设也，识忠孝廉节，乃至兴废存亡，俾后世知所法戒。谱之设也，上追先人之轶事，详明籍贯，见为一本九族。下遗子孙之留传，联属宗支，使之百世不易。

第七章 规约楼上

这次楼上周氏家族所修之谱，无不于先人来历事故、创修功德、生死年月、安厝坟茔，以及各房亲支嫡派、族中迁移地名、恩石丁粮，与夫忠孝节烈、廉义友爱、寿考学人、字派增补等均厘定记之，以相传有续。光绪三十一年（1905），周召风续修族谱，曾有《四言叙谱》之慨：

> 始祖伯泉，偕弟入黔。
> 出谷迁乔，创业维艰。
> 经营伊始，天不假年。
> 幸生隆祖，一线克延。
> 足履人地，头顶人天。
> 高氏强悍，占我陌阡。
> 喜嵩出世，欲复原田。
> 鸣官争讼，弟后兄先。
> 基业既复，裕后光前。

民国二十四年（1935）乙亥，是楼上周氏续修抄谱之年，各房多次进行顺延增补，但仍未形成统一而完整的族谱。

2006年，楼上周氏家族再次修谱，从酝酿到实施，得周正典、周永芹等负责开展修谱的各项工作，并收集各支系老谱十一本。这次编修，因年湮代远，居住分散，外出考证，资料纷繁，编修增补，通过多年的艰辛努力，新谱始成。

周氏自定居楼上，由于社会时代、自然灾害与经济等原因，大约从清代中期，即嘉、道时期开始外迁，一直不断，外迁最多的是道、咸年间。古谱记载：外移百余户，县内、省内、省外都有，现周氏至今已传承19代，居住96个村落，近两千户，已逾万人。然而因人力、物力与时间有限，未能对外迁省内外的族裔，进行一一甄别考证，使外移的族裔，仍未可能完全编入。比如龙里、广顺、安顺、云南等地，都有很多楼上迁居而去的周氏子孙未能入谱。

这次修谱，内容翔实，脉络清楚，也增补了一些外移族裔于谱中，特别是按"兴"字辈排列各支系，条理井然，便于查阅。由于所处时代，只重视宗族血缘关系，对族谱只载男不载女的现象有所改进，组委会一致通过，只要家庭愿意的，无论男女均可入谱。

周氏"修谱约莫五次"，族谱"新老并存，支系明确，上连下贯"，记载着这个家族发展的历史沿革、轨迹、祖德、族规、族训等，是这个家族的历史文献、家族档案、家族记忆。其世系脉络、兴衰迭绵、婚姻习俗、丧葬礼节、文化名人、诗文遗训等得以更好传承。

几百年来，楼上周氏家族对族谱珍视、尊惜与拥有，是一种发自内心的深沉情怀所致。特别是民国以前，因族力族资所限，其族谱多为手抄本，而家家拥有一本族谱是自信又自豪的内在体现。如民国期间居于毛堰沟的周永辉，因自己不能抄写族谱，便请周永澍抄写一本，并将家居毛堰沟有龙硐水灌溉的、可打20多挑谷子的大田，作为笔墨之资，送与周永澍耕管，足见其对族谱的重视。族谱在家族文化传承中的影响，也由此可见端倪。当然，宗族日常生活的组织和运转，并不需要经常用到族谱，而更依赖既定的世系规则与共同的家族利益，但每举办一次族谱编撰活动，在凝聚族心、感怀祖宗恩德等方面还是能体现出族谱在宗族生活中的意义。

楼上周氏家族，历来重视翰墨流芳、诗书并美。子弟若考取秀才，就是整个家族的光荣，并一律载入族谱，在整个家族的各种庆典仪式上也可享受特殊的礼遇。这也是楼上周氏几百年来一直所津津乐道的文化传承。宗族每逢修谱（或称续谱、圆谱）及祭祖、立碑等皆有序记，并礼延文采书美者为之，久而久之，形成风尚。其之子若孙，皆奋志

周大璠编修族谱姓原　　周大璠手稿谱原

第七章 规约楼上

诗书，上以绳其祖武，下以贻厥族孙，无须忝列科甲之荣，而兴族规祖德之绪，则不仅学绍有承，而能光大先祖，并绍绪于将来。

族衍而房分，自古有伯仲叔季之训，是长幼有序也。长幼有序，则房分之别由此起焉。明万历二十二年（1594），楼上周氏传至三世周富、周嵩、周珩分家，称大三房。长房周富子孙，居黄泥田、消坑田、潦崦河；二房周嵩子孙，居楼上、仁家寨、上苗寨、下苗寨、官塘、灯山、岩脚、凉水井；三房周珩子孙，居戴家山、下寨、半坡、白岩。

长房周富生国伦，二房周嵩生国宾、国贤、国祯、国贸，三房周珩复回生国选、国泰、国政、国顺。其四世共有九人，尚可兴家立业。可世事难料，明清交替之际，楼上值戊（子）、己（丑）兵燹之乱，地方玉石俱焚，国宾、国贤、国泰、国政、国贸均遭荼毒，国祯七子世高、世臣、世昌、世爵、世禄、晚弟、潼弟亦于此难中亡故。幸国伦生子世鹏，国选生子世文、世武，国祯六旬再娶李氏，生世忠、世良、世英，此为小三房，如此周氏五世七人，除世文无传外，俱成家立业，代衍绵绵，尤以世英子孙蕃盛。

延至七世"兴"字辈的45人，因移居、变故等只有25人的后裔居所传衍可稽，有的因战乱逃离不知去向，有的因未携族谱，而传无可征，以致无可查询。

世族繁衍，间有同名者，因分房可由各支清理、立派而明先后长幼等秩序，则了然无紊。其弊在于同名者多，既因修谱立派不及时所致。自二世朝隆至六世周星辈，更名取字，容易混淆难辨。为此，前有周兴崧合族共议

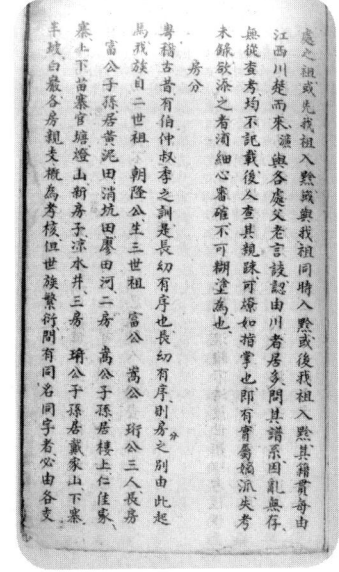

族谱房分　　　　族谱族派

膴膴楼上

立派，后有周尚濂续增之。周尚濂《周氏宗谱·族派训》曰：

原夫族必有派，无派则更名取字必多错乱颠倒，混杂不清，后世难以考核。我伯泉祖避难入黔，仓惶失谱，自朝隆公以至星公辈，俱随意取名。后兴崧公，恐其再误，因合族共议，列出二十字派，俾子孙有所遵循，不致妄取。殊我房有字派未到，先改元字者，三房有先改文字者，此皆昧于前人之心，而不知支派由此紊也。濂复为书之，惟冀子孙永遵先人取定字派，无或易焉。至二十字派以后，另取字派以增之，欲同姓不致淆于亲支也。谨将先人字派并濂所增字派列于后：

长房　　　　　　洪
二房　兴之明大学，成永正其昌。
三房　　　　　　仁
　　　廷开钟毓秀，元士绍文光。

尚濂所增字派

有子维中立，于以应时芳。
做人克崇本，至德秉家邦。

如此40字派已满，更望后之贤者增之。

这40个字派，前后组成了一首五言诗，楼上周氏家族按这40个字的顺序排辈分，以命名子孙的名字。每个家族子孙，从小就不断或听或读，或记或诵，其实已潜移默化于每个家族子孙的内心。因此，楼上周氏家族子孙，无论文化高低，大都能熟记与背诵，有的还能明白其中的要义与含蕴。可以说这40个字，既是房分立派的字辈，又是周氏家族之训。其开头就以"兴之明大学"，来统摄家族目标与期望，随即是对家族子孙人才辈出的展望，以及家族子孙应如何做人处事、如何立身学问、修身养贤及兴家兴邦之道。

第七章 规约楼上

"兴之明大学",《大学》是儒学经典。《大学》原本是《礼记》中的一篇,宋代人把它从《礼记》中抽出来,与《论语》《孟子》《中庸》相配合,到朱熹撰《四书章句集注》时,便成了"四书"之一。

《大学》开篇谓:"大学之道,在明明德,在亲民,在止于至善。"其宗旨,在于弘扬光明正大的品德,学习和应用于生活,使人达到最完善的境界。

此句之间即家族要绵延繁兴,必须崇尚《大学》之道、明白《大学》之理,并践行于人生之中。

"成永正其昌",人生价值在于成就永恒,这种永恒就是生命与人生价值。对于家族而言,就是培养贤人,养就其正大之气、正直之言、直道之行,才能立身家族与社会,家族才会因此不断昌盛。

"廷开钟毓秀",古代"廷"为"庭"之初文,本为人所住之庭院,后引申为"朝中"之意,也就是古代封建君主受朝拜和处理政事的地方。如庭试,科举时代皇帝的殿试,即在朝廷中当众对答。此句中的"廷"应指庭院。"钟"是凝聚,集中之意;"毓"是养育。庭开以凝聚天地间的灵气,以孕育优秀的人才。在这里指人才辈出。此句指庭院展开来不仅山川秀美,所聚集和孕育的都是济济人才。

"元士绍文光","元士"在周代是指"天子之士",这里是指文人贤士、家族贤德之士。"绍"字从糸,从召,召亦声,意为"引导""呼唤"。"糸"指丝线、帛带。"糸"与"召"联合起来表示"引带""牵索",本义是指礼仪上牵引用的带索,引申义为接引、接续。

"文"这里既指文化、教育和读书,也指周公所制定的礼乐文化。此句之间,即是要求周氏子孙不仅要读书,做贤德之士,更要接续、传承周公所制定的礼乐文化,并将其发扬光大。也就是要让子孙读书成贤人雅士,才能传承家道风规,以振家声,而光宗耀祖。

"有子维中立","中立"即以中而立之意。"中"即所谓中庸。程子曰:"不偏之谓中,不易之谓庸。"中者,天下之正道;庸者,天下之定理。中庸之道,意为不偏不倚、折中调和的处世态度。

然中庸之道,亦在于"诚"。《中庸》所说的"至诚之道",从修身养性看来,其实也是"真诚之道"。真诚,是心之至诚,以诚待人则无人不信,以诚处事则无事不克,以诚立业则无业不兴。

做人只有心正才能身正,反过来,只有身正才能心正,两者是互为表里的,如果心不正,就不能保持一种客观的、中立的、实事求是的态度,而是带有成见、偏见,带有过分情绪化的自我情感,当然就不能保证内心的中正。

此句意思应是,周氏子孙做人处世,应恪守中庸之道,不偏不倚,秉先圣之道与先贤之教,以立于天地之间。

"于以应时芳",不仅可以融入家族、社会,还可以适应时代,顺应时势的发展而行,合乎时代潮流,勇于担当,做和谐于家庭、家族,有利于社会、国家的事,才具有人生价值和现实意义,也才能不断传承,永远流芳子孙。

"做人克崇本","克",即是克己,克制和约束自己私利与不正当的欲望,严格要求自己,这是由外而内地克制,从而能够纯化自己的思想、情感和言行等,不使自己有消极之念、非分之想、过激言论与不当行为。"本"指根本,即做人之道就是根本,做人根本在修身、孝悌。孔子曾说,君子务本,本立

楼上《周氏族谱》发布场景

而道生。这个"本"是孝悌。事父母叫孝,事兄长为悌。孝悌是仁之本,是做人原则。周氏先人注重克己,并通过克己,能够恪守族规家训,合乎道德规范。把修养身心,作为处世待人的根本。只有修身,其道德修养,才能得到提升,子孙有教养,整个家族成为"一个文而化之、文明知礼"的家族,达到家睦、家和、族安,族安而人泰。此句即强调做人须懂得约束自己,崇尚克己之根本。

"至德秉家邦","德"是指人与人共同生活及行为的准则和规范。至德,即最高的道德,也就是盛德。修身克己重在修"德",通过修身克己,让家族子孙的精神品质得到提升,思想境界不断提高,内在的道德修养不断得到增强。这样,才遵守规范,讲信修睦,有利于化解家族之中人与自身、与他人、与家族中存在的一些矛盾和问题,从而实现家庭和睦、长幼有序、适处相和、家族和谐而绵延兴盛。这是周氏先祖对子孙后代的最高期望,所以,要求子子孙孙,做人达到至德,就能够秉承兴家立邦之道。

周氏字派,通过8句诗,40个字,将祖先对子孙的做人、处事、立身、修身及对子孙、家庭、家族所寄予的希望,全部含蕴其中,既是字派,又是家训族训。

楼上周氏家族,虽然家族繁衍,人口逾万,而同名同姓者甚多,因房分立派,各房各支,长幼次序,亲疏远近,依谱分房分支,立派命名,使得家族脉络井然,不因同名多而错乱无绪。

丁粮条规，轮水有则

土地税收是国计民生的大事，明朝赋役杂多且手续烦琐。明代中叶后，赋役方面的一项重要改革就是"一条鞭法"，初名条编，又名类编法、明编法、总编法等，主要是总括一县的赋役，悉并为一条。即先将赋和役分别合并，再将役银与赋银合并征收，而徭役完全取消，即任何残留的人头税都将并入田赋之中，并以货币形式，代替实物缴纳税款。

清代则采用"摊丁入亩"的赋役制度，是清政府将历代相沿的丁银并入田赋征收的一种赋税制度，是"一条鞭法"的延续和发展。摊丁入亩，是按土地的单一标准收税，即以土地占有和占有多少作为赋税征收的依据，"田多则丁多，田少则丁少"，于康熙、雍正、乾隆年间普遍实行。其主要内容为废除人头税，此后中国人口迅速增长，客观上是对最底层农民人身控制的放松。

楼上周氏家族，自定居楼上开始，种地纳粮，就成了自觉行为，每家每户，按时完纳丁粮，从不拖欠，并将此看成是立身立家的责任。从析产分家，陪嫁田土，或施舍田土入梓潼阁作香费，或纳作清明祭扫之资，或买卖田地，或佃当进出，或新开田土，皆一一厘清。其丁粮完纳必明确到人，这是家规也是族治。因此，楼上500多年来，制定了一系列丁粮条规，每次族谱编修，都得将各房各支、丁粮多少，记载清楚，如因分家或买卖等，务必将丁粮落实到位，以免后代子孙滋生各种纷争与矛盾，使得人与人、家与家、家与族不能和谐相处。而丁粮完纳则几百年一贯制，有条不紊，下面所载思南、石阡丁粮的原本中承载的信息，则是周氏家族绵绵繁衍的历史与记忆，其家族的内在管理，由此可见一斑。

据楼上《周氏宗谱》所载，周之翰录《思南丁粮志》原本：

第七章 规约楼上

始祖伯泉，于弘治六年，买得高姓之业，草粮壹石弍斗，熟粮一石。万历二十二年，嵩祖分粮五斗六升。崇祯四年派作四股，每股一斗三升五合，分与祯祖四人，留下二升，派在三坋姑婆田上，每坋载粮七合。

康熙二十四年，世英买榜上田，赎雷朝阳仁佳寨门首田二坋，共粮九升，价银七两六钱，又分姑婆田粮七合。

雍正六年戊申，加粮六合，世英名下二合，共扣该粮二斗三升四合。世英祖五股摊分。镜祖名下粮四升六合八勺，再分四股，犀祖名下该粮一升一合七勺，犀祖摊派翰、璠祖，翰祖名下粮五合八勺五抄，连外买九契，翰祖名下共该粮三升五合五勺。

富、嵩二祖两股均分之时，富祖戴家山田土一半，当粮五斗，当丁丁半。嵩祖寨纪田一半，当粮五斗，当丁丁半。嵩祖买富祖杨昌田载粮六升，因此嵩祖该粮五斗六升，富祖惟有四斗四升。

至宾、贤、贸祖故后，祯祖将国贤项下分与世良，自己项下分与世忠，国贸项下分与世英，国宾项下因宾祖所生一女，年方八岁，被兵掳至云南，配合张姓，所生一子张文标，在于板桥吃粮，手执家书，访到楼上，遭蛮夷司差人下乡，谓我家停留兵丁，小子解回原籍，缺少盘费，遂将国宾名下袜子田一坋，载粮四升五合卖与世忠；蜡树田一坋，载粮四升五合，卖与世英；仁佳寨门首田一坋，卖与姑祖雷朝阳，后世英备价赎回，每股价银四两五钱；陪嫁姑婆田归家，世忠得受黄泥田；世良得受高家田；世英得受熬药硐。每股载粮七合，共计世忠当粮一斗八升七合；世良当粮一斗四升二合；世英当粮二斗三升二合。三房共当丁七合。其册名周鉴二斗、周镜二斗、周镶一斗六升、周鉴六合（系新粮当牌年者完纳），周鉴丁七合，此思南老粮之成规也。

据楼上《周氏宗谱》所载，周之翰所录《石阡丁粮志》原本：

康熙元年国祯祖用银九十四两一钱，得买董廷璋阡属水东里，地名灯山田土一幅，原粮二斗四升，新粮八升三合，共粮三斗二升三合，土里二钱四分八厘，该米三斗八升七合五勺，折谷七斗七升五合，秋米贰斗九升八合，俱系祯祖承册。至雍正十一年，将田派作三股，世忠得受滑石板田一坋、贡

膴膴楼上

家屋基田一坋、瓮孔田一坋、阿屎岩田一坋、降佛山田一坋，载粮八升三合三勺；世良得受官塘右边田一坋、西冲湾田一坋、南山寺田一坋、印坝山田一坋，载粮八升三合三勺；世英得受灯山田一坋、土墩田一坋、邱家田一坋、茨沟田一坋、石灰窑田一坋、灯山零星早谷田俱在数内，载粮八升三合三勺外，官塘左边田一坋当与李自朝、白世忠，备价赎回，载粮五升。沙田一坋，因世英贴还父债，载粮二升，花田之粮三合，周鉴入数私当，共记世忠名下当粮一斗三升三合三勺，世良名下当粮八升三合三勺，世英名下当粮壹斗六升三合，此阡粮之成规也。

周之翰所录《思南丁粮志》，记载了从明代弘治六年（1493），到清代嘉庆年间，历代各辈分家立业之后，所纳丁粮数目册名，其丁粮的变更，或因何原因，都有记载。这不仅是一份丁粮册名，也是楼上周氏家族的一段历史，透过丁粮册名，还可以发现许多历史发展变迁及家族所遭遇的经历与过往。

一是明代弘治六年（1493）买得高姓之业后，承粮一石。三世周嵩分粮五斗六升，因买周富杨昌田载粮六升。崇祯四年（1631），其四子国宾、国贸、国祯、国贤分家，每股一斗三升五合，共五斗四升。所留下二升，派在三坋姑婆田上。

楼上仁家寨，现仍有姑婆田之称，但始终不清缘由，始于何时。而第一个姑祖名雷朝阳，原来就住在寨纪左下边雷家水井处。如最早陪嫁姑婆田有黄泥田、高家田、熬药硐等。

四世周国宾兄弟四人，因思南、石阡于顺治五年（1648）戊子、六年（1649）己丑遭兵变，除国祯在省参房而外，其余皆遭家破人亡。从《思南丁粮志》记载，才得知周国宾尚有一女，被兵掳去云南，所生一子张文标。而楼上长滩河绝屏悬崖上倒栽松，都说是云南带回来栽的，为何是从云南而来，后世无人说得明白。通过《思南丁粮志》得知，应该与周国宾之女往来探亲相赠而栽植，做纪念有关。

雍正六年（1728）戊申，加粮六合，原因不明，与清代康、雍时期推行"摊丁入亩"相关，这至少可以得出清代"摊丁入亩"在思南府、石阡府就实行了。但丁役却一直未能取消，楼上从清代开始，思、石皆有丁粮。《思南丁粮志》记载，也初步厘清一地两府之原因。

楼上至咸丰、同治年间，家族人口迅猛增长，田土除开垦外，买卖频繁，丁粮秋米，原拨原多，收交完纳，逗棚之间，秤头票据、升斗合勺，难免不均，恐有欺诈，故族长周尚濂合族共议，将思南、石阡丁粮粮数，疏理注册，各房或各注轮流明确负责人收缴完纳。其收缴人报酬合族议定，规定每年完纳之后，账目必清，所余部分归祠堂所有，或创办公业等都有一系列条规，既明确具体、切实可行，又能省人省事，引起不必要的纠纷。楼上《周氏宗谱·思石丁粮记》：

太凡事之有裨于人者，前人行之，后人即宜遵之；事之无益于人者，前人作之，后人不妨易之。

溯我泉祖创买思业，载粮一石，富、嵩二祖各当粮五斗。迄后，嵩祖子孙，买富祖子孙杨昌田，过粮六升，富、珩祖子孙，当粮四斗四升。嵩祖子孙当粮五斗六升，新粮富、珩祖子孙四合；嵩祖子孙七合三勺二抄。载丁，一丁四合，富、珩祖共当七合，嵩祖独当七合。

石阡丁粮系祯祖得买，原粮二斗四升，新粮八升三合，原丁二钱四分八厘，秋米二斗九升八合。

所有思属大粮册名。

周鉴、周镜、周兴邦祖承当。土丁册名，周鉴、周兴邦祖承当。石阡丁粮、秋米册名，俱国祯祖承当。每年国课，丁大粮多，未遭衙署秤头升合之害。后因子孙繁衍，秋收合逗丁粮，奸雄者，故意迟延，贤愚者，恐受其累，是以，各房均另注完纳，以致愈拨愈多，思南丁粮，拨至二十八注；石阡丁粮秋米，拨至二十六注。逐年秤头票据、升斗合勺，受伤无穷，兼之人心不古，逗粮时，每自相鱼肉。濂因请伯叔弟兄子侄，合众商议，将族中丁粮，除熊姓小坦拨出外，铲注立册，思属兴邦祖承丁，镜祖承粮。石阡丁粮秋米，概拨归祯祖原册。

其逐年上粮之资，各房照现当丁粮棚钱，思南丁一合，议钱三千文，粮一升，议钱一千二百文；石阡丁一钱，议钱三千文，粮一升，议钱一千五百文，秋米一升，议钱三百文，除完本年丁粮，下余之项，创买公业，归祠。以每年所出之谷，变价充当国课，以免子孙过费。

至思南九甲地方，三房子孙俱创有业，粮册八人，铲除七名，贯入大芳册内，丁册四人，铲除三名，贯入兴国祖册内。

五甲之地，三房子孙，于甲寅、乙卯苗教猖乱后，亦买有田土，丁粮各自提拨，共并成数，新立尚濂册名，棚项照思属四甲章程，梓潼阁新买二甲业产，信持照议棚钱，请贯入二甲册中。此实万难之事，鲜有能为者也。幸遇方公畅九，署理石阡，坐补思南，宽仁厚德，二属丁粮，均如濂所请，族中得以合成大注，蒙宏恩于万代矣。惟翼后世，轮流照理，祠中谷石，国课早纳，永守无替焉，庶不负夫予之苦心也。

楼上这份《周氏宗谱·思石丁粮记》开宗明义，对家族完纳丁粮之事，凡前人所行所规，有益于人，则遵照执行，无益则易之。其记载了历代思南、石阡的丁粮秋米数目及变化，并将各房各支的丁粮秋米列名注册。思南丁粮，二十八注；石阡丁粮秋米，二十六注，而皆合逗丁粮，造成诸多弊端，为此合族商议，实行铲出贯注之法，合成大注，明确负责人，上粮之资则各注棚当，下余之项，创买公业，归祠所有。

楼上《周氏宗谱·丁粮条规》：

一议祠中谷石，每年三房各派一富家公正无私之人，征收变价，完纳二属（思南、石阡）丁粮，下余多寡，上簿注明，移交下首，侵蚀，加倍议罚。

一议族中卖田与外姓，务饬将丁粮拨出，毋得自行收钱，买转充当，查出加倍议罚，仍令照丁粮数拨出。

一议族中在外姓买业，丁粮愿入册中，自行捐资，照契拨合，仍遵旧章棚钱，交首事上簿，算交下首，侵蚀，加倍议罚，不愿听其自便。

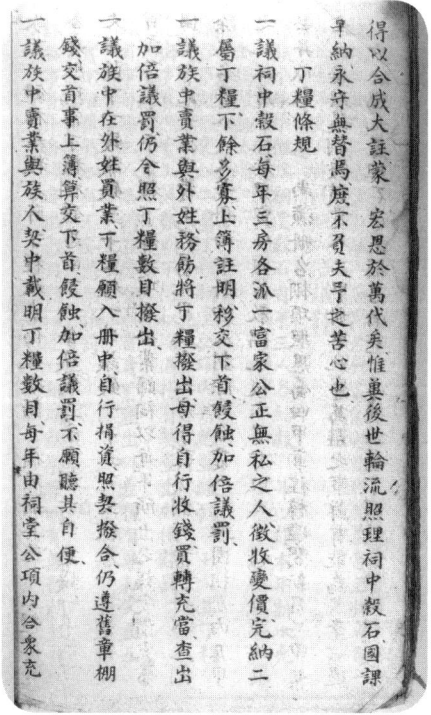

丁粮条规

一议族中卖业与族人，契中载明丁粮数目，每年由祠堂公项内，合众充当。

一议族中合粮后，当业与族人，无写差钱，当业与外姓，其差钱当主收交首事上簿，算交下首，侵蚀，加倍议罚。

一议族中每年征收祠堂谷石，首事三人，各给某谷斗，以作本年薪水，免滋弊端，侵蚀公项。

一议首事赴柜完纳二属丁粮，祠堂公项内，共给盘缠钱某千文，其丁粮完去多寡，照实上簿报明，不得私漏过抬，有弊查出，加倍议罚。

一议首事每年三人，各清各房，有无当卖业产出外，差粮有无私交，并互相查实，不准舞弊，如有不妥，凭众议罚。

一议首事每年各项进出数目，务须逐一记明，秋祭算明，有无余剩，注清移交下首，如有亏欠，补清方可接领，不准徇情私交，查出两下议罚。

楼上每年承当丁粮包括思南府与三石阡府两处丁粮：

思南新图四甲原册粮数、丁数；粮丁各保留一注，其丁，贯入周兴邦册内，粮贯入周镜册内。

阡属水东里原册粮数、秋米数目、丁数；周国祯原册承当。

思南特图九甲原册粮数、丁数；其粮，各注贯入周大芳册承当，其丁，贯入周兴国册内。

思南特图五甲新拨立册粮数、丁数；新立周尚濂册内。

这些丁粮条规，具体而翔实，涉及家族完纳丁粮的方方面面，井井有条，明确责任义务，对违反条规，或徇私舞弊者，议罚无殆。议定专人负责收缴完纳，铲出承当的领头人，注册列名家族及数目，各自承担多少，或逗或棚，完整地记载了周氏家族历代丁粮数目及变化。周氏几百年来，对待丁粮的态度，正如周易《示完纳》所道：

近来式例紧催科，莫把钱粮等若何。
秋尾冬头忙赴纳，梅花春酒乐几多。

楼上周氏家族《重修梓潼宫序》中有载，肇自万历年间，三世周嵩与四子建成梓潼宫后，将轮水田数丘以做香火之资。这就说明周氏家族迁居楼上后，繁衍至第四代时，其龙硐水所能灌溉的水田，已开始轮水分配，按时进行放水灌溉。楼上《轮水碑》：

盖闻天生一水，地六成之。水之为利大矣哉！我境楼上，数百年以来，苦蕨坪至载朝弯一带，田业数号，干涸艰于耕插，用力多而收成寡。虽素知水迹，一言开采，莫不退然色阻。候至乙丑季春，爰皆有众集会商。派洋一万元，得买周正荣苦蕨坪之田。新开水堰一条，宽一丈零五尺，左右上下以新订石桩为界。于是踊跃兴工，有恒之贞，无垦之止。今已如愿开出，混混源泉，不舍昼夜。将水分配派定拾壹轮。

民国轮水碑

第一轮，瓦厂：周成铨、其印、其英、永轲、正年、正国、其柱；

二轮，载朝弯、瓦厂：正荣；

三轮，鱼塘：永绍、永忠；

四轮，杉树弯：其印、其英、正年、正国、正智；

五轮，毛堰沟、上苗寨：永辉、其明、其柱、其有；

六轮，马搭铃、河坪、杉树弯：杨廷元、德盛；

七轮，苦蕨坪、载朝弯：正祯、正身；

八轮，河坪、花田、载朝弯：其青、其芳；

九轮，苦蕨坪：正铟、正身、其有、正朝、其明；

十轮，毛堰沟、河坪：正身、其柱、其栋；

十一轮，苦蕨坪：永浑、永忠、永树、其珍。

接轮水时，早—准定日出，夜—日过窝屎岩，左至苦蕨坪大沟切止，右至周正荣界内切止。按时按顺序三日一轮。特此铭刻，永敦和好。不得以强凌弱，持横估放。俾后子子孙孙，率由世守无替。特为勒碑，刻铭示后，以记不朽焉耳。

即咏七言一章
洪水深藏不计年，半由人事半由天。
渊泉溥溥无停息，我境须知有福缘。

周文谟

民国十四年岁次乙丑六月初四众等吉旦立

楼上在轮水制度上，是家族治族有则的体现，因有规有约，水源引放一直不乱，从而减少族内因水引起的纷争，后逐步形成轮水的有效分配制度。所有水源，都实行轮水，体现公平与和谐。不管是原有水源，还是合力开引水源、渠堰等，皆照轮水之规。此轮水碑文，为民国期间，周氏部分族人合力新开苦蕨坪渠堰，商议轮水多少轮，每轮时间多少，按远近宽窄进行轮水。通过轮水碑，可以看出周氏家族治家治族的风规，事事有规矩，处处有协商，人人自觉遵守，则族治可行、规约可风。

分关立契,克俭克勤

楼上周氏家族自三代周富、周嵩、周琦分家析产,立出分关合同,其耕管田园水源,皆轮水灌溉,便开始以契约、族约等形式以体现其崇尚契约,坚守诚信的家族品格。从清中期至民国,尚存几十份分关、地契、当契、带子改嫁契等不同样式的契约文书,不同层面涵盖家族的发展及文化、经济、生活等许多方面,具有重要的家族历史价值与文化意义。

古人云,树大要发权,人大要分家。树分枝而愈盛,花分卉而益香。楼上周氏家族,从三世分家开始,就制定按男子继承平均家产的分家办法,女子出嫁则根据家境情况,可陪嫁田土。楼上周氏的姑婆田、姑婆土,间接体现财立上的继承权,但不能跟男子平等继承。

现在所见最早的分关,是三世周富、周嵩、周琦兄弟于明代万历年间的分关,原契未能保存下来,仅载入族谱:

立出合同分关:兄周富、弟周嵩、周琦

祖伯泉、叔祖伯卉弟兄二人,原籍四川潼川州乐治县,天井坝仁义乡人氏,于弘治六年,行至思南府蛮夷属地山革泽,叔祖伯卉得业。我祖伯泉行至思南府蛮夷司属地寨纪,得买高攀新四甲田业一庄,载粮一石二斗,已管数十余年。人丁衰弱,将业遗失,存父朝隆一人,年方三岁,随母抚养成人,娶亲婚配。所生周喜、周富、周嵩、周琦弟兄四人,在于铺溪冯宅住坐。弟兄思想复业,商议只有周喜、周嵩二人出头,不料告状三载,胞兄周喜身故。系周嵩一人与高攀构讼二十余年,将业赎回管理。富、嵩、琦三人好作商议,以全手足。请凭亲邻里长,将业均分。周富、周琦自愿备银一十五两,补周嵩构讼盘费，嵩检讫明白，是以田土均分二股，各受粮六斗，受丁丁半，书一样分关二纸，各执管理。其界自鱼泉沟直上石灰窑，跌左手沟直上土曹沟脚，直上火石丫为界。周嵩得管寨纪田土一半。周富、周琦得管戴家山田土一半。自分之后，各照分关管理，子孙永无争议。丁粮二股，轮流赴库充当，不得一人推诿，立分关合同为据。

大明万历二十二年甲午

  立分关合同人：周富、周嵩、周琦俱有押
  凭亲：李大甫
  邻：杜朋乡押、辜荣先押
  代书人：里长罗正文押

  这是楼上周氏家族第一份分关文书。分关，乃指分家析产的文书。"关"原系一种官府公文，多用于平行官府间的通报、质询，后亦用作民间契约文书。

  这份明代析分家产，以"分关"为凭执，虽未见原件，只载于族谱，但其可靠性与真实性，是毋庸置疑的。具体拟定的方法是邀请里长、亲戚及邻里到场监督做证，并由里长代笔书写，所有当事人均在其名字下画了押。除了亲戚、邻里，里长的到场并具押见证，可视为当代社会的公证处或公证人的公证，这便在法律上获得了坚实的凭据，具有法律文书的意义。在程序上也严谨，带有近代契约伦理的意味。而契约伦理在本质上乃是商品经济和法治文化高度发展的产物。从这个意义上看，这份族谱上所载的"分关"文约，便是这个家族文明治家、治族，以契约精神来体现文化上的理性价值。

  "分关"更重要的价值，还在于让我们看到了这个家族逐步脱离宗法制度束缚，从宗族化的家族制度向家庭制度的认同。家庭是宗法社会的基本细胞，也是宗族化的家族制度赖以维系的基础。而所谓宗族，是指同一父系家族的成员，并不包括出嫁的女性，所以对家庭财产的分割继承，也往往在兄弟之间进行。

  我国传统家庭模式至少要包括父母、兄弟、子女三代，这就是孟子所道的"仰足以事父母，俯足以畜妻子"。自此以后，自唐而下，历代统治者极力提倡以仁孝治天下。因而，在唐高宗时期，张公艺九世同居，高宗问其九世何以能同居，公艺则书"忍"字百余以作答，使高宗感慨不已，并大加褒奖。之后宋代竟出现七世同居、八世同居、十三世同居乃至十五世同居的现象。

直迄清代，朝廷还对"四世同堂""五世同堂"的大家庭"旌表"不辍，由于累代共爨的大家庭，其实是在代朝廷稳定社会秩序，减少矛盾纷争，彰显其仁孝治天下、百姓安居乐业的功绩。

上面这份文书，只载于族谱之中，其目的是强调契约精神，使子孙能够领会祖先意图，通过分关，上行下效，用契约来约束自私自利行为，从而减少家族矛盾，和睦相处。从此，周氏至第四代开始，其田业家产，分家时都按受分人多少，平均阄分。

在楼上周氏家族中，保存至今分关，最早是咸丰二年（1852），周学政析产分关：

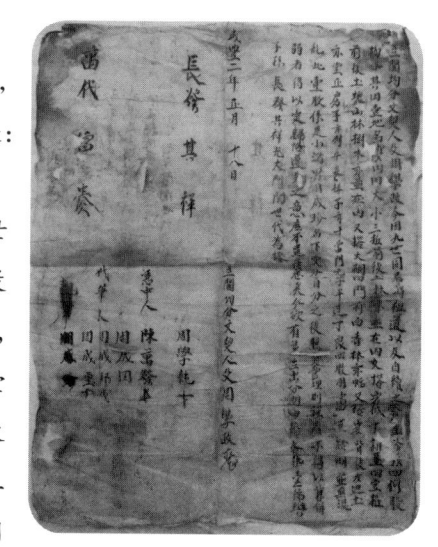

周学政立分关文契

立阄均分文契人父周学政，今因九世同居，将祖遗以及自续之业产，派作四股均分，其田壹，地名凄田，田大小三丘，前后土林亦并在内；又搭岩底下新垦田壹丘，前后土块山林树木亦并在内；又搭大硐口门前柏香林乙幅；又搭岩背后左边土乙堂，正房子乙列，牛圈楼子乙干，当门园子半过，棚当，四置踏明，并无混乱，此壹股系小满男周成珍名下受分，自分之后，照契管理，则强者不得以兼并，弱者得以定规恪遵父之意，庶不遗后患矣。今有凭立出分关四纸，各执一纸与子孙，长发其祥，光大门庭，世代为据。

咸丰二年正月十八日，立阄均分文契人父周学政，画押。

长发其祥，万代富贵。

凭中人：周学纯、陈万发。代笔人周成国、周成邦、周成玺，周成珍。

光绪丁酉三十三年（1818）三月二十五日周永洪、永琪兄弟分家文书：

立阄均分文契。母周董氏，今因所生长子永洪、次子永琪，婚配俱就，原属孔怀，本为同气，须尽友恭之道，以联兄弟之怀，情何忍分炊，自图各爨。然母至今，年值颓龄，难以料理，爰请凭房族，堂公、叔侄、弟，遂将祖父遗留田土山林、房屋基菌、家物动用，亦并敷贴明白，肥瘦互搭，好丑相兼，干湿派匀，并无此厚彼薄，丁粮各自充当。其有，四置界限，即日凭房族埋石窖界，

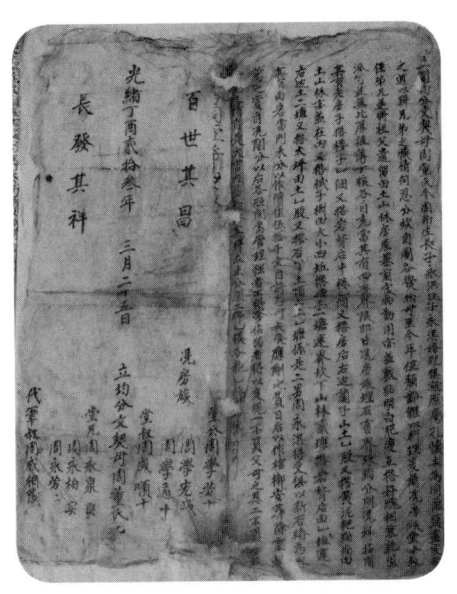

立阄均分文契周董氏

踩踏分明，凭神拈阄；其有老房子，搭楼子乙个，又搭岩背后牛榄乙个，又搭房后右边菌子山土乙股，又搭黄泥巴堖堖田土山林亦并在内，又搭柣（柿）子树田大小四丘，搭槽土二塘，连界坎下山林弍塘，搭岩背后田乙丘，连右边土二塘，又搭大坪田土乙股，又搭谷丫土、顶上土乙塘，系是二男周永淇得受，俱以新谷春为界，其有白岩当门未分，以作价值五拾千文，目前为母衣食应酬之费。日后以作棺椁、安葬、除灵、超荐之资。自凭阄分以后，各照关书管理，强者不得（估）佔，弱者得以定规，一不负父母之恩，二不负弟兄之情。自是大吉大昌，长发其祥，立出分关二纸乙样，各执乙纸为据。

百世其昌，长发其祥。

光绪丁酉贰拾叁年三月二十五日。

凭房族：堂公：周学芳、周学光、周学通
　　　　堂叔：周成顺
立均分文：契母周董氏
　　　　堂兄周永泉、周永柏、周永芳
代笔：叔周成相。

膴膴楼上

上面两份分关都有一个共同的特点,即"请凭房族或亲邻见证,立阄均分"。其格式先叙述立契原因,接着说明立契方式及家产析分方式,然后逐条罗列家产具体分析情况,最后是要求与期望、守约告诫及祝福用语。

而后面这件分关文契,其书法及行文水平都相当高,句式较为整齐,极富文采,读来朗朗上口。

仅短短两句话"立契人母董氏,阄分人二子永洪、永琪,婚配俱就",便将立契人、受分人二子交代清楚。接着叙述析产立契的不忍之情"原属孔怀,本为同气,须尽友恭之道,以联兄弟之怀,情何忍分炊,自图各爨"。立契原因:"然母至今,年值颓龄,难以料理。"立契方式"请凭房族、堂公、叔侄、弟"显得庄重严谨、公开公平。析分家产包括"祖父遗留田土山林、房屋基蘭、家物动用,亦并敷贴明白",皆一一罗列清楚。召集众亲戚见证,将祖上遗产"肥瘦互搭,好丑相兼,干湿派匀,并无此厚彼薄,丁粮各自充当"。此文契,文采生动,有一气呵成之势。

然后是交代受分人周永琪,阄分所得家产,包括田土山林以及边界。未分之产及用途"白岩当门未分,以作价值五拾千文,目前为母衣食应酬之费。日后以作棺椁、安葬、除灵、超荐之资"。之后是守约劝诫:"自凭阄分以后,各照关书管理,强者不得(估)佔,弱者得以定规,一不负父母之恩,二不负弟兄之情。"最后是期望、祝福:"自是大吉大昌,长发其祥。"

对仗工整,妍丽典雅的对偶兼用典语句,将立契人的谆谆教诲和殷切期望表达得情真意切、动人心扉,从而达到教化的目的,维护了契约的诚信及其法律效力。

民国二十六年(1937)周永棋立分关:

立分关父周永棋,因年迈七旬有余,家务难于理料,请凭族中,遂将家产品作五股均分,五男周正昌阄得白岩脚老屋基乙個,又搭绿井湾土第三股,左右均以石春为界,又搭山林第四股,又搭小石鸭山林第三股,其丁粮平当,水平放,自阄分后照分关文契管业,不得以大欺小,以强凌弱,永敦合好,子孙发达,是吾之所愿也,恐口无凭,立分关字为据。

民国二十六年十月十一日

第七章　规约楼上

　　　　　　　　　　　　　　　　立分关父周永棋画押。
　　　　　　　　　　　　　　　　子孙发达

　　凭中人：周继成、周正有、周正纪、熊至澈、周正忠
　　代笔：周道成
　　礼号：周正昌
　　白岩老屋壹個，禄井湾土第三股，山林第四股，中椿门田壹丘，中间新田一垛，小石鸭土第三股，山林第三股，大睡柜乙个，所烧新瓦同正荣平分。

　　立分关父周永棋，因年迈七旬有余，家务难于理料，遂请凭家族，将家产品作五股均分，受分长男周正荣，阄得白岩脚右边新屋基乙个，左边以石春为界，又搭火石鸭地上土乙股，山林乙幅，又搭岩背后山林一股，搭新仓一個，搭所烧新瓦平分一半，自分之后，各照分关文契管理，其丁粮平当，水平放，不得以大凌小，以强欺弱，永敦合好，子孙发达，是吾所愿也，恐口无凭，立分关为据。

　　　　　　　　　　　　　　　　民国二十六年十月十一日
　　　　　　　　　　　　　　　　立分关父周永棋画押。
　　　　　　　　　　　　　　　　子孙发达

　　凭中人：周继成、周正有、周正纪、熊至澈、周正忠
　　代笔：周道成
　　信号：周正荣
　　白岩脚右边新屋基壹个，火石鸭地上土一股，山林一股，半坡土右半边，岩背后山林一股，半坡水田壹丘，大窝凼田壹丘，仓一个，新瓦平分。（正中、正贵、正昌并补半坡土价柒仟入正荣、正吉二分均分，由取土时补清。）

　　立分关父周永棋，因年迈七旬有余，家务难于理料，请凭族中，遂将家产品作五股均分，四男周正吉阄得白岩脚中间屋基乙个，又搭绿井湾土第四股，山林第一股，又搭小石鸭山林上一股，新牛椿乙个，其丁粮平当，水平放，

· 221 ·

自阎分后，各照分关文契管业，不得以大欺小，以强凌弱，永敦合好，子孙发达是吾之所愿也，恐口无凭，立分关字为据。

民国二十六年十月十一日

立分关父周永棋画押。

子孙发达

凭中人：周继成、周正有、周正纪、熊至激、周正忠

代笔：周道成

这份周永棋所立分关文书，因析产五子，原本是五份，今保留下来三份：礼号周正昌、信号周正荣，周正吉编号已脱落无存。这份分关弥足珍贵之处，是立分关之前，已请凭房族、亲邻等，将家产品做五股均分，无异议后，派作仁、义、礼、智、信五号，每号上写明本股均分应得家产，然后再阄分。若阄得仁号，则在分关上写明所得家产，并付上所阄分得的编号，

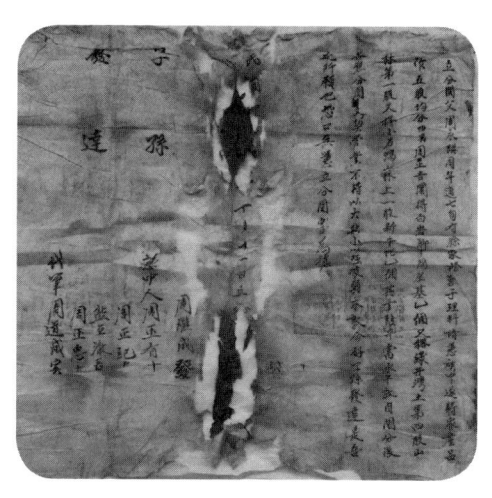

周永棋产业分关文书

这更体现其平均析产阄分的透明，五子平等，无厚此薄彼之意。

这份分关另一个值得称颂的是对未来的全面考虑。为了减少后面纠纷，将"丁粮平当"纳入契约中，还将不属于家产的水资源写入契约中"水平放"，因田必有水灌溉，而田与水源有远有近，有的水源还得借地引溉，所以将水资源平均享有权一并纳入分关，是立契人及凭证人的公平之心，以及对未来因水而可能引起的矛盾，事先考虑周全，对后辈子孙负责，对未来负责的责任感。

楼上周氏家族除了分关之外，保存下来的还有许多买卖、典当、借贷、租佃等交易类契约文书，同样是契约，并具有法律效力。如清嘉庆年间地契两份。

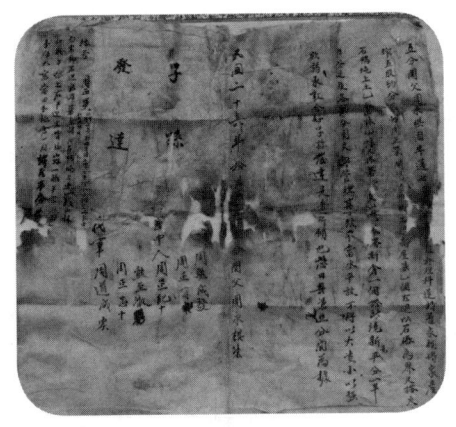

周永棋立分关文书礼号、信号

嘉庆十七年（1812）十二月二十六日，周大成立卖山土文契：

立出卖山土文契人周大成，今将自己受分之土，坐落地名下凄田土林其界，又榜口上大田右边田角直上，左边以沟大石岩第弍个小石岩曲转横过，中间路心直过，抵打破石岩，抵周大年界，曲转直上本主田为界，四置分明，并无有紊乱。其桐橼树木，契内以归族兄文士，族弟大成不得砍伐，凭中出卖与周文士承主。三家面议价值，足色银贰两，其银兄现交弟亲手领明，并无少欠分文，在丁乙勺，各自充当。自卖之后，兄子孙栽插修培管理，弟子孙永无异言，无加无赎，书画一并在内，恐今人心不古，立卖契为凭耳。

凭中：胞弟周大位
代笔：周文才
嘉庆十七年十二月二十六日
立卖人周大成，画押。

嘉庆二十二年（1817）周仁益出卖田土文书：

立出卖田土契人堂叔周仁益，今将自己祖遗受分，坐落地名岩背后田，其土上下壹并在内。其田在上壹丘，坎下壹丘，共弍丘。其左齐文科，右齐之英土界，上齐本主，下齐文茂土为界。四支分明，并无紊杂，凭中面议，价银叁拾壹两，出卖与堂侄周文士名下。承主子孙永远管理。遇丁壹抄七勺，合柱棚当完纳。其价银已交叔，凭中亲手领明，分文无欠，自卖之后任从侄永远管业，壹无加补，贰无收赎，今卖出日后子孙房内老幼诸人，不得异言，书画一并在内，今恐人心不古，立出卖契，永远为据。

凭中人：冯朝明、陈朝璧、胡大清

代笔人：周学校

嘉庆二十二年十月初五日，立出卖田土契人周仁益

俱画押。

五谷丰收耕三余一

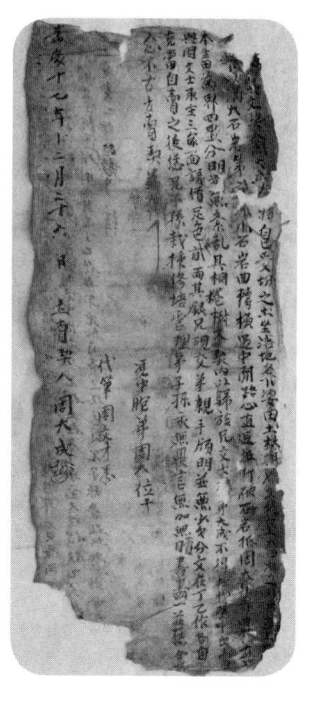

周大成立卖山土文书

这类文书同分关一样，语言简洁朴实，客观而实用，从中可体现楼上周氏家族契约精神的一贯态度。

在楼上周氏家族历代文书中，因周正荣之弟周正昌亡故，其妻刘氏改嫁熊正恒，因子女抚养与长大后的归属等问题，立契人为熊正恒，而契约交付人为周正荣。在古代文书中，这份民国卅年"立出承认字人熊正恒"文书，也算特别一例：

立出承认字人熊正恒，情因周正荣之弟正昌于去岁亡故，其弟媳刘氏，与侄周靖芳弱幼失依，无计度日，且面年荒世乱，无可居留抚养，便由刘氏自行

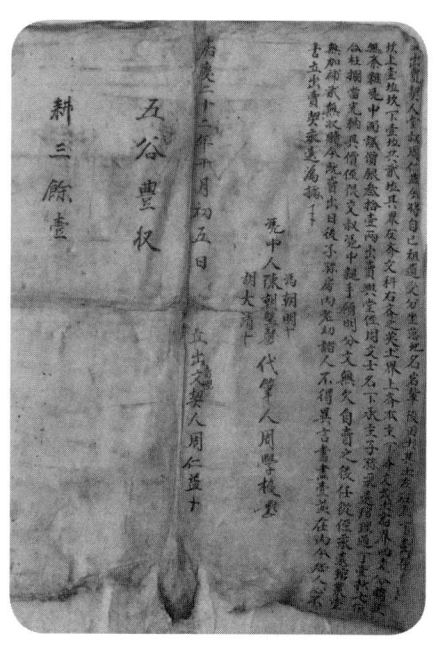

周仁益立出卖田土文书

主权改嫁与熊正恒为室。其侄靖芳随娘至正恒家中抚养。众议以拾贰年为限，关于一切之生活要件，及衣食等件，均由正恒一面承担，不得推诿不理等情，其天灾时病，亦由正恒一面负责医治；设若病势沉重，正恒知会正荣协同医整；若遇不幸命故，不与正恒相涉。其侄亦要遵依教训，不致有傲惰闲游，若有此情，应由正恒以家法规戒。正荣不得辜息。其年限满时，侄自行返家不能携带正恒分物，而正恒又不得阻滞。自古人心难估，恐口无凭，立此交付正荣执掌为照。

其亡者冥财之资，言定火纸贰拾担，交正荣负责办理，熊姓不得有赖。此批。

凭证人：周恒休、周永灏、周德宣、周道成、周永松、熊廷位，具签字或钤印、画押。

代笔人：熊国贵

民国卅年元月十一日立出承认字人熊正恒

这份认字文书，虽然不足300字，却将承认家人及熊正恒，刘氏带子改嫁的原因，其子抚养年限、生活所需、教育责任、生病医治、成人后的归属等问题交代得一清二楚，各自权限及责任得到明确。而凭证人中包括周氏家族中甲长周恒休及房族亲支、熊氏家族中族亲，代笔人为熊氏家族之人，使这份文书更具公正说服力与法律效力。因为，刘氏带子改嫁，其子在熊家抚养，可能出现的问题很多。当出现各种问题时，能够有权问责的是刘氏原来丈夫的兄长周正荣。为了避免遇到问题时，熊正恒推诿责任，故契约中所规定条款，除了明确责任外，还有熊氏代笔人与凭证人难辞说服的教育之责。

所以，这份文书不仅责任明确具体，更因有担责多的一方家族中有威望的凭证人与代笔人参予立契全过程，就显得特别重要，也使这份认字文书更具说服力和约束力。

至公是守，和谐乐融

楼上周氏家族崇文重教，族治有方，和谐乐融，其兴盛在于凝聚一心，以公德为上，抑制私利，形成风尚，族人甘心为族事所出力。自明末万历年间，楼上周氏三世周嵩弟兄及父子，在修整家园之后，合力开土修建阁坳口、青龙嘴文阁二座，楼上城隍祠一座，分轮水田数丘以做香火之资。因明清交替，毁于顺治五年（1648）戊、己兵变。至顺治十一年（1654），周国祯又捐资建阁一座、圣像四尊。建阁之后，基园四置，界齐山脚，并将和尚田、瓦厂田、高家田一段及鱼塘田、大堰坎田，归阁无粮（不纳粮税，其税平均三子交纳）；又设祭祀之典，将蜡树田、牛滚凼、火石丫田永做清明拜祭所需工资。

楼上建梓潼阁于明，累因年兵燹匪患，而四次重修。康熙三年（1664）周国祯广培基址，募化重修增为五间。后因渐废，七世周兴壁等，于乾隆时复开基址，重立梓潼阁，并两廊书房、三官楼房。此间，周兴元等迁城隍庙于晒米嘴；周兴崧等新立土主庙于庙坪；周兆等立山王庙于上苗寨；周之翰立观音阁；周兴学等立灯山文昌阁；周洪印等立黄泥田城隍庙及青龙嘴文阁。

道光十五年（1835）乙未，周学士等修立观音阁下的魁星阁；周明贤与住持僧普济等，募修梓潼阁之后殿观音堂三间，移三官神像于其中。升三官楼基址做天井。清咸丰四年（1854）甲寅，苗教狂乱，咸丰、同治间，各庙相继被毁。同治八年（1869）己巳，周尚濂合全族之力复立各庙，并移土地庙于楼上之左（晒米嘴）；周明聪、周明琏、周大炳、周大泮、周大勋、周学明等与主持僧本慧募化复立梓潼阁；于苦竹坪创立三间，作川主许仙真君二祠。移城隍庙于大垴垴，移山王庙于莎背厂；周学亨等复立黄泥田城隍庙。周氏家族与小屯寺住持仍复立小屯寺，与各姓募化重修各粮寺，并升高基址。

从明代建阁捐舍田土及募化建阁后所买田土,累捐舍给庙上土数塘,田有:仁家寨门首田大小八丘、苗寨水田十八丘、大堰坎上下田三丘、岩下水田一分、周镐水田二丘、周兴壁岩边田三丘、兴邦桥田一分、黄泥田包田一丘、周明琏清明田一厢、周学轲观音阁岩下田一厢、瓦厂田清明田、周之裔瓦厂田一丘、周学道田一丘、周大泮官塘田二丘、周大书寨朝湾田二丘。

以上舍田丁粮系周氏子孙完纳。其田归梓潼阁主持自行耕种,数处轮水田,各照旧规引放。

常言道,有河必有桥,这话不假,自古人们以修桥补路为美德。楼上周氏家族,自第三代周嵩开始修桥补路,明崇祯二年(1629),63岁的周嵩与四子国宾、国贤、国祯(25岁)、国贸修建了仁家寨当门"兰桂桥";崇祯三年(1630)年又修建高魁塘池寨前的"多子桥";康熙十四年(1675),周国祯修建隘门关干沟"多男桥"。后周国祯父子,同心协力,又先后修建了葛冲河上的"凉亭桥"、葛冲杨家当门的"多福桥"、江坡到峰岩之间"多寿桥"、灯山"干沟桥",这样周国祯一家在石阡至楼上、楼上至中坝先后修建了七座石拱桥。在这七座石拱桥中,兰桂桥是用一整块石料建成其宽两尺许,长一丈余,厚近一尺,重达十多吨,从很远地方辇来,所需人力可想而知。而葛冲杨家当门的"多福桥"最大,宽丈余,长十多米,高六米,全用长方形条石拱成。其次是高魁塘池寨门前"多子桥"。这些石拱桥,应该用去数千两银子。周国祯还在楼上至灯山以及山水胜地建造了五座亭阁,这样的建造在思、石二府都是空前而少有的。

兰桂桥

兰桂桥碑

膴膴楼上

从兰桂桥，到各类庙宇的建筑，皆为族中合力或多人合作而建成，这是家族凝聚力之所在。如周氏宗祠、周氏昭宗祠，梓潼阁上下殿，三次被毁，四次修建；再如观音阁、魁星阁、城隍祠、土主庙、山王庙、文昌阁、文阁，并参与小屯寺、各粮寺修建，还有如戏楼、天福井、各处山塘、道路、沟渠、田土开垦、树木培植、石灰窑、瓦厂、河堰、码头、水碓、碾房、舀水车、榨房等，考其宅基院落，皆素朴宜居，节俭至极，少天井石阶。而于公共文化建筑，则不遗余力修建，且规模档次，皆称绝一方。特别是于教育文化重视与投入更是举族之力而为之，今天人们都慨叹其难成。

宗祠、庙宇、族谱、文化、教育等在楼上周氏家族中受到极大尊崇，是家族子孙了解家族历史及传承的重要载体。而桥道、沟渠、田园、山林更是家族赖以生存的基本需求。祠堂、宗祠被楼上周氏家族视为神圣之地，仓、义田也都公于信，不会存半点私占之心。

对传统文化的尊重，是楼上周氏家族生命力欣欣向荣的根本。对祖先礼敬，对教育重视，贤人辈出，从而实现对家族的有效治理。人人皆以贤人为准则，压缩私利，放大公共利益，人人遵守，这也是楼上乡规族约得以有效施行的重要原因。

至公是守，耕读有读，礼让为则，睦邻友好，扶危救难，家族一体，并通过耕读治身心，人生有着落，内心有存放，这些是楼上周氏祖先留给子孙的最宝贵和丰厚的精神资产。

在楼上周氏家族中的一些历史时期，哪怕只有少数读书人与乡贤，也能为整个家族带来声望和自信。其家族中缺少文化的成员也一样可以享受这种无形资产带来的自尊与自信，甚至好处。这是楼上周氏家族几百年来，能够维系的一个重要原因。但是，随着家族成员数量的增加，宗族内部总是在不断分化，又不断需要新的家族核心才能如滚雪球一样，重新凝聚一体。至今19代人，周氏能代代贤人辈出，不断继承与弘扬和谐互助，相帮相扶，互忍互让，实臻三代睦姻之风，而称尧舜之民。

祖训谆谆，相承绵绵

楼上周氏家族对祖宗、祖训，始终心存敬畏，代代相传相续，这样，子有孝敬之行，孙必敬子之思。楼上周氏家族的祖训、庭训、遗训等，皆以忠、孝、节、义、礼来立身处世，于己从严，待人从宽，并在耕读之中，教化族人。

楼上周氏家族的祖训、庭训、遗训等代代相传相守。周氏家训多以口头教子、临终遗嘱等形式传承，世代必须遵循。最初是周氏第四世祖周国祯所立，并赐封子孙及后代：不愿儿孙去为官，唯愿儿孙个个贤。自此而下世代谨遵持守不悖，不求做官，只问耕读树贤。周国祯立此家训后，还要求奉行"敬天地，礼神明，救难济急，无善不为"等人生信条，推行"勤、俭、忍、让、孝、礼、义、耕、读"等处世治家之道，并将勤、俭列位立家立族的根本，传于后代。

《周易》有"君子以俭德辟难"，这也是楼上周氏历代谨遵祖德、勤俭治家、世守不易的家族意识。在其家园的建设及日常生活中，精打细算，俭而有度，既成为无形家风世范，又变为有形的可触可感的样式，同时在家园建设中去体验，在日常用度中去践行，至今周氏族人仍继承这份家族的文化遗产和精神理念。

在楼上周氏每家的香堂上，仍然贴有类于祖训的对联："宗传姬旦家声远，学绍濂溪世泽长。"其目的就是要让子孙知道，周氏为周朝姬旦之后，学问则以北宋的濂溪（周敦颐）之学为绪，还将周公所制定的周礼、周敦颐开创的宋明理学，作为周氏家族耕读人生取向的精神旨归；其宗祠原有一副楹联写道："崇教养贤，知行合一，克勤克俭；守训树德，礼义为先，惟读惟耕"；而梓潼阁也曾经有一对联："云山揽胜怀先泽，门第书香望后昆。"

在长期艰苦的耕读生活中，楼上周家族立族之本就是持守居俭守勤的家风,其所有的家园建设,如屋基、房屋、庙宇、道路、沟渠、开田、垦土、植树等,所有生活设施,如水碓、碾房、舀水车、石灰窑、瓦厂等,都是辛勤劳动所创造。今天那院坝坎、阳沟坎、田坎、土坎、塘坎、道坎等,无不是勤劳与节俭累积的结果。

勤、俭、忍三德,是楼上周氏自古家训。六世祖周易则常常训之子孙:"至处家之道,勤也俭也忍也。勤而不俭,不如不勤;俭而不勤,不如不俭;勤俭而不忍,不如不勤俭。三者并用,而家道兴,且德业由兹成矣。今尔弟兄等,有庐舍蔽风雨,桑田给衣食,学校治身心。诸孙十余人,尔等课其耕读;曾孙数人,予则含饴分甘。聊为提训,尔等切莫教人而忘庭训。"周易不仅要求三德并举,并将"勤、俭、忍"之间的相互关系做了充分阐释,归结为三者并用而家道兴的守则。

六世周易在给子孙的遗训中还写道:"于无能者教以勤耕,勿贪外务,则忘乎财之所自有。休贪便利,以种损利之深根。天道四季不息,功亦与为不息。极力栽插,极力粪肥。农时不违,谷不可胜食;斧斤以时,材不可胜用。此天地自然之利也,而何暇外求哉!由是而既富方谷,第见肥羚有供,爱敬之良以起;歌婴鸣而先施有具,仁让之风以存。岂非上光祖宗,下启后人之美意也哉!"周氏家族世世代代都能秉奉家训,做到居俭守勤。

周氏子孙从小受到家族文化滋养,有书可读,有地可耕,在读书之余,也能待人接物,洒扫应对,更勤于耕种,通过劳动,促进身心成长。同族同寨之间及同龄兄弟叔侄之间,在耕读中切磋交流,相互影响,共同激励。这样在家族中,其实构成一个内在社会,对家族子弟品性、人格的形成,产生了重要作用。成人劳动之后的精神生活,除了读书之外,还有与劳动相关的娱乐,以及各种习俗风尚,使之更多融入家族与社会,同样也成为楼上家族凝聚而和谐兴旺的重要因素。

古人有言,天有律伦,非学莫能敦悟;人有恒纪,非学莫能化行。贤者由学而明,不贤者因学而进。周氏还重视家训及家族历史文化传承与发展。到了清乾隆年间,周氏第六代文人代表周易,深深领悟到"人生最大乐事,莫过于子孝孙贤,而孝子贤孙都由祖宗积德而来"。因此他特别注重祖德的积累和文化推播,祖训是守,勤俭立家,并传为风尚。

在传守祖训的同时，奉行勤俭耕读而知行并进，躬行实践。实际上就是要践行行健不息、知行合一的耕读精神，并以立德化族的准则、厚德载物的襟怀、养正树贤的风范，来立身立族、为人处世，来实践耕读人生的理性精神，就是"耕以足食""学治身心"。

六世周易家训实录

从来人生之乐事，莫重于子孝孙贤。然而，孝子贤孙每由祖父之功德而致，千古以来，未有易也。予士庶之家，建功立业，遽敢侥邀，亦不过上遵先祖之训，下计子孙之守，绵绵延延，尽力于人道之所宜焉，则几矣！

溯我始祖周伯泉与伯卉，生于四川潼川州乐至县天井坝仁义乡。弟兄二人，于弘治六年，避难图存，行至思南府蛮夷司属地山革泽，卉祖于山革泽得业。我始祖伯泉行至思南府蛮夷司属地寨纪，今名楼上。备银一百七十两，与高攀得买田业一庄，凡亚秧寨、戴家山、黄泥田等处皆是。此时始祖，值鼎革于草昧，费创制之辛勤。始祖母龚、王、文、梁、雷无出，再娶妣氏张，生二世祖朝隆、朝贵，泉祖身故。朝隆祖即随母抚养。此时田业一庄，无人耕食，赁从业主高姓耕种管理。及朝隆祖长成，娶祖母氏张，欲回复业，殊知高姓已起霸业之意，拒业不给，不得复业。即在铺溪地上住座，所生三世祖，长周喜，次周富，三周嵩，四周琦，五周珩，六周凤。弟兄长成之日，欲上承祖父之业，下创子孙之基，于是请凭亲邻李、辜，里长罗，商议复业。弟兄五人只有富、嵩两公出头，其余三人不愿构讼。富、嵩两公于思南府，争讼二十余年，将业得回。

有琦、珩祖者，富、嵩两祖念其手足之情，派出回银一十五两，将业五股均分，此正万历年间事也。及兵荒变乱，琦、珩祖又经逃散，惟富、嵩二祖谨守其业。及后寻查二祖，杳无音信，才将产业二股均分。嵩祖得受左边楼上一股，载粮五斗六升，土丁七合；富祖得受右边戴家山一股，载粮六斗，土丁七合。其界自鱼泉，跟沟直上龙硐湾，跟左沟直上土巢，跟沟直上火石丫为界。分定管理，丁粮另住完纳。至戊、己兵变，有三丁五丁之抽，人丁稀少，难以承当。富祖寻访二人，将珩祖接回戴家山，同应差粮。

膴膴楼上

WU WU LOU SHANG

  我嵩祖娶祖妣氏芍，生四世祖国宾、国贤、国祯、国贸。窃传我祖国祯，阅历多端，不能详述，亦可约略志焉，祖固学而未成者也。斯时楼上产业一庄，田园阡陌，佃户百余，影只形孤，置身其地，将祖父所遗正宅、厅楼、两廊、天井以及鼓房、马磴，愈加整饰，名为衣食大户。其后，下至寇贼屡至，上而官吏贪赃。我祖早夜忧思，固欲贵以保富，不得已上省于布政司参房。例满即放湖广经厅，归家收拾上任。至家不久，有祖母所生之五世伯（世高、世臣、世觉、世禄、晚弟、潼弟、世昌）七人，前后数日，一齐身故。我祖晏然悔曰："此跟官之大不幸也"。立将此札呈缴，终日忧闷。时有直桥河西李公往看，慈心劝慰，即将晚媛许配我祖。后生我父世忠、叔世良、世英。此时敬天地，礼神明，救难济急，无善不为。时引我父至洋溪，与雷外公拜年。我祖夜梦三须胡人，指楼上青龙首岩下阴地一穴，即归，果得其地，意为帝君所指也。建阁在前，基园四置，界齐山脚。和尚田一分，瓦厂田一分，高家田一段，鱼塘田一分，大堰坎田一分，归阁无粮。又设祭祀之典，将蜡树田、牛滚凼、火石丫田，永作清明拜祭之需。我祖述古而祝帝曰："惟愿儿孙个个贤"，是我祖之为子孙计者深且厚也。

  及我父世忠，母雷氏。易父先继螟蛉兄周镶，后生坤兄与易。我父之遇有不可甚道者焉。乃体祖父之遗训，本分持身，耕读为业。虽为四邻约首，每损资以解讼端，常舍己以全恩义。至若修斋念佛，补路修桥，一切常果，皆所优为。我弟兄从学之师，不特待之甚厚，即礼貌无时苟简，其欲我弟兄为道中人者，切也。惜有志未逮，其有思石业产。此时，世良叔无子，我父与世英叔将业二股分，关书云："日后世良有子，乃作三股阄分。"当出之田，备价赎归己业。花马丘、架枧沟、西冲湾、鱼塘田分给周镶兄。后二叔生周庠，延自雍正五六年，我父提出公众沙田，并花田四丘补世英叔与鉴兄，以业三股均分。我父之所阅历者，大概然也。父亡，予年方二十，诗书颇得其概，即胼力擎家，力送二子从学，未援尔耕，解馆而归，只课尔读。群牛数马，吾二老事，往来晋接，吾一人持。后双生二子，予心益快。兼之兴礼入阡庠，兴隆入安邑庠。曾夫子赠联曰："难弟难兄，且喜两试父老兄弟黉序；兴崧兴嶽，旋看一榜著贤书。"于是将长二男，严加责备，训诲二弟，予始得爽然于诵读之事焉。至戊子秋，阡府罗公（文思）赐予夫妇匾："名继

第七章 规约楼上

燕山，熊丸教子。""积厚流光"之匾，安邑张侯赠焉，予实抚景而愧然也。

常训尔弟兄叔侄曰："尚其体誉我之意哉！"幸兴元入阡庠，兴崧入镇邑庠，长孙之秀入镇府庠，予心庶几满矣。然科甲犹未见其一试，予窃为尔等有厚望焉。兹者予夫妇年逾七旬，精力已衰。溯厥生平，忠厚持己，直道待人，亲友往来，时切恭敬；钱米出入，称其有无，从未因财失义，倚气生非。耕读而外，修斋念佛，补路修桥，布施棺椁，朔望神诞，尽礼诚拜，不敢游手以观人忙，偷安以忘己业。于是先业赖以守，门楣赖以光焉。

至处家之道，勤也，俭也，忍也。勤而不俭，不如不勤；俭而不勤，不如不俭；勤俭而不忍，不如不勤俭。三者并用而家道兴，且德业由兹成矣。

今尔弟兄等，有庐舍蔽风雨，桑田给衣食，学校治身心，诸孙十余人，尔等课其耕读。曾孙数人，予则含饴分甘，聊为提训，尔等切莫教人而忘庭训，勿以子侄等闲人。率教者，奖劝之；劣拙者，惩责之，全凭一点公心，勿认形长护短。如是家有绳墨而曲直皆归，庭中有篱壁之固，门外绝窥伺之情。第见一堂融泄，而天地祖宗有不默佑也哉！

然耕者，读之本。于无能者教以勤耕，勿贪外务，则忘乎财之所自有。休贪便利，以种损利之深根。天道四季不息，功亦与为不息。极力栽插，极力粪肥。农时不违，谷不可胜食；斧斤以时，材不可胜用。此天地自然之利也，而何暇外求哉！由是而既富方谷，第见逮诸父而肥羜有供，爱敬之良以起；歌婴鸣而先施有具，仁让之风以存。岂非上光祖宗，下启后人之美意也哉！

于有能者，教以苦读，须当依吾训尔等之意，仍费一片栽成洗涤之心。幼时勿语戏言，勿令操妄，尝取其易见易明者启发之。举凡食息起居之微，洒扫应对之末，时时引以正大之规，养成德性，则俗理明而圣贤之理易入，虽下愚可近于中材。至若日行书多寡，认其性之敏拙而督责之，勿致姑息宽待，勿令抄写杂书以起外鹜。字画务遵帖式，文章必随时兴。所有汇通讲书，历科墨卷，系尔等得力之书，爱惜秘传，则丹桂青云不患攀跻之无基也，岂非尔等之大幸也哉！

其有思石田业，立成孝、弟、忠、信字号，阄分尔等，各成一家。数年来，尔等和睦，颇如吾意，孙等众多，不暇为尔等经意矣。爰叙来历，以伸嘱咐，尔等当念我一点苦心。弟兄叔侄，遇窄宽想，勿令子孙有乖义方，以孝以友，忍让勤俭,以耕读肇根底,以礼义作门户,师三代遗风,亲睦友助。张公云:"心者,身之主也",予即心也,尔等四体也,诸孙百骸也,一有不和,有不关心恸耶。

诗云:"兄弟既翕",以致父母之顺。自是光前裕后,尔炽尔昌,朱衣万代于忽替也,何乐如之。

周易家训

第八章

德化楼上

  在周氏500多年的家族发展中,始终重视家族子孙的教育,特别重视其心性养成。由此,家族以培养贤人为旨归,其实就是强调用礼养心、用理正性、用义正行,使家族子孙在养心涵性的同时,崇尚礼仪,践行义理。其养心之道,在于诚心诚意,倡导其心诚、心正,则德可树贤可养。这种崇德化育、养贤立范、耕读传家的传统相续至今。

绵绵瓜瓞，重教兴学

周氏始祖周伯泉于弘治六年（1493）避难图存，从四川沿乌江而上，行至思南府蛮夷司属地，于寨纪以重金购得高攀田业一庄（后名楼上）居住。至清初，经过四代人鼎革创制，150多年的耕读传家，发展迅速，而家族兴盛，瓜瓞绵绵。

楼上之地，在元代或明初多属苗人所居，至明弘治（1488—1506）时期，人口稀少。

据嘉靖《思南府志》载，弘治以前，川民不入境。土广人稀，材木丰足，渔猎遍于山泽，而商贾通其盐布。弘治年间，四川兵荒，流移入境，流移之人，或亲戚相招，或缰属而至，日积月累，有来无去。由是，生之寡，食之众。思南府、石阡府成立不久，就面临一个问题：外来人口增加。主要是因为四川地界农民起义不断，川人为了避开兵乱，就大量入黔，寻求新的生存地域。川人入黔，则加重了黔地生存压力，其土地资源，变得捉襟见肘，而民风骤变。

思南、石阡人口，发生根本性变化，是在设府之后。明永乐十一年（1413），思南宣慰司宣慰使田宗鼎，与思州宣慰司宣慰使田琛，因争夺砂坑（汞矿）资源，内讧不断，以致相互仇杀，搅得地方不得安宁，最终导致明永乐皇帝朱棣不得不撤掉两个宣慰司，并在两个宣慰司原辖地设置思南、思州、乌罗、铜仁、石阡、黎平、镇远诸府，由中央直接派人治理。

明清时期思南府下辖沿河祐溪长官司、水德江长官司、蛮夷长官司、朗溪蛮夷长官司、务川县、印江县共四司二县。水德江长官司于万历三十年（1602）改为安化县。其地，东西广500里。南北袤540里，为贵州布政司治下比较广阔地域。因此到了清代，思南府地域所辖为三司三县。石阡府明辖一县四司，清为一县一副司。楼上在明代属思南府蛮夷长官司所辖,清代则隶属思、石两府所管。

弘治年间思南蛮夷长官司,没有人口数目的记载。嘉靖《思南府志·户口》记载了嘉靖十年(1531)奉例攒造所属官、民、军、杂役人户,共计 2642 户,男、妇 26690 口。此时,思南蛮夷长官司,人户 520 户,男、妇 4811 口。

万历年间,贵州省经历了方四农民大起义、播州杨应龙叛乱,思、石邻播,思南府的人口增长不大。万历《贵州通志·户口》载:嘉靖年间,思南官民 2637 户,23660 丁口;万历二十五年(1597)报存 2042 户,28350 丁口。楼上所在的思南蛮夷长官司,则有 511 户,6310 丁口。

从以上数据相比来看,嘉靖年间,户数略为递减,人口略有上升,但上升幅度并不太大,虽有川、赣、江、浙等省之人入黔,但明代思南府周边,战乱造成的死伤逃亡极大,而人口没有多少增长。

万历至康熙年间,正处于朝代鼎革之际,战乱频繁,经历清军入黔、吴三桂反清等,思南府辖域人口增长不大。道光《思南府续志·户口》记载,蛮夷司,人户 502 户,男、妇 4811 口。同万历年间比较起来,康熙年间,思南蛮夷长官司、安化县(原水德江司)人口略有下降。

乾隆年间,思南府辖地人口增长较快,集中表现为户数的增加,乾隆《贵州通志》载:乾隆六年(1741)原额,府属户口 2095 户,新增户口 148 户。可以看出户数增加很多,人口也相应增加。乾隆六年正逢康乾盛世,与民休养生息,民生转好,人口数量急剧增加。道光《思南府续志》还记载,道光十年(1830)的数据:府属三司,31373 户,男、妇 101203 口。

总之,明清时期思南府所属辖地,在明代人口增长较为平缓,顺治、康熙年间,也因战乱频繁,百姓流离失所极多,而增长较慢,直至雍正、乾隆、嘉庆、道光年间,人口急剧增长,社会压力也剧增。到了道光年间,思南府人口激增到 38 万,俨然如现在一县的人口。

纵观楼上周氏人口发展历程,从明至清初,楼上周氏家族人口变化与增长,与思南、石阡两府人口增长速度基本相同。清中后期,其人口增长,远远超过了思、石两府的人口增长速度。

自明弘治六年(1493)癸丑,周伯泉迁居以来,其家族经历各种不幸与

楼上周氏前十二世人口统计及外迁表

一世	二世	三世	四世	五世	六世	七世	八世	九世	十世	十一世	十二世
伯泉	隆	富	国伦	世鹏	星	22	8	13	27	30	32
		嵩	国祯	世忠		3	10	28	31	50	51	65
				世良	庠	2	7	15	24	15	31
				世英	鉴	7	19	22	28	31	34
				世英	镜	5	12	27	38	70	83
					锡	1	3	6	10	13	23
					铣	3	5	4	2	外迁	
					镐	2	2	7	外迁		
					人数	5	18	41	66	102	129	171
				人数		3	9	32	76	112	174	195	236
		珩	国选	世勋			10	24	35	46	62	63
			国顺	世武			3	4	4	5	5	10
户数			3	4	6	16	47	111	156	245	287	341
外迁								23	30	25	40	33

灾难。至康熙二年（1663）癸卯，第五代人周世英出生，历时168年仅有七人。从康熙二年到乾隆中晚期，仅一百年时间，楼上周氏发展到百余户。至嘉庆元年（1796），第十代如周大文已出生，而第六代中，有极少数人还尚在，楼上总人口包括第八、第九、第十代（算50%），三代半人同堂，发展到200余户，周氏家族算上老人、男女（包括嫁出娶进），已成为近千人的大家族。

周氏家族从康熙二年发展至道光中期，历时170年，当时地广人稀，使周氏家族得到充分休养生息，直至道光末年，皆未受到战乱、灾害的影响，而人口急增，从5户迅猛增长到300余户，人口增加到两千左右。周氏家族发展到清末民初，包括外迁人口在内，已发展为400余户、近两千余人的望族。后虽经历咸、同之际匪患，却能凝聚一心，守卫家园，对家族人口未造成直接损失，却外迁不少，而对人口增加稍有影响。

楼上周氏家族，繁衍生息500多年，家族繁盛，人口急剧增长，特别是从康熙二年（1663）至今（2017），经过354年的发展，加上外迁在内，累计男女总人数（包括嫁出与娶进算在内），已近万人，是同时期其他家族人口的几倍甚或几十倍,这在人类学、农耕文化学、人口学、社会历史学上皆是人类史上的家族奇迹,是令人难以置信的,又是真实的历史存在。其人口的增长率,在中国历史上,都是无与伦比的。楼上周氏家族人口的繁盛及原因,是多方面的因素相结合而形成的,这在世界人类发展学、人口学上,其生育率、成活率,都是生命的奇迹,具有极大的研究价值和意义。

在周氏500多年的家族发展中,始终重视家族子孙的教育,特别重视其心性养成。所谓一心不正,足以败家乱族;而一心之正则可以立身兴家。由此,家族以培养贤人为旨归,其实就是强调用礼养心、用理正性、用义正行,使家族子孙在养心涵性的同时,崇尚礼仪,践行义理。其养心之道,在于诚心诚意,倡导其心诚、心正,则德可树、贤可养。这种崇德化育、养贤立范、耕读传家的传统相续至今。

明代时建成的梓潼阁不仅是周氏家族敬重文化的象征,也是周氏家族的庠序之所。康熙元年,周国祯备银得买阡属董廷璋田业一庄,当即遗令捐田入阁,作家族公业,或济贫乏,或设学堂以培养人才之用。

从周易开始为倡兴家学,开办私塾,课耕课读,并认为"孝子贤孙每由先辈之功德而致。千古以来,未有易也。上遵先祖之训,下计子孙之守,绵绵延延尽力于人道之所宜焉"。因此,梓潼阁更是家族文化教育的重要场所。由于家族人口的发展,梓潼阁不能满足教育所需,乾隆时期,周兴兆举秀才之后,于学堂垴垴,开基建馆,为周氏家族第一个专门开办学堂,课读为业。

在家族的教育中,课读有程,义方之外,更以诗书陶冶其质。祖训曰:"于有能者,教以苦读,须当依吾训尔等之意,仍费一片裁成洗涤之心。幼时勿语戏言,勿令操妄,尝取其易见、易明者启发之。举凡食息起居之微,洒扫应对之末,时时引以正大之规,养成德性,则俗理明而圣贤之理易入,虽下愚可近于中才。至若日读书多寡,认其性之敏拙,而督责之,勿致姑息宽待,勿令抄写杂书,以起外骛。字画务遵帖式,文章必随时兴。有汇通讲书、历科墨卷,系尔等得力之书,爱惜秘传,则丹桂青云,不患攀跻之无基也。岂非尔等之大幸也哉!"这种对读书重要性的认识、对文化的深刻理解与精辟见解,无疑给楼上周氏家族于田园山水之间的耕读,笼罩上了一层浓郁的文化氛围。

膴膴楼上
WU WU LOU SHANG

楼上周氏自明清以来，为了让家族子弟入学，开办学校则不遗余力，而为了家族树人之计，对在学子弟的操守品行，有着非常严格的要求，从周易、周兴兆开始，凡系周氏子弟，必传习儒家伦理，务须以祖训身体力行之，其待人处事必须严格要求之；举止言语、仪态行为，必须端庄安定，做事沉静认真，以清雅冲和为要，并自觉维系家族秩序，融洽家庭、家族关系。

每年族中有识之士，必筹资而延请敦厚积学之师，以教子弟，家里富裕的，必然以丰厚学俸，次者也当礼俸不辍，不失周氏礼制轨度，凡子弟有堪上进而无力从学的，众当以义田或义仓以资助。楼上周氏族中子弟，凡进县、府学读书和赴府、省应试，家贫者则由全族捐出。此风尚无明文之规，却一直到中华人民共和国成立前夕，凡考上高中、大学的弟子，因家贫不能负担者，由族中富裕之家棚钱供给，如1945年灯山周其开考取贵阳师院，族中许多人都捐了钱来资助，可见，周氏家族对文化教育的重视之一斑。

楼上自乾隆时期开办私塾、设学堂，教育也因此得到前所未有的发展。特别是嘉道之后，楼上周氏各支派纷纷兴学，而私塾倍增。此间兴兆、兴隆、兴元、之翰、大璠等数十位鼎鼎人才，无不以文取胜、以文兴族，初步实现了至德秉家邦的期许。

清末民初，随着清朝政府宣布停止科举，全国推广学堂，咸趋实学之际，楼上虽然僻远，但从未闭塞，礼乐教化从未间断。民国十五年（1926），梓潼阁开办了新学，时称保民学校，有二、三年级，后不断增加。有规范课本，就地取材，聘请教师，按时上课，星期例假，学风严明，课间有兴趣活动武射、体育、联语、诗赋、书法、美术、音乐等。此期间，村塾、小学相互包容，为地方输送了不少人才。

至20世纪60年代，周氏家族随着人口倍增，仅有梓潼阁小学、村塾远远不够，将梓潼阁小学扩大的同时，又在灯坪、代山增办小学。

灯坪小学，由周成柱筹建，至1971年学生达100余人。代山小学，因代山自中华人民共和国成立后，曾先后在黄泥田、沟边等地开设过教学班级，有较好办学基础，于1986年在阁垴垴重新开办了一所完全小学，规模较大，有学生300余人。

联合小学，历经保民学校、梓潼阁学校、人民学校的沿革过程。1950年初，新学停课，再办私学。1951年私馆停办，村学转为夜校或红专高中、红专大学。"大跃进"时期恢复梓潼阁学校，随着自然村组合并，新桥、人民、楼上合称联合大队，于1974年新建四面倒水二层楼的连五间教室木房一幢，并将梓潼阁学校，更名为联合学校，增设初中，又更名为联合民办中学，由贫下中农代表周永陵管理。周永陵公而忘私，认真负责，爱护学校基园一草一木，信守规章，曾多次出席地区教育先代会。在家族中，先后有周道成、周其贵、周昌松、周其鼎、周道昌（公办）、周文昌、周廷辉担任校长。

梓潼阁小学学生

由于学生人数增加，地理环境及办学条件较好，1979年联合学校转为公办。直到2010年搬迁到现在新校舍。现梓潼阁原小学校舍，又开设养正书院，以

20世纪70年代的梓潼阁小学

㸒㸒楼上
WU WU LOU SHANG

2015年国画班

2015年书法班

传承耕读的族尚家风。

  养正书院开办，最初起于2006年、2007年暑期，借用联合小学教室，开设书法、国画、诗文等班级，免费培训30多名学生，通过两个暑假开办，教学效果良好。后于2013年寒假开始，周昌波（汉清）在寨中免费开展家族子弟的书法培训，经过两年多实践探索，取得很好效果。至2015年在楼上村及族人共同努力下，特别是来石阡挂职的县委副书记沈前坤同志，积极筹款添置桌椅。铜仁市教育局拨款维修教室，使"养正书院"正式成立并开班教学。书院利用暑期和寒假，分别开设国学及书法、国画等班，免费面向楼上全村适龄儿童。现有学生一百余人，通过三年的教学实践，其教学效果显著，产

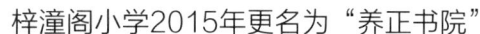
梓潼阁小学2015年更名为"养正书院"

2016年养正书院一角

生了良好的社会影响。

养正书院,即养正树贤之道,包括正志养心、立德树艺、养贤树人,包括养生与养心、内在与外表,以培养艺术化的贤人于一体,即把正其心、养其性、树其艺、化其行作为书院的根本目的。

养正书院的主旨在于,一是传承中华文化经典,读书习艺。通过陶染熏沐,使受教者能敦素立身、见贤思齐,实现耕读传家、培养贤人的传统,以延续弘扬中华优秀文化。二是依仁游艺,拓展、充实、丰富家族子孙的生活,传播文化艺术的同时美化人生。

崇文重教,耕读相济,是周氏家族传统,传承祖训,培养贤人,守住文脉,需要不断坚守与代代传承,通过书院教育影响,使一代代人接续家族耕读之风,在于弘扬读书、习艺、修身、养性的传统特点,逐步形成具有真正农耕文化特质、丰富的耕读文化属性,形成独特的文化样式,以传承耕读文化的生命力。当楼上在从贫困走向富裕的同时,也只有传承文化、吸纳文化,用文化来丰富生活,用文化来守住致富成果,而不再滑入贫困。

名师可风，人文蔚起

楼上周氏家族，自周易倡耕导读开始，文风蔚然，学风严明，名师辈出。前有周兴兆、周兴元等发端于前，继有周之翰、周之年、周大璠接绪承风，后有召风、纪明、正纪、南方、绍文、荫九、其开等波澜于后，使周氏家族文脉绵绵至今。

六世祖周易，生活在清代雍正、乾隆年间，是周氏家族提倡和践行耕读遗训的最典型人物。周易从小就深受祖父（国祯）思想的影响，勤耕苦读，因为遵循祖训不入仕，以节俭来支撑家业，课耕课读之外，教育儿孙，培养贤人，乐于耕更勤于读。

周易才思敏捷，居常布衣蔬食淡泊自甘。其一生之学，言谈精准，叙事状物，风趣透彻，善闻者每于其语隙，可寻蕴藏之深意；在传道之中，能迭出妙语，意蕴百寻，理含金石之声，意蕴人生之旨，直指艺道精微；其过人的胆识和超然的情怀，在挥毫与饮酒、品茗与赏月、洒脱与磅礴之间交替转来，最后化作晋人一般的狂放与洒脱，化作那一瞬间风行雨注、绝然浪起的沧海襟怀。

周兴兆，石阡府学文生，周鉴之子，周易侄子，是周氏家族开启耕读风尚以来考取的第一个秀才。兴兆天资笃厚，前辈风流，宛然亲挹。常与同堂兄弟兴礼、兴隆等朝夕相处，互以读书相淬砺。有侠义之风，遇事敢为，平生胸怀洒落，对地方义举，费尽心力，每锐身任之，曾立山王庙于上苗寨，建学校于学堂垴垴。

兴兆始终以诗书课族孙，以忠孝而谆谆相劝勉，并用兹摛藻，其言论，多寓惩劝以发人深省。平生讲学，不空持心性之谈，人以为异于宋儒，拳拳救世之心，实导源于仁义。于是以卮言之出，代木铎之声。至此之后，此学堂读书之声，远近皆闻，课读之暇，或与平生老友以诗酒相唱和。布衣疏食，嗜饮茶，爱酒，族人无论贤与不肖皆知，开馆授徒，一生不辍。

周兴元，字长泽，周易第四子，石阡府学文生。兴元赋质最颖异，承藉家学，刻志诵读，然天性恬于沉静，淡于名利，见其以声誉相驰骤之人，也泊如不动于心。谨遵父训，不忘家规族矩，其学问之始末，家庭之聚散，功名之得失，置之身外，始终立心耕读，每晚必课子孙，时时以书史自娱。唯喜钞书，每得善本，且诵且录，至老不倦，性恬淡冲和，实行笃学。其子之粹、之铎皆考取秀才，为族人所称颂。

周成钰，字纪明，石阡府学文生，榜名耀南，严宗师取入丙申科试。性好静，读礼居家，而多闭户读书，苦学上进，敦品立行，性纯谨笃实，授徒于族里，循循善诱，远近来学者，皆获益而去。生平以躬行实践为要，旨所谓孝于父母，友于兄弟，与人交久而弥敬，乐善好施，至老不倦，晚年行事以"诚恕"二字自勉，以耕读世其家，子孙繁衍，乡人以为美谈。

周正谟，字文谟，号南方先生，镇远府学文生。幼而聪敏，学而能立品乡里，称其和平宽厚。操修品望，历膺房荐，诲人不倦，从游其弟子，随其材质所近，善诱循循，均受益匪浅，殆不啻春风时雨之化。正谟风仪秀整，究心艺道，工书法，长于文，书法兼欧阳询、虞世南之长，端挺峻拔，秀逸雅致，有《轮水碑》存世。

周正纪，字律成，永澍第三子。幼颖悟，承家学，出经入史，品学皆优，民国时期，石阡挑选教员，考取甲等第三名。正纪承父业，于贵定、长坡、高魁等处开馆办学，生于光绪二十四年，殁于民国二十六年，年39岁。

周道成，学型第四子，民国初年石阡中学毕业。幼承家训，学识多渊，正直耿介，见不肖不正者，必责之教之。教育视野开阔，极具开拓精神，1926年，集楼上周氏族力，在梓潼阁创建保民小学，以育人才，使周氏子孙能顺应时势的发展，接受新式的教育，族中子弟由此升入石阡、镇远等中学读书的人不计其数，为周氏家族教育发展及人才培养，奠定了广泛而全面的基础。

周永孝，成祖之子，字绍文。生性刚正，伟体岸然。一生教书，学极淹雅，视仁宦之富贵、文章之名誉，如流云逝水，泊然无所动于心。处事融和，课读之余，教子训孙，族中资质出类者，皆受其教诲，而后经小学，入初中，培养一代知书识理、通达正直寨中贤人。

周其开（1921—2009），正明之子，幼聪敏绝伦，好学有风。弱冠入贵阳师院古典文学专业。尤喜诗词散文，凡读之必背而后已，疑义必析，甚终身不忘一字。先后于石阡中学、铜仁师范等任教，循循善诱，爱生情浓，其门生多英才。然观其一生多艰，从被划为"右派"开始，备尝辛酸，许多时候皆以钓鱼养其家，却风骨依然，常于庭下讲经解史、辩难古人，不时亦吟花诵月之乐。其开承继周氏家族庭训之守，教子甚严。其子孙皆蒙熏染，好学黾勉，书香是继，名重乡里。其子若孙，多书香为继，而人才辈出，皆其开积德福报。

经过这样代代人的教育与熏养，明清时期，楼上周氏家族能博涉经史、推重乡里的贤人，可以说不胜枚举，而丰仪整肃，衣冠端雅，为族中表率、有恂恂之风者，济济跄跄。就是到了20世纪中叶，仍有如周永瑜、周正钧、周正和、周正绅、周其新、周其衡、周其遇、周其家、周其元等，皆礼让为先，为人谦和，诚恳待人，厚德传家。

500余年来，楼上周氏家族绵绵而兴，在治家、处事、待人、立身等方面，可见、可感、可触的是凝心聚力，平等对待，贫富相济，一家有事，众人相助，晚辈对长辈恭敬礼让，子女对父母恪守孝道，兄弟情深，朋友义重，无不含蕴着古代那种内敛的、含蓄的、务实的人生智慧和处世哲学，皆缘于养正树贤、崇教兴文所使然。

楼上周氏家族，因重视养贤教育与传统文化的熏沐，而历代贤人辈出。明末时，四世周国宾就以其贤达，而身当思、石总乡约。其弟周国祯博学多才，出仕省参房；至六世周易，耕读开风，生平笃学，文撷犀菁，以昌以声，芳华允明，居乡之心，业传五经，子挺十英。其文风之盛，为两府之冠，族人荣之。清嘉道年间，七世周兴兆、周兴年，八世周之翰、周之年，九世周文士、周明顺、周明远等皆以诗书传家，频登胶庠。

咸同之际，更是人文蔚起，十世周大璠、周大琦、周大珍三兄弟，或以勋烽，或以文章，或以绝德，或以卓行，既表于时，又引领于后，有"一门三翎"之誉，并得到同治皇帝所赐"中流砥柱""义为乡邦"等匾，实楼上周氏家族之幸甚，洵足以增山川之色，增谱乘之光。此期间，周仁义、周成国、周成全等风起云涌，治乡治族、修屯筑堡、抵御匪患、保卫家乡等皆不遗余力。

清末民初,十一世周徽五、周学懋,十二世周梦龄、周成统、周成祖、周成业、周成钧,十三世周永龄、周永澍、周永祯、周永泉等相继荟萃,捭阖世事,频领风骚,传为美谈。民国时期,周道成、周永孝、周文模、周正纪、周纪明、周阴九等文风蔚然,治学有声。

中华人民共和国成立以来,如周其开、周其贵、周正典、周正泽、周其继、周道昌等皆以诗书为尚,文脉绵绵至今。

周之翰,石阡府学文生。为人耿介,生平取予不苟,是为端士。周氏家族第一任族长,担当有为,其学问文章、治家治族,有口皆碑。凡族中义举,辄以身肩之,在周兴元第一次所手抄族谱基础上,组织族人筹资编修了楼上周氏族谱,并立观音阁以压妖魔,是周氏家族乾嘉之际,承前启后、继往开来之杰出之士。

周大璠,字茂轩,官名尚濂,镇远府学文生。大璠天资颖迈,硕干伟躯,少负奇气,长学殖日富,而行谊亦日高,为人胸怀坦荡,赋性光明,持躬正大,因军功叠次保奏,钦赐蓝翎同知,候选知县。

咸同之际,匪患猖狂,肆行焚掠,思、石两府之民皆苦之,大璠奉檄治乡团,与石阡杨大镛联成响应,以御匪患。贼多次破阡城,烧掠民居。全赖周、杨等勠力而战,多次从匪贼手中夺回。其楼上之境,亦全赖大璠秘运方略,部署防御,与族人一心抵御,使族人得以保全。

大璠清廉为族,谦逊宽容,秉礼处世,教化族人,彰显其儒家修身、齐家之风范,更在正心修身、修德为人、立德为族,而族心响治,并厘定礼序家规、乡规族约等规章,使家族仁礼之风尚益彰。特别是周氏家族因咸同之乱,而房屋、庙宇尽皆被毁,尚濂聚合族力,募筹而修葺各庙,周氏则深蒙其泽。尚濂一生律己从严,舍利求义,却从不恃势压邻,族事内外,皆大璠拼挡,多次为乡邻周边排忧解难。大璠毕生重视族风教化,编修第三次族谱,延见当地父老,博采旁咨,悉洞幽隐,所编族谱视野开阔,文辞畅达,含蕴家族深厚历史文脉,有极高研究价值,为后继所宗。大璠自幼习书,宗法颜柳,得意处,直摩鲁公之垒。

周大琦(1824—1865),字朴奄,官名尚忠。大琦天禀颖异,蕴负宏远,素有大志，好读左传及秦汉书，长而卓卓英气，风度端凝，素著贤声，上宪见之，辄器之。遇事沉着敢为，大计卓异，能应势捭阖遐迩。其由石阡府战兵出力御贼，叠保蓝翎千总，花翎都司，英风义烈，中道而殉难，悲哉壮哉！据《石阡县志》载："勇敢多谋略，咸丰间入统帅田兴恕营，投效委带，升蓝翎千总，因军功，奏保花翎都司，同治初，赴外办公，阡守黄启兰告急，急回保城，至走马坪遇贼阵亡。"

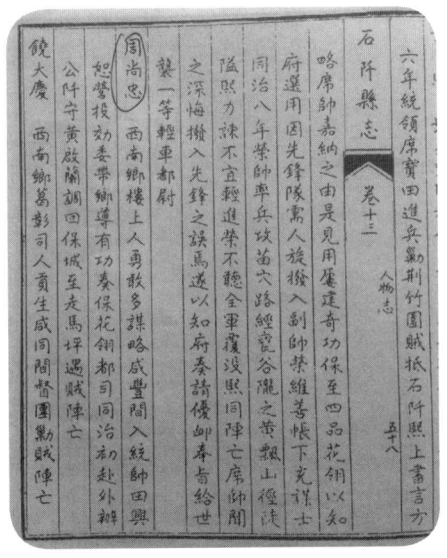

《石阡县志》周尚忠传略

周大珍，号级三，蓝翎守备。抱在潆峪河徐姓，妻朱氏，系朱家寨文勋公之满女。生徐树勋（武秀才），妻胡氏，亚秧寨人；生徐树德（石阡府学文生）；妻王氏，王家山人；生徐树人（石阡府学文生）。

咸同之际，贼匪称乱，王师征之，而数年不能靖。大珍从剿贼，每战辄为军锋，管理三十三屯，上至沙山梅子坡，下至洋溪五屯。擢守备，赏蓝翎。攻荆竹园，勠力数年，同患难生死，诱贼出战，鏖战竟夜，身受数创，而荆竹园攻克之，得荷恩赉，勋绩阡地，威信服人。同治七年二月，同治帝钦赐"中流砥柱""义卫乡邦"二匾。

此期间族士周成国、周成全等，也投身军营，奋勇争先，擢蓝翎外委，得授军功。

大璠、大琦、大珍三公，系周族一代人杰。于咸同之间，楼上及周边所遭贼匪之患，持续数年之久，忽南忽北，忽聚忽散，猱腾兔脱，行无定踪，却猖獗不止，而全族不为匪患所劫掠，赖三人与全族勠力同心、镇静抵御之功，得以保全，而无死伤，使疮痍立复，其功在楼上，可谓忠节孝友，萃于一门。垂诸简册，允作则楷。

周学型，字命新，号徽五。大琦之子，镇远府学增生。幼聪颖，长则明悟通达，器量宽宏，于族存先忧后乐之怀，以德名于乡里，才干闻名遐迩，可谓乡型之代表。清末民国间，学型身为族长，立德立范，公而无私，因族制宜，以教化为先，树德立贤为范，乡约族规为矩，一时家族和谐乐融，礼义风化载于当道，以忠孝世其家，而被于邻近。对族中之事，皆全力担当，先于光绪年间，组织族资族力，修建葛容周氏家族昭宗祠，上苗寨周氏宗祠；民国时期，建成阁坳口戏楼；对邻近他族，则抱德推恩，如甘沟蓝氏祖先与周氏始祖一道入黔，居于楼上，两族世代相睦，因蓝氏人少，每事皆恃周氏。因此，几百年来，蓝氏无字派，亦无族谱，而取名错乱难清，几代之后就不知先祖为谁，每每要求按周氏字派取名，学型则理喻族中贤达，晓以仁义之道，从此蓝氏则使用周氏家派，其堂口也改称"汝南堂"。

周学型寿庆匾额

周成烈，明经进士、石阡府学廪生（榜名梦龄）。长而博览周知，遇事敏决，善思多谋。禀性磊落，好抑强扶弱，遇族人有外事，无论亲疏，必力加捍卫，竭力而为。地方善举，捐助不吝，乡人称之。卒后其墓碑联云："国干乡型，甘棠遗爱；名立德建，玉兰呈祥。"

周成祖，学仲长子，字百川，明经进士。幼时颖异，长而卓荦，居心忠厚，乐善不倦，见善必为，兄友弟恭，和亲睦里，品学见重一时。广结名流，交情洽于乡里，声誉闻于当道，积厚而光，乡人称之。

周永澍（1866—1941），字召凤，号肇南。永澍六岁丧父，贫苦力学，母教綦严，生有绝禀，过目不忘，每过村塾，闻读书声，尝窃听之，即能通解大意。长而积学笃行，赋性和平，博极群书，长于讽咏，兼善诙谐，其为文有一泻

膴膴楼上

千里之势，庠序间卓卓有声。

光绪十二年(1886)(丙戌)，学政杨宗师[①]取入泮。光绪十八年(1892)壬辰，蒙贵州学政叶在琪赏识，考取一等文生第四名，补廪。光绪十九年(1893)癸巳，恩科乡试未第。光绪二十九年(1903)授明经进士。永澍上奉慈帏，下课儿孙，以儒学倡导子孙，课督其家子孙皆能读书，绍书香门第，人以为绩学之报云。

学型与梦龄、召风为当时楼上周氏之翘楚。学型之说理，梦龄之筹谋，召风之文章，三人先后列胶庠，捭阖世事，盛名一时，堪称贤达。

周永龄，字宝三，榜名士珍，镇远府学贡生。少务根柢之学，六经注疏皆能贯通。性淳实淡静，绩有实学，能全大体。一生泊然，佣书度日，暇则为文，或就正于族中先达，由是，学日益进，奉养父母，焚香读书为乐。凡族人纠纷，皆从中劝解，或执理论断，不枉不冤，务息纷争。生平行事，无不类然。

楼上周氏通过近百年崇教兴学，教育传承，文化积淀，至清末，芸芸族裔，依仁立身，忠厚处事，仍耕读传家，而人文迭兴，蔚为大观。正如周尚濂在《耕读志》中所道：窃维传家之道，不外耕读。耕者，须求千仓万箱；读者，须为奇男子、美丈夫。立德、立功、立言以传不朽。即不然，亦稍为立名，聊为光前裕后之想，切不可没世无称，而为君子所疾焉。

族中户室云连，诵读不乏。倘科甲未登，家声难以大振。然身列胶庠，亦非偶事也。唯愿后之学者，接踵而起，不作无名之慨。若能奋志潜修，掇巍科而登廊庙，是则予之所厚望者也夫。是为志。

楼上周氏家族，在浓郁的耕读文化思想影响下，历代秀才辈出，贤良蔚起，真正实现了一族之中，读书继美，比户连连；游庠之士，指不胜屈。其中"九子十秀才""一家十代皆秀才""一门三翎"等，皆让人瞩目与感怀。

[①] 杨文莹（1838—1908），字粹伯，号雪渔，浙江钱塘（今杭州）人。光绪三年（1877）进士，官编修、记名御史、贵州学政。工书法，书宗宋四家，笔力瘦劲，有铁画银钩之势。亦工诗，著有《幸草亭诗钞》。卒年71。此书多记太平天国事。

第八章　德化楼上

知书达理，和谐是序

　　楼上周氏家族秉承自西周以来的礼乐文化传统，在崇尚人与自然和谐相处的基础上，强调人与社会的和谐、与家族的和谐、与他人的和谐。通过诗书礼乐来熏养子孙，使之形成恭俭孝悌、明德知物、崇祖先、知廉耻、有德义的品德。这是制度化的诗教活动、家族习俗、道德生活和人际交往的体现，从而使周氏家族的社会生活有理、有序、有节、有度、有制，实现了家族生活的稳定与和谐。这些都体现一种由内到外的规范，是一种秩序与和谐，是一种生命精神的体现。

　　楼上周氏家族的内在和谐以及人与人的和谐多归根于道德的和谐，落实于社会关系之中的协调，并立法于人伦，效用于社会，是一种秩序的和谐。有了这种精神，能于和谐中谨慎地行中道，不偏不倚，以理节情，以礼节情，在愉快之中消解人的欲望与社会规范的冲突，实现心性的和谐，收到了很好的效用。

　　楼上周氏家族还善于吸收道家所崇尚的和谐思想，不仅要达到人与自然的生态和谐，更倾向于人的性灵的自由、人的心灵体验的平衡与和谐。道家所致力于建立的是人与宇宙的和谐，这一和谐落实在人对生命的体悟上，要实现人内在生命的真正和融，是一种生态化的人生审美境界。

　　楼上周氏家族，更多的家道不殷，自身节俭而用，但对于家族文化建设、教育投入，却能慷慨以任，无怨无悔。倘若不是其内心真正和谐乐融，又怎能达到如此坦然，又怎能有如此的诚心真意。这些所作所为，使楼上周氏家族得以实现人内在生命的真正和融，是人的生理生命、精神生命和天地生命的大融合的代表的一种展现。

膴膴楼上

楼上周氏家族的个人人格和以血缘亲情为纽带的家族社会组织形式最能体现家族秩序及其生命精神，是楼上周氏家族对生命的最高度的把握和最深度的体验，贯彻到家族的社会生活中就形成了家族的规范和秩序。儒、道、释三种不同思想对楼上周氏家族的人生境界的提升都起到过积极的作用。就对中国的传统文化继承而言，不管是儒家思想，还是道家思想，楼上周氏家族都坚持这个基本原则，即所谓法自然之序，就是要认识事物的本然，尊重事物的规律，要顺其本性去发展，体现其融入自然秩序之中。而楼上周氏家族都能自觉认同并始终恪守这个原则。

楼上周氏家族作为宗法血缘关系为基础的社会形态，因其家族自身的和谐关系的存在，才能超越和抑制物质诱惑，突破超越世俗的限制，从而走向耕读不辍的精神目标。这样，经过周易、周之翰、周大璠、周学型等几代人的努力，使真正传统的美又重新根植于周氏家族的社会生活行为之中。通过居勤克俭、至公是守，来节制不必要的浪费，来实现崇文重教、耕读相济的普遍渴求。所以整个楼上周氏家族作为精神性目标所追求的从容耕读、和谐生命具有社会的普遍性。这些特点是传统生成普遍规定性后不断丰富的结果。楼上周氏家族所追求而实现的是家族的和谐乐融，是人生的充实丰富，所寻找的是自然、恬静、洒脱、安闲、雅逸、条理、中庸、秩序，就是耕以足衣食、读以治身心。

楼上文化较多地吸收西周礼乐文化精神和秉承中国哲学精神，企望其所生存的自然空间和社会空间应是一个和谐的空间。遵循"礼只是一个序，乐只是一个和"，其人的和谐不是外在强加的秩序，而是他们的内在德性修养所

和谐是序

能达到的境界，是由他们的内在生命所发出的，从而使得彼此之间相互补充、取长补短，这才是和而不同，这是传统文化所谓的和谐。在实际的家族交往和文化生活中，像周易、周大璠、周正典等那样，总能以博洽的学识、极具感召力的人格影响力，凝聚并引领家族，以耕读为怀，以诗礼传家，以和谐治族，使楼上周氏家族在文脉的赓绪中，不断实现文化传承与发展，形成了家族耕读的泱泱文风。而楼上家族的和谐，又是人与自然、人与社会、人与他人的和谐而逐步发展绵延的。

楼上周氏家族在500多年的生存绵延中始终信奉天地和谐之道，自始至终致力于培养贤人，实现耕读的守望，实现人与建筑的和谐、人与环境的和谐。和谐是周氏家族一种安顿族心的秩序与法则。从培养贤人和导养心性做起，其和谐不是外在的强制规范，而是一种心性圆融。只有族人的心灵实现和谐之后，才能确立家族价值观、是非标准与人生准则，自觉践行社会道德与规范，实现家族的秩序，承担家庭及家族可能面临的各种遭遇和灾难，从而获得家族发展。

楼上周氏家族不仅注重人与人、人与家族的和谐相处，更善于寻求一种人与人的心理相容、相守、相望。充实而丰富的家族生活，是耕读相济与家族和谐发展的一种模式。周氏家族以人的心灵和谐为起点，以和谐为最终目的，强调能和己性，则能和人性；能和人性，则能和族性；能和族性，则能和社会之性，实现家族乐融。没有和谐，就没有家庭，没有家族兴旺，这也是楼上周氏家族，在感性经验上，汲取传统家族观念而形成的家族意识。

在清代的雍乾至中晚期，周氏家族中的周学颐、周学型、周永澍等人，在耕读相续的不知不觉中，把自己的心境，落向于耕读之中，落向于家族的和谐之中，以满足家族愿望，其生活情感向家族的深入，即是向秩序的深入。由此乐于耕读、诗书为怀、至公为上、勤俭有则，而作为家族精神的至上形式法则。当然，这种家族的精神，实际上是贤人和谐的人生态度而产生的。

楼上周氏家族500多年凝聚、沉淀而融化的一种人与人、人与家、家与族、人与社会之间的相互关系，是宁静而和谐、至美而至善的。其家族人性的宽度、厚度，是对乐于淡泊栖居、自然而然的生活方式的肯定，也是对其家族绵延、生命意向、人性执守等另一种生命状态的演绎，在耕读家教中所形成的勤俭、质朴、善良、慎独、守敬、求仁、习劳和乐居的人格追求，强烈的生活、生命、家族理想，使楼上周氏家族在耕读生活中，纯化情感，淡泊襟怀，使心灵与精神自然闲适，这是生命品质的独特体验，融于自然的更宽广的生命意识的交融。

从楼上周氏家族至公是守的过程中，可以感知家族的生存意识和朴素本然的东西。其对勤俭的领悟与践行，以仁、义、礼、智、信，温、良、公、俭、让等家族风尚，而使人与人、人与家族及社会相协调，处处都以体仁扬善、集义生善为枢纽，使家族之间怡然有序、树德立范、相习相染。楼上文化是人类家族发展史上的样式，是一种充满和谐、至公至上的家族精神。

第八章 德化楼上

淑德贤范，母仪是式

在楼上周氏家族500余年的历史发展中，天与厥福，德化泽被，在一代一代母仪风范中，人性宽和，慈惠可风。特别是在家庭的操持料理、敬养老人、教育子女等方面付出极多，对家庭的各种不幸与各种困难，甚至灾难时，默默担当与坚守，年年岁岁，日出而作，日落不息，辛勤备至，劬劳一生，可谓母仪是则，德化而族蕃。

苟氏，三世周嵩妻。楼上周氏家族，自三世祖周嵩从铺溪周家湾，又回到寨纪居住。三世祖妣苟氏不仅勤俭持家，和睦戚里，宽怜佣仆，而且以身为则，教子以严，教女以贤。生四子三女，四子为：长国宾、次国贤、三国祯、四国贸，皆训诲有方，能礼义立家，本分持身，各具才干。长子国宾，身当思、石总乡约；国祯出仁省藩署参房，这些俱得于苟氏悉心教诲所致。

李氏（1643—？），四世周国祯妻，直桥李正法之女，自幼敏慧，父母甚爱。因父曾与国祯过往甚从，深知国祯乃大丈夫，知其家遭不幸，既同情，又悲怜，为此，将年仅15岁的小女，嫁与周国祯，以期续其香火。

李氏，明理通达，谨遵父命，也慕国祯之才，心甘愿适。自归国祯之后，当家理事，操持有序，和睦宽厚。李氏生三子，长世忠、次世良、三世英。李氏教子颇严，勤劳劬心，后疾劳病故。因其贤德，与三世祖妣苟氏（婆媳）合墓。国祯又娶王氏，王氏贤厚宽仁，抚养三子，尽心尽力，其淑德贤范，是为周氏之楷则。

由此而后，至第五代有：易氏，周世忠妻；吕氏，周世良妻；邓氏，周世英妻，她们上行下效，德彰素里，或勤俭持家，或相夫教子，或为家是守，内和九亲，外睦远邻，泽被后世，绵绵不绝。

淑德匾额

邓氏（1663—1735），五世周世英妻，何家湾邓兴祖之女，贤惠内映，操持劳作，悉力肩之。生五子三女，五子为：长周鉴、次周镜、三周锡、四周铣、五周镐，而养育之辛，难于言表。天与厥福，有孙18人，曾孙41人，而绵荣百载，遗风十代。

在楼上周氏家族第六代祖母中，因子女多，而备极辛苦，上敬父母，下教儿孙，比比皆是，如：

六世周鉴妻，陈氏、张氏，生子七人，兴岐、兴治、兴社、兴兆、兴雄、兴道、兴官，孙19人，曾孙22人；

六世周镜妻，陈氏（1685—1748），王家山生长人氏，生五子，长兴仁、次兴汉、三兴庠、四兴德、五兴璧，孙12人，曾孙27人；

六世周坤妻，董氏，生五子，长兴学、次兴孝、三兴年、四兴林、五兴州，孙12人，曾孙16人；

六世周易妻，黄氏，生四子，长兴隆、次兴礼、三兴崧、四兴元，孙12人，曾孙12人；

六世周现妻，李氏，生四子，长兴盛、次兴国、三兴让、四兴顺，孙8人，曾孙23人；

六世周朝妻，张氏，生四子，长兴贵、次兴裔、三兴俊、四兴昌，孙11人。

六世祖母个个勤劳持俭，立家以孝为本，持家以勤俭为要，待人以宽厚为度，教子训孙以严为则，处处堪称母仪典范，有"十八妯娌个个贤"之美誉：

周星妻唐氏

周镶妻陈氏

周坤妻董氏

周易妻黄氏

周庠妻王氏

周鉴妻陈氏、张氏

周镜妻陈氏、刘氏

周锡妻邓氏

周铣妻吕氏

周镐妻徐氏

周现妻王氏

周朝妻张氏

周镒妻陈氏

周琳妻黎氏

周伦妻何氏

周荣妻梁氏

她们开启了300多年的家族风规，泽被了一个家族的绵延兴盛。其后七世这一代也继之有则，如：

七世周兴邦妻雷氏，生四子，孙九人，曾孙二十人

七世周兴启妻黄氏，生四子，孙八人，曾孙十四人

七世周兴岐妻刘氏，生五子，孙九人，曾孙十一人

七世周兴让妻刘氏，生二子，孙八人，曾孙十五人

七世周兴庠妻余氏，生四子，孙五人，曾孙十人

七世周兴璧妻杨氏，生六子，孙十四人，曾孙三十人

在周氏家族第八世、第九世、第十世中，这样的例子处处可见，如：

膴膴楼上

八世周之吉妻杨氏，生四子，孙十一人；
九世周仁惠妻王氏，生八子，孙十九人；
九世周明政妻覃氏，生四子，孙八人。

代代母仪是式，皆课子以严、训诲有成。而当遇族中子侄有急难事相求时，都能慷慨以助，其淑德之范，至善至美。

熊丸教子，惠泽芳干

黄氏（约1715—1792），六世周易妻，自幼聪慧，贤淑端方，勤俭慈惠，操持有序，致孝致敬。其贤德淑范为族里所津津乐道，可比之历代贤媛之德。

		子		孙	曾孙
六世周易妻	黄氏	兴隆	安化县学文生	之篡、之现、之印、之申、之朝	之朝，思南府学文生	
		兴礼	石阡府学文生	之秀、之中	之秀，镇远府学文生	
		兴崧	镇远府学文生	之邑、之伯、之馨	之伯，镇远府学文生	
		兴元	石阡府学文生	之粹、之铎	文铎思南府学文生，之粹镇远府学文生	明顺，石阡府学文生
		婿刘之珠	石阡府学文生			
		子4人女4人	秀才5人	12人	秀才5人	秀才1人

黄氏生养子女八人，一生辛勤备至。其子兴隆（安化县文生）、兴礼（石阡府学文生）、兴崧（镇远府学文生）、兴元（石阡府学文生），俱知书明理，受母亲影响甚多，勤耕苦读，皆中秀才。

黄氏不仅相夫教子，且与四媳相处洽融，亲如母女，也给四媳垂范在前。四媳承姑身教，而教子有方。其四媳（七世祖母）：

陈氏，周兴隆妻，生子之篡，之现、之印、之申、之朝，之朝为思南府学文生；

袁氏，周兴礼妻，生子之秀、之中，之秀为镇远府学文生；

李氏，周兴槭妻，生之邑、之伯、之馨，之伯为镇远府学文生；

罗氏，周兴元妻，生之粹、之铎，之粹为思南府学文生，之粹为镇远府学文生。

这四媳皆敬老爱幼、侍奉惟谨、贤淑端静。其黄氏曾孙——之粹之子周明顺，亦考取石阡府学文生。至此楼上周氏"九子十秀才"之佳话，以名重思南、石阡两府，而家喻户晓。

七世周兴让妻刘氏，生二子：长之文、次之岐，孙8人：仁义（龙泉县学武生）、仁信、仁端、仁智、仁伦、仁万、仁高、仁元，曾孙15人。

七世周兴庠妻余氏，生子之翰、之璠。之翰为石阡府学文生；之翰子明伦、明体，明伦为思南府学文生。

七世周兴璧妻杨氏，生子六人，孙14人，曾孙30人。其子之年为镇远府学文生。

楼上周氏十九代人，恩承母爱泽被，并延及母女、婆媳、姑嫂、妯娌之间，相互包容、忍让，抑或乡戚族谊之间，互动互召，形成风尚，以沐化家族，这是亲情所含蕴，值得传播流芳。

楼上周氏家族自此以后，总是以这一代为标志，承传有序，互助互进，形成了一种家族意识。其后，贤风互臻，此起彼来，家族绵绵兴起。

杨氏（1734—1803），七世周兴璧妻。生子六人，之凤、之吉、之庆、之年、之用、之赞，孙14人，曾孙30人。其生而聪慧，义方诲子，茹苦食贫，历数十年，萱风远播。其子孙如下表：

杨氏七世周兴璧妻	子	孙	曾孙
	之凤	明俊	外迁
		明哲	外迁
	之吉	明才	大贵、大数、大开、大钢、大舜、大士
		明清	大发、大勇、大宽、大贤
		明瑞	大玉

续 表

		明华	未传
杨氏七世周兴壁妻	之庆	明镜	大科、大位、大经
		明鉴	大学、大榜
	之年	明春	大璠、大琦、大珍
	之用	明辨、明文、明见	皆外迁
	之赞	明经	大聪、大思
		明常	未传
6		14	21+外迁

其五代同堂，一大家近百人，和谐相处，从无间言，皆杨氏贤德慧心，以身为则，调济有方。其子周之年，考取镇远府学文生（秀才），家道之兴盛、家庭之和融、子孙之学问人品，实杨氏宽容含辛、慈爱惠泽所致。

刘氏（1795—1830），九世周明春妻。刘氏自幼适明春，生子大璠、大琦、大珍。教子甚严，辛勤抚育。其所生三子，皆幼而颖悟，好学经史，辄过目成诵，长而同臻国干乡型，名扬思、石。

刘氏一生勤俭慈惠，操持有序，致孝致敬。诲儿孙要存仁慈厚道之心，惜福积善。其淑德贤范，足可风矣！

张氏，大璠妻。岩脚屯张大珍之次女，张世融、世松胞妹。冯氏，亦大璠妻。长坡冯富镇之满女，冯津、冯清之胞妹。张氏生子学丰、学聚、学稷、抱子学懋、冯氏生学优、学裕。张氏待人，以身为范，以宽恕为则。其宽厚和平源于天性。其孝友睦姻之谊，慈惠宽容，贤惠难铭。

蒋氏，十世大琦妻，生子学型，甫半岁，夫大琦为解石阡城围，从贵阳赶回石阡，夜宿瓮安沙坡屯，遭匪袭殉难。蒋氏教子义方，备极辛勤。子学型自幼聪慧，尚玩难训，而疏于学。蒋氏严责不容，导之以方，使其人品学问，载誉乡里。

王氏（1864—1926），周学型妻，石榴寨人，自幼聪慧，生平与学型相敬相濡，无一言一事偶相抵触。生四子肇成、继成、化成、道成。训子以慈以严，待人以宽以容，待家人宽恕，待族人优容，至于亲族邻里遇有喜庆或忧戚事，每关念特甚，尽心尽力相助。其兰心蕙质，母仪甚敦，使后人仰而望之，景行行之。

	子	孙	曾孙	
刘氏周明春妻	大瑶，镇远府学文生，钦加同知衔，候选知县	学懋	相成、佐成	学懋，镇远府学武生
		学丰		
		学聚	桂成	
		学社	成勤、成志	
		学优		
		学裕		
	大琦，花翎都司	学型	肇成、继成、化成、道成	学型，镇远府学增生
	大珍（徐大升），蓝翎守备	树勋	登银	树勋，镇远府学武生
		树德		树德，石阡府学文生
		树人	登梯、登铭	树人，石阡府学文生
		汉儒	登荣	

周学乾，妻伍氏，生子成统，成统为镇远府学武生。

周学项，妻李氏，生子成钧、成谦、成鉴、成国，成国为蓝翎外委。

周成宣，妻朱氏，生子永太、永芳、永科、永庆。朱氏一生劬劳艰辛。永庆为镇远府学增生，其子正碧。永芳其子正明。正明子其开、其美。其开为民国时期的本科学生。

周成碧妻刘氏，生永龄，贡生，系林宗师，考取一等补廪，镇远府学文生。

周学仲妻张氏，生子成祖，字百川，榜名海清，镇远府学廪生。

周学旦妻吴氏，生子成业，字凤三，石阡府学文生。

周永贞妻扶氏，生正谟、正杰、正儒、正卿、正文，正谟列庠序。

周永魁妻李氏（1905—1981），生子正典。高家山生长人氏。李氏淑德仁慈，向来有口皆碑。持家崇俭，处事宽平，与人为善，母慈子孝，家和事兴，其乐也融融，为慈母典型。其孙、曾孙皆学有所成，现一门书香，实厚德之报。

第八章 德化楼上

慈孝仁心，节傲松筠

在楼上这样繁盛的家族中，由婆媳、姑嫂、妯娌以及宗族之间所构成的家族化关系，在朝熏夕沐、耳濡目染中，不断演绎与升华，而不断地从生活现实中那些堪称懿范的母亲或淑贤的立身行事中汲取精神。

余氏，七世周兴庠妻，生两子：长之翰、次之璠。之翰为石阡府学文生。之翰子明伦、明体，明伦为思南府学文生。

罗氏（1742—1826），八世周之璠妻。罗氏生明昭（熊氏）、明莹（石氏）；84岁寿终。

王氏（1756—1791），八世周之翰妻。王氏生明命，35岁时不幸而亡。此时罗氏，视明命为己出，不辞辛劳，为其婚配，娶任家山杨再坤之女为妻。

罗氏生而聪慧，柔顺维则，与周之璠相濡以沫、相知相守60余年，恩爱备至，抚儿育孙，一生克勤和颜，其德范泽被子孙。

罗氏遇寨中子侄，必教以敦品立行，讲孝友睦姻之谊。由是德化乡间，誉隆戚族，而古之贤媛，不过如此也。

熊氏，九世周明昭妻，生子大方、大矩。石氏，九世周明莹妻，生子大品、大顺、大奎。熊氏、石氏皆训儿不辞劳苦，格言正论，五子皆贤如君子。

杨氏，九世周明命妻，孝敬翁姑，和睦妯娌（熊氏、石氏）。谁知天有不测风云，杨氏生子大文，时年23岁，不料夫周明命年仅27岁即不幸亡故。仅隔四年，大文四岁，而杨氏即亡。此时罗氏（之璠妻）已近60岁，还须抚育孙子，也全赖熊、石两伯母帮助，抚育备至。大文长成，为人正直，感恩祖母及两伯母，无比孝敬，后娶妻黄氏、李氏。上承祖母之范，下启儿媳之慈。

黄氏，十世周大文妻，生子学圣（1813）、学闵、学轵、学颐。黄氏立品端谨，慈惠勤俭，尽心孝养老人，持家守业。其孙成锦、成烈、成祖、成业等频登胶庠，是之慰也。

张氏（1834—1898），十一世周学颐妻。旧屋基张成智之长女，年甫十六，嫁与学颐为妻，则宜齐家室、敬翁姑、和妯娌、睦乡邻，自不待言，有口皆碑，克尽内助之力，训子有方，相夫有德，助其夫之经纶，实赖张氏之佐成。与夫相敬如宾，将顺唯谨，养育子女八人，终日劬劳，苦无怨言。

董福珍（1913—2015），乐化人，周其继（1923—2002）妻，年十七归其继为配。其继性颖悟而好学，日唯穷经研虑，不事家人生产。董氏亦不欲以外务萦其心，悉力肩，贤惠仁慈，实有风范。

		生子	孙	曾孙	玄孙		
八世周之璠妻	罗氏（1742—1826）	明昭，熊氏生子	大方	学仁、学种、学显	成椿、成轩	成山、成祖、成阡	成之、成武、成文、成庸
			大矩	学浩、学熙、学一、学扬	成渠	成兰、成香	成琪、成鼎
		明莹，石氏生子	大品	学曾	成连、成智	成洛、成美、成银	
			大顺	学成、学旦、学开、学贵	成乐、成礼	成业	成邑
			大奎	学隆	成格、成桂		
八世周之翰妻	王氏（1759—1791）	明命，杨氏	大文	学圣、学闳、学轲、学颐	成锦、成潜、成彩	成身	成烈
人数		4	4	18	30		

注：成锦镇远府学廪生；成烈石阡府学廪生，明经进士；成祖，字百川，学名海清，镇远府学廪生；成业，榜名人杰，字凤三，石阡府学文生。

第八章　德化楼上

邓氏，六世周锡之妻，年十七适锡为妻。周锡方冠辞世，邓氏二九居孀，背父而生七世周兴悌。邓氏乃矢志坚贞，勤俭持家，敬父孝母，教子以严，励志耕读。后兴悌以孝名，其子之牧、之聪、之哲，皆贤良正直，而家道昌和，功在邓氏。

邓氏处人生之不幸，抚孤儿以成家立业，为族乡所重。时有思南府胡公，据地方颂扬，赐"节傲松筠"之匾。

郭氏，八世周之玉妻，生子明永。明永系背父所生。郭氏18岁于归周之玉，19岁丈夫周之玉不幸亡故，丧葬家苦清贫。郭氏坚节40余年，教育辛勤，慈严兼至，极尽孝养，远近称之。

其子明永成家立业，生子大开、大政、大安，皆本分持身，贤顺孝敬，家道时兴，令誉名噪一时。

罗氏，八世之询妻，生子洪才。罗氏青年孀居，为闾阎矜式。一生勤纺织，一家生计，悉力全担。

高氏，九世周洪才妻。洪才殁时，高氏仅25岁，生二子大年、大琔，辛勤抚育，对二子教督甚严，达旦不息，勤勤不懈。奉姑至备，慈孝有声，戚族咸称之。

徐氏，十世周大观妻。徐氏20岁于归，生子学琔，甫三载，夫故。守节44年，不二厥心。孝事翁姑，训子教子，极尽艰辛。其孙成德、成瑶、成品，个个贤良；曾孙永桢、玄孙正谟，皆考取秀才。

杜氏（1835—1906），周成锦（1839—1870）妻。杜氏系牛塘坳杜兴才之次女。自幼秀静颖慧，逮适成锦，相夫教子，克守妇道，助夫成锦列庠序。不料成锦仅32岁即殁，此时，永澍仅六岁、永淮仅三岁。

杜氏仅36岁，逢此遭际，勤俭持家，侍奉老人，备历艰辛。长子永澍，童年聪慧，好学上进。永澍在《母氏杜夫人苦节》中道："母道参以父道；断机训子，立德更欲立名。越十余年，子永澍果列胶庠而食廪饩，此固祖宗之荫德而实杜氏之苦节所致也。"

永澍有感母亲杜氏一生艰辛，屡次欲为母亲杜氏请旌表，未得其便。值光绪十七年（1891）辛卯，永澍馆于阡北之沙槽，幸遇郑锡廷在礼部尚书处任职，托转致内阁中书姚大荣，奏请旌表节孝，幸得如愿，遂敬母之孝。永澍曾有《挽母氏杜七律四首》：

少年丧父变非常，幼失瞻依最可伤。
幸遇慈亲全节孝，居然孤子享平康。
课耕课读谁分任，克勤克俭自主张。
毕竟彼苍惟德辅，青云得路姓名香。

周永澍妻吴氏寿匾

吴氏（1863—1924），周永澍妻，蛮夷长官司，高魁屯兴寨坡吴鸿灿秀才之女，生子三，长正纲（1887—1906）、次正纶（1888—1948）、三正纪（1898—1928）。正纪，字律成，贯通经史，早石阡挑选教员，考取甲等第三名。其遇娶刘氏，生子周昌华，其于石阡中学毕业，惜乎早逝。

吴氏相夫教子，孝敬老人，和睦邻里，勤俭持家，与丈夫周永澍相濡以沫，情深意重。在其死后，周永澍思念之情，发于笔端，曾有《挽妻吴氏》抒发难舍之心：

从来最苦老无妻，堪叹人生命不齐。
鸾凤和鸣音上下，鸳鸯离散影东西。
白头徒悔好逑去，红叶空留妙句题。
方寸何时思念切，三更灯火五更鸡。

冯氏，其光之妻，长坡人。丈夫其光早逝，而冯氏秉节操持守之志，养子育孙，几十年辛勤苦劳，持家严正，力送子女入学。其子道昌、德昌，其孙庭辉、庭贵皆读书为继，以振家声。

勤劳人生一

这一代代母亲，其淑德厚范，或为节妇，或为贤媛，或为慈母，磊磊落落，贤光族表，名重乡里，标冰霜之峻节，荷纶绰之殊荣，深孚众望，有裨族教。

仁之所爱，德化族蕃

楼上周氏这一代代母亲，虽劳苦一生，亦无怨无悔。她们在家族生存滋衍中，德化而族蕃，为周氏家族付出的努力，是令人崇敬的。她们更多地舍弃自我而寻求家我、族我、大我，以换取家人老有所养、幼有所依，其从内心深处情愿付出。她们用仁爱演绎一代代相同又不同形式的亲老爱幼的故事。

德化的力量是家族发展、和谐、幸福的重要因素，而家族中人与人相容相让、相帮相扶、尊敬老人、对家庭强烈的责任感等优良传统，往往都是从母亲懿德开始而弥漫感召以形成家族内在和谐的凝聚氛围。如今，弘扬并使

勤劳人生二

之不断传承这样的温情使楼上周氏家族更加族蕃绵绵。

在楼上周氏家族代代母仪中，知书知义，知理知节，传之子孙。在家或侍奉老人，和睦家庭，代代相续，更多时候还全揽家庭事务，除农耕劳作、洗衣烧饭之外，一方面是端茶送水，迎来送往，以待亲朋好友；另一方面通过潜移默化，相夫教子，侍之其旁，日夜相伴。是她们的贤德，化育了楼上周氏家族，使得清中期楼上周氏家族人口得到空前增长，达到人类家族史上从未有过的家族人口发展的现象。

楼上周氏家族，经过康、雍休养生息，至乾、嘉时期，从第六、七、八、九、十、十一代，而人口繁增，每家皆有子女五人至十人。这样的繁盛，使每个家庭的父母，养育更加艰辛，特别是母亲的职责更加繁重，而付出也更多。

在清中晚期，周氏家族的第十至十五代，家族田土有限，每个家庭所拥有土地平均量减少，而人口急增，生存压力也随之加大。特别是到20世纪中后期，人口继续增长，一家生养子女，多至八九人，少亦四五人，其父母必须更加勤俭，增加劳作与大力开垦，才能够衣食足。特别有许多父母，其劳作之辛苦，是没有经历过那个时代的人难以想象的，每天早晨不到五点钟就

德化族蕃

得起床，上自留地里劳动，六点多钟还得回家准备一家早饭，七点钟又必须参加生产队集体出工，挣工分，中午回家，做中午饭，还要洗一家七八口人的衣物，下午仍要出工，晚上六七点钟放工回来，做晚饭，洗完碗，准备猪食，喂完猪，烧水洗脸洗脚，稍微歇息，便已十点钟左右，才能上床休息。

楼上周氏家族中许多慈惠的母亲，对家人的慈爱，对亲戚的仁惠，是包容、是付出、是滋养、是惠泽，是其家族化传承的体现，是母性的升华，也是家族的荣耀，并以涓涓细流的形式化之，为家族继绪蕃绵。是她们用勤劳默默奠定家族的基础，使得在这个家族与家庭化社会中，母仪成了家族道德化的一部分，是家族繁荣的历史与必然。

周氏家族能代代贤人辈出，能安心耕读，皆缘于一代代母亲不断付出，使族中有一个个稳定、和谐的家庭。她们对人生及家庭的要求其实极其简单，子女必读书，自己日出而作、日落而息。而自己苦熬苦度，没有时间去探究自己的对与错、生活的意义、生命的定义；思考什么是命运、什么是苦、什么是累、什么是幸福。她们可能只想到人的一生应该追求的目标就是持家，就是传承孝悌、敬父母、爱儿孙，仁爱至及，并及于族人，从而实现家族内在乐融与和谐。楼上周氏家族几百年始终秉承传统孝悌，造就了人性的仁慈、善良、宽厚、诚信、义礼，摒弃了丑恶、阴险、狡诈、争斗，在平静而平凡的生活中实现了超越，实现了相融相生，实现了人性的和谐与统一。我想这也是其人口繁盛、绵绵不绝的真正原因。当然，楼上周氏家族血红繁衍兴盛的背后，仍有许多不为人知的生命意识，以及有许多人类未来取向的价值与人类学意义。

总之，楼上周氏家族如此繁盛如此绵远，是楼上周氏家族19代人的共同创造，更是代代勤俭持家的母亲所贡献，她们几乎承担了家庭的全部责任，包括生活、教育、奉养等，以穷尽毕生之力，而勤耕苦织、相夫教子、任劳任怨、艰辛备至，却默默无闻。其仁善慈爱，如水之德，惠泽后人，绵绵不息。其至德至惠，虽然随着家族绵延，被历史所遗忘，但也不断成为楼上家族文化的一部分，含蕴着家族的耕读传承的本来要义，母仪是征。

第九章

民俗楼上

　　楼上自明清以来为思南、石阡两府所辖，在历史上，是夜郎故地，是百濮、氐羌、南蛮、濮越及苗、汉、土家等族系的交互汇聚之地，又是历代征蛮屯军之所，更是历代中原各民族避难迁徙的要道之一。各民族之间的长期交往和相互融汇、农耕文化之间的相互交流、文化意识和观念上的相互浸染，在500余年的漫长岁月中，不断地融入当地风习，共生其存，风俗互染，又保留一些独特信仰和风俗特征。其风俗、文化具有历史汇融性和多元性等文化特点。

民族和融,多元相习

楼上所在石阡县,有着悠久的历史。早在秦始皇二十八年(前219),置夜郎县于今石阡县境西部,属象郡。汉唐而下,其建制沿革断续难考,记载不详,各个时期,迁移流寓来此居住的民族有仡佬、苗、土家、侗、蒙古、汉等多个民族。而仡佬族人口最多。据相关史书,仡佬族是曾经建立过古夜郎国的民族,在贵州的原住民族中,仡佬族是保存远古文化较多的民族。明朝初期,楼上所在周边多仡佬族、土家族与苗族。明代开边时,多数苗族迁往黔东南、黔南等地,仍有仡佬、土家、苗、侗和汉等多个民族。那时各族自有风习,尚不相容。

思、石自明初设府,汉族迁来此地,而以江西为最多,蜀次之,楚又次之,或以仕宦,或以商贾,流寓附籍。聚处既久,各没其旧,亦相习成风,变融化存甚少,仍与原习不远。饮食衣服、男女婚娶,皆用原俗旧仪。其语言、习俗则更多保留明代江、蜀的时代特色。

石阡风俗,因各民族汇融而成。周氏家族在楼上繁衍生息500多年,习

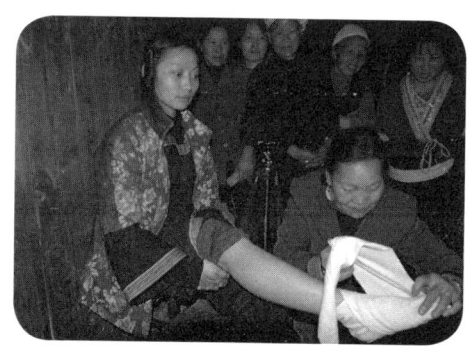

包脚习俗

古寨发簪

七月写袱纸

晒秋时节

俗染渍，而移风易俗，风土人物，骎骎可观。不忘其自来之习，又与各族相染渐化，涵濡日久，人情因风土也有所转移与吸收，与当地少数民族相互融合，接受许多原有民族的风俗习惯。

由于楼上特殊的地理环境和人文环境，在耕读文化中存在着各种各样的风俗习惯，既有汉族耕读文化脉络的传统、所崇尚的古礼雅范，也有当地及周边各少数民族彼此效仿、互为渗透而形成的风俗习惯。在这密织交错的融合之中，所形成的节日礼仪、风俗习惯、宗教信仰等也甚为可观。因此楼上周氏家族便逐渐形成了一种特殊的既有耕读文化传统又有周边各族习俗的文化特质。

楼上周氏家族的文化习俗有排他性和整合性的特点，其饮食、居住、节日、婚姻、禁忌等礼俗文化既有当地民族的个性，亦有共性，这是周氏家族长期融合和文化吸收的结果。包括代代传承的神话故事与传说、日常生活中严格的规范礼制，以及形形色色的宗教信仰、祭祀礼仪等丰富多彩的文化形式，具有家族耕读文化的共同主题。

楼上耕读文化体系除上述之外，在其民俗文化中还有由家族巫师

神仙豆腐制作

营造并继承下来的神秘的巫术文化体系。这些风格迥异、绚丽多彩的家族文化无论是源于农耕社会的消灾祈福，或文明社会由娱神到娱人的角色转换，无不具有原始农耕文化极深厚的内涵和神韵。

楼上周氏家族由于社会、历史、自然、地理等方面的原因，人生其间，率真淳朴而文化熏沐自成风尚，500多年来较为完整地保存了许多特色的家族原貌。

周氏家族中，随着耕读文化思想的传承与发展，以族规家训、节日仪式等作为载体，逐步形成了一种信念、道德和伦理。作为伦理道德实体，在家族关系中，从血缘而言，将同一宗族的人都称为"屋里人"；从地缘上讲，将生活在同一土地上的人称为"当地人"。这种"感情"优先的行为心理习惯，使得人们在交往的氛围充满了亲情味。如兄弟分家时，长兄分东侧房，弟弟分西侧房，既成民俗，不会发生争执。东西两侧的间数一般是对称的，既讲平等，又重秩序。周氏家族不仅蕴藏丰富多样的自然资源和人文资源，体现着各家族的创造力和智慧，也是联结家族情感纽带、增进家族团结、构建和谐社会、传承家族传统文化以及耕读文化的有效载体。

楼上气候平和，一年立春以后渐温，至五月而暑盛，立秋以后渐凉，十一月而寒生。生活其间，顺四时，居敬洁。士尚廉耻，农力稼穑，务本抑末，至于子孝妇贤，兄友弟恭，婚礼重择配，丧事多哀毁，家祭岁时伏腊，生辰忌日，必敬献外祀。元旦拜先礼神，贺新年，人日前后宴客，名为节酒。自除夕辞年，上元张灯玩龙灯，以行乐村民，相与于胜概处聚饮。五月五日各书门符，悬艾叶，儿童佩长命五色锁。以糯米包粽子，佐雄黄酒。

中秋玩月做圆饼聚饮。中秋节还有一种特别之风俗——偷瓜送子。偷瓜以晚上行之，偷时，故意让被偷之人知道，以讨其怒骂，而且愈骂之厉害愈妙。将瓜偷来之后，偷送至无子之妇人家。受瓜之人，须请送瓜人食一顿月饼，然后将瓜放在床上，伴睡一夜。次日清晨，将瓜煮而食之，以谓自此可怀孕也。周氏家族作为食瓜求子目的，所"偷"之瓜为南瓜较多，而以少年所偷之瓜更灵验。整个风俗行事的过程充满了活泼的情趣。

重阳登高饮菊花酒。十月剪纸寒衣。冬至往来拜节。十二月二十四，祀灶神。除夕挂灯，贴年画、门神、桃符，放爆竹，老幼团圆，围炉共酌，谓之守岁。

第九章 民俗楼上

唯正月十三至十五为灯节，有龙灯、花灯、茶灯外，还有人大戏、傩戏等庆会，龙灯也有送宝求子之习俗。特殊的自然环境和人文因素，决定了楼上周氏家族是一个以农耕为主的地理性区域。耕读文化在生产、生活中占据着中心的地位，其耕读文化的形成与传承在楼上有着特定的模式和鲜明的家族特色。

此外，楼上的民俗文化也丰富多彩。寨中妇女代代传承，纺花织布，缝衣刺绣，现仍传承刺绣，主要绣制背围、围裙、腰带、花鞋、鞋垫等。篾匠擅长编织簸箕、竹篮、背篓、筲箕、斗笠；工匠的拿手好戏是制作民间工艺品；还有老人及少年都酷爱书法，全寨家家户户年年春节多半自己写春联，寨中红白喜事所贴对联，

泡菜制作

均有专门礼布先生负责书写。寨中还有风味别致的糯米糍粑、酸汤豆腐、神仙豆腐、酥肉果、蒿菜粑、酸洋姜、泡辣椒、泡大蒜等品种繁多的风味小吃，构成了古寨的饮食文化。

楼上风俗中，也有许多生动丰富的古礼形式传承下来，其最主要原因就是传统礼乐文化的特性。而礼乐文化的载体，则又与各家族那源远流长的村规民约、民风民俗等家族式文化承载体系密不可分。楼上周氏家族的特点是聚族而居，其文化形成与流传除了传承、吸收外来影响外，主要就是靠家族文化的创生力量。它是一切人伦关系、人伦秩序设计的原点，也是人伦关系、人伦秩序得以维持和继续的基点。周氏家族的先辈们将自己平生日积月累的经验、对天地自然的认识，特别是他们的思想，通过家族村落这一最基本的实体毫无保留地传授给下一代，成为下一代生存的理念。这也成为家族耕读文化代代相传的一个基本动力。从这一角度而言，家族耕读文化以及村落耕读文化在楼上周氏家族的生存和发展、维护社会秩序、保护生态环境等过程中，起到了积极的作用。

川语方言，习俗用语

楼上及周边地区风俗多样，这些不同的风俗习惯渗透在饮食、婚姻、居住、节日、祭祀禁忌等仪式活动之中。但因楼上所处石阡之地，主要为思南府所辖，除了习俗浸染相因，在许多方面都有家族独特文化传承及习俗特色，特别是在语言上，因家族重教育，历代读书人多，家族人口多，保留着川言、周边方言，以及家族社会生活中一些习惯化的语言，形成丰富而独特的语言习俗。

日曰太阳，
月曰月亮，
闪电曰豁（也作火）闪，
雾曰罩子，
天明曰亮，
日午曰少午，
整夜曰一晚到亮，
一日曰一天，
天快亮曰麻麻亮，
早餐曰过早，
午食曰午饭，
夜食曰消夜，
饮食曰吃喝，
头曰脑壳，

第九章 民俗楼上

睡觉曰睡瞌睡，
耳曰耳朵，
口曰嘴，
说话曰谈话，
语言多爱说话曰夹杂，
做事不爽快曰弯酸，
别人送礼不肯接受曰千翻，
大声说话曰炮炸，
骄傲曰款得很，
聚谈闲事曰摆龙门阵，
骂人曰㘄人，
讨别人骂曰讨咒，
称赞人曰好家伙，
鄙亵人曰屌头，
这人聪明曰这人奸，
戏小儿曰逗人，
让得人曰脾味好，
问事如何曰啷个，
事做错曰拐了，
拾物曰捡得，
负物曰背（音"悲"），
携物曰提，
扛柴曰老柴，
寻物曰找，
泛指物曰东西，
打扫壁上灰尘曰打扬尘，
物小曰点点，
称长者曰你老人家，
称壮者曰大哥，

膴膴楼上

呼父曰爹，又曰爷，
呼母曰妈，又曰娘，
伯父曰伯伯，
伯母曰娘娘，又曰娘妈，
叔父曰叔叔，叔母曰婶婶，又曰婶妈，
祖父曰公，
祖母曰婆，
曾祖父母曰祖祖，
父之姊妹曰孃孃，
祖之姊妹曰姑婆，
外祖父母曰外公外婆，
舅父曰舅爷，
舅母曰舅娘，
兄曰哥，
兄妻曰嫂嫂，
妻子曰婆娘，或曰屋头的，
弟曰兄弟，
姊曰姐，
母之姊妹曰姨妈，
姨父之子曰老表，
舅父姑父之子曰亲血表，
与祖父同辈之戚通称曰亲公亲婆，
妻父母曰老丈人老丈母，又曰亲爷亲娘，
父母呼乳儿女曰幺幺，曰乖乖，又曰崽，
通呼童男曰小伙子，
女曰大姑娘或曰大姐，
男子娶妻曰办事务，
贺礼曰送人情，
走亲戚曰走人户

第九章 民俗楼上

嫁女宴客曰花筵酒，
生子宴客曰粥米酒，
通称工匠曰师傅，
称生意人曰老板，
人死曰过世，
人病曰兜灾星，
无父无母孩子曰寡者，
土曰泥巴，
石曰石头，
乡村曰寨子，
牲畜曰养牲，
找事干曰找活路，
赶集曰赶场，
地里干活曰上坡，
钓鱼、打鱼曰下河，
放牛曰望牛，
烧饭曰煮饭，或曰弄饭，
砍柴曰弄柴，
焖土豆饭曰筌洋芋饭，
种玉米曰窖苞谷，
种豆子曰做豆子，
犁田曰整田，
田犁得好不漏水曰坐水，
田边土角草长刺多曰苆得很，
收拾曰煞提，
扭着腰曰闪到腰，
做活快曰麻溜，
人无精神曰蔫得很，
理发曰剃脑壳，

膴膴楼上

子女不听话曰不受说,

看不顺眼人、事、物曰牵眼睛。

第九章 民俗楼上

婚丧嫁娶，服饰美典

楼上周氏家族是以宗族血缘关系为纽带的大家族，古时有族长和家族委员会，其职能是在家族中组织和协调家族成员，对家族形成凝聚与事权统一，因而有利于传统礼仪的延续和习俗文化的保留。

娶媳：先由男家请媒过问女家，许诺即择日备红书，请媒送至女家。女家将亲族胪列于上，谓之下书，以为婚凭。定婚后，过正月年节，或女家有吉事，男家备彩布钗镯及香烛酒脯等物，请媒引婿至女家，谓之踩门插香。

迨男女长成，婚期将近，男家又备红书写明乾造某年某月某日，请媒送至女家，添写坤造某年某月某日，送回谓之讨庚。

择定婚期书写某日冠笄某日，花烛送至女家谓之递报书；婚期前一日纳彩，谓之过礼，必专门请族中有名望人士当押礼先生，至女家负责礼节事务。其纳采衣物视家庭贫富、礼物轻重不同，皆量力而行。一般肉二方、酒二壶、茶叶糕饼各二盘，较他村为俭。及期亲迎用喜轿至门。请星士焚香烛用五色丝线缠茅草向轿前念诵咒语，截茅宰鸡谓之回喜神。喜轿抬至中堂，择有福夫妇双扶新郎新娘，用红毯铺地，先拜天地，次拜祖宗谓之拜堂。随入新房交拜合卺。

移时扶新娘出堂，与新郎拜翁姑亲族，行跪拜之礼。长辈亲戚则挂红或送红包，说祝福语。晚上族中青年男女闹洞房。三日后婿率妇往拜女家，谓之回门。昔年治酒宴客，延至三五日或七八日者，因光绪间大旱无力者，改用一日，遂相沿成俗。

又有婚娶不待择吉，因父母抱病双方认可，即日结婚谓之打急办。又有女家贫甚或女父母早亡，不能待时嫁者，送女至男家养之谓之寒房媳妇，俟他年而后花烛庆办。嫁女则由婿家按上述礼节行之。其中的哭嫁歌是楼上周氏家族婚仪中的独特形式和内容。

哭嫁，贯穿于整个出嫁过程中，一般出嫁前一天，为花筵酒。在花筵酒前一天，先行揩脸梳头，至晚上深夜，开始哭礼，先由母亲或同房婶娘开头引哭，内容以难舍别离为切入点，然后由出嫁女子，哭爹娘，感恩养育之恩，依次哭哥嫂、姐妹，哭众亲戚，哭开脸，哭穿衣等，再哭做嫁妆的木匠、裁缝、媒人等。

楼上丧葬与周边大致相同，不同的是其家族有专门的八个人来负责丧葬中的一切事务，称"八大行"。

自清朝开始，曾经将相关商业经营活动划分为八类，称之为八大行。这八大行分别为:盐行、茶行、药材行、广福杂货行、油行、粮食行、棉花行、牛皮行。楼上八大行，不是与商业中的八大行相比较而言的，而是与农耕中自给自足的八种匠人相比肩，其价值，与铁匠、木匠、解匠、石匠、瓦匠、篾匠、圆桶匠、割猪匠、染布匠八大行，同样受人尊重。

周氏发展至道光之后，家族人口急骤增加，至咸同之际，又正值匪患严重，加之天灾等因素，族中丧事因族中人口多而耗费巨大，许多中等家

哭嫁

庭无力承担丧事之用。楼上周氏家族，立族之始，就有互帮互助的传统，特别是丧事，不需请说，都会主动来帮忙。一般往往要停柩少则三五天，多则一周，以前家族中人少，而族中老少人人都来死者家帮忙，这些天每日三餐不少。后族中人口增多，帮忙也不需要这么多人，多半是吃完之后，各自去干自家农活，这样下来，铺张极大，又难变此俗，其富者实际上已难支撑，贫者更是艰难，往往造成吃饭时人多，需要抬棺材去墓地时，却找不到人，即使亲朋帮忙，将棺材抬到山上，下葬后垒坟也不专业，坟砌得差。因此，周大璠召集族中老少，商议之后，只请八个人负责丧葬中一切事务，包括选路、打井、抬棺、埋葬、砌坟等。这样族中没有被请为"八大行"的人，逢丧事就不参与。族中丧事从此节约有方，不铺张浪费。

死者入殓后，请僧道置魂幡、设灵位，谓之开路，延堪舆，择日入棺安葬。其久殡以待卜地者，殷实之家或有之。葬之前二日，备羊豕各一，备酒馔以酬亲友来吊问，谓之开吊。属内戚则剪白布数尺以缠其头，谓之开孝。有力之家，往往不论亲疏开普孝，以此为荣。葬之前数夜聚众击鼓唱孝歌，借以守夜。葬之日男女宾客皆步行送葬。越三日延亲族，祭坟垒土称复山过。是则七日一奠为烧七，至七七日，届百期小祥大祥，有力之家必做道场，否则焚烧香纸而已，除灵超荐，一般至下一二代始行。

凡见死者之人，七天之内不能下苕坑，否则苕易烂，必念解秽神咒，方可无事。

自安葬之日始，至傍晚要用烛放入灯笼内，置之坟前，谓上亮。一般上亮七七四十九日，三年之内从腊月三十日，至正月每天上亮。

楼上服饰样式的产生有其特殊的自然环境和历史环境，从服饰中，不仅直接体现着家族审美形态和观念，亦可看到深厚的农耕文化积淀，其样式特别是服饰上的图案蕴含着仿生、神巫以及家族历史等丰富的耕读文化象征意义，有着极为重要的美学价值和社会功能。其中，生活在楼上的周氏家族服饰极具代表性。

妇女穿无领宽腰大袖上衣，左开襟，多青、蓝色，袖口缀一道青布边，裤脚肥大，亦镶有花边，冬春秋三季，头包白布或青丝帕。已婚妇女，于迎亲上花轿前由长辫改为"巴巴转"，将长发盘于脑后，罩上网子，别上银簪或玉簪。妇女一般都在衣外系一围腰。围腰用土布染青缝制而成，原主要作用是妇女在生产劳动和家务劳动中保护衣裤，现在仍有许多周氏家族的妇女把它们作为一种装饰，在围腰带上绣满花饰，并在末端抽去纬线或绒穗装饰。

成年男子夏天穿短对襟衣，袖长而大，7个布纽扣，冬天则是右开襟长衫，5对布纽扣。老年男子喜穿长袍大襟衣，裤子多蓝色或黑色，加白布裤腰。男子用青、蓝色帕子包头，脚穿青布鞋和草鞋，或自制的皮靴与铁钉靴。据说，这种皮靴与铁钉靴的制作方法与家族通往周边行进艰难直接关联，同时也与其所处的大山谷地、冬天雪地的自然环境及气候相关。

总体来说，服装款式的差异与其居住环境、生产从业有着密切的关系。住在山地水边、以种植水稻为主，为了方便下田干活，其衣袖和裤脚短而肥。衣服多为长袍，这是野外放牧防寒、防雨、防潮的需要。总之，服饰款式反映了家族历史文化的传承演变和社会生活的现实需要。

楼上家族服饰经过几百年的历史变迁与风雨沧桑，也在许许多多不同文化背景下发展变化着。由于多元文化及审美意向的冲突，其服装款式已由过去大而肥、宽而松的样式发展到今天展示人体魅力的审美样式。其服饰图案设计和用色也潜移默化地吸收了现代文化的特点，图案内容更为丰富，内涵更加深刻。这种古老素朴而适宜生产劳动的服饰造型，是楼上耕读历史发展进程中的文化沉积，体现着其质朴的审美观和价值观，也由此折射出在农耕社会里，人们在与社会、与自然的抗争中对世界的认识。但近50年来，服饰受到外来冲击很大，也发生了翻天覆地的变化，现除了个别老人还穿原来服饰，年轻这一代已基本上与城市无异。

农耕说春，茶饮之道

说春，是石阡民俗流传下来的活动，起源于花桥镇坡背村，后传于石阡各地。楼上自明清以来一直都有说春的习俗。

"唐朝差我送春人，特来贵府开财门。"这是"春官"头顶乌纱帽、手持"春牛"走村串寨入户时开头所唱"春词"，也是一年一度说春的开始。"春官"一边唱，一边把手中身披红布和麻线的"春牛"，摆放在农户堂屋中的桌上，并烧香烧纸以祭祀。烧完纸，"春官"便在农户堂屋里脚踏碎步来回走动，边走边唱，并送上"春帖"，然后再挨家入户说春祝福。

说春，古名"鞭春"，其俗渊源甚古。时至今日，每岁立春时节前后，"春官"则手持"春牛"，走村入寨，挨户说春。更本质一点来说，即是送"春"上门、送"福"到户，以此换取一定回报。这也是过去求生存的一种方式。

从唐朝开始石阡就有了这样的习俗。其渊源，据说是花桥封氏先祖封福兴、封福宪兄弟为朝廷立下战功，于是天子封他俩为"春官"，每年向封地内百姓讲一讲农事季节、劝耕者不违农时。后兄弟俩到了黔地，便将这一习俗传播并沿袭至今。

明清之际，每岁立春之时，石阡府都要整装集队，扎"芒神""纸牛"，迎春于东郊，打马游街，大摆宴席，行"鞭春"之礼。知府多亲赴城南劝农行耕，并举行带头犁田等仪式。因石阡府大力推广，使说春之俗在石阡广为流传，中华人民共和国成立后因"大跃进"或"文化大革命"，以及近些年来生活水平提高和生活方式的改变，说春曾淡出人们的视线。

说春，保存了独特的民间音乐、说唱艺术的文化属性，采用方言等民间曲调来演唱，在传播中吸收了各民族文化，其演唱相当有感染力。"春官"通

膴膴楼上
WU WU LOU SHANG

说春

过自己的说唱告知农户春来了,让农户早知来年岁月,也能从"春帖"中知道年岁中是几龙治水、几屠共猪、几人分饼、闰不闰月,知来年的吉凶,也好准备春耕夏种。

旧时,农耕之家,只有通过说春所送"春帖"中,才能知道二十四节气时序,以便安排春夏秋冬四季轮作,以及月大月小、红白喜庆、择吉选日等家庭生活中事宜。因此,"春官"肩背背兜,走村进寨,一路说春,送"春帖"也就应运而生。

楼上的说春也有很长的历史,其说唱比较雅致,能因时因地因景即兴编词,并能把家族历史渊流、文化传承、祖宗训守编入唱词中。在上两代人中,如周华之、周正昌、周正官等都是年年立春刚过,就要在楼上走村串户送春帖,劝勉各户珍惜农时、勤于耕种,

说春祝福,以求年岁吉祥、家家平安。

现楼上周氏家族中,会说春的人还有不少,如周正兵等时不时还会出去说春,而像周昌清、周正平等,虽然说得好,但基本上不走出去说春,只在春耕时节,一边春耕,一边在田间土角边说说,或于村道之中,三五农人耕种归来之时,当成歌来哼哼,成为一种消闲自娱之乐的方式。说春是一种关于农耕的记忆,也是一丝对往昔追怀的乡愁。

楼上的罐罐茶,素以"色浓、香郁、味厚、形朴"四绝而名存古今。自明清以来,世人皆以饮茶、品茶、赏茶为尚,饮茶更是楼上周氏家族习惯而声名在外。苏东坡诗云"从来佳茗似佳人",便是当时茶文化的真实写照。天福古井泉水炖罐罐茶,这是楼上周氏享有的福气:"茶亦醉人何需酒,书自香我何需花。"

中国自古有神农发现茶叶的传说。据《神农本草经》记载:"神农尝百草,日遇七十二毒,得茶而解之。"相传神农尝百草后感到不适,躺于树下,见到一种开白花的植物,便摘下嫩叶咀嚼而治好。于是,后人便开始有了喝茶的习惯。

楼上所在石阡是一个古老的茶叶产区。早在1200多年前的唐朝,就有茶之出夷州记载,至明清时期,石阡茶叶的年产量有20余万斤,为全省之冠。楼上自周氏迁居以来,每家都有茶园,对茶情有独钟,无论春夏秋冬,走进谁家里,都是用土罐罐煨家里最好的茶来招待客人。

楼上之地,以黄壤紫色兼沙土为多,土层深厚肥沃,适宜茶树生长以及茶叶内质的形成。楼上种茶必选择沙土且阳光充足的地方,古时一年要进行薅刨并施菜油或茶油粑等生态肥和农家肥。茶叶必须选择上好的气候进行采摘,并按照家族传统工艺精心加工揉制而成半发酵,且青红相间的,茶味醇厚,回味悠长。特别是清明茶,外形厚嫩,呈露茸毫,汤色古韵,茶香持久,滋味厚醇,属茶叶中上上品。

楼上摘采茶叶时间根据主人习惯而定。一般采摘期是在春分、清明、谷雨时节。春分时,茶梢初露头的一芽一叶名"一枪一旗"茶。此茶为珍品,但产量少,一般品尝采摘。清明前所采摘的名为"鸭嘴"茶,谷雨采摘为"毛尖",谷雨后采摘的名为"苔茶",而谷雨茶更为楼上人所钟爱。这种茶,其

膴膴楼上
WU WU LOU SHANG

茶饮之俗

味更厚更老,大冬天喝上一碗,从头至腰部背脊而下,如暖流贯通,通体热乎,神气顿生,特别有喉咙生润、暖融难名之妙。

楼上人自来此后,就有饮茶习惯,每天必饮,代代相传。而饮茶也有一些讲究和品位,以至饮茶闻名遐迩。每逢清明前后,走进楼上,遍布着枝叶繁茂的茶树,鲜嫩的茶叶,仿佛茶香弥漫在清新的空气中,让人觉得神清气爽,陶醉其中。楼上的茶文化源远流长,就连其吃茶也有独到之处,讲究人与自然、人与茶、人与友的高度和谐,务必要让吃茶人能够在一天劳累之后,得到一份如茶般的心灵感受:醇古、朴厚。

楼上人煨茶而饮,只饮二道,第一道以酽为上,酽茶必苦,苦若人生;第二道以醇为要,苦尽醇存,醇香厚味。有时也炖第三道,水开后必换茶叶,若想淡饮,则少放茶叶,春夏之际,或以淡为味。这算是楼上人的茶境,茶之三境,道出了茶之三味、心之三境。用泉水来炖茶,在世俗人眼里本无奥妙,但在楼上耕读家族的眼中,却是不同滋味的人生。

种茶品质极好的楼上之地,楼上人喝茶,更是有讲究的。一般而言,楼上人对待喝茶,一要清闲,用心品;二要友聚,相奢谈;三要泉水,助茶味;

四要炭火,活茶性。大体而言,喝茶之境、喝茶之人、煮茶之水以及所用之火,便名堂不少,足令外行叹为观止。喝茶、饮茶、品茶等说法,并非各种方言下的不同称谓,而是楼上人茶饮的方式和境界层次的区别:一等为品,二等为饮,三等是喝。雅俗的分界便在这里。

楼上人品茶,讲究喝茶之境。梓潼阁树木繁盛、阁院清幽,是极好的修行之所,也是品茶奢谈的好去处。而梓潼阁两侧的厢房,大约是寂静中的静寂,应该是不染俗尘的人间绝境,非雅士不可领略的境界。雅士闲坐,煨茶相叙,理所当然地形成一种更加高雅的格调。在这样的环境中喝茶,岂不令人身心俱醉而出凡入圣。只是,红尘喧嚣,浮华迷眼,大多数人是难遇这样一方人间净土的,一般只能随缘,随遇而安地享受袅袅茶香而已。然而,品茶也好,饮茶也罢,环境的选择总是要务。不同的境地、不同的意绪,感悟自然不同。

光有雅的环境不行,还要有雅尚或投缘之人在座,方能尽得品茶之妙。佳茗入了俗人的口腹,虽然不到焚琴煮鹤的程度,恐怕总难免产生糟蹋可惜的感觉。一类人物是一道风景,风景既殊,情怀必异。

再次是煮茶之水。这里的水用来炖茶,不只口感最正,更添雅致。虽然这不过是一种文化的渲染,并不足信,但现实中,井水、泉水、河水、江水等各种水炖出的茶,味道确实迥然不同。

茶有不同,境有不同,人有不同,水有不同,器有不同,过程种种不同何止万端,结果自然是心有不同、意有不同,至少融合了儒、释、道三家思想。一壶茶中,儒家的礼、释家的禅、道家的玄一齐涌至,加上古往今来、人情世态,全部汇集其中。茶香悠悠,心也悠悠,楼上周氏最在乎那一杯醇厚浓茶。

楼上周氏家族500余年的文化早已突破了传统习俗,向着家园理想走去,而且当今伴随着历史远去的耕读文化,楼上将成为未来人们所企望回归、所必然追求的远离喧嚣的一种样式与形态。在楼上耕读文化中,其文化的深度和丰富性,有时被浅显的人们用肤浅的所谓文化习俗来诠释,仅仅理解为习俗与传统,这是让人难以理喻的。

清明祭祖，神灵崇拜

中国古代的祭祀制度十分严格，《礼祀·曲礼下》中规定："天子祭天地，祭四方，祭山川，祭五祀，岁遍。"而诸侯、大夫、士都不能祭天地，祭祀天地成了天子帝王的特权，一般人只能祭自己的祖先。

楼上周氏家族敬祖之风，世世代代传承，其集中性、专一性与长久性，是楼上周氏家族中感恩祖先的最虔诚的心理现象。周氏敬祖之诚，如同敬父母一样。在周氏家族的意识中，父母生养有恩，子女必须以敬相报。不敬父母，不敬祖宗，那就是忘本负恩。在楼上周氏家族中，一个"祖"字，就是对世世代代恩情的概括，无论是对祖先或父母，始终心怀敬意与感激。不仅如此，作为文化的家族，其礼义文化之教，更多的传承，也是从家庭、家族不断的祭祖敬祖活动中深化并继承而来的。对于祖辈所积淀的家族文化，其子子孙孙也一样应该怀有敬意。

楼上周氏是一个十分崇敬祖先的家族，在族人心目中，最神圣的地方是宗族祠堂。对祖宗、祖训，族人始终心存敬畏。族有宗祠供奉祖先，家有香堂敬拜先人。楼上周氏分别建有宗祠和昭宗祠。现存的楼上周氏宗祠、昭宗祠建于光绪十九年（1894），是周氏共同的家庙，用以供奉、祭祀周氏历代祖先，同时是连接家族血脉、传承族群文化的重要载体，又是家族议事、调解纷争、处理族内大事的场所。

每年的清明，是楼上祭祖的日子。在周氏宗祠里、在周氏四世祖周国祯古墓旁，周氏八代子孙一起祭祖，年年岁岁，无论时风春雨，还是春光明媚，这个日子总以它特殊的方式，进入楼上周氏子孙的记忆，敬怀如一，隆重而至诚。它是家族性的、弥漫式的，一代代叠加而成的，浸透到内心深处的感怀，既是传统,又是文化。

楼上周氏家族的清明祭祖是家族几百年来的传统,是一种由心而生仰怀,敬祖是由情而起感忆。对先祖的感恩不是反哺式的回报,而是一种心性传承,一种精神传承、家风传承,孝道的传承与延展。秉着这种传承,周氏居以敬心,仰怀所有先祖,敬奉所有先祖,也敬待所有家族老人。

清明祭祖,也是敬祖,在于怀着感恩的心,用心体察先祖创制家园的艰辛与不易、耕读传家的良苦用心,在心承感激时,让子孙学会担负起一种责任,一份敬祖报祖的责任,将那份永恒记忆与感怀铭之于心,传承孝道,坚守家训,耕读为本,诗书为继,把祖先世世代代为楼上所付出的辛勤、智慧而创造的美好家园,一代对一代的养育恩情,升华为生命未来的恒永使命,代代传承。传承家族互助互惠、睦邻友好的风尚,凝聚家族意识,和融家族情感,不忘祖德宗功,牢记祖训,耕读相尚,以期实现祖先梦想——人人是贤人。

清明祭祖

祭祖敬祖是一种内在情感对祖先艰辛与努力的回应。在这个回应过程中,家族子孙都有责任去深深体悟这其中的缘由。"谁言寸草心,报得三春晖",那血缘相继、那代代养育情景中的情分是无以相报的。祭祖敬祖是一种深切的提醒,使之代代相续,是一种永恒的回眸,代代不忘,以凝视祖先所走的路、所经历的事,和对家族与家业的所有付出。这些,都要求子孙以祭怀敬仰的方式,来表达内心的虔敬,确认家族血缘与命运的勾连,明确自身的责任与传承家族文化的使命。

膴膴楼上
WU WU LOU SHANG

自始祖周伯泉迁居楼上以来，周氏聚族而居，不杂他姓，以血缘关系为纽带。楼上周氏几无例外地生活在宗族制社会之中。对于周氏家族而言，宗祠是家族的圣殿，许多大事要在此决议和进行，具有神圣不可侵犯的地位。宗祠是祭祀的圣坛，是维系宗族团结的纽带，也是家族宣扬礼教规范、伦理道德的地方，还是凝聚家族意志、执行家族法规的场所。每年清明，周氏家族都要在此举行传承几百年的清明祭祖仪式，参会的数百名族人，按辈分依次排列，由族中最老的人带头，在周氏祠堂的先祖牌位前举行仪式。祭司为一老一少，按仪式举行祭祀。中间摆着猪、羊、鸡、果品等祭祀用品，老祭司口中念念有词，将象征风调雨顺的圣水掸向四方。近年来，在清明会上，除了举行周姓祭祖仪式外，还要举行民俗传统展演，包括古乐、毛龙、木偶戏、茶灯、花灯、傩堂戏、说春等。

楼上周氏除在清明举行清会隆重祭祖先外，清明前后十日内，还得挂青，携酒食拜扫坟墓，以白纸悬竿插坟上。年终祭祖先，平日必设香火于中堂，书"天地君亲师位"，并列儒释道各神位及祖先神牌，朝夕供奉。正月初一、初二、初三、十三、十四、十五等日备香烛遍祭祖墓，七月初十以纸钱封袱写祖先名讳，朝夕以酒食供之至十三日火化，以接送祖人。冬至日合族具酒馔宰猪羊祭于宗祠谓之祭冬。父母忌日生辰亦必致祭。

敬祖，还体现在为祖先立碑修墓。这是周氏家族500多年来的敬祖传统。从一世祖开始，至今，楼上周氏所有祖坟，用长方形青石垒就（包坟）并立碑，至清末，就有几千座古墓。周氏家族虽节俭，也必给祖先立碑包坟，以表达子孙感怀与敬仰之心，可谓是独特而深厚的。周氏家族每年在清明都要举行清明会，进行祭祖活动。在清明期间，每家对祖先坟茔都要进行修理、垒砌。由此可知其敬祖之心至诚至恭。由祭祖而发出敬祖宗、敬祖训，而始终心存敬畏，这样代代相续，子有孝敬之行，孙必敬子之思。即使在"破四旧"时期，其周氏子孙对祖宗敬仰，对先人的祭扫，一如既往，那种敬怀，却是根深蒂固的。

楼上周氏家族，秉承敬祖的传统，延伸而成孝道。从古至今，伴随孝道的传承，孝的故事不断充实、丰富，积累了许多鲜活事迹，被传诵弘扬。随着社会向前推延，孝永远是文化精神的重要组成部分，因为有孝而领悟了生命过程的真谛。孝不仅是义务，更应该是感恩和爱的情感表达。楼上周氏家族所传承的孝是孟子所道的那样："老吾老,以及人之老;幼吾幼,以及人之幼。"

周氏一直保持敬天地、礼神明的信仰。周氏家族,从四世周国祯始,因外任归家,数日七子俱亡,于是幡然悔悟,敬天地,礼神明,救难济急,无善不为,并日日于梓潼阁中修斋念佛,还要求子孙始终坚守。其后周氏耕读之外,修斋敬神,补路修桥,布施急难,朔望神诞,尽礼诚拜,世代不移。

特别是明末社会动荡与变迁,以及咸同匪患,年复一年的或轻或重的自然灾害,给周氏家族以及生活在附近的广大农民所造成的苦难和挫折实在太多了。一方面忍辱负重地与天灾人祸和贫困抗争以求得起码的生存条件;另一方面,又将希望寄托于未来,寄托于天地神灵与祖先的恩赐与护佑。因此,对宗教、对信仰的态度是其必然的选择,也是其为生活、为生命而信仰,正是这些信仰构成了楼上周氏精神世界的主要内容。

周氏家族从几户发展到几十户时,就重视庙宇的建置,先后建有梓潼阁、观音堂、小屯寺、各粮寺、三个文昌阁、观音阁、二座城隍庙、魁星阁、川祖庙、许仙庙、土地庙、山王庙、龙王庙等一系列庙宇,几乎相当于一小县城的规模。其家族中家家户户并不富有,从庭院规模及规格来看,修房造屋相当节俭素朴,但对庙宇类的文化建筑,却不遗余力,所需财力物力,也是现在难以想象的。这种礼神之敬,族心可见。

梓潼阁中供奉文昌帝君、三官大帝,后殿供奉观音菩萨。文昌帝君即道教中的梓潼帝君,主管人间功名和禄位之事,三官大帝即天官、地官、水官,亦称"三官",又称"三元",为道教较早供祀的神灵。一说天官为唐尧,地官为虞舜,水官为大禹。道经称:天官赐福,地官赦罪,水官解厄。

三官大帝的信仰渊源于中国古代汉族先民对天地水的自然崇拜。在原始社会,天、地、水是人们生产、生活的必要条件,没有它们,人类无法生存生活,因此人们常怀敬畏之心,虔诚地顶礼膜拜。

梓潼菩萨,亦称七曲文昌帝君。中国自古有"北朝孔子,南拜文昌"之说。周氏家族以耕读为本,重庠序之教,供奉文昌帝君,以求文昌帝君的保佑。而文运昌盛,是家族文化意识的传承与表现。

文昌帝君是汉族民间和道教尊奉的掌管士人功名禄位之神。文昌原是天上六星之总称,即文昌宫。一说在北斗魁前,一说在北斗之左。六星各有星名,

膴膴楼上
WU WU LOU SHANG

称上将、次将、贵相、司命、司中、司禄。古时认为是主持文运功名的星宿。《明史》的《礼志》称,"梓潼帝君,姓张,名亚子,居蜀七曲山,仕晋战殁,人为立庙祀之"。其成为汉族民间和道教所信奉的文昌帝君,与梓潼神张亚子有关。

东晋宁康二年(374),蜀人张育自称蜀王,起义抗击前秦苻坚,英勇战死,人们在梓潼郡七曲山为之建张育祠,并尊奉他为雷泽龙神。其时七曲山另有梓潼神亚子祠,因两祠相邻,后人将两祠神名合称张亚子,并称张亚子仕晋战殁。实为《晋书》所载张育之事。

唐玄宗入蜀时,途经七曲山,有感于张亚子英烈,遂追封其为左丞相,并重加祭祀。唐僖宗避乱入蜀时,经七曲山又亲祀梓潼神,封张亚子为济顺王,并亲解佩剑献神。宋朝帝王多有敕封,如宋真宗封亚子为英显武烈王,宋光宗时封为忠文仁武孝德圣烈王,宋理宗时封为神文圣武孝德忠仁王。元仁宗延祐三年(1316)敕封张亚子为辅元开化文昌司禄宏仁帝君。于是梓潼神张亚子遂被称为文昌帝君。因此,天帝命文昌帝君掌天曹桂籍文昌之事。凡世间之乡举里选,大比制科,服色禄秩,封赠奏予,乃至二府进退等,都归文昌帝君管理。

隋代科举兴,而信奉神明保佑。至南宋时,梓潼神因其灵验、神妙的力量,在士人心中信仰已久,且范围遍及全中国,故道教亦将其纳入道教神祇之一,尊为"文昌帝君"。因其为官清廉,为之立庙,命其掌管文昌府事和人间禄籍。明清以来,崇儒、尊孔、敬文昌的风气大盛,各地修文庙必设文昌宫。

魁星阁中供奉魁星菩萨雕像一尊,魁星右手握一管大毛笔,称朱笔,意为用笔点定科举中试者的姓名,左手持一只墨斗,右脚金鸡独立,脚下踩着海中的一条大鳌鱼的头部,意为"独占鳌头"。

关于魁星的来源,在古代有这样一个传说:有一个秀才,聪慧过人,才高八斗,过目成诵,出口成章,可就是长相奇丑无比,所以屡屡科举落第。这个秀才长相丑陋,满脸麻子,而且瘸腿,但是文章写得好,有一次幸运地从乡试、会试一直晋升到殿试。皇帝亲自面试时,看到此等形象,心中不悦,上问其脸。答曰:"麻面映天象,捧摘星斗。"再问及瘸腿,又答之曰:"一脚跳龙门,独占鳌头。"皇帝阅完其试卷,更是拍案叫绝:"不愧天下第一!"于是钦点其为状元。

后来这个秀才升天成为魁星——北斗七星的前四颗，主管功名禄位。"魁"字拆开来，一半是"鬼"，应魁星的面目丑陋；一半是"斗"，应魁星才高八斗，也应北斗星座。据说文人中传"任尔文章高八斗，就怕朱笔不点头"就来源于此。

据说从此开始，皇宫正殿台阶正中的石板上雕有龙和鳌图案，一只魁斗放在旁边，殿试完毕发榜时，中进士者站在台阶下迎榜。状元则一手持魁斗，一脚站在鳌头上亮相，表示"一举夺魁""独占鳌头"。而在科举考试中，取得高第即称作"魁"，"魁"即有"首""第一"之意。

周氏家族在各种庙宇中，对神明，除朝夕供奉之外，每逢重要时间节点，还要专门祭祀，如正月初九日祀玉皇；二月初三日祀文昌，十九日祀观音菩萨；四月初八日祝佛生期；五月二十八日祀城隍；六月十九日朝佛顶山或梵净山及境内名山；十二月二十四日祀灶神。

楼上周氏先后建有两个城隍庙，现一在楼上大垴垴，一在黄泥田寨边。城隍庙，起源于古代的水（隍）庸（城）的祭祀，为《周宫》八神之一。"城"原指挖土筑的高墙，"隍"原指没有水的护城壕。古人造城是为了保护城内百姓的安全，所以修了高大的城墙、城楼、城门以及城壕、护城河。在古人看来，凡与人们的生活、生产安全密切相关的事物，都有神在，于是城和隍被神化为城市的保护神。道教把它纳入自己的神系，称其剪除凶恶、保护邦邑之神，并管领阴间的亡魂。

在家族风俗信仰中，除了供奉文昌、文曲、观音、天官、地官、水官、土地、山王等神祀外，还有许多原始的、自然的、图腾的崇拜。如对树的崇拜，原长于山塘与戏楼中间双生古枫，形体巨大，几百年树龄，因树根处中空积水，使得族人对这两棵古枫产生崇拜，每当小孩肚痛、老人风湿麻木，只要备香纸祭祀，然后取水或吃或擦，即可痊愈。这类崇拜很多，如对长滩河石屏上黄秧树、楠桂桥双楠、庙坪古松、千年紫薇、楠桂石桥的桥、天福古井水、潨崄河边悬岩风硐、长滩河的硐嘴老爷（河边出水硐）、梓潼阁基园山林中的北斗七枫，以及各种古树等，都会产生信仰崇拜，以至于对一山一石、一段道路、一座古墓都因各自一时所需而产生崇拜信仰，同时得谨遵祖训，而不得怀有不敬不畏之心。为此，对那些个别不信教的，或咬牙不训的，或欸天阔地的子孙，老人们会将祖宗之训、代代之守，反复讲与之听。

橆橆楼上
WU WU LOU SHANG

  由于楼上地区地形复杂，可耕土地资源贫乏，因此，为保护有限的植被和土地资源，周氏家族制定有禁止乱砍滥伐和猎杀动物的家规族约。在禁忌伦理中，产生了对天地日月、风雨雷电、高山大川等敬畏、崇拜、迷信、禁忌等条规。无论是禁忌，还是祭祀，都是其族生产崇拜和自然崇拜的心理反应，构成了一定的农耕文化现象。作为一种社会现象，原始宗教的存在旨在确认、协调人与自然、人与人之间的关系问题。

  这类训守在周氏要求得相当严格，所以几百年来，凡庙上、阁上、祠堂之产，不能乱动，或据为己有，包括对梓潼阁基园山林中的树木，以及七枫古树上的仙鹤，都怀有敬畏之心。几百年来，这种敬天地自然之心，也使生态环境得到很好保护，使鹳鹤这样对栖息环境要求特别高的鸟类，都以此为家园。

第九章 民俗楼上

巫风傩鼓，驱邪禳灾

傩，源于原始先民的图腾崇拜，发展至殷商已具雏形，至周形成一种固定的驱鬼逐疫、祈福禳灾、消难纳吉的祭祀仪式。傩戏历经傩祭、傩仪、傩歌、傩舞，从娱神到娱人的沿袭、流变、替代、交融、生发等衍变过程中形成了历史积淀丰厚、原始形态古朴、文化遗存众多、艺术体系完整等鲜明的民族文化特质。

楼上周氏家族也传承傩文化信仰。清末民初，楼上傩舞、傩戏盛行。这里有着汉傩、仡佬傩和土家傩等。楼上古为蛮夷之地，长期的封闭与隔绝，加之生产力落后，使得楼上人在面对各种自然灾害时，不得不依靠巫师请来神祇，以保佑人畜兴旺、五谷丰收。

在傩戏中，面具的造型是傩戏艺术的重要组成部分，是傩戏最为重要、最为典型的表现特征，也是傩戏区别于其他戏剧的重要标志。傩面具的各种艺术造型、质材选择、雕刻风格、色彩运用、作用价值、民俗意象等，都因地域、民族、文化、审美等方面的不同而异彩纷呈。傩面具无论是傩祭活动还是傩戏演出，都被赋予了神秘的宗教与民俗含义。

傩堂戏

傩面具造型至今仍夹杂着原始图腾崇拜因素的质朴与纯洁，粗犷与神秘交织而成，线条硬直、拙朴，甚至带有倔强不屈的意志以及顽强、坚忍、百折不挠的生命张力，一种疏放的狂狷的美充盈其间，加上曲折夸张所造就的各种切面相互穿插、交叠、冲撞、挤压的形势，变得非常突出，从而使面具更加诡异而离奇的特征凸显了出来。

傩戏面具在发展过程中，逐步吸收和融汇了儒、释、道等思想，保留了原始性、宗教性、神秘性和巫术意识，汲取了民俗风尚和民间工艺、雕塑、绘画等多种艺术的表现力，以面部的特征变化和装饰来塑造傩的各种形象，或正直、刚烈、威猛、剽悍、狰狞、勇武，或庄严、沉静、忠诚、温和、秀逸、妍丽、慈祥，或狂狷、奸诈、滑稽、反常等，并根据不同形象、性格特征而分别涂上红、黄（金）、黑、白、蓝、紫、绛红、赭红等颜色，使得面具在傩戏表演过程中，对观者产生强烈的感染力，并成为深入观者灵魂世界的手段，使傩面具更体现了形式的精神性内涵。随着傩文化的不断发展，傩面具从原有的抽象形式向具象与世俗化转变，许多民族文化母题的内涵逐步融入，人物形象出现了世俗化的意味，形成了神祇类、英雄类、世俗类最主要的三大类，各类名目繁多，数量极大，覆盖面很广，使各种千姿百态的面具造型，具有强烈的鲜明的个性色彩和艺术感受性，增加了傩戏艺术的独特魅力。

傩面具的形式意味着一场世俗人性跟外在的自然力量之间的精神抗争，力图使它表现出一种更高的精神的动力性存在，并以民族的心理与精神构成中的超验倾向的内在联系。在人们的意识中，面具是神灵的象征和载体，戴上面具即表示神灵已经附体，能把芸芸众生忧郁和压抑的灵魂从神灵与自然的控制中解放出来。

在傩戏艺术中，傩面具在造型上具有象征性，如鸡嘴、牛头、马面等各种形象，它可能与远古的图腾崇拜相伴而生。无论是傩祭活动还是傩戏演出，傩面具都被赋予了原始的、神秘的、宗教的含义。傩戏艺术的原始性、神圣性、巫术性、宗教性、浪漫性与世俗性无不夹杂着神秘主义的因素。这种既有原始的神秘与质朴又有世俗而浪漫的审美情感，是以一种充满敬畏的方式，来感怀历史、祖先、神灵。随着不同民族的历史迁徙、生活环境的变迁，多种习俗的交融发生不同的演进，产生不同的风貌，使傩戏艺术有着丰富的民族性、宗教性的文化意义。

傩戏又称为"傩坛戏""傩堂戏""端公戏""冲傩""跳神"等，是傩文化中最有代表性的文化现象之一。傩戏分为巫傩和军傩两大类。巫傩民间化以后，在娱乐性增强的同时，戏剧性也日渐加强，剧目、面具、表演都有所发展，使地方特色鲜明起来。因不搭戏台，在平地演出，故也称"地戏"。因有宗教色彩，故又称"跳神"。傩堂戏分开坛、开洞、扫坛三个阶段。

傩戏表演时，傩师头戴傩面具，称为"脸子"或"脸壳"，在脸或额头上画符祷，刻龙、凤、虎、豹等标志性符号。傩戏中还穿插着如捞油锅、捧炽石、过火炕、踩火砖、吞火吐火、踩刀梯等不少巫术表演，加上千奇百怪的咒符、咒语和巫术占卜，带有许多原始巫术的痕迹。在傩祭活动中，那原始性的各种声音，包括牛角声、令版声、师刀声、锣鼓声以及傩仪、傩舞、仪式表演中的咒语声与歌声，既无固定音高，亦无旋律性统一，或由高到低，或由慢到快。特别是祭歌，那古朴、粗放和寓于神秘色彩的、不知所云的旋律，似乎把人与神、神与鬼、鬼与人撺掇与沟通，给人闪烁不定的神秘感。

傩戏中的神秘性是一种超越性的体验，它的最高目标是追求与神的合一或消融于最高的神灵之中，是一种侧重于情感化的渴望。这种合一或交融本应是最纯粹、最神圣、最灵性化的，然而在傩舞形式上却采用了最通俗、

老巫师与定根法

最形象、最诱人的表达方式来进行，表达的是一种最大理想、最高愿望，渴望的是一种最深刻的体验和最完满的状态。

人与神的沟通也在世俗之中体现了最亲密的关系，在浪漫之中体现了最热烈的状态。这不仅能够带给观者视觉上极大的畅快，更能带给傩巫心理上极度的酣畅与饱满，并获得实现人神交感的迷狂和陶醉，是一种神的意志与人的精神的相互涵摄。而傩戏中的这种神秘性具有人神合一、不可言说、超越时空性、认识的反常性、经验的真实性等方面的显著特征，使其要采取一种最具世俗色彩的象征来表现最为神圣的关系。而人神这种关系的体验难以企及和难以言喻。

在傩巫的祭祀乐舞中，还伴随着强烈的主观化和情感化色彩，既是一种体验过程，又是一种认识方式，与神合一的结果，同时也是人对神的真正认识和崇高的礼敬。在其认识的过程中并不采用通常的感情或理性，而是诉诸祭祀、乐舞，或腾挪跳跃，或躲闪起伏，或颤动，或念咒，或歌，或唱，或冥想，或处于幻听、幻视的状态，但傩巫却坚信自己的体验是真实的。

其所以如此，是因为扮演者在此时此刻，表明其不同凡人的身份——威力无穷的神灵，足可使恶魔望而生畏，逃之夭夭。其造型既是人又是神，还有鬼，还有兽，在某一层面上反映了人间社会，又在另一层面上反映了虚幻的隐态世界（及物质世界）的想象和追求，这大概就是傩戏永恒的魅力吧。

从审美的意义上讲，傩面虽然在流传过程中不断演变，造型由写意的象征走向写实的具象，但其基本格调、整体造型、表现手法和雕刻技艺都带有很大的原始性和古朴性，有一种不可言传的神灵感，因而在艺术上有着特殊意义。傩面是宗教与艺术交融的产物，是人们膜拜的偶像，是民间信仰不断叠加、杂糅的沉淀物，也是戏剧艺术造型的结晶，因而套上了神奇炫目的光环，同时又闪耀着原始艺术的异彩。这些内容的表演更加丰富了包括农耕文化在内的文化内涵。

楼上周氏家族中雕刻傩面具的都是历代木匠，后期可知雕得最好的是周正昌，各种造型，刻得栩栩如生。其子其鼎，也能制傩面具。最著名的巫师是周华之，消灾还愿都是请他打理。他不仅精通巫术，还会各种邪术，声名在外。现都是风水先生兼巫师之用。

第九章　民俗楼上

山岳崇拜

土地崇拜

结草饮水

壁根咒符

　　楼上由于受巫傩文化影响很深，在楼上宅居的建造过程中，除了重视阴阳、五行、八卦等民间的风水理论，还有巫傩文化的渗透，如动土要择吉日，还要"起水"祭土神；如伐树、开山石得"扎山"祭山神；建造房屋杀鸡以除阴鬼神之气；而修建粮仓得"扫仓"以防鼠；喂猪养牛要"扫圈"；骟牛要定根法等巫术信仰，以至于家里不顺时必请巫师煞提、放牛丢了得请人掐算时，吃鱼被刺卡在喉咙上也可以请人化卡水等，仍有人至今信奉不绝。

　　在楼上周氏家族，人人有信仰、有梦想、有期待、有底线，也才有敬畏。其对天地自然、对菩萨神灵的敬畏之心，无论时代如何推移演进，周氏家族却传承有绪、始终如一。对于楼上周氏家族来说，无论是儒家之圣贤、道教之祖师，抑或是佛教菩萨，不求对佛经道义的索解，而家族都始终尽力崇敬供奉；无论是神话传说中的神明，还是管天、管地、管水镇灾的各路神仙；无论是民间神祀，还是对自然中的山、水、树、石的神性敬畏，也虔诚礼敬，

· 301 ·

所求者家族绵延，子孙昌兴，人文蔚起，并给家族带来长久的平安，或者一时一事的圆满。敬神信巫变成了家族世世代代祈福消灾的企望与追求，这种信仰的神圣性与多元性在少数民族地区的周氏家族颇有代表性。

行走在这历史文化古村中，脚下的每一寸土地都是文明的印记。风雅沧桑，源远流长的历史和文化，需要我们一同传承，在了解中以史为鉴，在思考中传承与借鉴，守住历史和希望。

第 十 章

歌 舞 楼 上

周氏家族在楼上的地理环境中繁衍生息，纵情欢歌，翩然起舞，在与其他民族长期交往和融汇中，在劳动中创造和继承了如建房中的福裕，新春中的毛龙灯舞、花灯、茶灯、田间放歌等民族民间典型的山地文化。

建房福裕,寄托美好

自明代以来,楼上周氏家族的民居宅居建筑工艺发展趋于成熟,进入了相对固定的建筑样式,在建造者与工匠之间自然而然形成共识。其宅居建造,都由居者与工匠共同设计施工建成。建造宅居的过程一般包括箍地基、砍解木料、定期程、木匠做配件、定字向、安磉磴、扣地盘、排扇、起扇、上梁、上檩、钉椽、抛梁、说福裕、谢师。楼上建房礼仪较多,仪式庄严、气氛热烈。

在建造新房之前,先要选择宅基地,然后箍地基,通过挖土石、砌坎,

解料　　　　　　　　　　刮柱

排扇　　　　　　　　　　起扇

平整出能够立得下房屋的地基来。

然后再确定建造房屋的大小及配房多少，掌墨师则计算所需木料。解匠上山砍伐树木时，得先扎山，避免砍树过程中，树子乱滚而伤人。解匠将砍的树木解成建房所需木构件，再运回来。在此过程中有伐木歌、抬木歌。

木料准备就绪后，请木匠做房子，择日发木。木匠必须烧纸发墨，在新宅基地上，或其他做工之处皆可，架上两木马，木马上放中柱一根，然后再由掌墨师用斧子将中柱，从头到尾砍通三寸，用新墨线弹一墨线，烧纸焚香，默念师傅，祈求平安，就算发木开工，随后何时做都可以。此仪式肃然而神秘。

安磉墩：先请风水先生用罗盘测定字向，然后画线确定中轴线，再按房子开间尺寸、朝向、位置，将各柱基位置确定。在吉期前一天上午，主家备公鸡、刀头、烧酒、香纸以及石匠红带的围腰，请石匠师傅安放磉墩（柱础）。石匠师傅以雄鸡挂号，燃纸焚香，口说福裕后安放好磉墩。

排扇：吉期的前一天下午，木匠按构架将配件如柱头、吊瓜、橡皮、落檐、扇架、楼枕、梁木做好后，立房建房者请人与木匠师傅一起先行排扇。即把四列柱头在同一水平面用扇架穿连成一排，这叫排扇。立房子就是起扇，其实就是把这些排扇从地上拉起立在屋基上。

立房时祭祀由掌墨师在吉日吉时，于新屋场中堂神壁处，摆大、小桌各一张，大桌子上摆祭祀的刀头酒礼，还摆升子一个，里面装米、墨斗、尺子、凿子，小桌子上摆升子一个，里面装衣帽鞋袜及洗漱梳妆之物，封禁布青、蓝、红，各一尺二寸与五色线。祭祀时，由掌墨师主持祭祀，安五方（堂屋四角和神主位为五方）焚香化纸，口念鲁班、祖师（包括师祖、师公），祭祀先挂号，即煞禁（将要烧的纸染上鸡冠子上的血），由掌墨师在中堂东头的中柱前进行。掌墨师手执公鸡，口念挂号咒语，内容却不尽相同：

福裕！此鸡此鸡不是非凡鸡，头戴七星高冠紫，身穿五色绿毛衣，此鸡将来做何用，弟子将它做个掩杀鸡，天地无忌，年月无忌，日时无忌，姜太公在此，鸡头落地。雄鸡挂号，百无禁忌。

福裕！此鸡不是非凡鸡，头顶凤凰帽身穿绿毛衣，别人拿来无用处，弟子拿来做挂号鸡。鸳头声、鸯头声，一面阴来一面阳。阳面拿来做木活，

膴膴楼上

阴面拿来做邪身,堂前如有邪师邪法,跟着鸡儿一路行,年煞月煞时煞,三百六十五神煞,跟着鸡儿一路行。

发锤,在掩杀鸡之后,发列之前的一个仪式,掌墨师左手持斧头,右手持钉锤(木柄),右脚踏在中柱小边,钉锤打响子,口吟发锤福裕:

福裕!锤响一声透天门,万圣先贤左右分,天杀打归天朝去,地杀打归地府门,锤响二声诸神佛,凶神恶煞如水崩,天地无忌,年月无忌,日时无忌,姜太公在此,百无禁忌。

福裕!天上金鸡叫,地下紫鸡啼,鲁班打马云中过,正是弟子发锤时;一不打天,天无忌;二不打地,地无忌;三不打帮忙老少,帮忙老少无忌;专打红阴师黑阴师、光头和尚赤脚鸾师。一锤打在山中,惊天动地。二锤打在水中,顺水漂流。年无忌、月无忌、日无忌、时无忌,金锤落地,百无禁忌,福裕一毕,发锤大吉。

立柱起列,一般先竖中堂东边一列(称中堂大方),再竖中堂西边一列(称中堂小方),楼上因帮忙人多,一般两列同时竖起。

帮忙立房的人用粗绳套在中柱顶端的檩口上,其余每柱间绑上建杆或高楼梯,每根柱头派两人抽,两人或多人拉绳,或加建杆。掌墨师高声诵唱"起中堂两列"的福裕:

福裕!一不早来二不迟,正是主东树立时,天上得听金鸡叫,地下得听紫鸡啼。天上王母听得金鸡叫,地下皇王得听紫鸡啼。君子不重则不威,毛木搬来几大堆。诸亲六眷来到此,锛锄斧头响沉沉。刨子口内出光身,曲尺墨斗出公卿。川排本是文武将,柱头本是正将军。各位父老齐用力,立起华堂万万春。

立房的人,随着掌墨师念完福裕最后一句,喊一声"起",在鞭炮、唢呐声中,立房的人齐喊"起",中间两扇排列拉的拉,抽的抽,用建杆楗,一下

把两列同立起来。接着起东西两山排列,并说福裕:

福裕!中堂立起立两山,又遇文官合武官。文官拥有千千万。武官拥有万万千。文官将来揶浪索,武官将来送箭杆。各位老少请用力,立起华堂万万春。

福裕!先立华堂阁四方,张郎设起鲁班庄。四方设起阴阳枕,当中设起牡丹与凤凰。自从今日立过后,主家富贵荣华万万春。

福裕!一个去了二个来,霜打梅花逆雪开。一对黄龙来进宝,一对狮子两边排。自从今日立过后,主家代代儿孙状元郎。

开梁口时。掌墨师把中梁梁口事先做好的榫卯口用板凿将大梁两头的榫头开处开一口子,小开一寸三,大开一寸八,先开大头再开小头。开梁口时主人跪着,反手牵衣兜接木屑。木匠还要将削去了的中墨线接上,并说开梁福裕:

斧头凿子拿在手,要与主人开梁口,梁口开了三分三,主家儿孙做高官,梁口开了八分八,主家儿孙大发达,开了这头开那头,十代儿孙做公侯,开了梁头开梁尾,富贵就从今天起,福裕一毕,连升三级。

钉梁心。开好梁的榫头后,接着用四个银圆、一张两尺见方的红绸、一双染红的新制筷子、五色丝线和开梁的木屑,以正方形式样钉在大梁正中央,示意主家子孙吉昌、富贵满堂、福寿双全、大发大旺,这叫钉梁。钉梁之后,开始点梁。

点梁。掌墨师压住中梁两头墨线,让主家捏起墨线正中,手指一松,墨线弹下,并诵唱词:"一根大梁,架在中央,祝福吉祥,敕封兴旺。"这叫敕封栋梁。然后掌墨师用鸡挂号,口念福裕:

此鸡此鸡不是非凡鸡,头戴七星高冠紫,身穿五色绿毛衣,此鸡将来做何用,弟子将它做个点梁鸡,一点点梁头,主家儿孙做公侯;二点点梁腰,主家儿孙穿金袍;三点点梁尾,主家儿孙高中举。天地无忌,年月无忌,日

膴膴楼上

时无忌,姜太公在此,鸡头落地。雄鸡挂号,百无禁忌。

缠梁,用三丈三长的红绫或红布搭绕在梁上,并口念福裕:

福裕! 一莫忙来,二莫慌,男公妇女在商量。钥匙挂在账钩上,忙取钥匙开龙箱,打开龙箱取出红绫三丈三,要把黄龙背上蕃,左缠三转生贵子,右缠三转壮元郎。这头缠到那头转,还有一丈五尺长。自从今日缠过后,富贵荣华与天长。

福裕! 太阳出来绿阳阳,亲戚六眷来搭梁,诸亲真爱好,此匹红绫又很长,这头缠到那头转,还有一丈五尺长。自从今日缠过后,子子孙孙甚高强。

采梁。从大梁头走到大梁尾,在主家预先放在梁上的12个杯子里边斟酒边说福裕搭梁。掌墨师傅先在堂屋下摆好祭品,点香烧纸,然后口念福裕:

福裕! 主东今日上主梁,九宫八卦定阴阳。急急走,走忙忙,连忙几步到华堂。

扶梁,即由屋架上的人分别从两头抛下拴梁木的绳子,掌墨师和二墨师分别在东西两头接住拴梁绳子,把大梁升上中堂放入中柱碗口中的过程。升梁时大边梁头稍高并先到柱口。升梁过程中,鞭炮齐鸣,掌墨师说扶梁福裕:

福裕! 此梁此梁,生在何处,长在何旁,长在昆仑山上,长在凤凰山旁,露水苗苗赐它生,阳光雨露赐它长。张郎过路不敢砍,李郎过路不敢量。只有鲁班神通大,砍回家中做栋梁。三十二人来砍倒,四十二人扶到场。齐了头,齐了尾,齐了两头要中间。此木将来何处用,主人修造大吉昌。

上梁前,在新屋场中堂摆放主人所备与各亲戚送来的抛梁粑(一担的一头用于抛梁),由主人家或事务总管为掌墨师与木匠挂红,掌墨师也借此谢过"三班六房"(即事务中的总管、煮饭弄菜厨师)。掌墨师手提酒壶,说《酒庚生》:

福裕！别人造酒迎宾客，主人造酒点栋梁。一点木梁头，代代儿孙做公侯，二点木梁腰，代代儿孙穿金装，三点木梁脚，代代儿孙做台府。福裕一毕，点梁大吉。

掌墨师从大边顶到小边，点一杯主人喝一杯。

上梁，也称玩梁。掌墨师傅站在梁中央做上梁准备，并说上梁福裕：

福裕！太阳出来红彤彤，照见黄龙坐海中。左手拿根青丝线，要钓黄龙上虚空。自从今日上梁后，紫微高照姜太公。

接着玩梁开始。梁的东边这一头是木匠师傅，梁的西边这一头是帮忙立房人，分别站在梁两头。木匠师傅诵完福裕，大喊一声"升梁"，两端抬着梁的人互相比力气，通过抵、压、抬、抢抑制对方，而哪头先把梁抬上去，算这头玩梁胜。这在楼上，以前立房中也算是最激动人心的事，许多人都要来捧场。这过程有的持续半个小时甚至一个多小时，最后才稳稳将梁放在中堂中柱顶部梁口上，同时高声朗诵上梁福裕，祝福吉祥、世代安康。

梁放稳后，接着上檩子、钉椽皮，接着最热闹的莫过于抛梁了。掌墨师站在中堂东边，帮忙立房的人站在中堂西边，立房人将主人家准备的抛梁粑放在堂中，一般有榨梁粑与抛梁粑。榨梁粑是主人家回收，抛梁粑是给众亲戚抢的。一箩四个圆形大糍粑、一箩一百八十个圆形小糍粑、一箩团团粑等在一旁。

新屋框架形成，木匠用木钉将穿、檐、枋、梁加固，在中堂神主位的檐上贴"紫薇高照"。

贺礼，新房落成亲戚朋友祝贺送彩礼。在房的中堂各侧柱、房正面各柱贴上贺联。亲戚来挂红，掌墨师说福裕。

围彩，在新房正面及两侧挂上彩布。彩布由主家后家（妻子父母兄弟）或亲戚等贺送，以表示亲戚得力、朋友广、门庭光大，并说福裕：

福裕！太阳出来红又红，照见主家来挂红，挂红挂了三尺三，世代儿孙

膴膴楼上

做高官；挂红挂了三尺八，主家儿孙代代发。福裕一毕，挂号大吉。

升匾。由寨中礼仪先生主持，将众亲送来的贺匾升上新房堂屋的神龛位的过程。接着传杯，即掌墨师替主家请贺酒。说福裕：

福裕！太阳出来紫辉辉，照见主家挂红又传杯，我今给你主家传杯酒，富贵荣华代代有。福裕一毕，传杯大吉。

盘梁，匠师和行家们分坐在梁木的两端，摆上酒菜，边吃酒菜边盘梁，也是祝贺封赠，一问一答。还要盘酒、盘菜、赞屋场福裕：

福裕！坐在梁上打一望，主东坐的好屋场，左边青龙高抬头，右边白虎放眼望，后有青山金鸡岭，前面玉带水环绕，地理先生手艺高，风水宝地好屋场。

抛梁，由说盘梁福裕的木匠师傅分东西（各四人）两队从堂屋中柱搭楼梯，将主家准备的"榨梁粑"或亲戚送的"抛梁粑"送上房顶，进行"抛梁"仪式。上楼梯时中堂大边由掌墨师带头先上，上十二步至房面，上一步说一句福裕：

福裕！新立华堂喜气洋洋，向阳梯子搭两旁，脚踩云梯十二步，步步登高说端祥。上一步，人顶远固；上二步，双凤朝阳；上三步，三星在户；上四步，四海名杨；上五步，物华天宝；上六步，六被吉祥；上七步，腾云凤起；上八步，山高水长；上九步，天长地久；上十步，地久天长；十一二步，上登梁，比此鸡叫三场。福裕一毕，上上大吉。

接着便是抛梁，木匠师傅坐正梁东边一头，帮忙立房的人则坐正梁西边一头，相互比拼说福裕，一问一答，说"木庚生""箩筐庚生""粑粑庚生""贺新居"等。抛梁时的福裕，说得越多越热闹越好。同时往东、西、南、北、中几个方位抛撒糍粑或团团粑，谁捡到谁有福。抛梁时先由东边木匠师傅说

第十章 歌舞楼上

福裕：

福裕！一抛喜梁闹春阳，二抛喜梁情意长，三抛喜梁百花放，四抛喜梁粮满仓，五抛喜梁笑语朗，六抛喜梁乐洋洋，七抛喜梁人丁旺，八抛喜梁瓜果香，九抛喜梁吉庆多，十抛喜梁美名扬，连抛喜梁精神爽，喜事一桩又一桩。

说《木庚生》：

福裕！生在山中几大林，木木盘来几大堆，大树齐了头，小树齐了尾，此木将来何用处，主人修造大吉昌。

说《箩筐庚生》：

福裕！两手搭在箩筐上，不说箩筐由知可，说起箩筐有庚生，云贵两年栽竹子，云贵三年竹子生，砍竹要问谣三姐，花竹要问春三娘，打成箩筐来抛梁，自从今日抛梁后，主家代代儿孙做官长。

说《粑粑庚生》：

福裕！正月立春月阳阳，二月燕子上大梁，三月清明下谷种，四月立夏栽早秧，五月芒种田中长，立秋处暑六边黄，白露秋分打进屋，寒露霜降谷上仓，大斗量来高仓积，小斗量来把碾房，做些粑粑白如雪，弄些粑粑千万双，大的拿来不敢吃，小的拿来不敢尝，只有鲁班神通大，将与主家抛栋梁。一抛东，世代儿孙坐朝中；二抛南，世代儿孙坐成团；三抛西，世代儿孙穿长衣；四抛北，并起天关从此得；五抛中，阳雾几上，代代儿孙坐知府。

福裕一毕，抛梁大吉。并说福裕：

福裕！天地开张，树立华堂，杨公弟子，开此木场，杨公弟子，开此木，

· 311 ·

膴膴楼上

开此梁,打马扬州请张郎。请得鲁班张郎到,东南山上采木场。采得柱头根根是松柏,采得川排块块是沉香。晚来不用明灯照,根根柱头放豪光。

福裕!太阳出来绿阳阳,主东坐个好屋场。白鹤仙人来采地,文武百官应吉祥。青龙白虎分左右,朱雀玄武排两行。家有金银堆北斗,富贵荣华与天长。

福裕!东边天降明,文武两状元,左立梭椤树,右立挂花厅,前面修起逍遥府,后面修起绣花楼,自从今日立过后,主家富贵荣华万万春。

福裕!东边天降明,要你主人跪中庭;我今赐你金,代代儿孙坐北京;赐你银,代代儿孙坐朝廷。

福裕!说了一声又一声,主东修造好华厅,门前一对金狮子,堂前一盏万年灯,河中龙鱼来进宝,立起华堂万万春。

福裕!新立华堂白如银,我说福裕对答人,西边与我说不起,我与西边说不成,说来天合风雨顺,说得地合草木生,弟兄合气家豪富,妯娌合气家不分。自从今天修造后,长开吉祥万万春。

接着东边木匠师傅与西边帮忙好信之人,一来一往,相互盘问,一问一答,实质就是一场论辩:

福裕!一上梁来看四方,主家坐个好宅场,坐在龙头生贵子,坐在龙尾状元郎,主家坐在龙腰上,龙头龙尾放豪光。福应一毕,请西边先生接。

西边先生接着说:

说抛梁来就抛梁,男的站一边,女的立一旁,牵的牵衣兜,捞的捞衣裳,只望梁粑早点落,捡个蜂子来朝王,自从今日立过后,主家世代儿孙状元郎。

东边师傅:

立楼立了新起脚,西边先生真会说,你万代富贵说得有,主人听了真快乐,自从今日立过后，主家代代儿孙坐朝廷。

福裕！抛梁福裕不要长，听说听商量。安的安桌子，望的望抛梁，一来客吃了，二来主人忙。近的都还转去得，远的要在这些歌。宜其家人，细听分明，打就余铺，借些铺成，老年之人睡个觉，要等我们谁定输赢。堂棣之花，等一下才撒粑粑。

福裕！新立华堂色色新，西边先生听原因，一不要胡言乱语，二不要扯草盘根。三不要谈今论古，四不论古谈今。五要有头有尾，六要有本有根。七要来者不怕，八要听者有因。九要知难为上，十要礼节为真。无头无尾莫乱说，无根无本莫乱言。福裕以毕抛梁大吉，西边先生请送好吉祥。

福裕！说得好来记得好，记得文昌教尔曹，我记得几个好福裕！走上梁来忘记了，各位父老莫见笑，且说华堂修得好，白鹤仙人来采地，朱雀玄武也不少。主人坐个青龙地，子子孙孙出阁老。你不说来我要说，你今把我莫奈何。你今等我思想起，我今只等太阳落。君子有九思，或生而知之，或学而知之，或困而知之，行人自与修世知，东里子产润色知，南天门打伞一路的神师。

福裕！一步一步到华堂，各位父老不要忙，一心要说好福裕！来在窗下读文章。心中记得三五句，陪伴大家去抛梁。两架条木一架梯，一步高来一步低，双手按在华堂上，左在公侯右在相。手扶云梯步步高，仙子云中把手招，一上千庄百亩田，二上走马挂金梯，三上桃园三结义，四上四季广招财，五上五星普天照，六上六合又逢春，七上天宫七姊妹，八上神仙吕洞宾，九上九宫玄女到，十上太公在此来。

福裕！太阳出来绿阳阳，时间已到正抛梁。夏传子，家天下，这担箩筐打得大。江成五月落梅花，里头装的是粑粑。寓褒贬，别善恶，两边都是几大箩。教不严，师之堕，主家粑粑磕得糯。八九子，尔小生，大的还是有半斤。仁人亲其亲，长其长，小的也有三四两。君子贤其贤，列位听我言。苟不教性乃迁，只许抢不许掀。凡训蒙虽讲究，只要各人手脚麻溜。养不教，父之过，每人名下有几个。小人乐其乐，粑粑打着你脑壳。老的捡去诓娃娃，少的捡去诓婆娘。我今说其这里止，又等西边那头送吉祥。

福裕！脚踏梁头步步高，孔子尼山把书教。只等来年登金榜，脱下蓝衫换紫袍。文官要学包文正,武官要学薛平王。二十八宿当空照,紫微星君正家堂。自从今日说过后,富贵荣华与天长。

说完福裕,由掌墨师傅拿榨梁粑,要求主人家跪在中堂,面向堂外,手反后牵衣兜接榨梁粑,并说福裕:

福裕!主人主人朝中跪下,听我分明,先赐你一锭金,买田治地与儿孙。后赐你一锭银,立家治富与贵人。一赐你长命富贵,二赐你地久天长,三赐你田园万顷,四赐你金玉满堂,五赐你龙凤齐美,六赐你麟祉呈祥,七赐铺毡结彩,八赐神仙到场,九赐宫娥彩女,十赐永掌朝纲。百般万物皆赐你,五湖四海把名扬。

建房吉日,一般都要杀猪、推豆腐、打糍粑等办酒庆祝。从如此繁复的程序和庞杂的福裕内容中可以看出,在楼上周氏家族的信仰中,新房的落成意味着一种新的居住空间诞生。上梁从某种意义来说就是一种开天辟地之功,一方面表达了人们对天地自然的虔诚与敬畏;另一方面也集中表达了人们祈求上天以吉祥平安、风调雨顺、五谷丰登和人兴家旺的美好愿望。而穿插其间的"榨梁粑""抛梁粑",象征着天地赐给人类赖以生息繁衍的食物,是人类缘福于敬天思想的形象反映。在过去的楼上,无论是殷实之富,还是贫民之家,只要立房,都要或多或少地投"榨梁粑"、撒"抛梁粑",以便祈得上天的庇护和恩惠。

在建房过程中,可以感受到每一道程序中,几乎都有木匠师傅为主人家说福裕。福裕的内容既有庄重,也有文辞精练,句式有长有短,甚至还融入古代历史文化、传说故事、四书五经的一些内容,含蕴丰富。这是文化,也是传承。还是有别于长年累月在田间地头之外,一种欢欣的生命的乐歌,是对勤劳不辍、耕读传家的又一种演绎。

毛龙灯舞,新春祝福

对龙的崇拜源自原始社会时期的图腾崇拜。而图腾物的出现,是原始人类对自然界认识与改造的反映,是远古时期"万物有灵"观念的产物。龙灯是以龙神崇拜为核心,把龙当作神物来崇拜,从古代帝王到普通百姓,从8000年前到今天,均把龙视为主宰风雨之神或农耕的保护神等进行崇拜祭祀。

龙灯在历史演进中,又不断吸收了儒、道、释等文化因素,特别是从崇拜、信仰逐步向娱神与娱人的方向转变时,以雕刻、塑造、绘画、音乐、舞蹈、神话、传说、装饰、表演活动等行为和娱乐方式表现对龙的敬仰和信奉。龙灯是作为民间信仰而产生的一种民间艺术。

龙灯文化是中国传文化中源流最为久远、传承时间最长、影响最广的文化现象之一,是宗教性的龙文化与艺术性的龙文化融合后衍生出来的一种龙文化形式。龙灯具有娱乐趣味与传统文化性,糅合歌、乐、舞、唱、颂为一体,同时含蕴最丰富,几乎包括各个历史时期、各个民族所留下的历史文化印迹,对于中国社会影响广泛,渗透全面而深入。

龙灯真正兴起应是在唐代初年。传说唐太宗天宝年间,东海龙王因打赌,故意不准时下雨,结果到了农民下种时,土地干旱,无法生长,犯了天条。玉皇大帝派魏征在午时三刻监斩老龙王。于是老龙王于前一天在梦中给唐太宗求情,唐太宗在梦中应允了老龙王。第二天,唐太宗宣魏征入朝,并把魏征留下来,同他下棋,有意不放魏征出门,想借此错过处斩时间。不料正值午时三刻,魏征打起了瞌睡,在梦中把老龙王斩成了九段。以后的每年,每逢春耕播种时节,总是三日一晴,两日一雨,五谷丰登,国家太平。于是便有每年春节玩龙灯,烧香烧纸以祭祀老龙王。特别是在正月元宵节,玩龙灯成了农耕时期必不可少的一种娱乐祈祷的文化，并随着历史不断发展和改变、丰富。

楼上春节所玩的龙灯，也称"毛龙"。这也是石阡的一种古老风俗。石阡仡佬、土家、苗等族的先民中的一部分，在明清以前被称为"五溪蛮"或"武陵蛮"，以远祖"盘瓠"为图腾崇拜对象。"盘瓠"的形象为"五色毛犬"，故"龙"这个中华民族的共同图腾，在石阡各民族中，便自然而然地增加了"毛"的特征。而毛龙就成为石阡各民族共同风尚。石阡"毛龙"的起源，可追溯到唐代。据《石阡府志》载：石阡从唐代开始有龙灯。石阡民间亦流传有"唐魏征梦斩泾河老龙"的故事。石阡地处僻远，受自然环境的限制，再加上对自然灾害的无法把握与控制等，一种渴望平安、丰收、幸福的生活的心理诉求由此而生，对龙的崇拜意识越来越强烈。因而通过玩龙灯来祈求龙神保佑，能施云布雨的龙神，便成了人们慰藉心灵的依托。

楼上周氏家族玩龙灯习俗也应是所处使然，是化融石阡民俗而成的一种龙神崇拜信仰的民俗活动。在民间关于龙的起源及传说其实由来已久，楼上龙灯文化也是多种文化共同融合的独特的文化产物。楼上龙灯有自己独特的艺术性，如对龙神信仰，敬龙神仪式、祭品、颂词，也还保留着石阡龙灯的一些基本要素，并对玩灯的形式与技巧不断尝试、完善和提升，玩龙灯也就成为楼上周氏家族精神信仰的物质形态的显现与标志，是楼上周氏家族文化渊源中对龙神崇拜的信仰民俗化的产物。

玩龙灯在楼上已传承三四百年的历史，其龙灯文化的发展史与家族的发展史是一脉相承的。楼上龙灯的发展与变化是随着楼上的发展自然不断融汇、创新、丰富并完善，最后形成一种独特的文化艺术形式，也可以感知许多耕读文化的含蕴。其浓厚的生活气息、审美向度以及古老的传说都给龙灯增添了别样的色彩。

玩龙灯不仅是楼上历史的、文化的重要组成部分，还传承着这里人一代又一代对生活的美好愿望。

龙灯文化，对楼上周氏家族而言有着重要的地位和影响，是信仰崇拜与农耕文化的交织演绎，是周氏对生活的向往和审美价值观的集中体现。那种浓烈如初，那种执守终始的信仰与虔诚，那心愿与风情，已然渗入生活的方方面面，成为一种独特的文化凝聚和沉淀，有着丰富的耕读审美文化内涵。

在每年春节正月初三之后，开始编灯，初九出灯。玩灯人舞着龙灯，走村串寨，到各家各户贺新春、送吉祥、说龙福裕，一人说唱，众人齐和，声音沉越而洪亮，时低时高，辅以锣、鼓、钹、镲、唢呐等器乐相伴，舞灯时还要燃放烟花爆竹，气氛欢乐、祥和、喜庆而又热烈，很激动人心。特别是到了正月十五，周氏宗族各村各寨的毛龙，相约而来举行元宵灯会，既相互切磋，又各展风采，灯山人海，有如一幅幅生动的风情画卷，令人赏心悦目，美不胜收。

毛龙编扎

楼上龙灯编扎考究，工艺独特，要求精致，形态优美，其选材、造型、色彩、工艺等有许多讲究与要求。

选灯头，由玩灯前寨中推选有经验和能力的人来担当。玩灯是一项大型娱乐活动，从组织人力、物力、准备各种材料到编扎龙灯、玩龙灯、打寨（走进寨中一家一家，不能漏掉一家）、贺新春、元宵灯会，再到化灯，即送龙归大海，都需要很多人参加，编灯的、玩灯的、后勤的等一切，需要有一人来总的负责安排调度，这个人就叫灯头。在楼上玩龙灯说福裕中，还有祝贺灯头和扎灯人的唱词，如贺灯头：

福裕！龙王神来龙王神，说我无名却有名。我王根生道不尽，大家拥护来玩灯。我王头上顶三青，推选几个当头人。龙头破烂你要补，灯油不购你操心。起头下场都要你，缺余多少表明心。当头复杂说不尽，又费力来又费心。

贺扎灯人：

福裕！说了一层又一层，再来祝贺扎灯人。扎得龙来龙现爪，扎得凤来凤翻身。一对龙角朝天向，身披金甲放豪光。牌灯大将前引路，一对龙眼观十方。两颗龙保往前走，口含珍珠亮堂堂。又扎龙尾两边摆，瘟疫湿气扫出门。人有诚心神有应，老者安之少者怀。

膴膴楼上
WU WU LOU SHANG

贺玩灯人：

福裕！说我无名却有名，我王祝贺玩灯人。玩灯之人又费力，深更半夜夜深更。元宵会上喜玩耍，大家商量一条心。锣鼓喧天跟到走，不要离开贺龙身。莫学灯笼扞个眼，要学蜡共一条心。干湿都要你们耍，好玩好耍贺新春。家家户户都清吉，个个平安六畜兴。千根把手共条岭，万朵红花一树生。

从唱词中可以看出，灯头、扎灯、玩灯都是非常辛苦的事情，灯头要负责所有玩灯的事情，每天玩灯所损坏要补，起头收场，费力费心；扎灯人要编扎得形象而生动，必须认真对待，虔诚一心；玩灯人更是需要齐心协力，才能玩得转、玩得好，无论天晴下雨、刮风飘雪，必须风里来雨里去，而且人不离灯，熬更守夜，自始至终。

楼上的龙灯的制作，是先用上好的竹篾分别编扎龙头、龙身、龙尾、牌灯、龙珠（宝）。特别是龙头的做工非常讲究，龙灯编扎得成功与否，在很大程度上是由龙头编扎得好坏来决定的。龙头是最好看也最难编扎的，一般在每一寨的每代人中，编扎得最好的都是会篾匠活的。因为龙头上有嘴、角、眼、鼻、须、额、翅、鳞等较难编扎的部位。既要有龙王腾云驾雾的神气，又要展示活灵活现的生气，这些，都得靠龙头的形象来表现。与其周边编扎上不同的是楼上玩的毛龙，全部用竹篾条，就是龙身全都用竹篾编扎。

龙背脊骨则是由五根又长又好的上等荆竹划成竹条做成。龙身分节而编扎，每节都用筷

龙头

第十章 歌舞楼上

编扎龙灯

子粗细的青篾条，先糊上糨糊并旋转着缠上彩色皮纸（俗称"火草秆"），再将一根根火草秆圈成圆形，密密并列串编在较粗的竹篾条上，每节一米来长，最后再把每一节穿捆在龙的背脊上，两节相交处要用未划开的原竹，从龙脊骨上弯折穿过龙脊骨捆扎好，这便是舞龙用的龙把。完整编扎好一个精美的龙灯，需要几十个活路。龙灯的节数一般为单数，少的几节，形制长的十几节，甚至20多节，一般根据玩灯人的多少与水平确定。在扎龙灯过程中，还要诵唱扎灯根：

福裕！龙王神来龙王神，说我无名却有名。凡间人民尊敬我，没有什么扎吾身。昆仑山上一坪林，将它砍来用火焚。山林树木砍完了，恰将留竹十二根。崇祯元年栽竹子，崇祯二年竹盘根。崇祯三年竹长在，将它砍来扎吾身。砍竹要问瑶三姐，划竹便问寸三娘。张郎师傅来砍竹，李郎师傅来扎灯。一扎牌灯先锋将，二扎龙王金身现。三扎龙角朝天向，四扎龙眼观十方。五

· 319 ·

扎龙尾两边摆，六扎龙王纸服身。五色花纸来配衬，开光点像成真神。

从扎灯根的贺词可以看出，扎灯是件复杂的事，既要分工合作，又要统筹兼顾。扎好龙灯，接下来就是出灯。出灯形式包括：收裰解秽、开光点像、请水、参庙、参宗祠、打寨、元宵会、送宝、还愿、化灯等，以及进行不同仪式时还配唱词和说福裕等一系列送吉祥活动。

出灯仪式

楼上周氏家族对自然中的日月星辰、山水树木和祖先甚为崇拜，往往根深蒂固地将之视为神灵，对他们进行祭祀和祈祷，这是家族由来已久的传统，并由此而逐步形成了一个天神、地神和祖先的神灵系统。在玩灯过程中，族人也吸收和继承当地巫术，借此可以为周氏家族祈福禳灾。出龙灯的过程也自然掺杂一些巫傩成分，最讲究的是在解秽收裰、开光点像之后，还得进行请水等一系列仪式，才能出灯。

解秽收裰、开光点像，一般在编扎龙灯的灯堂进行。解秽收裰就是祓出不祥，只有经过解秽收裰，在玩龙灯过程中，才能祓出一切来捣乱鬼神，才有送吉祈福的功效。扎好的龙灯，为竹纸编制，只有通过开光，才能把真正龙王神请来，所编制龙灯才能变成有神的龙灯，也就是说真正的龙王被法师请来了，附在龙的身上，使之具有灵性。其仪式，首先摆设好祭礼，是由专门的法师进行主持。

祭礼布设香案，于祭桌上，摆装满稻米或稻谷的米斗，摆上"刀头"（一块煮熟的猪肉）、米粑、豆腐、白酒、果品，点香燃烛。解秽收裰、开光点像，由法师行法，唱经念咒，同时不断跳转旋行，这是迎请龙王神来的仪式，并把不祥的鬼神驱逐出去。

为龙灯解秽收裰、开光点像，有极强的巫傩色彩，以前必须由族中法师来领衔主持，后来由玩龙灯中的懂得一点法事的持宝人来主持，先念《解秽神咒》，诵经时先用净水一碗，端在左手中，口念咒语，以右手中指书符于碗内，念毕，将水洒五方，以解秽气，方可念开光咒。

在念诵咒语的过程中，点燃香，每念一处，用香火将龙身上每处都扦眼，使龙灯更亮，这就是开光。一般约定的规矩是，不经过开光点像的龙灯不准进寨入家。

解秽收祲、开光点像等礼成之后，接下来就进行请水。请水必须到寨旁龙洞湾出水处或寨中天福井，摆案设祭、烧香烧纸，并唱诵《请水》词：

　　福裕！龙王神来龙王神，说我无名却有名。我王原在海边坐，又来请水为何因。凡间民众尊敬我，篾条编起纸服身。五色花纸扎配衬，请水开光元宵行。水是山川脉气运，能上能下又能还。水浒三官他掌管，洞庭还有掌舵人。一请洞庭五湖水，二请五岳山水来。三请长江激流水，四请天福井水来。五请本寨自来水，开光点像元宵行。辞别三官我回转，那年玩灯再来迎。凡民新春好玩耍，我王元宵显威灵。

把水请来了，龙有了神，灯光更明亮，有水可行走飞腾，但还必须参拜各路神灵，就是要对庙宇进行一一参拜。首先要参拜的是梓潼宫，因梓潼宫里供奉着衡文天下的梓潼菩萨（文曲星君），是周氏家族以耕读为本、以诗礼传家，代代人对其最虔敬的神祀。其次是文昌阁、关音阁，而其他寺庙如小屯寺、土地庙、山王庙、城隍阁等，则在玩龙灯过程中途经时再参拜。其《参庙》唱词：

　　福裕！龙王神来龙王神，玉帝命我下凡尘。领得上皇亲敕令，元宵会上显威灵。锣鼓喧天来朝贺，我王来时驾祥云。驾祥能使风雨动，腾云可教星斗移。人行千里数日正，神降一步切时辰。不觉行程来到此，来到周姓宝殿门。我王来在宝殿内，烧香三炷炉内焚。香蜡纸烛凭神化，宝殿俯首拜众神。上拜玉皇张大帝，下拜地府十阎君。左拜释迦牟尼佛，右拜南海观世音。东拜天齐仁圣帝，南拜崇侯大天尊。西拜华山金圣帝，北拜恒山岳帝君。中拜中央戊己土，至德尊神大帝君。上元天官增福寿，中元二品荆幽名。下元水陆开大会，白马将军显威灵。七曲文昌司嗣籍，关圣仁勇武帝君。前元四品七天圣，川主土主镇乾坤。雷公雷母施号令，豁闪娘娘满天光。风雨菩萨腾云驾，日月星光照卅城。满堂神圣思安坐，我王辞别把礼行。但愿诸神神通大，保佑本寨众民生。哼哈二将把门庭，山门土地管家庭。我今告辞回身转，驾雾腾云元宵行。

参庙安神是周氏家族特别重视的仪式，其参各种庙宇的唱词大意基本相同，略有增加或减少的变化，每逢出灯晚，参庙以梓潼宫为主，进行安神集体参拜。其次是参周氏宗祠，周氏对祖先特别礼敬，这可能是年年玩龙灯会和清明会所使然。在《参词堂》唱词中，单就其内容来看，也算得上是一部楼上家族的历史叙事诗，通过玩龙灯、诵唱词，让周氏家族子弟，在潜移默化中了解家族的发展历程以及经历的各种事件。如《参祠堂》：

福裕！龙王神来龙王神，说我无名却有名。家坐东洋大海内，龙宫殿内我家门。父亲名叫敖金国，柳氏夫人是母亲。一母所生五弟兄，五人弟兄各有名。我王汉朝得的道，太宗年间成的神。丙子年间天开眼，敖鱼被淹地翻身。要问我王八个字，八月十五子时生，龙母本是柳金女，六月初三午时生。新年玩灯元宵会，特来祝贺始祖们，祖籍原系江西谱，南昌丰城桥东村，祠堂原名大本堂。国照入仕往川走，潼川乐至天仁乡，弘治五年干戈乱，顺治六年吴王兵。弟兄避难逃入黔，来至思石各分身。伯卉塘头文昌阁，伯泉石阡楼上村。后嗣子孙玩灯贺，元宵到来闹新春。一拜汝南昭穆祖，再拜伯泉朝隆身。三拜富嵩珩手足。四拜国祖忠良英。富嵩珩是前三房，鑑镜锡铣镐兄弟，应是我族前五房。仁德庠汉璧兄弟，本是我族后五房。新年玩灯来祝贺，后世玩灯照参堂。

前半部分唱词，大体上叙述龙王及龙灯根由，后半部分则是讲家族从江西至四川，再入黔而来的缘由，还包括前七代人宗亲分支关系，其内容质朴、生动，而且叙事简洁、明了。

玩龙灯中，有专门背香纸蜡烛及祭品的人，凡经过庙神、土地等，均要点蜡焚香烧纸，并祷告一番或说龙福裕。这是现实生活在龙灯信仰中的反映，虽然模拟现实生活，而想象拟之神鬼世界，各庙神、土地神有着自己的管理区域，龙神所到之处，自然也要尊重各神灵的许可，这香纸相当于通行慰问

第十章 歌舞楼上

参庙

参宗祠

开光清水

敲锣打鼓

之礼。

玩龙灯结束后，龙灯是不能留在凡间的，必须送它归海，也就是化灯，将毛龙全部烧化。化灯必须选择水甲子的晚上。化灯之地同样选择在有龙洞水或寨中井水处。化灯前，从灯堂把灯老出来，要玩上三五回合。化灯时，烧纸焚香，锣鼓齐鸣，诵化龙灯咒语。

玩龙形式

古代玩龙灯最初是一种祭天、祈年、祈雨仪式，而非娱乐。而真正成为一种民俗娱乐的表达，成为普通百姓节庆的一种表达应是唐代以后的事。玩龙灯，是将歌、乐、舞融为一体，其配乐乐器主要有锣、鼓、钹、铙等，有时还有唢呐。玩龙灯庆贺新年，一是打寨，即走进村寨每家每户贺新春、送吉祥，包括周边村寨，有远一点的村寨玩不起龙灯，还要专门派人来请龙灯去打寨；二是元宵灯会，庆祝元宵，与邻近村寨的龙灯一起进行舞龙表演、择五海等竞灯娱乐；三是送宝、缴宝、了愿等民俗信仰。

送宝，就是有的夫妇结婚多年无子女，或多胎生女孩，把龙宝送给这类人家，以求早生男孩；缴宝就是送宝生了男孩，过三年五载，把龙宝收回来；了愿是因为有的人家，家事不顺，或多灾难，向龙灯许愿后，应验而发生好转，隔年要请龙灯来谢恩还愿。

打寨，每年玩龙灯出灯晚上，龙灯进寨，由牌灯带路，接着是龙宝、龙灯队伍紧随其后。龙灯行走过程中，配以锣鼓伴奏，每进一家，到龙门接灯，牌灯先到主人家堂屋，主人家烧香纸以祭祀，如果主人家要开财门，必设祭品，在龙灯到来之前，把大门关上，持宝人上了阶沿坎，则开始开财门，说龙福裕，也称贺新春。内容根据主人家情况，各有不同。开完财门，主人家一般准备仪式礼金，院落大一点，要舞龙一番，锣鼓齐鸣，并燃放烟花爆竹以助玩耍。龙灯耍过三两回合，再到另一家。

打寨

打寨说福裕

楼上周氏每年元宵都要举行灯会，就是邻近几个寨子的龙灯一起集中到戏楼进行玩龙灯。有时还有茶灯、花灯与木偶戏一起庆贺元宵，村民们簇拥着一条条龙灯而来。会灯时，那一一条鲜活龙身，忽而蜿蜒腾挪，左右翻掩似巨蟒翻身；忽而腾空而跃，飞身云端似鹤翔长空。龙灯舞动时烟花四起，龙身循势连贯盘旋欢腾，好似江海波翻浪涌，让人感觉到一条条龙灯，各逞其能，各展其艺，天地间仿佛是在电闪雷鸣、驾雾腾云、波涛涌起时的壮观，正如"东风夜放花千树,一夜鱼龙舞",令人目不暇接。其伴奏音乐由锣、鼓、钹、铙现场套打,可以根据玩龙灯节奏变化和快慢起伏而加以配合,时而紧密,时而舒缓,音乐与舞龙配合紧密而统一。

舞龙,也称玩龙灯,是一种多人合着表演的形式。玩龙灯时,动作并不复杂,讲究配合,而持宝人是龙灯玩得好不好的关键。玩龙灯时,持宝人手持竹扎的龙"宝"导引龙头跟随龙"宝"转动,其一招一势的快慢、弧线,都关系到舞龙的美感;其次是舞龙头的人,一定要有经验,动作不仅娴熟,还得与持龙宝人的节奏一致,舞动的龙头要有追觅吞咽龙"宝"之势,随于其后的数十人举起紧连龙身的竹把,紧紧跟随起伏翻动。整条龙在欢快热烈的乐鼓声中跟着龙头或列队奔跑,就像活了一样,忽而蜿蜒起伏、螺旋似穿行;忽而昂首腾空,翻滚环绕,连绵不断;忽而俯冲直下,破浪入水。龙灯舞动时爆竹烟花,加上皮大鼓、大铜锣、钹那"咚咚咚""哐哐哐"等震耳欲聋的声音,龙身循势连贯盘旋欢腾,好似江海波翻浪涌,让人感觉到龙灯仿佛是在电闪雷鸣、狂风怒吼时汹涌澎湃的惊涛骇浪里狂舞。尤其是在夜里将在灯的灯笼点上蜡烛舞"双龙抢宝"时,那气势更是雄伟壮观,鼓锣之声十里相闻,蔚为壮观,是一种纯粹原生态野朴之美。

楼上龙灯的玩法非常多,从表演形式来看,都体现了楼上人的一种独特的审美形式和鲜明的家族特征。流传至今玩得最多的形式有:"单龙戏珠""懒龙翻身""二龙抢宝""上高板凳""上四方桌"等,每一形式都有着不同的文化含蕴。特别是上高板凳、上四方桌玩二龙抢宝,是最娴熟最潇洒的招式,也是楼上会灯时标致性表演。还能在空间极窄的高板凳、四方桌上玩出许多花样,如观音坐莲、鲤鱼打挺、天鹅抱蛋、仙人坐轿、苦竹盘根、箢箕插戗、虼蟆晒肚、五龙归海等招式,各显特色,各有风韵,轮奂之美。

双龙(抢宝)戏珠是两条龙戏耍抢夺一颗龙宝(珠)的表现形式。它起源于天文学中的星球运行图。火珠是由月球演化来的。从汉代开始,双龙戏珠便成为一种吉祥喜庆的装饰图纹,多用于建筑彩画和高贵豪华的器皿装饰上。双龙的形制以装饰的面积而定,倘是长条形的,两条龙便对称状地设在左右两边,呈行龙姿态。倘是正方形或是圆形的,两条龙则是上下对角排列,上为降龙,下为升龙。不管是何种排列,火珠均在中间,显示出活泼生动的

膴膴楼上
WU WU LOU SHANG

二龙抢宝

气势。玩龙灯有多种招式,如开耍灯:

福裕!龙王神来龙王神,说我无名却有名。耍灯要耍十传景,玩龙要玩一条心。一耍正月元宵会,二耍二龙把宝争。三耍三官斩六将,四耍四姐闹东京。五耍五月龙华会,六耍六月拜观音。七耍七仙下凡界,八耍八仙闹海滨。九耍九龙归大海,留下东君敬吾神。

如再来耍:

福裕!一耍二龙来抢宝,二耍黄龙三翻身。三耍三官斩六将,四耍童子拜观音。五耍五龙游大海,六耍董永哭槐英。七耍王母蟠桃会,八耍孔明计策精。九耍太公把鱼钓,十耍桃园结义深。

如又再耍:

福裕!一耍二龙来抢宝,二耍苦竹来盘根。三耍观音把莲坐,四耍仁贵点雄兵。五耍端阳龙华会，六耍悟空保唐僧。七耍牛郎织女会，八耍雷甑救父亲。九耍文公访姜尚，十耍天门穆桂英。十一十二耍完了，庆贺东君开财门。

舞龙

楼上龙灯的编扎技巧、形态特征、色彩配合到玩龙灯时的各种动作技艺、曲调唱词、队形组合无一不体现了楼上周氏家族的精神风貌，以及在长期的劳动生产中蕴藏着的审美意识及其朴素的审美观念。与此同时我们还看到了楼上周氏家族热爱生活并积极地创造美好生活。他们在生活中逐步达到了将生活提升为艺术的美好境界。

每逢过年过节，双龙都要挨家挨户进行表演，更有外地人慕名前来邀请表演，把龙灯玩得风生水起，热情昂昂，龙灯似灯；龙灯有魂，龙灯似寨，人灯交织。楼上玩灯祈丰年、祈家睦事顺，求子、还愿，以求风调雨顺、国泰民安，追求幸福美好生活的信念、信仰贯穿着习俗，也承载着原始崇拜，用质朴、智慧的、艺术的、古老方式演绎人生。如《测五海》：

福裕！龙王神来龙王神，说我无名却有名。家坐东洋大海内，龙宫殿内是家门。父亲名叫敖金国，柳氏夫人是母亲。一母所生五弟兄，五人弟兄名有名。大哥敖广坐东海，镇守东洋大海洋。二哥敖钦坐南海，他在南海显威灵。三哥敖润坐西海，西天佛爷正殿门。四哥敖顺坐北海，北海涌水救良民。只有五弟年纪小，元宵会上显威灵。不是新年我不走，不是元宵我不行。不觉行程来得快，来到东君贵府门。你看东君好诚心，摆个五海接吾身。元宵特

膴膴楼上

来把哥拜，谁之天字塞海门。

如测天字：

福裕！我把天字来测了，要与弟兄会一成。天有日月心三宝，天星地胆是何难。我把天字来去掉，再将大字说分明。大海龙王元宵耍，大家玩灯庆太平。我把太字来去掉，再将人字说分明。人在世间有几等，人能之中能上人。我把人字来去掉，再将一字说分明。一字排行他为首，一治一乱定乾坤。我把天字拆完了，摆个玉字现主人。

如测玉字：

福裕！只有石土生白玉，金玉出在贵州城。八宝出在贵州地，山高水深到处寻。黄金有价玉无价，真金不怕为来焚。高丽摩天出金子，朱提四川出白银。我把玉字现给主，在将王字说分明。王丞相来老牌灯，王龙跟着一路行。我把王字来去掉，再将三字说分明。三元三品三官帝，三人桃园不分身。我把三字拿去掉，又将二字说分明。二两共同是一字，二龙抢宝来耍灯。我把二字说完了，一心要进五海门。两个龙宝往前走，金甲银身随后跟。东洋大海好游泳，五湖四海好安身。抬头观看水浒殿，东海就在面前呈。东海龙王东风旺，东方甲乙青神君。我王行往东海过，得遇太公寻海滨。姜公得与我王会，渭水访贤一大臣。为弟今夜参拜你，翻身要往南海行。南海龙王南风动，南方丙丁赤帝君。我王行往南海过，得遇南海观世音。观音得与我王会，十八罗汉度众生。为弟今夜参拜你，翻身要往西海行。西海龙王庚辛金，西方庚辛白帝神。我王行往西海过，得遇黄蛇反西行。黄龙得与我王会，兴周灭纣管万民。为弟今夜参拜你，翻身要往北海行。

北海龙王北风凉，北方壬癸黑帝君。我王行往北海过，遇着伯夷弹琴忙。伯夷得与我王会，弹的琴音骂纣王。为弟今夜参拜你，翻身要往中央行。只有中央我不参，是我宝殿在此存。我把宝殿来拆了，凡宫家家得安灵。倒了中央水一碗，不准淹我宝殿门。烧了中央纸一张，翻身要往北海行。我把北海来拆了，四哥急速转回程。倒了北方一碗水，涌起海水上天廷。烧了北方纸一张，转身要往西海行。我把西海来拆了，三哥急速转回程。倒了西方一碗水，涌起海水上天廷。烧了西方纸一张，转身要往南海行。我把南海来拆了，二哥急速转回程。倒了南方一碗水，涌起海水上天廷。烧了南方纸一张，转身要往东海行。我把东海来拆了，大哥急速转回程。倒了东方一碗水，涌起海水上天廷。烧了东方纸一张，双脚跳出五海门。两个龙宝往前走，要与主东开财门。

说龙福裕

龙灯的唱词，即说龙福裕，是一种以地方方言为基础，在一三度之间的说唱音乐，以质朴的原生态唱说。从内容上看，龙灯福裕唱词包罗万象，涉及历史（包括家族史）、地理、国运、典故、人物等，但多数情况下，龙灯福裕唱词，取材于民间故事，如龙的历史渊源，并贴近于现实生活，如行善做人之类。这不仅反映周氏家族现实心理愿望、家族道德观念、审美情趣及对人生态、生活取向等价值标准，而且也是远古的龙图腾崇拜意识，以及龙灯文化在周氏家族生存发展中，从精神到形式的传承演变的直接反映。

楼上龙灯文化是家族内心情感的释放和对艺术不懈追求的真实体现。周氏家族的情感世界是非常素朴的，也是非常强烈和丰富多彩的，其对艺术的追求和对生命的诠释是永恒的。楼上周氏家族在历史生息中，由于远离中原地区，其文化的提升和浸染比较缓慢，更显现其原始的、历史的古朴。其劳作艰辛、生活形式相对简单，更多的情感需求便只能借助在玩灯过程来抒发，更多的是通过唱词来表达。

楼上在玩灯时除了灯的造型考究、舞姿优美、音乐节奏悦耳有味外，其唱词也表现出一种诗化的语言。这样的唱词应该是古美而撩人的，它已融入了家族的纯朴的情感、生活的向往和虔诚的敬畏等生命的本然。其意境是醇厚而诗化的。楼上龙灯的唱词大多是铺陈叙事类唱说，唱词为七言组成，声韵相间，沉婉而高古，说唱时，唱和互臻，一唱众和，唱完一句，打和声一句"贺新春"，声音洪亮高昂。整个说福裕过程中，此起彼伏，节奏感极强，又古朴、又原始，仿佛天籁，听之，让人回味有余。且唱词简洁明了，具有

膴膴楼上
WU WU LOU SHANG

一定的普适性,老少可唱。

说龙福裕,在楼上家族看来,就是讨口彩风,对一个家庭将会产生极大的心理影响。因此,在楼上,龙福裕说得好的人,会得到族人的普遍尊重,特别是能够根据各家各户具体情况,即兴说唱福裕的人,更是被年轻人所崇拜。玩灯往往最不能缺的就是会说龙福裕的人,家族中的年轻人闲暇之时,甚至抄写存备,还会常常练习记诵龙福裕。这对于农村青年来说,是最吸引人而趣味无穷的事。一般龙福裕唱词,如开财门一:

福裕!龙王神来龙王神,说我无名却有名。家坐东洋大海内,龙宫殿内我家门。父亲名叫敖金国,柳氏夫人是母亲。一母所生五弟兄,五人弟兄名有名。大哥敖广坐东海,镇守东洋大海洋。二哥敖钦坐南海,他在南海显威灵。三哥敖润坐西海,西天佛爷正殿门。四哥敖顺坐北海,北海涌水救良民。新年之下把灯耍,来与东君开财门。

如开财门二:

福裕!龙王神来龙王神,说我无名却有名。唐朝才把灯来耍,长安颁旨至来临。新年家家迎接我,户户欢迎开财门。春开财门春天旺,夏开财门下季兴。秋开财门进五谷,冬开财门进金银。四季财门我王开,金银财宝在家庭。金多拿来买田地,造房治田与儿孙。儿孙个个登金榜,到老白头显扬名。

如开财门三:

福裕!龙王神来龙王神,说我无名却有名。家坐东洋大海内,龙宫殿内我家门。不提龙王由知可,提起龙王有根生。唐朝天子水泛滥,分断山河堰中行。从古已来海中坐,泾河老龙是我身。上帝见我神通大,封我八河总管身。封我八河为总管,雨布高上显威灵。三日晴来两日雨,五谷丰灯国泰平。我王行雨数百载,居以乐来民以安。不觉行程来到此,来与主东开财门。

第十章 歌舞楼上

以上三个龙福裕，分别从龙王一家情况、龙灯起源时间、泾河老龙王故事，最后加上吉语而成，通过龙福裕将龙王、龙灯起源及根由传承下来。

周氏家族作为耕读家族，几百年来其农耕时代所需匠人都是相对自足而完备的，家族中有书香门第、有行医人家、有教书之业、有风水法师、有各种匠人，在龙福裕中，根据不同情况而龙福各有不同。这也是周氏玩龙灯说福裕的一大特色。如贺书香之家之一：

福裕！桃花先透三层浪，月下高拔第一枝。鲲化北溟千里浪，夜联秋色一水云。龙池日暖香生绿，凤阁云天捷报春。策对天人夸独步，文成月露冠群英。

如贺读书之家之二：

福裕！一举首登龙虎榜，十年身到凤凰池。十载寒窗无人问，一举成名天下知。五凤楼平文精奇，七步七才天敏捷。开科取士得考中，一路荣华至白头。

如贺渔樵耕读：

福裕！荆树有花弟兄亲，书田无税子孙耕。世间耕读最为本，渔樵耕读前人兴。大舜耕田尼山下，子牙渭水钓鱼台。武生打柴山下过，孔子尼山教学才。太白东坡诗才广，这些贤才天降来。

从这几个龙福裕唱词来看，周氏家族对读书是重视和肯定的。说福裕人也必须是有文化的人，才能将诗词中的优美诗句连缀起来成为龙福裕的内容。这也从世俗之中见其耕读传承的一斑。

如贺木人之一：

福裕！参拜神来贺喜人，新年堂上贺新春。自从鲁仙传下后，万古留传到如今。锯子锉子是根本,锛锄斧头紧随身。手艺高强做得好,曲尺墨斗定子平。高山打鼓名声远,海内栽花根又深。粗茶淡饭随便待,酒水淡薄莫认真。起早睡晚不安定,那些不是放宽心。宽怀大量人尊敬,四方八面都来迎。龙行沙滩现龙爪,阳雀过山远传名。

如贺木人之二:

福裕!元宵会上贺新春,鲁班门下听原因。斧头锯子是根本,曲尺墨斗定子平。手中拿起斧一把,把木砍得响沉沉。锯子锯了长合短,推刨一麻放豪光。雕得龙来龙现爪,画得凤来凤翻身。画个鸳鸯同林鸟,雕个金鸡把更啼。刻个喜鹊枝头唱,要立鲁班门下名。

如贺石人:

福裕!我王元宵贺新春,东君在上听原因。万丈高楼从地起,你与木匠共师尊。风箱大锤是根本,钻子手锤不离身。扚子(钢扦)大锤开山料,曲尺墨斗定子平。花木卷草做得好,动物植物任你行。我王元宵来庆贺,本事手艺高过人。

楼上周氏家族匠人中,特别是木匠、解板匠、石匠多,在龙福裕中,贺木匠福裕特别多,其次是石匠、解板匠、圆桶匠、染布匠、裁衣匠、劁猪匠,甚至巫师一应齐全。在龙福裕中,还有如贺孝:

福裕!树欲静来风要绕,子欲养亲过世了。张孝寻凤敬晚母,孟宗哭竹笋生冬。目连地狱去寻母,黄香九岁递寒温。守了堂前三年服,门外光阴几时春。

在佛教故事中,《目连寻母》最早见于东汉初年由印度传入我国的《佛说盂兰盆经》。故事叙述佛陀弟子目连拯救亡母出地狱的事。其在中国流传甚广,曾经是无数绘画及戏曲的题材。目连的母亲青提夫人，家中甚富，然而吝啬贪婪，儿子却极有道心且孝顺。其母趁儿子外出时，天天宰杀牲畜，大肆烹嚼，无念子心，更从不修善。母死后被打入阴曹地府，受尽苦刑的惩处。目连为了救母亲而出家修行，得了神通，到地狱中见到了受苦的母亲。目连心中不忍，但以他母亲生前的罪孽，终不能走出饿鬼道，给她吃的东西没到她口中，便化成火炭。

目连无计可施，十分悲哀，又祈求于佛。佛陀教目连于七月十五日建盂兰盆会，借十方僧众之力让母吃饱。目连乃依佛嘱，于是有了七月十五设盂兰供养十方僧众以超度亡人的佛教典故。目连母亲得以吃饱转入人世，生变为狗。目连又念了七天七夜的经，使他母亲脱离狗身，进入天堂。

这样一个佛教故事能从西晋流传到现在，而且是口口相传，关键在于故事劝人向善、劝子行孝，更有"天下无不是的父母"的隐喻。贺孝中龙福裕，一般都要将尽孝的各种传说或故事，特别是尽孝名人传内容贯穿其中，还有"鸦有反哺报亲恩，羊有跪乳将恩报"等劝孝报恩比喻，引人深思，以感恩父母。

楼上周氏家族对孝本质、多子多福、香火不绝等传统观念以及家族的繁衍兴旺，在玩龙灯中信奉或求龙神赐子、或家庭不顺，以祈求龙神保佑的期盼和愿望。主要形式表现在祈求龙神庇护赐子，如若族中谁家结婚多年无子，或多胎女孩，在玩龙灯过程中，或征求主家意见送宝，或有的人家派人把龙灯龙嘴中的龙宝取来挂在家里，原因是偷来的龙宝更灵验。而送或偷的这个宝是龙嘴里的宝。另一种是许愿主家或至庙上或在玩龙灯到家开财门时，对龙灯许愿，以求龙王赐子。而当主家得子后，主家便出资筹划或出资请人扎灯还愿。其龙灯福裕唱词分求子还愿，也称缴宝；许愿还愿，称了愿。龙福裕中送宝唱词：

福裕！龙王神来龙王神，说我无名却有名。旷野山中来生长，黑松林内去藏身。黑松林内住不久，恐怕樵夫得知闻。逢山又怕山来垮，遇水又怕桥来崩。忙将身子来变化，变条蚰蟮慢慢行。行到海中得了道，涌水上天救良民。玉皇见我神通大，差我下凡显威灵。新年高上我才走，元宵会上我才行。我王历来多显应，凡间求子果有灵。无子之家送儿孙，有子之家登金榜。好的

膴膴楼上

金童选一对，好的玉女送一双。金童玉女拿在手，腾云驾雾下天庭。千家有请千家应，万户求子万户灵。口内吐出金丝宝，交与主东一双人。早晚烧香来换水，保佑贵子早成名。莫说神对无感应，皇天不昧有情人。

缴宝唱词：

福裕！龙王神来龙王神，说我无名却有名。父亲名叫敖金国，柳氏夫人是母亲。一母所生五弟兄，五人弟兄各有名。大哥名叫五龙虎，二哥名叫五龙成。三哥名叫五龙现，四哥名叫五龙魁。只有五弟年纪小，取名叫作五龙宝。要问我王八个字，八月十五子时生。龙母本是柳金女，六月初三午时生。金堂娘娘打鼓贺，国母弹琴贺龙生。周初甲寅生佛祖，周初丙寅降老君。周初壬寅生孔子，三人传教到而今。五弟好玩元宵会，十方门下贺东君。有子之家登金榜，无子之家送儿孙。玉皇大帝降生日，圣母下河洗衣襟。血迹黄河江内染，变成珍珠长成人。一周二岁娘抚养，三周四岁离娘身。五周六岁生长大，送入学堂攻书文。先读上山游四水，后读中庸古经文。六五九经都读过，文章全才渐渐能。八岁能做天下事，十岁就能天下名。十一二岁周岁满，东君成许了愿心。接我龙王把愿了，还我龙王换龙衣。换我龙衣三丈三，了愿儿孙中高官。换我龙衣三丈八，了愿儿孙早开达。换我龙衣三丈九，了愿过后富贵有。将我龙王周身换，牛马六畜满山冈。主东将我周身换，赐给儿孙一段红。赐你红绫一丈三，发愤攻书中高官。赐你红绫一丈九，富贵双全样样有。这些贤言讲不尽，脱下蓝衫换紫袍。主东诚心还了愿，奉旨代愿转回呈。龙王神来龙王神，再与主东来交人。交与神来交与人，交与某氏满堂神。观音佛祖保灾难，梓潼帝君保成名。高曾祖考保富贵，一路荣华到白头。六畜交与主人管，长生土地管家门。灶王府君一家主，门神二将管邪神。屋檐童子高空坐，儿孙游玩你看成。今日了愿交判好，明日起程再吩明。

了愿唱词：

福裕！龙王神来龙王神，说我无名却有名。东君诚心迎接我，迎接我王到来临。我王元宵多显应，万户求事万户灵。人问我王八个字，八月十五子时生。龙母本是柳金女，六月初三午时生。我王汉朝得的道，太宗年间成的神。丙子年间天开眼，敖鱼被淹地翻身。唐朝之时水泛滥，分断山河堰中行。从古已来海中坐，泾河老龙是我身。上帝见我神通大，封我八河总管军。封我八河为总管，雨簿本上显威灵。三日晴来两日雨，五谷丰登国太平。我王行雨数百载，君已乐来民已安。东君诚心来了愿，我王庆贺开财门。愿信财门大大开，金银财宝一满门。一进门来喜洋洋，东君坐个好屋场。金子拿来安磉礅，银子拿来包柱方。梭罗树枝解桷子，一皮达到后厅堂。龙王神来三元神，我王到此参拜神。参拜神来参拜神，参拜梓潼帝君神。龙凤基山得了道，香花炉内保儿孙。参拜南海观世音，三根紫竹为伴侣，一枝杨柳洒凡尘。坐下莲花西湖景，手拿净瓶南海春。参拜长生土地神，我王来时参拜你，安安稳稳镇乾坤。参拜灶王府君神，灶前灶后得罪你，赦在高山免太平。多把善言记上簿，少把恶语奏天庭。参拜门神二将军，我王到此参拜你，莫放邪魔入家庭。参拜神来参拜人，主东在上听原因。接我龙王来了愿，祝你福禄一满门。珍珠兄弟无灾难，发愤攻书跳龙门。我王来时有参拜，转回出外辞别神。辞别神来辞别神，辞别天地君亲师位神。天有日月来相照，地生万物养凡民。君是国王来作主，亲有父母养育恩。师有教育释语话，位有供养不离人。辞别长生土地我回程，我王转身辞别你，安安稳坐镇乾坤。辞别灶王府君神，搬柴童子莫大意，运水郎君要小心。辞别门神二将军，我王转身辞别你，手执钢鞭把财门。辞别神来辞别人，辞别老的增福寿，辞别少的早高升。

这样长的了愿龙福裕！用47行来叙述龙王神的来历、得道过程、善行概况，是对龙王及神灵应验的颂诗，还有龙王向主东道吉祥福裕，对众神灵的参拜，转身回程时不忘辞别。唱诵时，音韵节奏跌宕人心，叹为观止！

在元宵会上，还有参拜茶灯、花灯、半壳灯等唱词。近些年在楼上，虽然以玩龙灯为主，也曾经龙灯、花灯、茶灯、半壳灯一起玩。从参花灯、茶灯的龙福裕中，可以一窥花灯、茶灯艺术的内容与形式之美：

福裕！龙王神来龙王神，元宵天仙下凡尘。新年仙女下凡界，张仙姊妹

膴膴楼上

到来临。新年之下好玩耍,玉皇大帝不知闻。正月采茶是新年,七人姊妹在堂前。乙卯年间闰六月,六月十五子时生。采茶郎君两姊妹,新年元宵玩花灯。两个本是真男子,一个打扮假姑娘。城隍庙内去打酒,五显庙内来取名。大姐取名张玉喜,二姐取名张玉英。三姐取名张玉秀,四姐取名张玉贞。五姐取名张玉美,六姐取名张玉春。七姐取名玉红灯,七人姊妹来打扮。梳妆打扮好行程,大姐梳个盘龙转。二姐梳个插花楼,三姐梳个神仙转,四姐梳个龙凤头,五姐梳个青狮子,六姐梳个水波流,只有七姐梳得巧,梳个双狮滚绣球,绣球滚在黄河内,阻得黄河水倒流。上身穿的绫罗缎,下身穿的柳丝裙,梳妆打扮来得快,来在堂前走几寻,歪歪倒倒翩翩走,矮矮姑姑跳跳来,一直玩过元宵会,王母才知下凡来,今年玩灯参祝贺,那年玩灯又再来。

从楼上玩龙灯的唱词来看,楼上在世俗及信仰方面仍是一方古老而神秘之地。楼上周氏在这块土地上世代繁衍,虽然在历史岁月中几经磨难与起伏,却在500余年的生存中,坚守并传承耕读文化,渊源深序,底蕴厚重,闳约深美。楼上玩灯时的唱词包罗万象,方方面面都涉及,既表现对龙神的崇拜,对儒、道、佛等文化传统的涵摄,又体现巫傩神秘的承续,还表现对美好生活的向往、对历史典故的延续、对劳动场面的赞颂、对勤劳善良等的劝勉以及对人们积德行善的教化,其次还有对一些农事的叙述、宗教信仰的演绎等。总之整个唱词的内容是朴素的,意境是深远的,意义是厚重的。玩龙灯也因耕读深化了世俗生活韵味,也因世俗演绎了对耕读的不一样的诠释。

楼上周氏家族玩龙灯时的情感展现,正是幽居佛顶山深处几百年的那种襟怀坦坦、爽朗亮亮的最好说明。除了玩龙灯之外,也玩茶灯、花灯,主要是看年岁好,丰收满满之年,人心欢畅,经济宽松,玩灯就多,时间也长。

楼上龙灯文化是楼上人对生活的向往、对美的追求,是楼上人独特的智慧、情感与审美意的体现。艺术特点方面包含了编织、舞蹈、器乐、色彩、诗词、说唱等多层文化艺术特征,它不是在短时期内形成的,而是楼上人在长期的劳动中智慧的积累,对艺术孜孜不倦追求的结果。它作为农耕文化的又一种特色传承下来,其农耕性、地域性和家族性是它最本质的特征。它一方面为家族文化增加了内涵;一方面又在汲取历史、保留历史记忆中,不断充实与丰富，不断提升其家族的文化品位。

　　楼上龙灯文化由于具有长远的历史渊源和厚重的文化底蕴，其生命是永恒的，被赋予的精神信仰也是永恒的。楼上龙灯文化，将周氏家族那勤劳与智慧、那追求与信仰、那风貌与精神，演绎为耕读文化的又一种独特的表达，成为人们追寻乡愁的艺术样式。

　　玩龙灯，是楼上周氏家族欢庆元宵的主要娱乐活动和清明会宗族祭祀祖先的仪式之一，既有浓厚的宗教信仰，又充满农耕生活情趣，并带有浓郁的家族气息的文化传统。玩龙灯的风俗虽与所在石阡县周边村寨相似，但从龙灯的制作技艺、玩灯形式、多样性与水平而言，可以说又是石阡的翘楚，难有比肩者。玩龙灯，对于楼上周氏家族而言是图腾，是一种精神、一种企求、一种寄托、一种祝福，也是其勤劳、智慧、协作、沉毅、凝聚的精神的象征。

花灯茶灯，载歌载舞

楼上除了龙灯之外，还有具有传统特色的花灯、最具代表性的茶灯、综合性较强的人大戏，还有独特的木偶戏等。

花灯戏原是广泛流行于江苏、浙江、安徽、福建、湖南、广东等地汉民族中的一种艺术形式，其突出特征是手不离扇和帕，载歌载舞，唱与舞紧密结合。在楼上也有演花灯习俗，于清代中晚期之后，成为独具楼上特色的艺术形式。

花灯

花灯的原初形态，均由一旦一丑表演，叫"单花灯"，亦叫"二人转"，以后发展成为双花灯（四人表演）、花灯群舞（多人表演）、花灯戏（剧）。演出场地从"堂灯"（即在堂屋内表演）到"坝灯"（即在场坝中表演）发展为"台上灯"（即在舞台上表演）等。但无论是哪种形式，出灯前都要进行"开光""敬祖""参神"等仪式；收灯时都要烧香化灯、念咒祈祷，以乞佑诸事顺利、平安大吉、农业丰收。

茶灯，是石阡风俗，楼上也传承茶灯习俗，因为楼上周氏家族几百年来

第十章 歌舞楼上

茶灯

种茶、采茶、喝罐罐茶，而喜欢上茶灯。当清明至谷雨时节，暖风熏来，惠风和畅，苔茶吐芽，这时家族老少男女，进入自家茶林采茶，一幅幅别具幽韵、情趣盎然的画面，令人赏心悦目。族人将采茶、制茶、品茶、卖茶等美感画面，经过提升加工，而融进茶灯艺术之中，将其升华为一种耕读诗意和瀹茗养心的境界。

玩茶灯，一般以村童十二人饰女妆，为采茶十二姊妹。装一茶婆为其母，率领上山采茶，别装四五十人做赶场式贸易，谈笑之间，多戏谑十二姊妹语。茶婆往往怒骂之。戏中每人各执一灯或数灯，极其繁盛。采茶歌声，风流婉转，观听者不可胜数：

正月采茶是新年，姐妹双双进茶园；茶园采茶十二亩，采得茶叶换针线。
二月采茶茶发芽，一芽二叶摘细茶；姐摘多来妹摘少，茶叶篮满再回家。
三月采茶茶叶青，早去摘茶晚绣针；两边绣的茶花女，中间绣的赏花人。
四月采茶茶叶长，田中有个整田郎；采得茶叶秧又老，插得秧来麦烂黄。
五月采茶绕树转，茶树下面青蛇盘；多烧长钱祭土地，一年四季保平安。
六月采茶热心慌，上植竹林下栽桑；栽的桑树好养蚕，植的竹林好乘凉。
七月采茶茶叶稀，妹在家中织布衣；大姐织的绫罗缎，二姐织的采茶衣。
八月采茶桂花香，花香飘来沁山岗；桂花做成迎客饼，桂花入茶客人尝。
九月采茶是重阳，重阳酿酒满村香；家家新酿高粱酒，美酒醇香醉情郎。
十月采茶小阳春，姐妹施肥忙不停；烘干簸净纸包好，挑选茶叶送京城。
冬月采茶下大雪，茶花争开白如雪；大姐摘朵与人看，满园茶女笑声尖。

膴膴楼上

腊月采茶满一年，姐妹收拾回家园；若要姐妹再相会，相逢应当在明年。

从上面茶灯的唱词中，人们可以领略那独特茶韵与采茶女生活中的风情。通过这些，我们可以看到古往今来楼上周氏家族正直、善良、勤劳、勇敢的思想品质，展示了周氏家族美好的理想和愿望。

这些戏剧，在楼上周氏家族及周边的耕读生活中，通过吸收、融合、消化，逐步纳入楼上家族文化系列，从而创造出具有楼上特色的文化传承，有着浓郁的家族气息和独特的风格，反映了楼上人民的生存状况、喜怒哀乐、审美情趣和价值追求，彰显了正义。这些剧种虽大多属于外来汇融，但经过几百年文化的冲撞与融合，加之在表演中贴近本家族的生活使用自己的方言，从而具有鲜明的耕读特色和深刻的文化内涵。

农耕时节，田野放歌

楼上周氏家族根据其生活经历和美好愿望，进行了丰富多彩、形式多种多样的艺术创作，多视角地反映对天体运行、宇宙万物、农耕产生的种种实践与总结，以及在劳动生产过程中对自然和自身的认识，其中寓含着原始崇拜、巫术信仰、自然崇拜、祖先崇拜、神灵崇拜等意识，这些意识还寄托着周氏家族对灾难、匪患的恐惧和对幸福生活的永恒向往。

楼上周氏家族一直传承着对神农、后稷、烈山等神的信仰与崇拜。至今，在楼上有狗取谷种等使祖先摆脱亡族的传说，表明了生活在楼上的周氏一直抱有对狗的感怀。

由神话引申出来的表现形式，而产生出许多崇拜与祭祀礼仪，通常表现在家族农业生产的重要环节和风俗习惯中。一年中重要的节日有开耕节、插秧节、薅秧节、尝新节等。这些节日多集中于播种和收获两大农耕环节上，尤以收获为重要。粮食丰收使生活有了保证，而趁此机会举行祭祀，敬

农耕时节

奉天神、地神、水神、灶神等，感恩祖宗，同时祈求明年赐给同样的丰年。特别收获新苞谷、稻米，在吃新时，都要先放到香堂贡台上，进行敬贡，感恩神灵，感怀祖宗。在收获季节还传承这样的歌唱：

> 田土本是祖先开，吃新贡祖本应该。
> 田边地角要收到，老老少少一齐来。
> 吃新祭祖须敬贡，祖宗保佑无虫灾。
> 五谷丰登六畜旺，吉祥平安到族来。

楼上周氏家族也传承和保留着许多民间传说故事与历史人物、历史事件及与地方古迹、自然风物等相联系的口头故事，它再现了其家族发展中的社会生活面貌与历史沿革中些许过程，也真实地反映了其家族的社会风俗、风土人情及思想状态。其中有传承风俗的《春节玩龙灯》《元宵节炒虫虫粑》《清明祭祖》《七月半烧袱子祭祖》《桐油不敬神》《八月十五偷瓜瓜》《催米虫的传说》《梭米孔》《仙人起房搭桥》《张三丰撵鬼》等。这些传说故事陪伴着周氏家族度过了500多年的岁月风烟，虽然故事中有许多远离现实的幻想，却在潜移默化中反映了周氏对待劳动生活的态度以及其基本的道德观念。

在水稻、玉米等粮食快成熟之时，在楼上的稻田及土里，几乎还有竹响槁、稻草人的存在。这些是农民用来驱麻雀、逐野物用的，但其背后也反映了一种远古崇拜的自然心态。同时，这些动人的传说故事中农耕的落后，也间接反映了周氏所经历的种种艰辛不易与所处危险频来而乐于与大自然抗争的精神。

唱歌是极普通的文娱形式，既是

劳动本色

第十章 歌舞楼上

农耕文化的一种表现形式，又是一种极广泛的社会交往活动，举凡有关一切生产生活相关的叙事抒情、历史事件、生产劳动、生活习俗、男女爱情、社会礼仪等都要吟诵歌唱，情调各不相同。

耕种之歌，即歌唱农耕生产的歌，也是周氏家族传承的，与耕种劳作直接相连，是耕作过程中调节劳作、提高农作效益的娱乐形式，也是耕种过程中家族所继承所发展的文化。其家族中传承的农业耕种之歌内容丰富多彩，有种植、采摘、伐木、放排、抬石、收割、打鱼等，可谓行行有歌，如在出嫁时有哭嫁歌、伴嫁歌等，以及娱乐或祭祀中的说唱、乐舞、器乐、戏曲音乐等，此外还有清明节的祭祖歌、玩龙灯的祭祀歌，丧葬时传唱的孝歌等。通过这些，可知在楼上周氏家族其各式各样的生活形式都有着自己相应的调子，从而形成了一套完整的家族礼俗等娱乐形式。在生活中或创造或融合周边的民俗习尚，又用民俗化娱乐来美化着自己家族的生活。如耕种之歌：

　　　　山外原无地，山头那有田。
　　　　刀耕农当锸，火种本无烟。
　　　　灌溉引堰渠，收成不问天。
　　　　四季勤耕种，年年无农闲。

楼上，坡峦交替，地势起伏，湾多、凼凼多、窝窝多、垴垴多，农耕艰难。这类歌把山地农耕中的刀耕火种，开堰筑塘引水种田，克服困难，靠人力而不靠天的耕种精神表现了出来，反映出周氏家族迁居至此开垦耕种的艰辛努力。有坡坎之歌：

　　　　垴垴湾湾有几多，沟沟坎坎路难梭。
　　　　窝窝凼凼得栽种，走上坡来又下坡。
　　　　湾湾垴垴陡坡坡，坎坎沟沟凼凼窝。
　　　　打谷栽秧要力气，挑抬难磋马难驮。

从中可以感受到周氏家族有史以来那农耕的艰辛与不易，以此来教化家

田野牧歌

族子孙珍惜祖先开创基业、勤俭持家、热爱劳动、努力耕作、不忘本原的教化意义。

在漫长的历史进程中，楼上周氏家族也传承着一些属己的风俗文化。无论是在楼上，还是周边的村寨，都可感受到浓郁的农耕农事占验的民间谚语。传承于楼上周氏家族中的谚语，多与农耕和气象有关，反映了楼上周氏家族长期以来对气象节律和农时的观察，以及不断深入认识，是其广泛吸收耕种经验与智慧的结果，具有丰富的耕读文化内涵。如：

正月元日宜阴，七日宜晴，八日宜明，甲子日宜雨，立春日宜晴，是月忌雪里雷；

二月惊蛰宜阴宜冷，冻惊蛰，晒清明，谷秧生，春分宜小雨，是月忌火风，风如火，豆不实；

三月清明宜晴，谷雨宜雨；

四月立夏宜雨，小满宜雨；

五月端阳宜雨夏至宜雨；

六月小暑宜雨；

七月朔宜晴，立秋宜雨，处暑宜晴；

八月朔宜阴，白露宜双日宜晴；

九月寒露宜晴，霜降宜晴；

十月立冬宜晴，是月忌甲子雨；

第十章 歌舞楼上

十一月冬至宜晴，头九宜晴；
十二月宜雪。

其《二十四节气谚语》有：

正月雷打雪，二月雨不绝，三月无秧水，四月秧上节；
惊蛰鸣雷米似泥，春分有雨病人稀；
清明晴，谷雨淋；
谷雨不雨，麦苗不起；谷雨前后，正好种豆；
立夏不下，犁耙高挂；小满不满，芒种不管；
栽秧向火，谷不用簸；
芒种芒种，样样要种；三伏不热，五谷不实；
立秋有雨，秋收则喜；冬至多风，寒冷年丰；
夏至有雨十八河，夏至无雨，碓里无米；
小暑一声雷，翻转作黄梅；
人怕老来穷，谷怕午时风；
白露逢双，干谷上仓；
冬甲子雨，牛马冻死。

立春晴一日，农夫不费力；雷打清明前，高山涨满田；
雷打清明后，平地种成豆；惊蛰不动风，冷到五月中；
过了惊蛰节，耕田忙不歇；小寒节日雾，来年五谷富；
七月初一晴，八月无雨淋；时逢白露候，谷草白如银；
立秋一场雨，遍地出黄金；霜降打湿脚，胡豆扭索索；
时逢白露后，谷草如白银；立春雨水早，早起晚睡觉；
正月雷打雪，二月雨不歇，三月差秧水，四月秧上节；
立冬出日头，来春冻死牛；冬有三尺雪，来年万石收；
六月初六阴，稻草贵如金；六月初六晴，稻草白如银；
正月初一打一霜，一把谷子一把糠；

膴膴楼上
WU WU LOU SHANG

正月闻雷人堆堆，二月闻雷麦堆堆；
四月初一好晴天，高山平地好种田；
雨水有雨庄稼好，大春小春是片宝；
清明谷雨雨相连，耕田包种莫迟延；
寒露胡豆霜降麦，立冬油菜绵不得；
八月初一下阵雨，旱到明年五月底；
有钱难买五月干，六月连阴吃饱饭；
不怕重阳十三雨，只怕立冬一天晴；
春分早，立夏迟，清明种棉正当时；
头伏秧，二伏谷，三伏四伏收进屋；
寒露早，立冬迟，霜降挖苕最得时；
七耕金，八耕银，九十不耕乱弹琴。

《二十四节气谚语》反映了楼上耕作生产中不断传承着我国祖先的农耕生产中的智慧。二十四节气是以日影的观察为依据而制定，从日影最长的那天到下次日影最长的那天，正好是地球环绕太阳公转一周的时间。二十四节气能够全面准确地反映季节和气候的变化，与农业耕种关系密切，因此具有很强的实用性。

生活在楼上的周氏，在长期的生产实践中，根据二十四节气，结合当地的自然条件和气候规律，积累了许多利用气候规律而耕种的经验，浓缩出了许多经典的节气谚语，成为生活与耕种的气象预报。由于这些农谚反映了自然条件的变化规律，把握住耕种生产时间的关键，故几百年来，一直传承使用：

燕子高飞晴天告，燕子低飞雨天报；
早晨太阳火辣辣，下午必定雨哗哗；
蚂蚁下般日炎炎，蚂蚁上树雨绵绵；
麻雀燕子飞得低，明天必定雨凄凄；
天上起了跑头云，不出三天雨淋淋；
蜜蜂出巢天放晴，鸡不入圈雨来临；

第十章 歌舞楼上

水缸回潮山戴帽，蚂蚁寻穴蛇过道；
先打雷后下雨，当不得一场大露水；
先雷后雨雨不长，先雨后雷河水涨；
一日黄沙三日雨，三日黄沙九日晴；
早雾阴，晚雾晴，山雾有雨河雾晴；
春雾雨，夏雾热，秋雾凉风冬雾雪；
羊争圈，蚁绕穴，蛤蟆入路大雨烈；
天黄雨，地黄晴，春寒有雨夏寒晴；
雾吃霜，雹打秧；凝夹雪，半个月；
乱搅云，雹成群；云打架，雹要下；
瓦片云，热死人，楼梯天，干破盆；
一颗星，保夜晴，满天星，明天晴；
东虹晴，西虹雨，日枷风，月枷雨；
斑鸠叫，天要雨，麻雀噪，天要晴；
一哇晴，二哇雨，三哇四哇长混水；
云跑东，一场空，云跑南，雨成团；
云跑西，披蓑衣，云跑北，雨没得。

老鹳成群叫，寒潮要来到；嫩竹不钩头，快把堤堰修；
炊烟不出门，明天雨淋淋；天上钩钩云，地下雨淋淋；
云上鲤鱼斑，晒谷不用翻；有雨天边亮，无雨顶上光；
有雨山戴帽，无雨云拦腰；有雨山戴帽，无雨河起罩；
来雨先有风，下得也不凶；雨后刮东风，未来雨更凶；
日晕三更雨，月晕午时风；雷公先唱歌，有雨也不多；
南闪火门开，北闪雨就来；西北起雨脚，大雨似瓢泼；
星密又眨眼，有雨近几天；人怕老来穷，谷怕午时风；
东风刮大，必有雨下；雾罩下坪，晒死懒人；
雾罩上坡，懒人唱歌；沙雪打底，准备柴米。

膴膴楼上
WU WU LOU SHANG

　　气象谚语是最早的气象气候变化的预报，寥寥几句便概括了风云雷电、旱涝湿干、寒暑凉热等气候变化的规律和特点，反映了周氏家族继承了传统经验，也包括本身地理环境条件下的不断运用与实践，并通过日积月累的农耕实践，通过对日月星云的观测以及各种动植物迹象和征兆的观察，逐渐摸索出了风、雨、阴、晴、雾、露、霜、雪、雹和旱涝、灾害等气象变化的规律。这些大量而丰富的气象预测知识，被浓缩成简短的语句，形成谚语，一代一代地传承下来，为农耕生产、日常生活提供了耕作指南与借鉴经验。如生活谚语：

　　地里埋着宝，只要勤快找；日子要得甜，莫让一日闲；
　　人人都栽树，何愁家不富；栽上一林树，子孙也幸福；
　　栽树又种桐，儿孙不会穷；养牛又养猪，勤劳不受苦；
　　家有万金，不如一艺在身；学得几门艺，一生不受气；
　　刀在石上磨，艺在苦中学；求财依本分，忠心值钱多；
　　人生天地间，勤俭最为先；弯木小不育，长大无用途；
　　教子不用巧，自己先做好；出口辱别人，自己无安宁；
　　人生在于和，万事在于做；家人一条心，黄土变成金；
　　人勤地生宝，人懒地生草；出门不弯腰，进屋没柴烧；
　　勤人走三遭，懒人压断腰；出门看天色，进屋看脸色；
　　春天不做活，冬天没着落；味好不过盐，穿好不过棉；
　　一寸若不补，扯烂一尺五；春耕扯断犁，秋收不愁吃；
　　深耕加一寸，顶上一瓢粪；田土耕得深，瘦土出黄金；
　　苗内一根草，胜过草虫咬；种土不理沟，好比强盗偷；
　　宁收一成青，不收十成黄；不怕不丰收，只怕地里丢。
　　这山望到那山高，到了那山缺柴烧；
　　丰年要当歉年过，碰到歉年不挨饿；
　　冷天不冻下力汉，黄土不亏勤苦人；
　　五黄六月不生产，十冬腊月饿得喊；
　　阳春三月不做工，寒冬腊月喝北风；

穿不穷，吃不穷，不爱生产一生穷；
生意买卖眼前花，锄头落地是庄稼；
人是铁，饭是钢，吃了三顿硬邦邦；
无事田头转几转，粮食多打好几石；
人不学艺到处求，一股肥水往外流；
棉锄三道白如霜，谷蓐三道猪无糠；
三分种，七分管，种好管好粮仓满；
九成熟，十成收，十成熟，一成丢；
跟好人学好教，跟"咕掳子"学强盗；
有柴无米，烧烂锅底，有米无柴，团转捞来；
早睡早起，陈谷老米，早起早睡，收成十倍；
勤快勤快，有吃无卖，懒散懒散，饿软脚杆。
树大招风，家大遭凶；光棍光棍，十根帮衬；
吃人三餐，还人一席；有盐同咸，无盐同淡；
眉开眼笑，养生之道；黄金无种，长在勤家；
一犁一耙，有秧难插；二犁二耙，难糊嘴巴；
三耕三耙，才是农家；只种不管，打破饭碗；
山高遮不住太阳，牛大压不死虱子，要得伙计长，日夜算口粮；
庄稼一枝花，全靠肥当家；多肥禾苗倒，少肥禾苗黄，不多不少多打粮；
饭吃三碗不饿，衣穿三件不冷；农家不养猪，好比秀才不读书。

春种秋收、衣食饱暖在楼上周氏家族日常生活中占据着重要的地位，形成了周氏家族心中的农耕情怀。上述生活谚语，正是这一情怀在其日常生活中的体现。生活谚语以其简短而富有哲理的语句，表达了尊重自然的感情以及以勤劳为美的价值取向。

总之，谚语是耕种及生产生活的表现形式之一，它不是周氏家族之作，而是各个民族的集体智慧，经过千百年来的文化积淀和一代代人传承与不断口头创作，又不断丰富。因此，谚语以其简明朴实，颇具科学、合理及哲理思索、教育意义的艺术风采，深深地植根于楼上周氏家族耕读文化的土壤之中，反映了楼上周氏家族对农耕历史的变迁和认识程度，映衬出其历来的生活方式与意识。

除此之外，还有苦歌、情歌、扯谎歌、哭嫁歌、孝歌、祭祀歌等，这些歌谣均蕴含着丰富的农耕历史与演化的内容。如：

毛毛细雨下几天，只落高山不落田。妹妹好像那毛毛雨，晓是落我是落他。

情歌虽是各族男女青年抒发感情、表达爱慕之情的歌，但其中亦包括了不少农耕文化内容。如：

（女）太阳出来一把火，情哥晒得无处躲；
　　　我把斗篷送情哥，任由太阳来晒我。

（男）太阳出来辣焦焦，晒到情妹把草薅；
　　　情妹晒晕难薅草，你歇气来我来薅。

这类似的歌词同样表现在扯谎歌、哭嫁歌、闹丧歌、祭祀歌等内容之中，反映出农耕的习俗与风尚，相互习染与接受，也同样流传在楼上周氏家族的生产生活之中。如扯谎歌：

太阳出来照北坡，听我唱首扯谎歌；
早晨看见牛生蛋，下午看见鸡寻窝；
扯把茅草来引火，挑水得绕对门坡；
对门坡上刚歇脚，远看太阳往下梭；
扯根葛藤甩下河，套住太阳往上拖。

清末民初之后，情歌成为楼上周氏家族中曾经传承风行的一种民间歌谣，用其方言唱来极具艺术感染力，是楼上周边的少数民族中的青年男女，表达男女之间相慕相爱、相悦相思、相恋相怨的真挚感情的一种形式。这些歌句除了运用传统诗歌中的"赋、比、兴"的手法,最突出的是重在感情的自然流露、直抒胸臆、热情奔放,大胆倾吐心声。楼上周氏家族在民国之后,逐步摒弃不与少数民族通婚的习俗,与周边开始慢慢通婚,而相互感染,也有一些情歌传唱至今。

第十一章

诗意楼上

　　楼上古寨，是我国明清时期农耕文化建筑的一个重要类型和组成部分。其形态素雅精致，文化内涵丰富。楼上传统民居建筑凝聚了周氏先民的生存智慧和创造才能，形象地传达出中国传统耕读文化的基本精神及其深厚意蕴，直观地表现了耕读文化的价值系统、宗法观念、家族意志、生命意识，由此衍生出了人们诗意栖居的美好理想。

古澹素朴，格韵天成

在楼上这里，耕于田园，读于书院，悠游山水，自然田野气息，赖以存身安居，借以润心养性，其田园开垦、生态培植、村居及宅居建筑无不遵循自然，而形之生活，并以一种鲜活的审美化的理想，构筑成能够引领人类未来，进入中国耕读文化精神的内在通道的艺术家园。

楼上家园建设，乃周氏先人近取山水、远承传统、道法自然的产物，因此它是自然审美与艺术审美的最好结合，又有建筑与各种自然物象相互协调与统一。当这些建筑与周围统一聚集在一起时，两者因势相借、相辅相成，体现出秩序性和审美性，建筑的文化由此而生。

楼上古寨建于山麓、湾、坡之地，背靠石佛山山脉，呈横向扩展的布局，面向潕嶐河河水回旋弯环后，所形成的三叉形开阔地，空间格局层次丰富，建筑平面布局自由灵活。寨居轴线突出，主次分明，沿山体等高线以纵向抬升的梯坎为次轴，院连院，屋连屋，聚之湾坡，向坡麓延伸。其山势、建筑、田野、河水之间，呈一个逐步抬升的阶梯状分布；寨居空间沿山地随湾坡顺势展开，形成高远、深

空中韵律一

远、阔远之观，并顺应地形和等高线的走向而向四周延伸拓展，形成了蜿蜒变化与丰富多彩的空间格局，可供心灵自由驰骋。整体空间形象与山水、田园融为一体。近而察之，房屋上下，凿岩为基，垒石固坎，高低错落，借势取向，秩序井然。仰而望之，从湾坡而起，向上伸展发展，建筑群体与山体前后因树竹掩映又相互协调，形成丰富的层次块面。

楼上古寨建筑，形态灵活，立面敞开，以做观景之用，加之，通过木构架间的透视作用，使相邻及周边的宅居与山水田园景观，呈现出明暗、色调、层次、动静等多方面的变化和对比。就每个院落来说，它的地位、形制、体量、立面和平面造型、室内室外空间关系，甚至内外檐口装饰的式样等一切因素，都不仅是由自由的功用和审美需要所决定，而且更多的是由这些因素与其他宅居之间的平衡制约关系所决定，而取得宅居与寨居的和谐统一。

特别是田园、屋舍、庭院、巷道之间，因衔接、对比、联通与转折等关系，使得整个古寨有空间序列，有起承转合，道路随地形地貌曲折延伸，对于空间序列的展现，与地形地貌、周边的山水形态衔接，达成内部结构完整、节奏感明显的家园空间和田园景观的统一。由于古寨、树木、田野、山林、山色之间既融洽又凸显，既衔接又过渡自然，具有弘阔深远的天际线、富于韵律变化的空间形态、完备丰富的景观品类，是一种从整体上对古寨空间的审美把握，构成了无意于佳乃佳的建造艺术。甚至寨中许多局部景观和局部空间，精致自然，形态丰富，而空间布局有开有合、有聚有散、有收有放、有疏有密，其诸多庭院的贯通与穿插，是多层次、多种类型的统一与完整。

从室外来看，丰富的建筑造型，别致的门窗、栏杆、漏窗及腰门，其造型本身就极有观赏价值，又由门窗、栏杆等半掩半通的效果，使院落之景的空间层次和光影层次变得十分丰富。从室内向外看，则室内空间通过窗栏隔扇或腰门等，与室外院落空间和院外的景物，相互生发，有"山色映屋内，鸟声枕席间"的美感。将室内空间与院落空间，即院落外无限空间形成映照、相连、相借、相通，已然成为楼上古寨建筑非常重视和表现的内容，并且与院中的各种果树、竹林、院墙等家居树木相映、相掩、相涵而生辉。

当把楼上古寨作为家园艺术要素来加以审视而建造时，充分与山水或田园相互融合，院内空间、院外空间与寨外空间及景色形成了相互借用，构成完整的家园之景，具有文化的脉络延续性和审美化的追求。就建筑秩序而言，这里自然材质、建筑的宜居适处，都进行了审美化的提升，使建筑秩序感与条理性得以生成，实现了家园的审美化而韵律天成。

楼上古寨左依梓潼阁，树木丰茂，古柏古枫散抱有致，使梓潼阁、养正书院、戏楼掩映其中，曲檐飞甍，其轻盈欲尽的姿态赋予了建筑的空间以鲜活的流动与节奏感。从戏楼往古寨望去，其屋顶鳞次栉比，巷道穿插有致。寨中散落各色树木竹林，庭院中栽种果木，四时有态，在炎炎夏日之中，在树荫下，同时拥有广阔空间的景观视野。古寨右隔沟而接对门坡，其乔木、灌木、各色杂树、花草丰富，其上是起伏有致的山坡、不时裸露的石头，使得树林因山势起止而越加层次丰富，蔚然深秀，而古屯绝壁突兀，屯上观景亭势接苍穹而高耸入云。

空中韵律二

古寨、树林、田园、河流、山色之间的自然衔接与转折，山水、田园、建筑之间的对比与组合，建筑与建筑之对比组合，古寨纵轴线展开的造型与周围树林起伏环延抱裹展开的曲折之间的对比组合，等等，这些大范围的组合配置中，又包含了许多层次和局部上更为丰富的细致的组合，同时又形成建筑功能、形态和风格上的艺术对比，形态统一而融合无间。这巷、院、房、材质等多个意象，令居者置身其中，产生强大的情绪牵引，在记忆与历史、建筑与环境、材质与符号、田园与家居之间，循环往复，骋怀想象，难尽其妙。

古寨不用颜色，而且相当简约，只有屋壁的自然木色、瓦的墨色、植物的绿色与石的青灰色，但是由于色彩的运用，与庭院外形、层次、比例的运用，

第十一章 诗意楼上

很好地结合在一起，并无单调之感，相反，层次丰富而流畅的线形又将古寨各种层次的色彩突出出来，比如屋脊和屋檐间的各沟及檐外廊线条勾勒出了构图上的完整性；大面积黑瓦与木屋雅素风格，又与院落中树木及古寨周围茂密树林等景致相融合，显得自然天成。其婉转交错、起伏流畅的线条，与院落立面分割所形成的相互对比与衬托，丰富与统一，巷道及木屋叠下的层次感与流动感，又与建筑院落毛石质感及造型上的结构感、色彩上的质感形成相互的对比和统一。

古寨崇尚自然色彩，浓疏错落的植被，使古寨四季色调丰富充盈，意态沉静内敛。简洁的建筑色调、自由灵动的空间布局，尚之自然，形成四季常新的人文与自然生态交织的景观，具根本意义，通过极尽精心地择取、配植各种树木，将古寨、瓦屋、巷道、院落等各种景观要素都深蕴匠心。

古寨古屋、古巷、古树、远山、山石、河流、山泉、梯田、院落等众多景物之间层次婉然，并且在相互的空间结构上具有此呼彼应而充盈的力度感，山石自然百态、古树疏密散落、村居错落郁郁、梯田层层畹畹、巷道回旋曲折、山势纵横簇拥、河流迤逦绵延，给人无限空间的想象与温情，可以实现其自身心性与山水精神之间的那种自然而然的交融，尤其是有与山水万物的和谐律动，那种相互之间倾听、相互感应乃至心灵之间相互亲和融通的关系。各种景观之间，相互补充呼应，形成古寨完整的田园空间序列，使人能在这里体天象地，包蕴古今，使山色村落风雅可期而不落尘俗。

楼上古寨村居建造其实已经建立起了系列关于天人合一的艺术形式法则，只不过这些法则都是一些大居无隅的境界，需要用心去领会。其巷道与院落，花木与屋舍之间，龙门与宅居、厅堂与厢房之间的秩序化建构，是与楼上周氏家族的宇宙观念和秩序理想相生发、相表里、

素朴古澹一

膴膴楼上
WU WU LOU SHANG

相映照的一种创造。因此,古寨村居成为楼上人宇宙观念及生命理想的一种迹化,成为安顿心灵的一种精神空间的建构。

这里的田园、树林、瓦屋,蕴含了平正与欹斜、舒徐与迅疾、内敛与彰显、敦厚与扬厉、质拙与峭拔等各种复杂的艺术变化,也随处可以看到各种线条交织组合所构成的美景,体会那高度抽象概括之妙、那透迤宕迭的节奏秩序之韵,寄寓了丰富变化和充盈饱满的审美趣味。整个古寨建筑轮廓有类似于书法和绘画线描的那种富于力度的起伏顿挫的韵律。同时,这种线形美又与建筑、山水、田园在质感和布局上的虚实对比等更多的美感形式,能很好地结合在一起,从而形成了简洁形式之中内蕴丰富的景象。

楼上古寨,别致而朴雅,不仅在形态、色质、质感诸多方面与田园、山色、树竹、院落、石墙、石巷等具体家园景物形成了相互的对比和映衬,而且更与虚实高下错落的寨居空间形态相对比和映衬。宅居所用的木构件(梁、柱、枋、檩、挂落、雀替、栏杆等),其结构组合、曲线变化,很好地使室内空间与室外立面相统一,而具有相当的美感,又使室内得以巧妙地分隔与沟通。

如同古代山水画中的亭台楼阁、古桥流水、丛林幽径一样,因其契合心灵之境,故在赏者选择景物的结构、角度、视象、造境等方面,可自由收摄拾取,使这些景物与心象融合,从物象的浓淡变化、物线的多样形态、空间的疏密及景物所蕴含的形质、外感等韵致,会不断获得隽永、简远、典雅、高古、雄浑等风格领略。这种对景致的追寻与求索,当臻于极致时,则实现脱俗与超拔,而生成心灵之境。

楼上这古典农耕家园中蕴含的那种素朴和韵律之美,传承耕读,体象天地,包蕴人生。其发展脉络、精神内核都涵摄在文化的家园建设的心性之中。人们可以真切地感到楼上特有的人文魅力,千妍百魅,各具风姿。有古桥流水、石墙透迤、梯田春望、阁阙幽林,无处不在的美景,深藏着某种共通的家园艺术原则和趣味。

大朴大雅,是楼上古寨古澹朴雅的历史含蕴。寨里,石板巷道折叠错综、幽深神秘。青石块错落铺成,道墙苔藓盈盈,门庭古朴,曲径通幽,妙在自然。所有青瓦盖顶的木屋或吊脚楼,都错落有致地分布在山南的向阳之处,或疏或密地散落在近湾的半山坡上,沿着坡势起伏,寨上的路径自然而就,这是

第十一章 诗意楼上

建造古寨的智慧所在,含蓄平实,依山筑居,依势借形,自然天成,古雅素朴又生机勃勃。

古寨因节俭之风,而自成素朴之致。古人所谓,华丽之园难简,雅淡之园难深。简以救俗,深以补淡,笔简意浓,无过犹不及,得乎其中,而实为古寨之言。寨中云蔚,山间岚宕,田畴雾起,村烟聚散,起伏迷离,涵泳其中,仿佛蔓延着岁月的风烟,更氤氲田园的恬适安宁,超越了陶子笔下的世外桃源。

在古寨的院落里,或多或少都植有各种果树。寨边除果树外,还种有竹,与寨中石墙、木屋、青瓦、石巷等相协调,色调统一,使古寨韵致既素朴又古雅。加上古寨中毛石所砌就的每一个屋基阳沟坎(后坎)、阶檐坎、台阶、石级、院坝坎及院墙等,其石缝中长出些许绿草,经雨水湿润,石面生出青苔,其色彩之丰富可堪画作。

古寨周边,特别梓潼阁基园山林中,枯树多而风折中断之树亦多。这种断树枯枝,本身并不具有美的形式、美的造型,没有葱郁的枝叶,此所谓外枯,但仍具有丰富的含蕴,内在是丰满的、充实的、活泼的,甚至是丰茂的、亲切的。它通

素朴古澹二

过自身的衰朽，隐含着活力，隐含着一种生机，隐含着无边的大美，通过衰退，隐含着一种生命退去，也象征着生命逝去之时，才可能是往还重生之机。这枯树苍枝，唤起了人们对生命活力的向往。它在生命的最低点，又即将开始生命的新里程。生命的低点，孕育着希望，而生命的极点，繁华之后，同样会是衰落的开始。

古寨之中藓苔蔽路，古树藤缠，巷道天然，老坎生绿，屋壁斑驳，反觉逸趣横生。其三合院，其楼窗在古寨中起引景作用，家园之景，不着意安排，则宜引之以观。窗引庭树，院引山色之景。田园多野趣，宅园最清新。既有含蓄寄寓之美，又有狂放胸襟之妙。

古寨这青苔历历的境界，是和永恒照面的象征之物。亘古如斯，静静的村落，惊鹤一鸣，打破了几百年的宁静。这一鸣是一个顿悟，一个此在的顿悟，一个此在刹那间的顿悟，在短暂的片刻，震惊俗世的时间与瞬间，进入到绝对的无时间的永恒中。这一惊鸣引发惊悟，是活泼的，有如涟漪在水，将现在的生命活力，激荡到山水田园之间。

大朴大雅，是楼上建造上的一种精心计算的疏忽。楼上用自然的毛石头砌成院落，而不用其他昂贵装饰材质实乃更懂装饰，更懂造作，更懂大雅不雕、大朴不琢之理。因此，人功不竭，天巧不传，得之艰辛，出之自然，朴素风貌，反倒是楼上古寨这古朴、古雅、古澹风格的另一相面。

这些青苔历历的古石坎子，是进入往古时间的隧道。青苔标志着静寂，永恒的静寂。只有生态自然良好的地方有这样的青苔，青苔显示了永恒的宁静，抱石幽之古澹，泛流润而积翠，萦修树而凝碧，契今古之幽情，谐游人之妙适。

大朴不雕

这里的青苔显示出野趣，显示出静寂，显示出古朴稚拙。青苔的出现，在宁静中向人昭示亘古不变的消息。那永恒所在，世事变迁而青苔依旧，是绵延的永恒。正是天地自其变者而观之，万物曾不能以一瞬，而自其不变者而观之，则随处可见之永恒。田畴之明月、寨里之清风，亘古以来就存在，青山依旧，泉水仍流，总是如此，年复一年，世复一世，就是这样，依旧春风满田畴。

对青苔的玩绎品味，从苔痕的意象中，足可表达人生雪泥鸿爪的思考。当那湿漉的苔痕爬上院阶、石头、墙缝，甚或爬满树干时，似乎就在人的心中无边无际地蔓延。

青苔是楼上古寨特有的历史点缀，是静美的使者，它总在古井坎上、院落基础边，映衬着房屋的湛然幽深，在古槎上包裹着一段难以言说的秘密。在那经年累月的天福古井边，清泉滑落，绿意浸漫，显现其远古和迷离。

暗绿的苔痕，昭示着现在的鲜活，又隐藏着过去的幽远深邃。青苔本身也昭示着时间，代表过去向现在诉说生命的起始与经历，因为青苔带有时间累积和生命的延展，又将现在置于过去的背景之上。

青苔勾连着过去和现在，并诉说着历史、未来与永恒。青苔即时间、即生命，苔痕历历，似有似无，欲显还藏。玩绎青苔，就是一种把捉时间而不能的惘然，欲穷究其然而不得其然的困惑，一切都必不可免地要逝去，一切被珍视的对象都不断被剥蚀，只留下这几百年绵绵不绝的历历苔痕，一路仿佛置身亘古的迷离之道。

楼上古寨，古澹、古朴、古雅、古秀，甚至苍古、浑古、醇古、古莽、荒古、高古、古拙，随地拾取。这里的古，也同样激起人们不断对历史的追问，永恒感的回眸，超越了时空，当喧嚣的世界远去，感受到的是一种迥绝的境界与孑然的情怀。古的趣味，本身就是对古寨的超越，或者说否定了那曾经俗世存在的实在性。时间被凝固，空间被搁置，故事却在不断被述说。古木参差，古阁俨然，戏楼兀立，而人的心也被导向莽远的荒古，使当下与往昔构成空灵回旋之旷。通过可视的古，来反思人对现在的执着，否定对现在时间的握有，将当下直觉和渺远的过去揉搓，当下和往昔的重叠，创造一个永恒就在当下，当下即是永恒的心灵体验。

膴膴楼上

WU WU LOU SHANG

　　置身古寨，仿佛永恒不是一个时间的刻度，而是无时间的延续。当下，不是此时此刻，而是无时无刻。这样的古寨，可以将人的兴趣点由俗世移向宇宙意识之中，将古茂苍浑和韶秀鲜活相照应，抽去了时间的秩序，使得亘古的永恒就在此时的鲜活中呈现。人的心灵，在这一当下永恒的顿悟中明亮起来，从无明走向明，从物我无关涉的寂，走向天心自呈、天机自现的境界。

　　古寨饶有古意，苍苔碧藓，斑驳陆离，无伟丽之观、雕彩之饰、画栋之粉、珍奇之玩，而唯木石最古。在赏玩这古意之时，将心灵遥致于莽莽苍古之中，在现今和莽远之间，又形成回味无穷的回旋。此时的古寨是现实，它的远古是渺茫迷幻的；此时的古寨是可视的，而遥远的时间是迷茫难测的。俗世的时间是可以感觉的，而苍古所诉说的那个古寨又是不可把捉的。

　　楼上古寨中巷道的分合、隔通、曲折、高下、远近等设置，皆源于自然而然所形成，却无意天成了一种丰富性与和谐性，使空间序列的构成和变化充满了妙趣，苔藓成斑，藤萝掩映，使古寨中自然形成不同的视角，而每一个视角所呈现出的景象都能产生出独特的风格和美感。同时，众多景象之间的连贯呼应又能使众多视角之间相得益彰。楼上古寨按照自己适性进行建造，的确需要高度的审美能力，同时也要有法天地自然的底气与底蕴。朴素的构建源自心灵需要，回归内心平和与宁静、从容与淡泊，让内心避俗远尘，超脱世俗而获得澄澈、透明的心境。

　　梓潼阁多是古干苍枝，古藤缠绕，古木参天，古意盎然，古意难收。天降好山水，人造美家园。家园不仅供人所居，更重要的在于供人的性灵所游，安顿人失意的灵魂，提升人超越的情致。

　　古雅、古朴、古澹，曾滋养楼上周氏子孙那不虚、不私、不妄的生命真情。徘徊于有无之际，斟酌于虚实之间，展玩于古今变更不居之中。这正与古人"抗心乎千秋之间，高蹈于八荒之表"契合。一墙古石、一树老藤，勾起人遥远的思虑；一片湿漉漉的苍苔，提醒人曾经有过的过去。"岁月年年望相似，江月年年尽照人"，在这里，白云自吞吐，此心可无往，与物皆禅，而苔痕历历、斑驳陈迹、古枫鹤影，则恍惚增添了无限的幽情与回味。

　　天人合一，族人合一，知行合一，爬满青藤的古树，层叠垒砌、斑驳生满苔藓的古墙。一切是那么古雅简淡，没有富贵气，没有脂粉气，一切又都是安详、宁静，自然而然地体现了楼上周氏家族那诗意般的耕读生活。

楼上周氏家族村居建筑，朴实无华，勤俭节约，无雕梁画栋，而于家族的学堂、宗祠、庙宇、桥梁、道路、沟渠等公共建筑，则不遗余力，全族齐心协力，尽力投入，而极尽高格。绚烂之极，归于平淡。古寨的朴素，源于其生命精神的本真、取法自然的自信。朴素乃是楼上古寨的底色。这里人的坦率而朴素、醇厚而古雅，甚至包括人的衣着、谈吐、表达、行为等皆崇尚朴素，更在于一任自然，回归本真。其建筑、家居、庭院、道路等所用木石材料，也力求节俭朴素，使整个古寨朴素古澹，大朴大雅，可亲可近，亦可怀可感，又可敬可信。

心灵领地,桃源篇章

天与地是一个空间与时间合一的宇宙。天覆地载,化育万物;天旋地转,备有四时。圆天为盖,方地为舆,天似穹庐,天地吾庐,实为一个大建筑、大房子,而人寄身于天地间,以天地为茅庐,大居无隅,这又是何等洒脱、何等气派。人生如寄,无论是寄于天地之间,还是寄于屋宇,豁达也罢,豪奢也罢,淡泊也罢,只要心灵能够得以安顿,那么这寄也就成了诗意家园。

人生如寄,寄者,安也,可矣,记也,迹矣。无论题铭作记,还是鸿爪雪泥,人生况味中的一时一境、一事一物,有动于衷,必于起居间验之,那么人生就不再如烟如梦随风飘逝,就成为一种可以凭借、可以充实徜徉其间的真实了。心灵自由自在于一个个独特的境域,人与自然万物也融为一体,而升华为一个个空灵绝尘的境界,根于现实,超于现实,一片石便有丘壑生云之想,一泓水可有倚月漪澜之观;一株蕉可听夜雨秋窗,一丛竹可看风声入院;东篱有菊,悠然意远,北窗高卧,神接羲皇。而在楼上这村居独辟的境域中,呼吸沆瀣,吞吐大荒,天地宽窄,日月短长,于有限中照廓无垠,于瞬间里瞥

桃源梦想

见永恒。在楼上古寨，特别是梓潼阁、戏楼、古屯等古建筑之地，则敞亮出一个更加澄明广大的境界，那是周氏家族心灵居住往来的宇宙。

周氏家族建设家园，十分强调用智慧的妙心去观照万物与自我，这就是古人说的"澄怀味象"。在古寨的家园建设中，似乎一直在以古代诗人一般的心灵，把古代诗人的象征、意象的手法自由地运用到建造之中，得到醇美的艺术享受，具有穿透力的审美眼光与心灵。这样的眼光与心灵，才能够洞照万事万物的本质，发现并表现出事物的本真之真、情真而意真，以及艺术道存之真。这是真性情、真智慧、真感受的真，不是客观真实的真，而是精神层面的真。其审美内涵显现得极为充沛、浩然。而楼上这一方苍山、日暮、清泉、落霞、流云等事物，无不运化着、流动着、变换着、呼唤着，那些正在需要返璞归真的心灵。

在楼上古寨这里，对建筑家园的心性中的审美追求，并非只是一种艺术态度，它首先是一种生命的态度，包含了对生命的自我确认。周氏家族的心性中，以崇尚自然之道，来栖心田园的创建，进而为家园造境。其心性显然并非指表面化的情感，而是指向生命本体，是一种自在自呈的生命表现，具有更真、更深、更本质的特点。其心性所向，在于对住居的生态环境、建筑样式、建筑材质等要求都自然而然，依山就水，因地以利，由此构筑家园，既素朴自然，又隽永而生动，得以在简淡、天真之中，又把对生命的凝视，推向终极关怀。所以，楼上周氏的家园，充溢着自然的秩序、流动的节奏、韵律，并取向于质朴、野趣与简远，这些性质又决定了周氏家族对思维规范、既定经验的超越，而强调以"悟"去感受、体验屋、院、道等可以体悟的对象。这样的家园之美，是对人生、生活及生命的透悟，也是对生命本体的一种心性的渗入，因而，形成了独特的家园建设审美表现方式与建筑风采。

楼上古寨，不仅是一种纯粹外在的楼阁庭院，及空间设置的巷道和空间转换的家园，相反它在更深的层面上，表现为一种外在的环境结构与内在心灵空间结构的相互统一。对于古寨这种审美上的心灵诉求，尤其是在这种可读可感中的审美情感、审美心灵的不断深化，正是楼上自古至今建造家园，而不断努力追寻的本质。其每一景观，都有一境界；每一树一花，都是一世界，在疏密聚散的枝枝叶叶中，都会感受到素朴自然、一以贯之的审美追求。在家族发展中,似乎是19代人都参悟了这个道理,以至于处处有景、处处是景,给人一步一景、一景一奇、一境一妙、一境一寄之感使其成为可养心栖心的心灵领地。

古寨背山临田,树木周布,清风朗月,萧然自致,与戏楼、梓潼宫、观音阁、古屯、田园、道巷、山林在体量、风格等方面,形成相互呼应映衬的构景关系,赋予了深致的精神内涵。"楼阁到处皆容月,屋宇虽多不碍山",其古屋错叠,面面看山,白云满窗,果树当庭,山水之景宛然眼前,从而深化审美者与田园、山色、屋景之间的亲和与交融。古寨自然而然地使这些村居景观与园林空间的层叠、顿挫、衔接、转换、延伸等艺术关联变得非常巧妙而自然,其借景艺术的表现手法,如远借、仰借、邻借、俯借等运用自如,谐趣寨中而美轮美奂。

桃源篇章

古寨家园建设,崇尚人的心性与宇宙万物之间的相互理解、亲和与交融,通万物之道,体万物之性,赋予田园山水、花草树木等审美对象以平等的生命地位和人格意义,并且将居者与对象之间的这种人格和精神品质上进行融会:

　　　　山岚如有待,阁景更无私。
　　　　泉冷洗尘俗,寨幽人不知。

这种表现居者与自然景物之间相互亲和、相互期待的心灵默契,这种赋予景物以充分生命意态和文化品格的审美方式,就是道法自然。心存耕读是与古同心所创造出来的,其文化含蕴深厚,其心灵之境丰富,其艺术境界尤其深可玩味。

　　楼上古寨，是周氏家族19代用辛勤的汗水和智慧创造出来的，有独特的历史文化含蕴，有美妙绝伦、天人合一的村居建筑与环境，是中国园林的审美意识在农村的生发与拓展，是中国村居、山水、田园综合一体的农耕式的园林代表。正是因为周氏500余年来，不断积淀着、生发着桃源理想家园中那最深层的精神追求，代表着耕读追寻的独特的精神标志，为今后人类往何处去、怎样生息绵延提供了丰厚的可资借鉴的样式，因而楼上是一方耕读之原，是一块可供存放内心的精神家园。

　　天地变化，世道如斯，造家园之居，而带有生命思考的意味。独坐孤峰顶，常伴白云闲。在沧海桑田的历史中，人的生命只不过是一瞬，让无尽的欲望变小，唯留下独立的清魂、清思。将繁华和失落放到缅邈的宇宙、短暂的人生中，重新审视其生命的价值。生命的意义不在寻找那曾经有过的繁华，而在于企望未来的平常，否则一切关于家园的寻思，将是一场梦幻。在逝者如斯的宇宙中，生命实难期，随波而逐流，转折、起伏、跌宕中找寻，没有绝对的港湾，没有永远的锚点。而楼上古寨，是人们所向往的栖居家园，就在人生于依稀迷离中，在茫然无着处，有可归可依之处，而不必斤斤于得失，这才是心灵真正的安顿之所。

　　楼上人在家园建造中自觉地遵循道法自然，更崇尚一种盎然的古意。楼上古寨所追寻的是文人理想中的桃源，诗人理想中的诗思，隐者栖心的那份闲适、宁静与淡泊。质言之，是说楼上在家园建筑的选择中，走的是栖心心灵之畅适，一切物象在周氏这里都转换为心象，成为对内心的体悟与对本性的叩问。因此，古寨自建造开始便偏于自然而随意的心性。见之古寨，不难看到，其自然而随意洒放的格调与追求，不是那种对家园物化的具体认识，而是心性的自我之象，由意形之于家园，使之成为一种建造的再生机制。从广义上去看，这是一种精神自由的主张，结合了栖心与乐居，要求心灵放松与豁达，带来了家园材质及形式与内容上回归本心与本真的趋向，使古寨逐步趋向于自然简约中的深刻，朴拙率性中的典雅。

　　这境域从一开始就际合于天人之间、技道之间、日用起居与精神理想之间，是天迹心象的合一。天迹是指田园、山色、树木所根源的人居相守，这是楼

臁臁楼上
WU WU LOU SHANG

上古寨与自然丰富无尽的意象始终葆有丝丝缕缕关联的一条通道；心象则是心灵不能自已，而变化生发之心。这变化是在四季更替、岁月演进的过程中，向着更理想、更抽象、更纯粹也更内在的家居适处与审美方向奔进，终于开辟成一个个理想的、独特而广远的境域。

心灵领地

楼上周氏家族对于桃源理想与重耕读、树贤人的家族意识，进一步拓宽了周氏家族发展中深远的视野，使其在自然道存、适处栖心的家园建造中，注重家园本质，栖心精神存放之境。这无疑得益于文化的滋养与浸润，使其在家园建设中独领风骚，给了周氏家族审美品格以无限底蕴，在家园建设的宜居乐处中承继了性灵回归式的耕读诗心，要求周氏子孙，从对物质持有中，转为对心性、心境的寻找与存放，并自始至终寻求其生命适意过程。当然，这是由宜居乐处而至畅心美居的必然表现，在这样的山居之中，心才能无所挂碍，心境则更为澄澈，心地为之爽洁、空明、清新，看自然则更为亲近，更具身心契合的钟爱。其古寨也必然洒脱、空灵、隽永，其使用材质方式亦必然原始、素雅，而具品质美态，才能形成总体的空疏为清。素淡为境。因此，自然、素朴、散淡、冲和、空明、含蓄的心境是超越世俗红尘的最好通道，在这里心灵可以获得一种精神的优越与慰藉，这一切又必然成为家园中最迷人的色泽。

楼上古寨却能够在家园之中汇集丰富的生活内涵和艺术内涵，追求有限空间内人居环境与自然和谐的家园及其艺术化的可居之寄。有精神生活，使精神生命有价值、有充实的东西，是人在生命的最高价值层面，在深致的心灵生活中，需要一种能够使自己得到归宿的家园之寄。而这种家园之寄是周氏家族经过500余年的积淀，秉承耕读之旨，使家族子孙的心智得以在一个美好而充满艺术气氛的家园中安身立命。因此，我们有理由认为，楼上是明清以来传统耕读文化的集萃之地，周氏家族所建构起一个能够使人的心性获得滋养和归寄的大美家园，是出于生命和文化一种根本的需要所引发。正如唐代女诗人鱼玄机在《感怀寄人》中所说的那样："月色苔阶净，歌声竹院深。门前红叶地，不扫待知音。"

楼上周氏家族构建起物质的、艺术化的、审美化的家园的同时，也开辟了一块使自己生命意义得到确认的领地，并感怀知音那样一种深情的期盼。这正是楼上周氏家族，以耕读文化之厚、以家园之美、以居游之畅，来实现从古到今，文人所牵引、所倾心的桃源梦想。

纵观其百余年的历史，无不深系耕读，它不近不远，既朦胧，又明确，把人性的自然与天意的素朴，绾合在一起展现出来，让人觉得处处面熟，历历在目。然而，它又如此陌生，让人险些忘记了，那也是一个极力追求品位的耕读家族。可以说，楼上周氏对生死功名的思索，实在深沉，动情处，往往勒住思绪，转为意趣，魏晋的风致，宋元的幽敏、闲逸与优雅也闲闲而出，如落花依草，以瞬间的优美，却年年岁岁，永恒地补偿着楼上周氏家族子子孙孙那人生的苦短。

楼上有超越陶渊明笔下的世外桃源之美，是一个世外桃源之原，不虚幻缈缈，有可感可触的真实。山色烟雨，耕读诗礼。凡到过楼上的人，都感慨难抑，一致认为，楼上是神赐给周氏家族的礼物。楼上的不朽美色，我们只消领略观赏，却难以言喻其中奥妙。

楼上几百年建筑中所留下的宗祠、梓潼阁、观音阁、戏楼等是周氏家族的精神内核，今天看到的是历史与记忆。人们所谓看山水、看村落、看遗址、看古迹、看庭院，实际上是看人生、看性情、看境界，而涌入观者心中的意象，都可与现实的心态相衔接，意象选择本身常常注重于表象，也精于想象和尽于想象，使之转换为心象再现的方式，成为一种心灵之象的存在，因而楼上具有可视性与意象表现的特点。

棲心家园

这样美的特点，又常常在于欣然激动过后，总给人一种静气，它逼人静心而观。这种互契是融入，也是出尘。助人归于宁静，助人思之无邪。这样使审美的感官一旦焕然雅变，它就不只延伸、丰美我们的观看和谛听，它还识受相发，不期然而然，心灵划然跃入净无尘、思无邪的境界。楼上，因其耕读不辍、礼义治族、勤俭持家、诗书是继，不断从朴素跃入雅致的境界。那细雨自黄昏，素心领孤翠，从容向永恒，无不涵摄着古典之美。

楼上古寨有一种诗之意境、画之意趣、田园之美妙、耕读之韵味，而融注到栖息于此的周氏子子孙孙的生命之中，意绪随着对耕对读的不断理解与深入，慢慢拓辟成心灵的领地。这是心灵寄养之地，心灵在这里得以安顿。而耕读对于周氏，如鱼与水、鸟与林、树与土、云与天那样，须臾不能分开。那耕的自给、那读的养心，年年岁岁，世世代代，在充满着神秘的生命过程中，享受那渊古之美。

清闲而略带忙碌的耕读生活，是容与而雅致的，是丰富而充实的，源于人的宁静的心绪。在月光下沿着寨内的巷道漫步，观看美丽的月亮从东边梓潼阁古树枝丫间升起，是难得的清明，是一首意象丰盈的诗，有"一痕山影淡若无"的美丽。

第十一章　诗意楼上

可以说，历代追寻桃源的篇章，文人的梦想，偻指无算，即使再美的想象，也不及楼上那天人合一的得体，就是用最美的句子也难免雕琢的痕迹。楼上的古朴自然，是任何文字所达不到的纯粹的再现，也许请来苏东坡，有望写出潕崦那玉带晴岚之妙，还可能能状那长滩归牧之雅。

楼上古寨，风味高古，不近凡尘。一望山水就是一望心灵境界，一朵路旁的小花，也能映照出这里远去的隐微；一树古藤，所缠裹的更是那历史的沧桑。千年紫薇的古淡、幽秀，仿佛是对生命的咏叹、对人生的品味，是过往人生的叠叠记忆，也是生命自我完成的肯定。

楼上周氏家族经过500余年的耕读传承及家园建设，使其生命始终与山水田园绾结在一起，也可以说是耕读文化与山水田园及其文人化理想的相互渗透。换而言之，是耕之乎生、读之乎存，悠然与造化同符，与万物并生，在耕读生活中感受自然山水田园的情趣，而获得文思光被、草木贲华的惬意：

佳景寻难遇，入村神更清。家家占山色，处处分鸠声。诗思随云起，道心缘阁生。他时偕友聚，放旷逐幽情。

楼上古寨可谓居含万象，心追造化，且天地、日月、草木、烟云皆随我用，含我晦明。一树一花一春风，一田一水一心语。会心于此，给耕读一份厚性，予心灵一份达观，静品淡藏，生命也得以在这禅意里和古寨中获得幸福安宁。念兹在兹，积淀着周氏家族最深层次的精神追求，代表着家族中独特的精神标识，为家族的生生不息、繁茂昌盛提供了丰厚滋养。

楼上周氏家族在礼敬传统文化的同时，不断与周边各种文化相融相生，逐步构建成一个具有家园望境的时空存在，更形象地展示了楼上耕读文化的生命力、包容力和创造力，并以不断汲取的态度与创新的气质走向未来。因而，楼上的也是世界的，过去的也是未来的。

楼上古寨历史悠久，传承有序，在家族意识中积淀了深厚的素朴定式，这使得其后人对家园文化创造、山水田园审美理想的确立，依赖着前世传承下来的审美标准，最广泛地凝聚了天地之间的基本秩序和崇高准则，敬天地，礼神明，参物序，放怀适性，物我两忘，以实现天人凑泊、与天地万物高度和谐的生命境域。

朱熹在《琴操·右招隐》中曰:"清高安坐抚梧桐,不问箪瓢屡空,但抱明月耳长终,人间虽乐,此心与谁同",其所摄涵精神境界,正与楼上耕读中的那份萧散淡泊的境界、静美而澄澈的精神,以及种种耕读式的高情雅韵,无不相契相携。如今更多的人,当心被现世尘埃所沾,闲适而宁静的生活方式已渐行渐远,不断被异化而为物欲所奔走,本来简单平淡的人生,被弄得烦累不堪,物质日益膨胀和精神家园日益萎缩,而宁静的心境、淡泊的襟怀,已难以在尘世中葆有时,来楼上梓潼阁边坐坐,看看鹳鹤自由起落,无拘无束,看看树摇,因风而动,赏赏藤蔓,缠树徐引,这一切也只有在楼上古寨这里领略古人那诗意境界:"山际见来烟,竹中窥落日,鸟向檐上尽,云从窗里出。"(吴均诗)楼上周氏家族的耕读,表面看来,似乎没有关乎人生命存在价值和意义的更高追寻,而是其家族子孙生命存在的审美逻辑,也是其家族子孙思想的结穴。

在今天的世界推进中,古典的文化、古典的耕读、古典的精神,真的还能找寻吗?像陶渊明所期待追寻的桃源之梦,真的还能实现吗?然而我们的回答是,楼上田园村居,正是中国历代文人所栖心的古典文化的精神之园,也是陶渊明所梦想的桃源在中国农村的真实践履,使那些躁郁不已的心,通过楼上这世外之园、这生命之园、这精神之园、这文化之园得以慰藉,实现身心相安,也使楼上真正实现为人类提供那种可居、可游、可行、可望、可隐、可寄的精神家园。

第十一章 诗意楼上

悠悠诗意，绵绵乡愁

　　楼上家园之美是周氏家族的精神创造，随历史岁月延宕波起，以美的情趣来安慰人生，以真善美来陶冶其家族子孙的襟怀品格，使周氏子孙在美的家园之中得到最高的慰藉。这里有空间境界的诗意，有大朴不雕的诗意，有历史岁月的诗意，有耕读生活的诗意。这些诗意，都是追求家园的至美、追求生命意蕴、追求平淡与永恒，所不断创造的。其家园建造格高而韵古，文化含蕴深厚，有完美形式，有充盈精神，丰富而统一。这是楼上周氏家园建设所追求的最高境界，是楼上周氏家族19代人在不同历史时代的建筑心性，体现周氏家族一代代人的思想、情怀、格韵、风尚、学问、思致、气度和意趣。

　　楼上是周氏家族文化的历史，也是周氏家族文化的记录，反映着周氏19

悠悠诗意

膴膴楼上

代人生活与精神的特质。朝云正吐秀,薜萝遥在望。在透脱自在的生活中,周氏家族正是从隐蔽的世界走出,在树根、在石上、在微花丛里、在群山云中、在林中的鸟鸣声中,感受到一个不一样的大千世界。在楼上许多耕读之士中,能疏林特立、简淡平和,其生活如遥岑远岫、淡岚轻施,一切似乎都在不经意中,又始终充满一种温暖、可爱和诗意盎然的气氛。

在楼上这古典田园世界中,每每感受那无限情韵,与天地相契合、与天地相互感通之妙,鹤迁上林,岚横山腰,千回百转,无不悠长了心绪:

梯田鹤影闲相照,竹径泉声静自来。老树庭中愁日暮,红霞院外逐云开。

走进古寨,一阵古井流泉潺潺之声,白云来去悠悠之闲,农人劳作于田间地头无声之息,与鸡鸣犬吠相逐相欢之趣;朝烟暮霭袅袅而升,与夕阳归鹤款款而渡之时,这一切无不体现古寨那丰富而和谐之美,以及无穷无尽的丰富魅力,进而领略到无限的天地境界。

古寨这里有水流花开的生气贯注、静水流深的从容平和、古典园林的沉静和优雅。身处其中,无论吟诗习书,始终充满激情,充满愉悦,仿佛回到自己的内心,正如苏东坡所言:文以达吾心,画以适吾意,读书养气,习以畅神。在山水田园村居中,能够欣赏各种景观的和谐优美、生机无限,除了其直观审美价值之外,更被认为是了解和理解自然本质最好的方式。

田园并不寂寞,听取蛙声一片,这诗意盎然的春天,这姹紫千红的田园,这沁人心脾的桂香,正是因耕读才变得诗意脉脉,才变得色彩纷然,才变得醇香浓浓。古寨外月光如水,照着楼上田野村庄,多情的春风在古寨巷道中,悠然往来,一种月到风来,所追求和表现的意境更有深度,通过家园构建而把握自然生机,体悟人性本质,丰富生命内涵,而表明审美者对哲学本体那种四处充盈、沁人心脾的存在状态的理解。

登上古屯的观景台,从村落缓缓而下则是起伏绵延的层层梯田,每根田坎都是毛石砌成。许多老田坎在近500年的时间里,从未塌陷,其将弯就弯,形式多样,丰富妥帖,自然而然,近于天成,这不得不说是十几代人的智慧与汗水凝聚而成的艺术景观。

第十一章 诗意楼上

　　这里山水、田园、村落多姿多彩，当其景与寨和，风清月明之时，长滩河及群山清晰地展现出延绵不尽的意态。梯田与古寨、远山与河水、薄雾与遥岑，形成了远近、高低等多重的错落、对比与组合。地偏心远，飞鸟相还。北斗古枫上鹳鹤的乍起乍落、忽远忽近，天际云影的起落飘忽、迎来送往等，都使得古寨田园景色之中，含蕴了无限的生机，恬然于浩然之域。面对如此多的美景，坐玩双桂月，物物各适意。水流云在，山绕岚存。云无心以出岫，水不舍而长流，正映出了杜甫所道的审美享受："水流心不竞，云在意俱迟。"

　　暮色即近的远山则完全是另外一种情调——落日映衬之下，由山峰和双楠树冠勾勒出的天际线非常沉静大气，而曾经在云岚飘隐的印把山及周围诸峰则完全隐没在一派苍茫之中，经过白天的喧嚣之后，古寨则变得含蓄深致。

　　月白空庭，寥寥太古，体味古寨之韵，犹如品味古人撰写的感言、逸事和诗歌，那种读书所兴之意，倾述而出，又行于所当行，止于所当止；又恰似一个理想的文人形象也蔼然如秋之静云，及人目前：超然，绝俗，静寞；专心向学而心游空明，闲拾花草而至爱生命。在古寨这里周氏把生活、情味和人性的本原联系起来，以读安身，勤以赋诗，友于花竹，即是至福。长年咏歌处，楠竹间幽居。看山、观云、赏竹、阅耕、煨茶、听鹤、闻鸡、话雨、眺雪、对月诸种逸乐之事，每坐竹下，辄觉会心处不必在远，翳然林水，自有诗思洒然其间。

　　娟娟烟痕，萧萧雨影，湿翠生香，高青驻云。鹳鹤往来于田野山川河谷之间，仿佛穿过绿意，睹眺其或去或留之间，无不令人油然而有像苏轼"鸿飞那复计东西"的人生之慨。在这里无论是赏一季花开的美丽，还是品一季落花的惆怅，见落叶满地，皆为风景，幻化成梦，无迹可寻。春已去，夏将尽，秋来时，将忧伤当成一种咏叹，无不诗意绵绵：

　　　　濯濯青山才过雨，深深高树且参天。
　　　　半坡瓦屋村烟起，归鹤数声花影前。

　　近瞻古寨，炊烟袅袅，田园隐现，远处群山，奔来汇聚，云雾缭绕，逶迤连绵，玉屏石崖上倒栽古松（黄秧树），横卧长滩河之上，斑驳的树影，在白云碧水

膴膴楼上
WU WU LOU SHANG

之间婆娑弄姿，决绝高华。楼上物产丰富，气候温和，春秋之际，无不契合古人所道"沾衣欲湿杏花雨，吹面不寒杨柳风"的美感，加之青山隐隐、泉水潺潺，美丽而栖心的耕读之境，生活在这里，安逸更安心。

置身于这种田园山色和气氛之中，每个有心的观赏者，大概都会对光阴的流逝与景色的变幻，对自己的个体生命在时空天地间的位置，对人类心性与这无尽宇宙的关系等终极性的问题，发出些许具有哲学意味的遐想和感悟。

家园是楼上周氏家族心灵止泊与存放的领地，游览古寨，无论是登高下望还是在寨中流连，看到的都是一幅天然的风景画，撞入心怀的都是浓厚的农耕气息、纯朴的读养之风，所感受到的是自然，是纯美，迷人而心醉，让人流连。而天福古井年年如斯流淌，浸润了一个家族繁生，宛然千回百折的㵲崐河，总是流不去古寨中那散落的历史记忆。

儿时记忆

楼上处山环水绕之间，因河湾之拓辟而成阔畹之地，周围山势或簇拥奔伏，或逶迤不绝，而烟云缥缈，村舍掩映，田畴绵延。古寨据之北岸，村道乍显乍隐。寨中古泉清流，寨脚石桥横引，堰渠交错。其㵲崐河之南，或山势合抱，

第十一章 诗意楼上

成其深壑；或孤峰耸拔，峻极天表，至长滩河之畔；或古松倒栽，绝于悬岩之观；或梯田错铺，叠为莲叶之状，无不令人神思邈然。群山翠绿，云烟弥漫，深秀蔚然，一种澄怀涤虑之境，一种高士临流之慨，直逼古人自得之乐，实期淡泊宁静之思。

在楼上古寨三合式院落中，诗意美景和佳茗融在一起，把趣味培养得婉婉凄柔、迷淡而幽细。开门尽览暮归之兴，村烟乍起，人声犬吠，融融欣欣，高树巢归鸟自鸣，其安知脱落自在，如在世处，犹黄公望所绘之一村哉！独坐庭院，空庭寂寂，竹荡花开。于庭院修竹之下，煮老茶，引老土碗，远邀山黛，近挹水香，而闲适境界渐从老茶罐中现出，白云来佐，大口饱啜，若漫取《桃花源记》或《归去来兮辞》之文，唱诵一过，听书声与松风相和，洒洒竹林上化天籁虚无，唯清茶草木之味，夜来与月色匀称。特别是当月起梓潼阁之林，澄晖蔼蔼，古寨与月色相融。这样寂寂的岁月，与历代画家向往相契，与《富春山居图》中的林气映天、竹阴在地、日长若岁、水静似人，何其相似。

静静地望着这林畴相接古寨，如清茶在手，啜之难名矣！若春秋之月，当夕阳下山，或踱于庭院，或闲步于村落巷道，绿竹摇风，人与牛羊归来，此时鹤鸣在树，变幻顷刻，恍可人目，而月明寨道之时，亦正像苏东坡所说那样，"无事此静坐，一日是两日。若活七十年，便是百四十"。

晴窗带绿，竹下读书，松盏浮春，院中品茗；柴门弄晚，新月浸寨，围茶闲话，与农人谈尘外事；写心境能造长造短，不由卜运，不在司命；平静得如此优雅，无忧无虑得空际闲云，楼上是把历代文人梦寐所求之生活递次缓舒，而致深闲写，臻于静美之古典高度。

梓潼阁，峙于古寨之东，乃一山尽石，石间覆以薄土，杂生树木之外，更培以枫、

悠悠诗意

柏、松而成拥翠之观也。极梓潼阁顶，则古木参天，巉崖拔地，有曲径盘旋之胜焉。阁中廊道回环，四围苍翠，曲檐飞空，朱廊焕彩，怪石盘树，各呈奇观。然而实际上，春是树叶抽芽馨香，夏是浓荫四围，秋是桂影花浓，上下四方无不弥满充盈，而沁人心脾。

走进养正书院"流连于一种古典的人文关怀"，步入"文人雅士般的生活"，领略着"天人合一的境界"。书院之楼廊外，有双生桂树，实乃"月中有桂合双种，世上无花敢闻香"之叹，四顾松柏郁然，荫阜广被，得微径于林木密树之间。于养正书院，好书拿在手上，只需读过几行，便会感到平稳，心情如平静江面上微波的荡漾，安详自在：

> 冬至鹳南归，巢闲待早回。
> 七枫参北斗，双桂抚云腮。
> 竹月留高士，松风款秀才。
> 游人存雅望，绕寨步阶来。

于这里日日品茗，令人神气独清。天地乾坤之清气，化用不尽。这乾坤清气，入之肺腑，濯于心灵以清刚的灵魂，才能合于这宇宙造化之妙。

沿阁南趋数百步，有弃地，纵广合五六十寻，三向皆林木。阁之南，其地益阔，坳隆胜势，旁无民居，左右皆林木相亏蔽。其古木之性情、盘石之风骨、草木之欣然，无不为情而奔涌，正契古人"望峰息心，窥谷忘返"之情。于此间优游，感四季花木之变，悟自然生意之道，体万物枯荣之序，实一乐也。

据传建阁之时，不损一石，其基皆青条石砌就，高丈许，实有深意之致。追寻建阁之思，更叹其会心之远，慨四世国祯，视富贵往来，直如浮云，训之子孙，为贤是守，高旷之志，我辈叹观！恍惚游之名刹之心，尽其胜哉，谁与归欤？

梓潼阁这里，有山塘、双桂、斗枫、紫薇、四方古墓之观，虽难寻过往之变，静默欣赏之间，油然而生珍惜。戏楼之胜，在于苍古高怀，物换星移之间，涵摄着周氏几代人生活之情。

春云在树，天际归鹤，伫立其间，寨道之蜿蜒、田畴之逦迤、庭院之秀

第十一章 诗意楼上

错，宛若画图。远村近落，绿野青畴，林麓烟霞，村边翠竹，悉可挹取，无纤毫之累，此心湛然。

若于坳颈大田边，沿小路步行至观音阁亭，以放怀山水之兴。观音阁，傍山临水，借景辽阔，接山光水色。从阁中凭槛而望，连峰崔崒，河光微微；山川云物之奇，林木田园之密，村烟聚落之盛，一览而尽入胸襟。

观音阁之东，崇山峻岭，烟云弥漫，朝阳夕阳，变幻莫测，转出无限感慨。阁下层田错叠，直至长滩河，河水如玉带婉转回抱。对面山崖悬壁，此起彼伏，跌宕而上，

家中印象

中部玉屏书崖，形如屏风，上有倒栽古松，曲遒古枝，欹倾河面，含情今古，以倒栽松以寄隐避之思，述婉曲之志，寓耕读绵绵之望。据云，那松乃周氏四世祖国祯从云南带来。事虽迁于岁月，松仍尚留桩根，远眺不得亲临难见真详，然思慕之心却萦萦不去，故于此阁而远仰以寄遐思。

月有阴晴圆缺，人有生离远别，亭有兴废流转。观音阁历经沧桑变幻，可能除了阁址、名称和几棵古树之外，早已面目全非。但它小而精致，人迹稀少，很适合游目骋怀，发思古之情。每薄暮登阁，吊古伤时，申怀感遇，借远思以追怀，体古人之用心之微：

佛坐莲田层层护，魁攒文笔步步升；
四围山色千层烟，一湾明月半阁水。

这两副对联足以概其胜况。现亭檐仍出于复廊之脊上，顿生高逸遁世之意。伫立此阁，环顾四围，澄川翠峰，光影会合于阁外，尤与风与月为相宜。

膴膴楼上

春去夏来，草长莺啼，水流花放，于寨纪道边，或梓潼阁绿荫下，抑或田地间，往往借草为茵，席地与老农量晴雨，而意趣难收。

当栖居于楼上古寨，不时游走于长滩之洲，或山映于水，或水映于人，或人与山水，与田园一体，际会云岚之间，最深秀、最澄澈、最苍洁、最醉人。水色山光，无不荡漾起与古人临流争舸之想，无不激起与山水精神相往来之遐思。

长滩河澄澈环洄，倒映着群山与田畴，那玉屏岩石、那古松风姿，是周氏精神的象征，涵映着四世国祯那远去遗韵，而今古松不再屹立，枯归大地。其苍松之姿，照样是周氏膜拜之物，如今再也无法挽留这份让人追忆的精神物象，只有周国祯长眠在梓潼阁岩下，年年岁岁守望那曾经之过往，也将见证那即将之未来，周氏能否一如既往，立于天地之间，持守耕读以至生生不息。

当游览之兴不尽，还可扁舟长滩河中，或始蹴偏岩沙滩上坐赏水流云去处。至则洒然忘其归。觞而浩歌，踞而仰啸，老农时遇，鱼鸟共乐。形骸既适则神不烦，观听无邪则道以明。安于冲旷，时与岚升，悠然有得，寓目寻思，而一心万古。

天福井无精心打造，而所处之景自然生成，却有艺术精湛之妙。流泉激下，水经两池，池上建房，敞然豁然，既可遮雨避日，又可当亭使用。天福井与村道四通，蜿蜒而至，临泉翠竹丛丛，林木荫翳，滴翠匀碧。过桥可入沟对门，三五人家，古树葱茏；竹丛楠林，交映扶疏。回廊环山，盘曲高下；石径盘旋，景色苍润。这水清绿、亘古恒温，园子苍郁、凝重质朴。每值盛夏如蒸，木居皆闷，不能出气，思得高爽虚辟之地，以舒所怀，非天福井不可。

记得曩昔村落前层田中红莲盈亩，曲折层叠，夹路皆植红白芍药牡丹，月季玫瑰，桃杏梅李，灿烂如锦，而村落田园之胜，襟山带水，心绪难收：

云破月来桂弄影，鸟鸣鹤归禅意深。

人生如寄，因远离而生乡愁，回乡时，触目全是新鲜、兴奋和美好。天仍是透明之蓝，白云聚散之间，使人可以忘记很多往事，更不用说那山山水水，那阡陌田畴，那层叠村落，那映照着夕阳下之一湾水一摞田，景物美得使人

第十一章 诗意楼上

心慌心痛,既悠然而闲适,也幽深而清婉。

每一家院落、每一段巷道、每一叠梯田、像一块块匾额,在时光深处遗落,无法有效将之卷起,只能怀揣着一份抹不去之情怀,正是:

乡梦悠悠到我家,龙门巷转木楼斜。
深情最是春庭月,自待归人数落花。

忆昔日,若春夏之交,苔痕阶绿,落花满院,老友时来相问,而竹影参差,鹤声上下。当午睡初足,旋汲天福古井之泉,于柴堆中选出松枝,煮老茶饮之。随意披览楼上贤人雅士耕读诗文数篇,或相与斟酌一番,便从容放牛出门,走对门坡,抚松针、捏黄精叶,与牛羊共偃息于山石树林之间,有时用树条打打牛蚊子。或漫走至龙洞湾出水洞边,坐弄流水,漱面濯足。既而归农家之院,坐于大门吞口石磴上,话闲事,不时则做笋蕨、糙米饭,佐以自酿苞谷烧,欣然一饱。再炖老茶一罐,出步天福古井,相遇寨翁农友,问收成,话家事,款款互致,乘凉一晌,甚是畅快。

古屯,天生孤崖,南、西两面绝壁,北面壕沟深数丈,绝壁满爬藤萝。从东面石梯而上,先过卡门,卡门左边皆绝壁,右边高墙石头垒成,三丈余高。进入卡门,则两道石墙。屯上能容数百人。古屯依势而筑,险尽其妙。晚清咸、同之际,赖此而保寨。现断垣残阶,荒草丛生,透出些许苍凉,站在屯上,天高远深邃,而又苍茫难问。

特别是当游走到楠桂古桥时,慢慢眺望出去,豁然一片开阔的田壤平展地铺向潆崄河,淡淡的雾岚从河面上缓缓升起,在河对门的山间飘浮。挺拔耸翠的文笔峰,静静矗立在潆崄河边那圆田的云岚上,从西边涌簇而来的山脉,至此似乎放慢了脚步,文笔峰那披云直上蓝天气格,顿时觉得有一种超然物外的庄严。

楼上之美,是周氏家族19代人共同写下的朗静之笔,泽以古风,以高旷之怀,取神似于离合之间,虽归旨桃源,却胜于桃源。桃源有避世绝尘之美,难求雅致之格,楼上所追求与呈现的格韵,最终是一曲对静寞的赞歌,自静自如,又如花影落身,词美英净,有时还真令人难卒望。

膴膴楼上
WU WU LOU SHANG

今再步寨中，踏着玉润石板路，看到每一段古石墙，无不承载着那从历史积来之厚，无不透着周氏家族生命与温度。这块块石头，是用生命将它焐热，含蕴着19代人的体温。蓦然回首间，19代人辛勤的汗水，洒落其间，滋生出斑驳之苔藓、美丽之花草与苍朴之藤萝，兼具古雅与温婉。这里没有叹息，唯有记忆，更是乡情、乡忆与乡愁。

第十一章 诗意楼上

可游可寄，美美与共

楼上周氏家族，其耕读情怀，其人生淡泊，其生命格调，其生命态度，是代代守望，更是一种生命境界，沉浸于自然，有如桂影楠影、松声竹韵，悠悠岁月，庭院依旧，清泉自流。在这守望中，既有振衣峻岭、瞩望山色、临流濯俗之标，又有取会田园之境、相与风骚之情、潇洒出尘之想；更有承接天地之心、耕读自适之乐。寄身在楼上这青山绿水间，悠悠地走上半日，与各种花草结深缘、交挚友、惺相惜、情相依，生命交融。

楼上周氏家族无论是家园建设，抑或山水田园，似乎是写意的水墨的，同时也是诗意的。500余年春夏秋冬，它的美有太多的元素，有太多的可感性，有太多的不可思议，有太多的意想不到，却在多层面展示其灿烂、和谐与统一。

层层叠叠、起伏错落而波延无尽的梯田，鳞次栉比的民居建筑，房前屋后的果树与修竹，婉转曲折而互通的石巷寨道，与古寨相偕而居的鹳鹤及各种鸟类，成群归来的牛羊，在楼上春花初放的绚丽，夏荫而繁茂的纤浓，秋田里黄灿灿的稻香，冬是尽染而明净图画，这里田园山色、古寨、树林，错接环列，是一个不可重复的世外之园。

楼上开奇境，耕读想大邦，其田园山水，涵泳历史，荟萃人文，山水相依，互生共融，因人成胜概：

屋边修竹窜墙根，涧下楠桥出古村。远树云开延岫色，田畴水满落溪痕。万树日斜花共醉，半亭烟傍翠屏生。高低田摞千般绿，远近峰攒一色清。

竹荫满地，桂树摇风，阁亭拥翠，古木苍然，天然至极，天工乃见。面

膴膴楼上
WU WU LOU SHANG

面看山色，处处闻鸟音。群峰回合，清流萦绕，心无俗韵，品茗参禅，玩树赏月。文美的精华，展现在一个500余年不断建造的古寨，宛如来自纯粹的虔诚、纯美、空灵、缥缈的意境，令人悠然神往。如《农时感怀》：

> 稼穑艰难老后知，薅刨耕种不宜迟。
> 弄田节俭有余庆，世代如兹念在兹。

楼上古寨所彰显的艺术精神，所携谐的文人品位，所涵育的高雅韵致，所体现的文化积淀和耕读诗意，其今古风流，也只有楼上可寻：

> 满庭幽翠绝清佳，爱此浓荫树影斜。
> 日暮双禽来占竹，春深数蝶慢寻花。
> 呼童剪烛开图画，留客围炉煮老茶。
> 九子寒门十才秀，思阡两府有几家。

可居可游一

第十一章 诗意楼上

古寨，景有尽而意无穷，含不尽之意如在目前，这样的艺术境界，无疑使人进入一个更为广大深湛的审美天地。三合院式民居建筑，能够充分表达建造者突破庭院的空间局限，有沟通天人物我的意趣。古寨可游可居之外，其更深一层的意味，还在于以宜居者特定心绪为依托，而对古寨之中的巷道曲折、萦绕、阻隔、畅达、远近等空间动态关系的精微体悟表达，进而突破具体的时间限制，将居者的心绪引向十分广远的境域。这是楼上周氏对于理想时空和意象的拓展，其景有尽而意无穷：

> 曲巷斜阳花影入，老苔著树雨痕侵。
> 能参楼上四时兴，不负云岚今古心。

对此，楼上古寨的建造者，既是创造者，又是品味者。楼上的朴素、简淡、隽永，显示了以朴存雅、以小见大、以简化繁的胸襟与风范，显示了一种气韵丰沛的把握能力。面对着永恒的山水文化主题，楼上人选择的是审美创造，而非功利性的实用性取向。周氏立足于本质意义的思考，使古寨的形态与造境，都从属于赏心悦目的纯粹性。因而，楼上古寨的山水田园之景更切近于创造意义的内在规定，在本质上是一种直入心灵的形而上表达。正如画家笔下的繁密点线与疏朗留白，以内涵和形质的品位、质量，抽象地传达出古寨家园无可替代的情韵，并因此达到历代文人所企望的高度，进入到审美化的纯艺术的领域。它不仅是抒情与轻灵的，而且在施以才情的同时，又因意象构成与符号形态的转换，被赋予了材质表现的含蓄、蕴藉的效果，在历史不断转换又不断被演绎的时代，反倒彰显出这古寨建造在艺术上的典雅气质。

画家有言："实处易，虚处难。"楼上正是一幅水墨山水画，其高妙之处，在潕峪河这里回环之后，簇拥汇聚于此的山脉却形成了一个足够开阔的空间，使得无论从东南西北，或远、或俯、或仰视角，都显得有层次、有空白、有起伏、有节奏、有回旋、有往复的意象空间，美得有味韵。这是因为实处房屋、田畴、树林、河流、山脉有着笔墨形迹可寻，而虚处随着四季的变化，烟岚、雾霭、春雨、夏云、远黛、近翠、朝阳、夕照、秋灿、冬明的玄缈玄秘很难一一收摄，却又构成难以把握的虚。但这虚处不是空虚。是更加丰富的意景，

膴膴楼上

此即虚中含蕴着实,实外有虚。这样不仅实中有虚,而且是有大虚。而虚中之实,却有大实之境。这样虚中之实有,而实中之虚也生,每赏一回都有意料之外的意境。楼上之有潕崄河,实在是有大虚大实的对比效应,虚而不空,每于实处见空灵的对比协调性。其虚之外,就在于山色的云雾、潕崄河水面、四季更替与变幻无穷的天空背景,所引发人们的联想,激起相对应的不同的艺术感受。无论从何处看留白有味、景物有韵,让人感到虚中有实、实中有虚,既丰富又空灵。

楼上平淡得美丽,萧瑟得迷人,素朴得神奇。它无意雕琢,却风韵秀上、寄意之微,难以言说。楼上自然到了极致,也造作到了极致,平淡不觉其平淡,高华不觉其高华,却古丽有余,只觉得整个楼上静静的气息,如古之君子,文质彬彬,不争不励,而志气平和。

寨静日长,寄心静寞,必当散怀无求、寄闲悠远,方能以求所然。每当春深难留之时,似乎又是唯悟而明、疏静而至,似有无数飞花从屋檐飘落入院中,悠然风尘之外,神明赐予古寨人的最深挚礼物就在静寞中缓缓显现。这种静之美,使人生活得平凡而伟大,古寨贤人无不把它珍若拱璧、惜若昭华,而诗之咏之。

心之静,是人生所难得,乃神明所赐。饱看潕崄那无数群山涌聚,乱的心反而宁静。在楼上古寨中,静静消磨淡淡无尘的岁月,天天读书、莳花、玩月、煮茶、弄笔玩砚之时,其菲芳暗度间,关情的是村烟弥漫、油菜花开、梨花月起,谁与晕开春色。那寨边春染,似有其几曲春江花月,只是未细细商量春色,倒是陌上野芳悠然间,夏云至,稻绿深、秋风黄,而秋香次第开彻,秋韵爽然,对景一吟,便可折叠出那秋意深沉。其秋花、秋叶、秋痕、秋芳、秋容,无不迭迭相序,更如临水寨花,流来疑是行云片片。

一幅楼上村居图,仿佛一片秋烟,洒向山色田野,萧寂倘恍间,仿佛有水云捶琴、鹳鹤惊鸣之音,当向远处遥目,则云天连为净净一色,带有古淡田野的情味,是首又穿过历史,深深地震撼了崇尚世外桃源的人心。楼上是有形画,又是无声诗,这清寂飘忽的山水、这宁静无尘的田园、这耕读有序的人家,无不寓意发抒,所蕴藏的不必是单纯的寨边新柳,山下春烟。

楼上之美,美在大居、美在山色、美在田畴,行走在古寨中,能晨餐朝

第十一章 诗意楼上

露、夜听鹤声,能漱心濯足于天福古井;或有时下长滩河,又似肩搭一条白云,在清溪流泉中洗涤,不沾半点尘埃。周氏对天道秩序的把握、世界的理解、家族人生的取向,给我们这样的启示:楼上周氏家族的耕读文化的不断发展,都为通向精神世界留下了路标。

    楼上犹如一幅幅写意山水画,使人感受到一种狂放洒脱而又大味至淡的画面迭出,于天真中见平淡,于简约中见深远,仿佛其法备而意简,与形之疏密、墨之浓淡、线之曲折等都是自然天成。明显地存在着耕读文化的秀美、润泽与雅致,也存在着传统文人的独赏适性、向慕精神,以及人生的优越与超拔,表现出承接陶子风范的一种取向,即在对生命体认,为自己规定概念性的界限,从实用中放逐出精神,用以推崇自我性情的存在,又由推崇领悟而产生纯粹的生命美感与愉悦,在面对人生苦乐、四时风景,而巡目烟霞空谷、水廓山村时,能避繁重而得轻隽,舍物障而为无迹,能长吟短歌、洒洒落落。这样,最终导致的是云游高蹈的人生之境,在素朴、平淡中见出风雅,在感受上、心性上、神态上均显示着风雅,流露出悠然翛然之气,其中自然而然地发出对建筑、家园、田畴等形式艺术的形上之问。

可居可游二

膴膴楼上

WU WU LOU SHANG

楼上周氏家族通过寄情田园，仰观俯察，实现着返本归朴的过程，重返最本真的生命形式。正如郭熙在《林泉高致》中所道出的那样：君子之所以喜爱山水，是因为山丘田园可以淡泊心性；泉瀑流石可以啸傲世俗；渔翁、樵夫、隐逸之士可以与君子之性情相谐；鸣猿飞鹤可以使君子起博爱之心。故而，能够将自然山水之真性情收于画卷。挂于堂中，即使足不出户，也能体察山水之乐、陶冶人之性情，这便是千百年来山水之所以被历代文人所钟爱，而时至今日仍历久弥新之故。

古人云："山以水为血脉，以烟云为神采，故山得水而活，得烟云而秀媚。"楼上之地，山色绝佳，草木清华，深秀苍翠。而潕崄河之美，何其峻拔，何其美奂与奇绝，令人赞叹，令人感怀！在一条曲折深幽的村畴交接的路上，云遮雾挡，时时感悟山自白云、鸟自闲的静寂高旷。但那远山的空翠、那陌上的芳馨，沁人心脾，诱惑着你，一种隐隐约约的惆怅，还有一缕失落仿佛在心底升起，使人不得不放慢脚步流连。

楼上文化景观设置，田园垦开，以及对山水审美文化赋予，包括生态环境的改造，无不遵循自然、顺应自然，又充分利用自然，将村落、田园、山水融为一体，把它变成世界上最大的农耕园林进行建造，与明代苏州园林，是两种不同的风格取向，虽然没有苏州园林的精致与文化气息，却是更素朴更栖心的家园，是一幅活生生的《富春山居图》。

楼上家园建设，思想深邃，目光前瞻，深感其家族的审美高度，凝聚着勤劳与智慧，体现了努力不懈、持之以恒的力量，同时赋予了一种远古的历史感、一种大气磅礴的时空感，那种涵摄天地自然的气象，始终虹贯其中。这种家园意识与追求，带给人们的就不只是审美上的无穷乐趣，它还启悟着更高的人生智慧，让人们仿佛看到心骋八极、任用万类，把家园之美，把山水田园之奂，融入画中，感动乎举世，发而为耕读的事业一样隽咏。

对田园生活的崇尚，对自然山水的向往，并以此寄寓一种超世高标的人居理想、寄情世外的意趣，追求那种超越有限形貌而具有更丰富内容的艺术境界："触目古枫无尽意，会心归鹤有化机。"

从古枫鹤性中，领略自然无限生机时的意境。而这种审美意境和审美方式，在古寨500余年的建筑艺术中，也特别钟爱柏性与松风，每闻其响，欣知为乐，

第十一章 诗意楼上

有时独望苍青,庭院虚敞,唯风与月耳相佐相慰。

楼上周氏家族,在家园建设中强调自然、适性、乐处与生存的自由。其审美追求、理想的家园和现实生活这三个空间打通,使之趋于单纯、素朴,从而凸显出想象世界中所包蕴的思想内涵。这是一个家族不可或缺的精神使命的终极关怀。在这个高度上,存放的心灵才有可能捕获到更多的意象、思绪与灵感,获得生命的真实与通透。

古寨中,许多清代老屋花窗已斑驳苍苍,但花样竟然无一重复,与院中梅、桃、橙、李、杏之属,相映相守,待到春来,暗香浮动,屋前院边的绿萼、粉蝶、红桃一齐绽放,占尽风情。庭院清朗,院边植石榴一树,而分枝若干,橙树桃树相衬,坐在堂屋中,透过疏密有度的花窗,能看到窗外的庭院别有洞天,有的透出一丝绿意,有的露出一色墨瓦,有的一窗山色,若隐若现的,别有味道。

院落开敞,有的有树或栏杆,不遮掩,可纳凉,可喝茶,可聚可话,拉家常,话农桑,多三合院,

美美与共一

注目远眺，能纵目千里、宴饮观书、吟风弄月，何其风雅。

中国文化中的人格精神、生命理想、宇宙观念等原本最具思辨色彩的东西，最后都在楼上这古典家园中，通过丰富和谐的艺术智慧创造出来。楼上是在不断践行着人类未来精神寄托和超越性追求的艺术化家园。

无论从哪个视角来审视与观赏古寨，近景、中景、远景及由近及远延伸过程中都有变化丰富的节奏感、秩序感，在其衬托之下，才呈现出一个十分完整和谐的古典农耕之园，从而组合成为一幅幅层次和色彩十分完整的田园村居之画，正是：

> 峰色四时绘，松声玉屏悬。
> 景存无尽意，水绕夹山泉。

古寨与田园，始终与作为背景的河对岸山脉遥相呼应，交替衔接，产生绵绵不断的起伏顿挫、回环往来的流动感。田园景色与山水风光相互映衬，意境悠远。疏朗恬淡的郊野、起伏交错的峰峦、风雨烟云的变幻、巷院幽深深几许的景象，皆是延绵不尽富于韵律变化的空间序列和景观序列来完成的。

寨外通过古道两边连绵不断的各种树木，与梯田相接，梯田层叠起伏，交错延伸，使得整个古寨的线条、形面、空间等，形成对比、衔接、穿插、转换等艺术上的关联，从而产生古寨画面、层次、序列之间的丰富的对比与艺术组合，以精致的艺术手法，使楼上古寨掩映于树木之间，同时与自然保持多种感官的感触，更呈现出一种结构美、比例美、色调美。

花草树木品类和色彩的丰富，与院落的和谐配置，也是古寨构景艺术的重要内容。同时，植物果树的配置使庭院富有生机，在形态和色彩上品貌丰富，分外古丽。植物色调在四季所呈现出的变化，不仅大大丰富了庭院观赏内容，并且体现着天地四时的无穷律动，使庭院有生命意味和如画色彩，蕴含着生命的韵致，而有了不尽的情韵。

楼上四周远处是山，近处是田地、山林，其周围的山川植物又形成了丰富的色彩环境，色彩朴实而不绚丽，但它们在自然院墙及藤蔓植物的掩映下被衬托得分外醒目而清新。村居在周围青山、绿树和翠竹的衬托下，更显苍翠而宁静。

阳春三月，油菜花盛开，田畴一片金黄；五月又插上稻秧，顷刻间，大地又换上一片翠绿；八月入秋，稻谷成熟待收，近观一串串稻穗，沉甸甸的，远望则一片橙黄，有时在早晚的阳光照射下，又仿佛变成了红色，加上近处的乌臼树、枫树，更将古寨尽染点缀，形成万紫千红的浪漫景象。这黄、绿、橙，这红，加上远处的青山、近处的绿树与田园，都是大自然所赋予的，都是只有在长期生态环境保护中才能获得的。从这个意义上讲，楼上古寨这种环境，大面积的色彩效果是天赐之美与人力所为的更好融合。

古寨那姿态万千与各种层次的田园之景，在于丰富而巧妙的结构方法，将诸多具体的景观，组织成为统一的古寨景观，所有这些都是周氏家族对有限空间进行艺术的塑造。对于古寨宜居来讲，仅仅造就出这样的艺术化审美化的古寨环境，仍然远远不能满足周氏子孙对理想审美境界的追求。所以在建造古寨的同时，还在风景最胜之处修建观音阁、梓潼阁、文昌阁三处，加之古桥配植楠、桂，古井筑屋种竹、植楠栽果等，造就出更加完备的寨景景观，更加深致高的艺术审美层次系列。这就是根据古寨有限和具体的艺术空间，充实丰富的无限的景观可能性，从而使审美感受进入更为深阔的意境，使人们的心性自由和谐地融入村居田园之中，产生无限的审美意象与美不胜收的恒永过程。由于有这样一种深刻审美的追求，于是就有了朴素自然的审美拓展。在长期的发展中，越来越多地含蕴了中国独特的文化精神、人格理想、美学意趣乃

美美与共二

· 391 ·

膴膴楼上
WU WU LOU SHANG

至于对宇宙的理解,有深厚韵致的文化意境。

楠桥最忆暮还朝,但饮清泉水一瓢。
桂影阁浮秋月待,几时容我夜吹箫。

  古寨与山水自然浑然一体,走进古寨,人的情感和心态也像大自然中固有的一个生命,徜徉在古寨那有呼吸、有血液在滚动、有灵魂在闪烁的极其美丽的家园中。这种诗一般的画境,仿佛在历代山水画中,我们似乎看到过,但又似乎没有发现过。

  楼上几百年来,世世代代不断用艺术情怀,装点现实生活的琐碎,将农作时的艰辛与单调,升华成生命的生生之意。每家院子里都种着或橙、或石榴、或李、或梅等果树,天福井外的滥田里有荷花,在和风中娉娉婷婷地舒展着花苞,密密匝匝的莲叶掩着水面。夏日明晃晃的阳光洒满了村落,砍柴、割草的回来时,汗水就濡湿了衣衫,当走到天福井边,让泉水自然冲洗肌肤,或喝上几口,一种沁人肌肤的清凉,让人凭空生出许多遐想。

  楼上之美,在林在竹,在道在巷,在瓦屋与田畴相错相致,似乎如屈子

美美与共 三

之离骚，乱辞无绪，又似大痴黄公望之画，浑然而成，绪虽繁则浑而融，粹然一体，使居而益深，心益静，其所寄益远，唯深观者而不能自明。人入寨中，立于院落，可仰观山，俯听泉，旁睨枫柏松鹤、竹林云石，自辰及酉应接不暇。居之寨中，四季皆适，物诱气随，外适内和，倘从外归来，一宿休宁，再宿心恬，旬月则心境交泰，不知其然而然。这种古代文人所追寻的"质有而趣灵"美色美景让人心旷神怡，又如痴如醉。

　　楼上500多年来，没有巨富显宦，只有勤俭之家，却没有淡化楼上周氏家族对建设家园之美的热情。楼上家园四时之美不同："春如生之欣欣，夏如火之热情，秋如霞之斑斓，冬如冰雪之聪明，其家园之美，有自律之规律，有无边之真诚，有极端之善意，有至乐之境域。"楼上周氏家园美之丰富，能使人感悟到大居无隅的至真、至善、至美之境。如今楼上更是从自美其美，逐步发展为美人之美的周边带动，向追寻桃源梦想的人敞开，更向家园同美、家园共享的路上奋力迈进，最终实现天下同园、美美与共。

第十二章

沉思楼上

社会价值，历史意义

楼上村是汉族移民贵州的典型代表。周氏家族在楼上择地聚居，逐渐发展兴盛，形成以居住和农耕生产为主要职能、以耕读文化为特点的传统村落。而楼上古寨是中国明清时期贵州汉族移民发展史上的活态例证，是家族文化、耕读文化与贵州本地文化融合共生、高度发展的典型代表。其村落选址、建筑格局与人地关系，不仅是对以汉文化为代表的中国传统哲学体系的充分表达，更将中国传统的居住文化与当地气候环境完美结合，体现了少数民族地区汉族移民的生存智慧，同时也印证了明清以来贵州建设与移民的社会历史，见证了明清建设发展贵州、中原汉族移民的主要历史过程，见证了周氏家族的历史发展与变迁，见证了周氏家族行健不息的生命精神、温柔敦厚的处世之道，历史地积累了建筑学、历史学、文化学、文化人类学、社会学、民俗学、环境学、美学等方面内容，具有深厚的历史价值与普遍的社会价值。

楼上建筑规模宏大，特别是家族文化建筑设施规制齐备，由宅居、寺庙、祠堂、书院、戏楼、牌坊、石桥、古井、古屯、亭阁及古墓葬等不同类型的历史文化遗存所组成。虽然规模形制远小于城镇，从文化建制规模来看，又相当于一个小县城的规模，是一个相对独立而完整的家族生活的聚落。如梓潼阁建筑群，现为国家文物保护建筑，要建成这样规模的阁楼，光地基就需要几十万资金，现维修一次，所用资金几百万。明代开建时，仅周嵩父子五家人，倾尽其几乎所有财力修建。而且现在的梓潼阁，是分别于清乾隆、道光、同治等年间，四次损毁而重修的。这是一个家族建筑历史上的煌煌庙宇。

楼上是我国南方喀斯特地貌之上、亚热带季风气候之下，在汉族传统耕读文化与贵州少数民族文化长期互动、交融之中形成的景观生态聚落。春秋两季来自西伯利亚的冬季风和青藏高压冷气,与来自西太平洋的夏季风和西南低涡湿热气团相碰撞,使春秋两季湿度和温度变化特别频繁,长年湿润,云雾缭绕,对自然的直接依赖与利用,使其房屋建造十分注重与大自然的协调和统一,依山傍水,自然聚居。为了防潮,建造房屋时,屋基与地面保持一定的空间距离,是干栏式民居建筑模式得以产生并长期存在的重要因素。

在明清时代,生产力相对落后,楼上自身的家园建设及生产生活均不同程度地受到了自然环境的限制。楼上周氏家族世世代代形成了靠山依水的生活方式。在明清时期,多以乘马、坐轿、滑竿代步,人挑马驮运输,不能通行车辆。这种相对落后的交通运输加之封闭的喀斯特地貌,使得楼上周氏家族在明清时期的社会发展、经济发展受到制约的同时,见证了汉族移民在边远山区艰辛生存发展的历程,也见证了不断与当地少数民族相互融合发展的社会历史。

楼上的人文景观历史悠久,保留景观类型丰富,记载并见证了家族的历史与发展变迁,其屯堡依山就势,扼险据守,充分体现了明清时期家族防御的理念、能力、智慧与水平。特别是在楼上周氏家族那些已然被损毁了的各种古建筑中,如古屯、观音阁、魁星阁、城隍庙、小屯寺等,它们的每一个局部、每一个瞬间都是独特的,隐藏着楼上周氏那曾经的故事与未来的希望,无不透出质朴而悲壮的意境,而历史岁月所散发出来的是给人无尽的思索与叹息。

生存理念,生态示范

楼上周氏家族的选址与水的利用是密切相连的。逐水而居,是人类文明发展过程中的显著特征。但相比通常在河边谷地选址而言,楼上不临河,而择之离河抬升的湾坡之地,则与发源于喀斯特地形的丰富的天然泉水有关。山泉水可提供清澈优质、富含矿物质的饮用水与生活用水,而且富余的水量足以灌溉农田。这里天然的水资源,是聚落得以生存发展的根本因素,也是村落选址可以与溠崄河保持距离、避免洪涝灾害的根本原因。

古寨的建设构建了完整、完善、科学合理的道路及山水体系。工匠就地取材,因材施用,更充分地发掘与发挥了当地材料的优势,因而积累和发展成为楼上富有特征的地方木工技术和传习制度。在建筑的选址与布局上能够更紧密地与自然地势相结合,在建筑结构上更能因材施工,在建筑形象与装饰的创造上更能汲取当地与民间艺术的养分,具有丰富的历史、艺术与科学的价值。它无疑也是中国古代建筑遗产中的一份珍宝。

楼上古建筑群与自然融为一体,是建筑形态因地制宜和多种对比手法运用的典型代表。楼上以岩溶地貌和侵蚀地貌为主,间杂多种地貌类型,盛产木、竹、石等材料,因道路崎岖,交通运输不便,就地取材,主地利用。山地自然材料特别是石材的使用,增加了楼上古寨的自然特色。古寨广泛利用条石、块石、片石砌筑道路、房屋的墙脚、基础、堡坎和道垣,加上山上裸露出的岩壁和蓝天白云与古树苍枝,产生了自然、建筑一体化的效果。石采于山,宅建于山,与山质地相似、色泽相近,石材的运用使山地宅居与山地环境十分统一,与自然环境协调而融为一体。

古建筑均为木结构穿斗式,大多为悬山顶小青瓦屋面,亦有歇山顶小青瓦屋面的建筑。古建筑吸取传统山地建筑的因势互借来适应山地地形的变化，以取得节约土石方、节约用地等经济效果。同时因地制宜的造型手法使古寨建筑形成一种镶嵌式的外貌，建筑与建筑之间分散开来以院落形式嵌合在山麓与坡、湾结合处，加上台地绿化植被丰富，使建筑与地形结合十分自然；建筑与地面的交线是一条沿等高线上下变化的折线或曲线，而不是在一条水平线上。这些手法使古寨建筑与山水自然绾合镶嵌，融为一体，宛如天成。

楼上周氏特别注重尊重自然环境、适应自然环境并高效利用环境，缘于对自然、对环境的敬畏，在其繁衍生息过程中对于环境及其价值有深刻的认识、理解，并在安居中不断深化其价值意义。环境价值既包括物质使用价值，也包括精神审美价值。前者表现在周氏生于此环境、长于此环境，始终从外界的自然环境中获取赖以生存的物质生活资料；后者表现在周氏家族寄情于环境、畅神于环境，要从外界自然环境中吸取美感，增进生活的情趣，寻找生命的状态，以求得情感的愉悦和审美的享受。

楼上古寨在传统农耕时代充分利用本地生物多样性，形成了独特的生活与生产方式，并利用喀斯特地形生成的丰沛山泉，发展了成熟而完备的梯田水利灌溉技术，体现出当时较高的水资源管理与利用效率。特别是对生物多样性的利用达到了相当成熟的水平，形成了独特的生产生活方式。同时为了在极为有限的土地上获取最大效益，农耕采用了轮作、套种以及栽植经济林木、用材林木等方式，对土地的利用极具智慧与创造能力，对人地关系的和谐认识，对人居环境高度审美化要求，以及持续绵延发展，具有极高的参考价值。特别是家族在农耕水资源分配、灌溉与梯田如何耕作才节约用水等方面，形成了一系列制度和耕种方式，因而形成了极具审美价值的田园文化景观。

楼上周氏家族自明代卜居以来，就尊重自然，对这里的山山水水、一草一木，非常珍视，并不断进行生态美化与保护。自周氏四世祖周国祯倡导"敬天地，礼神明"，形成了家族生态意识，对自然生态的保护，起到了积极作用，况且"敬天地"本身就是一种对大自然的热爱、敬畏。楼上人代代相传对待大自然的敬畏精神，认识自然、顺应自然、利用自然，与自然和谐相处，共生互荣意识，始终没有改变。即使在20世纪50年代末期，处于人为的乱砍滥伐的大灾大难中，也尽力保护，特别是梓潼阁基园山林，虽然大部分被砍伐而毁损，但当时所幸留下柏、枫等树。自此之后，寨中老小则无人动过这里的一草一木，表现出极强烈的生态意识。寨中少年儿童，自小就懂得保护生态、礼敬自然，从来没有人捕鸟、爬树掏鸟窝，19代人谨遵持守，实属不易。

楼上周氏家族，500多年农耕稻作，是支撑家族生存和发展的根基。农耕稻作离不开丰沛的灌溉水系，楼上古寨先民们利用天福井水和龙洞湾、周家湾等多处水源作为稻作灌溉的来源，在背靠的大山各湾坨处，历代修建有20多个大小不一的山塘，以储水灌溉，还将潕崄河以北、土层较深厚的坡地开垦成适合稻作的梯田，引山泉用以灌溉，水量稳定，农作收成得以保证。稻谷收割后，将稻草捆成一棚状，立于田中或田坎上，自然晾干，可作为冬天牛的饲料；牛是耕地的重要资源，牛粪是肥田主要的肥料。距离水源地较远的山地被开垦出来，用来种植小麦、玉米、蔬菜等。而周边树林，是建房所用木材的主要产地，也是各类食用和药用植物的产地。林间空地则用来放牧耕牛。村落中的主要的生产空间与自然生态，都进行了复合式利用。

天福井为古寨提供了优质的饮用和生活用水，而树林中的杂树是燃料的主要来源，房前屋后的阳山竹是制作农具和生活用具的主要来源。本地盛产的柏木、杉木、松木、楠木等用来建造房屋，院落中间是晒稻谷等粮食及生活用品的场地，也是邻里往来的重要空间。

由于环境资源的局部优势、气候条件、喀斯特地貌等各种自然条件，楼上水源丰富，灌溉有保障，旱涝保收，也因此周氏家族人口繁衍迅速，是周边同时迁入的家族或村人口的几十倍，甚至几百倍。由于人口迅猛增长，人烟稠密，导致耕地面积减少，而开垦有限，出现人多地少，或耕种较远，人们的生产方式始终原始而艰苦。但家族凝聚一心，持有乐观向上的生活态度、充实而丰富的精神风貌。

园林艺术，审美追求

楼上古寨的山、水、田园、聚落在空间上的组合具有和谐的韵律与艺术感，聚落内部木构建的穿斗式大木作构架与小木作装修艺术高度成熟，是中国贵州山地建造传统与汉族居住理念相结合的典范，表达了我国传统聚落的美学价值与审美标准。古寨周围的景观环境，包括山形水系、农田山林等景观要素在视觉上具有高度和谐的节奏与韵律。楼上人充分利用当地木材，建穿斗式木结构建筑的技术与工艺相当成熟。宅居院落呈现出典型的西南地区汉族民居的三合院形式特点，在建筑装饰上，则显示出了很高的汉族木雕工艺水平。这些建筑民居及庙宇古迹在聚落选址布局以及民居建造方面均显示了较高的营造技术，将汉族建造技艺与贵州山地环境相结合，发展出独特而典型的移民聚落规划与建筑建造技术。

周氏聚族而居，聚落规划既遵循汉族传统建筑风格又融合当地技术。家族共同建造的一系列庙宇、阁亭、桥梁、戏楼等是家族重要的文化生活空间。这种聚落规划与建筑技术是在继承汉族传统、适宜当地条件的基础上的创新，见证了周氏家族艺术创作、审美趣味、特定时代的典型价值。

楼上周氏家族是中国传统所推崇的田园模式的杰出代表，在国学的记录与传播、耕读文化精神的传承方面取得了较高的成就，并在当代延续着乡村共同体，具有较高的凝聚力与向心力，对家族文化的传承及历史、文化精神的传承等产生了社会价值。其周围的山水环境与古寨景观体系，都是中国古典绘画中所追求的格局与样式，也与诗文力求描绘的山形水态高度契合，含蕴传统的审美标准。

古寨的建筑多采用结构构架外露的做法，十分重视建筑材料的结构特点。

深色的木构架和石色院落墙体与青黑色瓦，组成一幅幅素朴而雅致又极具装饰效果的村居图画。梓潼阁建筑群在处理建筑审美时，能充分考虑树木深秀，而采用层层跌落的封火墙和翘角的檐角，与古寨统一的同时，不失醒目之妙。同时，还采用了色彩对比、虚实对比、质感对比等手法，使建筑与所处环境相偕为古朴雅致的艺术效果。由于自然环境条件与人文条件的不同，在地理环境、气候、材料、传统技术、生活习惯、民俗、地区与民族的文化、艺术、宗教、信仰等方面的独特特性，才创造出了别具特色的宅居形式。

楼上现存的民居建筑都非常简朴天然，几乎全是由柏、杉木及方石、毛石、青瓦等传统材料所构筑，然而却富于野趣，着眼于自然美，取于自然，却高于自然，将工匠美、艺术美与自然美巧妙地结合在一起，体现了建筑的人文内涵，提升了传统建筑价值，使之更具品位与魅力。这种建筑风格、材质、工艺及审美取向，反映了楼上周氏历来对文化的追求与对自然的尊重，同时也反映了他们浓厚的生态环境意识与人文思想。

周氏家族在生活中，深刻地领悟到院落作为宅居的主要组成部分，不仅是物质生活的载体，还是精神审美的寄托，是周氏家族世代心灵寄放自适的空间场所。

楼上耕读文化吸收传统文化中的建筑艺术思想，以及民居的生存空间与审美格局的多种努力，都实现了村落与周边自然环境的和谐关系。可以说，这是一座传统文化极其深厚的村落，是活着的文化遗产，再现了一种人与自然和谐相处的智慧，留下了丰富的难以忘怀的家园记忆和文化艺术的记忆。

楼上村自周氏定居以来，聚族而居，基本延续传统的农耕生产生活方式，其建筑形式与布局既反映了贵州山地建筑的典型特征，也表达着汉族传统宗族文化。由民居与梯田构成的聚落景观是自然与人类在长期互动中形成的杰作，对未来人居环境的可持续发展模式具有重要的启示意义。

楼上是一个有深厚的文化底蕴和生命意蕴的村落，历经500多年风烟岁月，仍充盈着生命活力，历久弥新，不仅引人流连沉醉，而且还引人寻问追思。这是什么原因所致？这正是生活在楼上的周氏子孙，代代坚守一种家族所凝聚的意识传统，这种意识传统生发于传统耕读文化和文人理想生活追求，一种世人皆知而难以践履与持守的文化家园的理想追求。

第十二章 沉思楼上

  在今天这样一个似乎越来越理性化和信息化的世界中,喧嚣、污染使许多人的心无处可放,楼上这里就是最好的存放之处。来这里体味那种超越人类自身的视角而对于人类天性、心灵的审视和升华感受,亲近和品味耕读生活,感怀那文人的梦想与记忆,这也许就是最方便也最可触可感的理想之地,也是最有效的方式。可以说,楼上为此提供这样一种"心远地自偏,飞鸟相与还"的乡愁之地。因为楼上的美轮美奂,其价值早已超越了那种愉悦游赏的层面,对于后人来说,它有着永远不可再造、不可企及的魅力。所以在某种意义上,它们体现了那种超越了人们自身理性和生存方式的局限,因而抵达陶渊明所崇尚和珍视的那种神性的家园的意味。楼上用自己的耕读文化及精神生命来呼唤那正在远去的精神传统,见证这一传统耕读精神如何重新活在不断改变、不断城镇化的农村,以期获得更多本质的回归。

  楼上村落构建、文化景观设置、田园开垦,以及对山水审美文化赋予,包括生态环境的改造,充分利用自然,将村落、田园、山水融为一体,变成世界上最大的农村园林,与明代苏州园林,是两种不同风格取向,是世界上最素朴的家园,是一幅活生生的《富春山居图》。这是家族发展中,法天地自然的审美建构,以至于处处有景,处处是景,给人一步一妙、一步一景、一景一奇、一境一寄,盎然生气,含蕴着生命的活力,是人们养心去俗的栖心之地。

文化价值,耕读引领

楼上村在发展进程中不仅在周边少数民族环立的条件下传承了汉族的儒家传统与精英文化,且通过与少数民族的长期融合、交流与互动,形成了独特的贵州汉族移民文化,体现着中华文明内部的文化多样性、文化传统延续及非物质文化遗产等相关内容。

在这种基础上形成起来的耕读文化,其鲜明的古朴而又原始的农耕特征,较完整地保留了在其他地方已经式微了的文化现象。譬如古老的清明祭祖、巫傩、墓葬、说春等明清时传承下来的文化习俗,在楼上仍然被完整地传承下来。许多宗教信仰,随着时代迁移,特别是道教、佛教,在其他周边地区销声匿迹,可是,在周氏家族依然根深蒂固。周氏家族还以物候定季节,如气象预测、年岁收成等自有其独特感测方式。总的说来,传统的耕读文化的传承在这里是比较突出的,因而地方特色浓郁。

楼上周氏家族村落建筑的起源、形成和演变;建筑的布局结构和成因;各种文化建筑的社会文化意义,典型性形制和风格;多种建筑的各种形制的空间组成、艺术形式等具体木工工匠技艺;建筑的样式和范例、施工程序和方法、习俗、禁忌、仪式;等等,有着不同时代的强烈的文化记忆与情致,都是独特的,且富有极高的审美意义与宜居价值。

楼上古寨选址与布局,充分利用自然,既考虑周边山水环境,又吸纳当地建筑传统,体现了汉族宗族文化、山水崇拜思想,有着深厚的文化内涵。建筑朝向、坟墓的朝向均与山水格局,以及传承传统的山水崇拜,对自然的敬畏与景仰、对天人感应的观念都有古老的历史渊源。聚落选址理念、村落形态、建筑风格、宗族文化等都极具汉族文化特色,是中国当代传统村落中不可或缺的家族类型与文化类型，也是构成人类村落文化多样性的重要组成部分。

文化景观，是历史上各个时代物质与非物质要素相互作用、积累、叠加的总和。非物质文化遗产包括清明会、清明祭祖、傩堂戏、毛龙、茶灯、木偶戏、人大戏、茶灯、说春、哭嫁、孝歌、造房说福裕等。

楼上的耕读是对昨天的记录，也是家族耕读历史的刻度，其中凝聚了19代人的辛勤汗水和智慧。今天，当我们面对这煌煌家园，希望未来依旧充满想象，并踏入真正汔汔康康的生活。当代人的生活方式、社会活动、精神面貌不断发生着变化。坚守耕读精神与生活淡泊，在面对传统、当下与未来能葆有初心，用真诚谨守祖训家规，完成从传统到未来的转型，实现全面小康。

耕读文化是楼上周氏家族的血脉，是家族500余年的精神家园，也是更深层、更本质、更持久的生命力量。其独特的理念、智慧、气度、神韵、品位与价值取向，使其不断凝聚为家族内心深处的自信与肯定，对建设社会主义新农村、传承优秀文化有着重要意义。

楼上周氏家族文化，有很强的文化凝聚力与齐心协力的生产生活方式，形成了具有共同价值观的家族共同体，并在当代持续发挥着文化引导性、意识的凝聚作用和文化上的感召力与影响力。其传统的耕读文化，不仅培养了族人勤劳、节俭、朴素而善良的性格，而且积累了深厚的耕读文化。其祠堂、梓潼阁、观音阁、戏楼等文化建筑曾经形成儒道佛等信仰，成为培养家族价值与凝聚家族意识的重要载体。其家族的历史过程的记忆、情感、教育、礼仪、风尚等内容，是家族文化与耕读文化融合并形成理想家园的样式，有引领与借鉴的价值。

楼上周氏500余年来，在山水田畴之间，开启了家族耕读恒永的风标，并以深邃的哲思、广博的智慧、阔远的襟怀、生命的韵度等方式来谱写了家族的命运，从此家族不断发展与绵延，充实与丰富。其文化含蕴也逐步趋向具有超越性的价值，有别于世外桃源的意义。自然与永恒是人类始终未能解答的命题，而楼上周氏，特别是其四世周国祯，由耕读而兴时空广远的瞻望，将家族绵延放到永恒的未来以加以审视，珍惜人的生命的有限，抑制个人的目的性追求，而获取家族发展的永恒。对于周氏家族人来说，闲适容与的耕读，家族的和谐乐融，生活的宁静无尘，这独特的文化内涵和审美境界，在全世界村落建设中，也很难找到可比肩者。

在楼上周氏500余年的家族生息周遭中，有太多牵动人心的家族记忆。作为一个拥有500余年耕读文化的村落，楼上周氏是我国广袤的国土上遍布的众多形态各异、风情各具、历史悠久的传统村落的典型代表之一。楼上村落是在明清的农耕文明传承过程中逐步形成的，凝结着楼上19代人的历史记忆，反映其生存繁衍过程中对耕读文化的传承、发展与变迁。楼上周氏家族所积存的耕读文化，是家族的、历史的、未来的人类文化遗产，也是不可再生的、潜在的文化资源。

周氏家族耕读精神的能量与创力的聚集，将转化成对人们一份份田园望境的濡养、精神族系的滋养，是中华文化传承中能真正改变周氏子子孙孙的涵养的因素。在今天这样的现实与周遭中，周氏后人将抱以格外的感怀去进行清明祭祖，都是理所当然的。感怀周氏家族曾经的时时刻刻，感怀能与田园相守相涵的日日夜夜，感怀家族历史发展而留下的理想与精神，周氏子孙因楼上文化的丰富与灿烂，而感怀家族精神的深长与博大。此刻，这样的感怀涌动着一种壮怀与敬意。

楼上周氏家族不仅注重人与人、人与家族和谐相处，更善于寻求一种人与人的心理相容、相守、相望。充实而丰富的家族生活，是耕读相济与家族和谐发展的一种模式。从楼上周氏家族至公是守的过程中，可以感知家族的生存意识和朴素本然的东西。其对勤俭的领悟与践行，以仁、义、礼、智、信、温、良、公、俭、让等家族风尚，使人与人、人与家族及社会相协调，处处都以体仁扬善、集义生善为枢纽，使家族之间怡然有序、树德立范、相习相染。楼上文化是人类家族发展史上的样式，是一种充满和谐、至公至上的家族精神，为构建和谐社会、延续文化生态和发展人文精神起到一定借鉴作用。希望这种精神在人类前进过程中，能发挥更大的推动作用。

第十二章 沉思楼上

精神追求，未来向度

500多年来，楼上周氏家族从始祖周伯泉入黔，择居楼上后，不断繁衍生息与拓展，之后又经历了无数的灾难，那种坚忍不拔的家族意志、那种不断适应环境的努力、那种建造家园的智慧，浓缩为楼上周氏家族耕读文化的记忆，再现一个家族文化历史厚度与可感可知的文化样式。

楼上周氏家族，其耕读文化的特点，或者说有别于其他家族而言，就是19代人始终有信仰，有敬畏之心，始终敬天畏地，敬万物之赐，敬祖先祖训，敬文化教育，敬耕种收获，敬乡规族约，从而敬人敬己，其生活、追求、信仰一直隐含在敬畏之中，藏在"唯愿儿孙个个贤"的梦想里。

楼上周氏家族以传承耕读为理想，为立族之本，以家族绵延兴旺为家族意识与生活形态，形成了对天地、自然、社会、家族及相互关系的认识，形成了重道崇德、兴学治身的家族精神和独具特色的耕读家族的审美理想与追求。其独具楼上家族思维、家族理想的价值取向、道德族约、风俗习惯，都有可能成为当今及今后人类生存发展的重要借鉴与参照。其500余年积存的丰富的家族价值、生命意识、人生取向对人类生存哲学、人类学和社会学等将产生不可预设的引领作用。

楼上的朴素，源于生命精神的本真、道法自然的自信。朴素乃是楼上古寨的底色，朴素的根本在于坦率正直。朴素的品格，在于一任自然，回归本真。其建筑、家居、庭院、道路等朴素自然，甚至包括人的衣着、谈吐、表达、行为等皆尚雅尚朴，而建筑所用木石材料，力求节俭，使整个古寨拙朴而清澈、宁静而雅致，可亲可近，亦可怀可感、可敬可仰。

楼上的宅居及各种建筑，都是其家族的历史，也是一种文化历程，是楼

膴膴楼上

上周氏家族500余年自行设计并建造,与家族传承、文脉、生活方式等息息相关,是家族耕读生存中的生活方式、家庭观念、家族意识、邻里关系、文化活动的集中物化,是一种切切实实的文化沉淀,是家族的耕读性存在与绵延,在岁月流逝中所跬积而成的家族精神、生命意识、文化艺术的外在显现。

及至今日,面对传统,人们往往有"雾里看花"之惑;面对世界,又难免有"乡愁何寄"之困。当人们在现代化的轨道上疾驰,在全球化的浪潮中游离时,重新审视传统,努力吸纳,以寻找栖心止泊之所,来重新定义家园,而楼上500余年生息是可以参照的一个坐标。

今天,西方文化借助全球化进程、借助现代技术,以一种强势文化的力量冲击着中华传统文化。而中华文化传统,不仅孕育了这个从未中断的亘古亘今、亦新亦旧的文明,而且将创造出人类历史上罕有的一个家族从衰落走向复兴的奇迹。这正是中华文化的伟大之所在,也是我们文化自信的根基之所在,更是楼上弘扬传统、面向未来的脱贫致富的底气之所在。它所承载的,是耕读有序的"家族价值",是立足千年传统的"道法自然"。这样的传统文化,是楼上周氏安身立命、发展绵延之源,亦是面向世界、走向未来之本。

耕读文化是楼上文化传统的主脉,美丽的乡村建设必然包括文化的复兴与发展。楼上有着非常古老的生态文明,经过500多年农耕文化以及时代的不断凝结,其家族和谐能力、家族自治和管理能力,颇有成效,它延续着中国的耕读文化传统。因此,在某种意义上,家族和谐与治理是其生态文明的重要基因。

楼上耕读文化讲究的是审美,要的是家族化的社会意义、文化的姿态。它想做的就是在困苦的生活当中尽可能给大家提供一些消遣,以及在精神无助的时候提供一些心理上的安慰。

楼上山水如画,古木参天,田园葱郁,古屋掩映,形成了集人文、山水、田园、村落于一体,有其天然的古风古韵,宁静和谐的世外之园。而楼上古寨是中国农耕文明史至今保存最完好、最典型、最集中、最丰富、最古朴、最有诗境画意的代表,是几千年来文人们所诗咏赞叹,追求向往,一直梦想实现又难于寻找的那种可耕、可读、可居、可游、可行、可望、可吟、可画、可兴、可赏、可寄、可隐的理想家园。

第十二章 沉思楼上

　　那种家族式整体凝聚的生存理想，那种历经500余年而生生不息的内在一体的文化意识；那种重尚耕读为本、礼义立家的家族风规；那种重尚节俭的朴素之道；那种彼此互助、相帮相济的生存与相处方式；那种与自然相守相望、桃源式的诗意栖居；那种追求心灵通透与逸放的人生理想、赏怀山水的情怀；那种以不断追求家族内在和谐，来实现家族不断发展绵延的价值取向；那种耕读自适的人生态度；那种勤劳为本、节俭持家的朴素本色；那种重教养、讲礼让的人生修养；等等，都将成为人类在这里存放的最好的文化记忆，也是最好人类文化的载体和风标。

　　耕读文化就是楼上文化的境域。换言之，耕读是楼上的文化现象，更是其文化自信、文化自觉的表现。当我们从这些记忆中发掘其思考和行为的痕迹，并将之放在历史的周遭中，放在上下承转的链条中，来追踪、思考其耕耘的足迹而发显这些努力的时代意义和对我们今天的感召与影响时，我们会觉得周氏家族传承发展中不断融汇与吸纳优秀文化，即村落中所保留的家族文化精神，包括作为中国传统社会制度文化具有普世价值和践行意义。这就是其文化的望境。

附 录

周易（七首）

叙事
老去何曾更少郎，寿行八九意彷徨。延年家训怀先泽，奕叶薪传裕后昌。
数亩田园沟道稳，几年书案泮池香。儿孙满眼频歌舞，斜倚几前看雁行。

追远
代绍箕裘本德门，西来七世古风存。闲谈发迹宗支旧，力数勤劳派衍新。
手泽渊源怀祖父，书田稼穑授儿孙。向阳心事依然在，料理精神诋自儆。

即事
诗书深究我何曾，古传舆图约略经。敢谓达人来玩物，聊凭章本和儿孙。

老景
近来爱试早茶汤，更喜移炉入卧房。时寝时居天色晚，听风听雨夜深长。
侍儿日日把书开，督责曾嗟异昔年。颇觉近来诸念尽，命儿授笔写根源。

示完纳
近来式例紧催科，莫把钱粮等若何。秋尾冬头忙赴纳，梅花春酒乐几多。

周之翰一首

伯泉创业

伯泉创业，未得亲尝。朝隆三岁，难作栋梁。强盛嵩祖，独战霸王。老蚌生珠，高祖凄凉。三凤既美，好摆阵场。三股弃竭，思石名扬。人财两盛，后人莫忘。

周召风

四言·叙谱

始祖伯泉，偕弟入黔。出谷迁乔，创业维艰。经营伊始，天不假年。幸生隆祖，一线克延。足履人地，头顶人天。高氏强悍，占我陌阡。喜嵩出世，欲复原田。鸣官争讼，弟后兄先。基业既复，裕后光前。四世祯祖，更辟我疆。祯祖而后，谁作栋梁。长则世忠，次则世良。合我英祖，三人名扬。传家忠厚，长发其祥。

伯泉创业，遽逝仙乡。朝隆三岁，未知其详。长欲复业，束手无方。惟我嵩祖，大有主张。迭次兴讼，独占霸王。吉人天相，定于一匡。世代耕管，源远流长。祯祖作德，福寿无疆。子孙繁衍，多列胶庠。及锦父子，泮水生香。兼食廪饩，积厚流光。祖功宗德，克绍书箱。虽未登甲，志洁行芳。孙曾绕膝，四世一堂。人财两盛，厥后古昌。传家忠厚，千古名扬。

七律·挽母氏杜（数章）

少年丧父变非常，幼失瞻依最可伤。幸遇慈亲全节孝，居然孤子享平康。
课耕课读谁分任，克勤克俭自主张。毕竟彼苍惟德辅，青云得路姓名香。
六龄失怙想当年，孰恤幼孤解倒悬。学礼曾无严父训，断机幸有慈亲贤。
从师负笈常虞晚，教子成名独占先。况又庭帏能养老，聊题俚语代传宣。
青春夫主忽登仙，誓抚遗孤志甚坚。教子断机勤学圣，择邻讲道抗希贤。
三迁课读终无倦，一举成名别有天。朝廷题旌全节孝，芳徽永播万斯年。
当年孀守甚凄凉，知志柏舟不改常。择地而居成后进，断机有训迪前光。
家贫亲老勤供养，子幼夫亡力主张。节孝双全人景仰，九重旌表永流芳。

挽妻吴氏（数章）

夫妻义重本难忘，孰料情长命不长。只冀百年完素愿，谁知一旦梦黄粱。鸳鸯独宿思重见，鸾凤突分弗再翔。倘使前缘今未了，结姻来世乐无疆。

从来最苦老无妻，堪叹人生命不齐。鸾凤和鸣音上下，鸳鸯离散影东西。白头徒悔好逑去，红叶空留妙句题。方寸何时思念切，三更灯火五更鸡。

话到室人返帝乡，平居义重总难忘。维持家务勤还俭，强固精神寿而康。四代眼观方遂愿，七旬年满竟云亡。行迹到底归何处，梦里无防道其详。

佳人不幸忽登仙，见面无由欲问天。春树暮云思甚远，屋梁落月夜难眠。好逑此日长分诀，美玉当年枉种田。夫妇情深何忍别，有缘来世再团圆。

好合夫妻七十年，田园乐享胜从前。鸣鸡励志常忧晚，跨鹤西游竟占先。忆昔饷耕勤不懈，于今课读夜难眠。白头偕老终违愿，愿结来生未了缘。

幽闲贞静乐不淫，好合夫妻若鼓琴。相敬如宾情最厚，洁清似水爱偏深。当年幸与同罗帐，此日依谁共锦衾。夙夜思之终未见，何时聚道遂初心。

叙谱有感

由川迁黔意如何，择地而安计划多。广置良田居乐土，严除非种护嘉禾。已知创业能操卷，未许横争反执柯。哲嗣天生驱劲敌，凯歌反梓任高歌。

青年泉祖梦黄粱，三岁朝隆无主张。尺地尽由高姓占，寸心常为本支伤。嵩公已克继人志，攀仇焉能据我疆。基业从兹永奠定，长留姓字万年香。

闲居有感

唐代清流最可伤，宋朝党祸不寻常。办公有权拂人性，用意无他饱己囊。毕竟万年多遗臭，哪能百世永腾芳。前车已成后车鉴，盍一扪心自酌量。

绝句

一门两世列胶庠，兼食廪糈姓字香。自是祖宗功德厚，后人依旧绍书箱。

灯下偶成

从来惟命至无常，积善之家厥后昌。父子一堂食廪饩，祖孙三代绍书箱。

七旬年进精神爽，四代眼观福寿长。更望儿曹能奋志，乘风破浪姓名香。

壬戌后五月分家有感
九世同居仰昔贤，分财何以慰高年。春秋责备果谁是，未许强词饰眼前。
和气一团大有光，儿孙此日竟相忘。分家多少闷心事，五夜挥毫写寸肠。
话到分家梦不成，挥毫聊为振精神。愁心似缕莫消遣，始忆承先藉哲人。

新正发笔
新正发笔笔生花，应手得心兴倍赊。快意文章原有骨，匡时人品自无瑕。
于斯玉美终沾世，在昔才华不系瓜。廊庙山林随分定，闲来把酒话桑麻。

予子正纪在贵定甲苏堡训蒙往返四百余里作七律数章志之
漫道还乡易过年，依然旧馆枕书眠。长天有路随趋步，缩地无方任转旋。
重到君门常恐后，高登道岸强争先。英才教育平生乐，笑煞渔人逐水边。
居今稽古已多年，惟日孜孜夜弗眠。室有春风常满座，人沾化雨快周旋。
升堂只好争疏密，入室何须问后先。自古德修名必显，长材应不老林边。
离家远处值今年，夜课儿童闭户眠。万里云山严履步，一堂子弟喜周旋。
得门而入会心远，触类引伸达道先。君子诲人原不倦，春风如坐乐无边。

行年七十
人生七十古来稀，漫道百龄可易期。花甲一轮曾过半，从心千载不相违。
敢期作相乘时显，还忆兴周得意归。倘幸作年终学易，玩辞观象弗停挥。

周正纪

在贵定甲苏堡训蒙步原韵（二首）民国二十年甲戌
云山遥隔忆高年，醒则诗歌醉则眠。学礼趋庭当教训，侍餐奉杖时周旋。
读书三代德垂后，处事百行孝占先。寡欲清心俗不扰，弄孙含饴乐无边。
远别家乡已半年，离情万状总难言。问心久缺晨昏礼，启口长吟顾复篇。
身历关津多险阻，神驰桑梓少安眠。书斋坐待归期至，一步一趋结伴旋。

解馆在长坡冯伟堂家饮酒

登堂相与话衷肠,畅饮席间屡劝觞。下榻我非徐孺子,迎宾君是蔡中郎。和平处世襟期远,忠厚传家福寿长。岁暮将终无别赠,聊题俚句二三行。

周文模

轮水

洪水深藏不计年,半由人事半由天。渊泉溥溥无停息,我境须知有福缘。

周其继

村居偶寄(二首)

君子处事要心宽,恁他摧折不动山。所作须当心无愧,出入自有磐石安。清风于世人多羡,虚静适己吾且欢。趋庭教子洁与俭,松柏精神难上难。
老至须当自心宽,切莫过念财如山。几重泰山犹烦恼,食及菽水磐石安。靡称其心肉犹淡,得其意忘水更欢。时人莫笑志气老,几多朱门竟入难。

偶感

心力驱使同一劳,重义之人尽同袍。自古同德崇仁义,而今同财忘人刀。孝悌本是光前路,忠信乃为裕后桥。菽水茅屋乐自取,寒来暑往昼达宵。

晚景

正直淡心能待老,诗书礼义养身丹。亲贤树德存仁道,敬孝守忠须作丸。择友而交言必信,睦邻好处善当餐。世遵先祖节且俭,安分恬然地步宽。

赏书

一意观书饭意浓,厨灶之中柴也空。诗兴来时人情乱,字句颠倒境不同。老至借笔度春秋,眉睫紧迫且能休。只冀知友如我愿,万事关心总生愁。日与诸君相谈笑,夜向灯前把诗修。问问世间何为贵,难买此身人不求。

咏南瓜

出泥不张牙,徐徐度韶华。渐渐篱墙过,芬容足可夸。强登数十仞,志气几倍加。吟风吞美景,日月助精华。

洁身饭甘露,秀口吐黄花。展开腹中景,连结瓜上瓜。力供世人饮,味鲜玉无瑕。存名传千古,人人感叹嗟。

咏蝉

柳影翩翩午堤墙,叶底鸣蝉噪夕阳。徐音微起分上下,高声长鸣韵芬芳。
斗志远传声糙糙,鼓翅静听志难量。日暮卷息饮甘露,天晓声声在山冈。
岸柳随风舞我墙,两蝉长鸣几夕阳。噪断日昃天色晚,鸣从高处韵芬芳。
声声远传长亭路,漫步原韵志难量。双栖叶底阴凉下,旭日东升鸣山冈。
蝉鸣树影来我墙,风令叶底乱夕阳。高声朗颂池边树,远传余音志芬芳。
日暮天沉声声唤,断肠人听志难量。天晚咫尺归隐处,清晨依旧鸣山冈。

周其开

大岩阡即景(三首)
吾家偶至大岩阡,绿水青山横眼前。三十一年忘却路,半山小息得一欢。
红日当空绘彩锦,殷勤山鸟闹喧喧。良辰美景君当记,一现昙花不值钱。
犬吠千声不用惊,英雄原本是真金。一声霹雳长空震,美梦惊回无处寻。

周永景

夏夜偶成
休叹人生岁已高,几经颠簸气犹豪。闲凭山石任风雨,静坐河塘助消遥。

唐多令·桑梓情
楼上景清幽,芳馨四海流。美山乡,连稔丰收。共创和谐奔富裕,抬望眼,乐悠悠。善政解民忧,中央卓运筹。展宏图,喜溢心头。新编家谱垂青史,荣族裔,耀春秋。

周正典

布谷四咏

卧听山间布谷声,高低远近献殷勤。好心不与春归去,要年秋来遍地金。
依稀梦里传佳音,布谷啁啾夜夜闻。疑是神农仙化羽,痴情一片老催耕。
陷身布谷小精灵,恰似拓荒一哨兵。催得秧青麦稻熟,催来处处好收成。
布谷翩翩煞苦辛,枝栖鼓舌太飘零。平安冬去仙宫暖,托报农家满院春。

楼上八景

天福古井

福井天成源处深,寒来暑往惠乡民。严冬暖气溶冰雪,酷暑清波透石屏。
曝旱三年无涸减,滂沱数日亦清芬。无苔无垢天然质,汩汩潺潺独领春。

楠桂石桥

长方石块架西东,体正质坚气势宏。植桂培楠张羽翼,栉风沐雨向苍穹。
淘冲堵压钟灵气,厚重欹斜见古风。送往迎来承砥励,沧桑历尽浪千重。

悬崖挂树

黄香独秀挂飞岩,柏干松针树倒栽。不与林乔争艳丽,甘随石莽净尘埃。
山乡游旅列标记,景点包装视品牌。直显葱茏称瑰宝,风清日朗画图开。

险峰搁岩

何处飞来一块石,半伸半缩搁峰巅。凌空倒压惊牛仔,亘古横盘啸虎猿。
恰似神兵抛弹子,更疑海将挂楼船。天公造化生颜色,路隘林深亦景观。

潼阁聚秀

张檐翘角半墙垣,风雨历程烁史篇。曾是鸣钟击鼓日,又经倒孔驱神年。
黉门屡峙馨桃李,塾座开篇启俊贤。代衍犹承禅阁气,密林长护展新颜。

古树争荣
合围古树织浓阴，柏翠松苍四季荣。偃仰屈伸列态势，参差揖让攒风情。
鹰栖鹤舞匀生态，叶茂花香拱寺宸。百户人家舒画卷，千秋绿宝灿文明。

石墓传奇
先人退旨不谋官，建阁修桥美誉传。梦得层岩为墓地，新兴林木护屏山。
方碑缀墓延宗嗣，秀阁依山启杏坛。含笑泉台惊变否，春风杨柳换人间。

民居焕彩
轻烟簇簇霭村居，几处蔬园透竹篱。水绕山环庭聚秀，粮在林茂鸟迷枝。
门墙古砌胡同远，橱槛精雕栋宇奇。族裔兴隆珍互爱，弦歌击壤颂唐虞。

暴雪
朔风紧飑雪纷纷，近水遥山卷冻云。滚滚寒流人怯步，皑皑旷野鸟藏身。
顽童斗趣迷佳景，皓首围炉念故人。素裹银装留不住，岁更律转又熙春。

祖孙乐
告老还乡天地宽，家人团聚乐心间。琴棋书画勤摸索，衣食住行免困难。
祖教顽孙描柳体，孙背老祖过桃园。夕阳晚景人称颂，无限风光涌笔端。

临江仙·夏游云台二首
四老乘闲登五老，望峰直上云台。哨楼小憩坦襟怀。风轻碧野阔，日正林霏开。一水三桥车马缓，万家玉砌楼台。行商客贸远方来。山川钟秀色，夷地胜秦淮。

雨后斜阳催倦怠，松林远近蝉声。曲腰跬步趱回程。村间觅爽气，思绪乱纷纷。勤俭立身根本固，无求自有精神。民殷国富颂升平。居安轻教化，几处见真经。

西江月·老校乐

小院高龄正坐,心宽体健情和。学书学画学医科,一响铃声上课。趣味轻松活泼,赛球跳舞唱歌。常来老校逸情多,百岁仙翁有我。

春从天上来·楼上古寨

叠嶂层岩,蜿十里清流,透洗尘埃。柏老枫劲,鹤鹳群来。古寨锦绣图开。隐书香门第,巷垣在,逸韵苍苔。启交通,广层田沃土,秀比秦淮。明弘始迁族祖,毓衍费心裁。礼化童孩。笃厚传家,桑弧蓬矢,曾九子十秀才。叹荒年兵燹,风情荡,祖赋归来。尚悠哉,跨纪升平日,长步瑶台。

周正黉

垂钓(二首)

初春早钓坐河东,摔线垂杆不放松。芳草萌芽穿候鸟,柳丝抽穗舞清风。料峭倒寒身微颤,细雨疏落意从容。波起漂沉竿扯动,活鱼尾尾醉渔翁。

周其选

忆祖

宗功祖德传家远,川赣渊源世泽长。泉祖入黔兴伟业,国祯辟富显昭章。院庭清雅辉门第,宗族繁荣启栋梁。水秀山明幽画景,濂溪世第绍书香。

新编族谱

族乘新编锦绣章,琳琅满目寓周祥。宗支繁茂添祥瑞,字派传承衍福康。先祖开基垂典范,后昆继世庆辉煌。和谐共处千般喜,安居乐业百代昌。

周昌松

林园古树

寨傍东林莲叶状,老枝新放竞芬芳。参天古树百千态,遍地奇花四季香。郁郁葱葱筛日影,巍巍峨峨护龙藏。高枫载鹤凌空舞,画卷悠然好景光。

膴膴楼上

国祯古墓
先祖遭难作主张,建阁退旨离官场。秉承前贤传家训,贻谋后昆绍书香。
扶困济贫积德厚,补路修桥名远扬。有感仙人指墓地,延嗣方碑永流芳。

潼阁古寺
梓潼禅阁茂林间,历经沧桑数百年。殿堂神像曾遭毁,楼台钟鼓文革灭。
昔为僧道传经地,今作桃李成才园。党政扶修遗璀璨,独领风骚喜空前。

古寨人家
楼屋参差小山村,炊烟轻扬伴鹳鸣。漫踏青石入古巷,细绕篱园进吉门。
庭院诗联歌大有,楼台管弦颂太平。倚门童叟迎客旅,杯中聊寄几多情。

楠桂古桥
一块青石长丈余,横跨鸿沟连东西。质坚体固承砥励,气壮身雄沐风雨。
培楠植桂显钟灵,竖碑立传颂唐虞。往来迁客皆留步,盛赞前人遗古迹。

天福古井
翠竹林下石壁间,有孔汩汩流清泉。久旱数月无减涸,暴雨连日亦清鲜。
涤污大池随选用,乘凉小楼任休闲。夏凉冬暖无苔垢,时来时饮尽开颜。

古屯传奇
百仞高岩筑古堡,天成沟堑当战壕。驱贼除寇凭险要,靖乡戍寨防杀烧。
中流砥柱话往昔,义卫乡邦传今朝。幸有遗址存残垣,唤起心潮逐浪高。

龙洞古泉
龙洞湾中藏活龙,口喷清泉气势雄。秋冬湲流沟渠里,春夏直泻川河中。
渗透田园五谷茂,滋润土地万物荣。满寨人家居久远,皆缘此水建奇功。

周澹之

鹧鸪天·古寨偶寄
莫问青山路几重，当年相约却从容。临池赏月添新酒，长是虚怀待晚风。
云转薄，晕还浓。几回入梦与君逢。行人尽说村居好，且共斜阳畹畹中。

渔父词·古寨感怀
人生难得是从容。与月约、何时可逢。煮老茶、闲庭共，听落花、流水长东。
笑谈农事今如此，正春耕、休问入冬。可否酒、添诗后，暮烟起、更待晚风。

梓潼阁偶成
甲午三月之初，双桂树下品茗，话村事，逸情冉冉，即兴二首。
旋取山泉煮老茶，此时庭树正飞花。尘心洗尽兴难尽，归鹤声中遣有涯。
桂院清谈对晚茶，会心阁外醉云霞。高情且与挚孙论，一树鸠声片影斜。

观音阁远望即兴
山色田园一水分，碧天遥望送归云。兴来染就村居画，寻个闲庭坐夕曛。

长滩河晚钓
霜落沙滩秋水寒，浪花掠影钓几竿。更期暮色远山去，茶熟香温不足叹。

春日楼上即景
花片沾红雨，泉清浸碧苔。云耕入溪去，巢筑引燕来。
瓦屋层层错，村烟绾绾开。农归占晴处，楼上妙天裁。

古屯远望偶成绝句
木落高亭逐远空，山腰雾锁见芙蓉。村烟淡去晚来净，滩映夕阳漻崄峰。

膴膴楼上

丁酉初冬梓潼阁观古枫鹳鹤即景
梓潼阁外日初曛,古木青青淡白云。水远难留鹤归晚,争占高树乱纷纷。

潕峪河农家夜坐有感
茅檐翠竹燕雏飞,山路松花半落衣。潕峪何须劳远目,波摇月荡更幽微。

归乡偶寄(二首)
归乡愁寄到天涯,扫就书楼便作家。初种田园皆野趣,拟从农友课桑麻。
乡梦悠悠到我家,龙门巷转木楼斜。深情最是春庭月,自待归人数落花。

古屯放怀(二首)
潕峪云岚入望深,古屯放旷更遥岑。游人莫笑村居挤,瓦屋难为百载心。
山色空蒙淡似烟,参差绿到古桥边。斜阳流水立屯望,天际送云云送天。

古寨闲情(三首)
峰色四时绘,松声玉镜悬。道穷无尽意,水绕夹山泉。
远水树中白,寒峰天外青。渚烟呈缥缈,山谷弄春溟。
农闲无一事,石上坐秋水。庭院云行空,我心正如此。

楠桂桥边远望
万山难阻峪河行,拦得滩多日夜声。寻到寨边弯路尽,流觞曲水也幽情。

楼上古寨
山岚如有待,阁景更无私。泉冷洗尘俗,寨幽人不知。

古寨漫兴
楠桥最忆暮还朝,但饮清泉水一瓢。桂影鹤鸣秋月待,几时容我夜吹箫。

丁酉五月于其衡院中写生天福井感赋
梯田鹤影闲相照,竹径泉声静自来。老树庭中愁日暮,红霞院外逐云开。

丁酉五月,与罗萧诸君,黄蜡岩写生归来,古寨品茗,偶成五律一首
佳景寻难遇,入村神更清。家家占山色,处处分鸠声。
诗思随云起,道心缘阁生。他时偕友聚,放旷逐幽情。

寨纪九子十秀才老屋饮茶有感
满庭幽翠绝清佳,爱此浓荫树影斜。日暮双禽来占竹,春深数蝶慢寻花。
呼童剪烛开图画,留客围炉煮老茶。九子寒门十才秀,思阡两府有几家。

甲午秋与中国美院田源先生于养正书院煮茶即兴一首
养正堂中自煮茶,木槲花外紫薇花。地偏心远聊为隐,院古情宽且弄霞。
雅士聚谈添月韵,良朋瀹茗慕高华。一芽两叶才新绿,可是明前采那家。

春日偶成
数丛修竹好为邻,更欲茅檐傍翠蘋。携杖寻芳阡陌去,田畴青处一闲人。

楼上古寨漫步
远嶂遥遥现,烟云叠叠吐。田园遇故人,心静自然古。

楼上春景(二首)
雾宕山青淡影呈,寻春陌上踏歌行。田畴耕作抢时种,日暮难归月已明。
曲巷斜阳花影入,老苔著树雨痕侵。能参楼上四时兴,不负云岚今古心。

农事感怀
稼穑艰难老农知,薅刨耕种恐畴迟。弄田常有入仓庆,世代如兹念在兹。

梓潼阁闲坐

烟宕岚轻迭迭新，山腰横贯绝天伦。林中看月窥禅定，阁外听经荡俗尘。万籁无声心自静，一身非我物同春。云来伴树约霞起，岁岁年年有几人。

古屯远眺

极目佛山顶，云封千万重。碧天依树迥，古寨聚烟浓。诗画最楼上，田园淡故容。寻兴屯堉堉，漫步又扶筇。

丁酉春月观音阁即景

万树日斜花共醉，半亭烟傍翠屏生。高低田摞千般绿，远近峰攒一色清。

梓潼阁观鹤偶成

濯濯青山才过雨，深深高树且参天。半坡瓦屋村烟起，归鹤数声花影前。

楠桥寻兴偶成

屋边修竹蹿墙根，涧下楠桥出古村。远树云开延岫色，田畴水满落溪痕。

村烟入望

入望村烟画意呈，放怀丘壑引诗情。古屯驻足寻樵径，天际纵身邀月行。

楠桥朝雾

目尽田畴日又斜，雾晨楠桂隐农家。夕阳度鹤石桥畔，朝露来时润稻花。

潼阁聚秀

飞阁翘檐半倚天，老藤苍藓淡炊烟。绝幽佳境得深秀，古树盘根斜上边。

水背河问钓

天空云淡叠波澜，立影滩头一笑看。白鲦游来荡新渌，浮身如钓太虚端。

楠桂石桥远望

杳杳青山没远鸿，石桥沉醉一村翁。会心只有双楠树，梢破寒云弄晚风。

潼阁秋月

阁前双桂下夜坐，见秋桂抚月，邀友聚之，于月下品茗，心境难问，即兴古人之怀。

世间皆向忙中过，楼上方知岁月闲。留梦桃源何有恨，栖心古寨本无间。
院边松子和烟落，阁外霞光带雨山。晓起逐云人去后，寻诗深处载歌还。

楼上春景即事

地远山幽静，村民俗最淳。耕之渔隐者，本是读书人。
闲暇亦稽古，趋庭自耐贫。朝来汲晨露，瀹茗洗凡尘。

丁酉十月初梓潼阁养正书院即景

冬至鹳南归，巢闲待早回。七枫参北斗，双桂抚云腮。
竹月留高士，松风款秀才。游人存雅望，绕寨步阶来。

梓潼阁闲坐偶成

高阁通幽景致佳，一山万树淡浮华。月移桂影侵书案，风卷涛声逐水涯。
翠色窗前朝倚杖，斜晖院外夕隈茶。闲观苔藓著阶绿，诗酒何须问远霞。

古寨即景

竹间鸡相戏，寨道友人逢。树下留盘石，天边纵远峰。
云闲迷水淡，心静带烟浓。寄意桃源处，奇山千万重。

砚田清韵

团坡堨上一圆畦，形如砚池化妙裁。挹取四时天地气，绵绵文象韵难猜。

龙门古巷
半坡瓦屋层层错，四面青山隐隐来。古寨巷深容月照，龙门处处与君开。

古寨幽韵
屋檐高迥可招月，竹树虽多不挤山。老巷石边闲坐望，幽居还是寨中间。

阁中闲坐偶寄五律
阁上秋光薄，古枫霜叶稀。斜阳随树转，去鹤背人飞。
云影暗茅屋，村烟并翠微。君来如有约，趁月带诗归。

楠桂石桥晚归
双楠文象妙天裁，野水石桥斜径开。农事晚归抬脚坐，看云飞去又飞来。

梓潼阁夜坐感怀（二）
东望长滩河水长，梓潼宫阙桂冠张。老枝疏叶霜侵久，秋月漏壶愁举觞。
春泉淙淙浸苍苔，晚岫层层迎户开。夜静山居忘岁月，应留佳茗待君来。

寨居观书有感
积雨空庭深，山居晚翠侵。家书摊未读，起看鸟争林。

戊戌春古寨即兴寄萧初韵
结屋依清泉，尘心幸有托。开门尽竹楠，入枕即丘壑。
春色晴阴多，村烟早晚约。风光古寨佳，秋月更商略。

山塘春晚
楼阁旁边池水深，雨烟堤树啭春禽。儿童归牧看云去，月落清波无处寻。

古寨闲情
天高秋净数峰青，茌苒云岚入户庭。径绝忽惊黄叶下，树阴犹听落花停。

村翁有约谈乡事,行客无心问鹤龄。最是一窗山色好,当年卜筑得神灵。

丁酉秋梓潼阁闲坐寄怀
晴空一鹤入云霄,坐对秋声看树摇。竹咏清风无限意,几时容我共萧萧。

猴子岩
灵石天之赐,此山最奇异。年年探月来,吃尽马溪地。为报禅师恩,窝肥小屯寺!不登猴子岩,楼上未曾至。

楼上赋
猗与休哉!楼上之为邑也,山水开奇境,人文想大邦。夜郎故地,思石遐荒;先曰寨纪,后称楼上。观夫山川映发,主峰竦绝,云台枕其北阴;屏山回抱,双尖拱其南望。云霞蓁蓁,从容飘荡。星列乎斗野,势雄乎鬼方。溯木挂溪而上,割然雷打岩开,壁立千仞,绝岸万丈,赧驳夹峙,迂回曲长。危石挺立兮,似将军出征;峻岭奔伏兮,正仙人撒网。缘溪萋萋,豁然朗朗。始信陶令之不诬,犹征记述在吾乡。

若夫楼上赋形,天地所畀,清气焉锺,冲和攸集。云树烟波,山姿水色。风物荟萃,最多胜迹。汇种种之奇观,共悠悠于暇日。林麓拖青,辽阔天际。山行簇拥,蜿蜒佛顶之脉;水流襟带,迤逦乌江之注。赏楼上之景,村烟在望,晼晚如画;揽潆崄之色,玉带晴岚,历历寓目。树影琴琴,屋瓦秀错。醴泉盈盈,古井天福。翩翩鹳鹤,载爱载飞;关关雎鸠,在檐在竹。立望屯垣,遥岑趋赴兮,龙卧湾中,而虎踞河上;近畴延展兮,砚田夕晖,而石桥朝露。玉峰插天,披云而矗;观音坐莲,立影而殊。一湾碧滩,脉脉潆洄兮顾盼;四围翠巘,款款揖让兮宽纾。风闻可睹兮,石猴揽月,吃光施秉,窝肥小屯之姿;胜概以仰兮!古松倒栽,凭临悬崖,天纵绝望之境。樵径宽而易寻,屯道窄而难攀。高蹈乎饱游,抗心乎饫看。浮岚远岫,雾霭迷迷。雨霁云收,攒青叠碧。春浪娟娟,秋波弥弥。滚滚山泉,乐流觞于曲水;幽幽庭树,选坐石于新苔。源清波渌,实居廉让之乡;滩多潭少,可媲富春之濑。追夫行吟泽畔,河声逐滩而吼;眺咏林边,春色连畦而敷。潆崄千万重山,迭开画障;楼上

膴膴楼上

WU WU LOU SHANG

一十二景,都入卷轴。

至若梓潼阁之深秀,乃楼上之佳境。冠山抗殿,绝坳为池;垒土飞阁,分岩耸阙。林木翁郁,栋宇胶葛。照灼云霞,蔽亏日月。观其移山辟境之志,穷泰迈远之心,仰止矣!尔其游目,则藤萝半垂,绕树高引。落英缤纷,流莺比邻。参斗七枫,应星象而玄奥;抚月双桂,友庠序以殷勤。时值炎景日臻,无郁蒸之气;微风徐动,有凄清之凉。与月盘桓,澄晖霭霭;共日朝暮,霞蔚茫茫。倘若韵士有心,闻鸟鸣而生感;高人无事,看树摇以自娱。吸风饮露,信安体之佳所;问道礼佛,诚养神之胜地,黔境之观不能尚也。悠然其间,寻幽问妙,涵泳有日,则处晦可隐,放浪是寄。霜晨雪夜,绝好时光。目既往还,心亦吐纳。托情有待,云烟供养。游哉翛翛!旷乎苍苍!

瞻吾楼上,代序播宣,具四时之形态;动静宜机,应万物之化裁。穰穰田畴,稼禾馥馥。离离缀彩,葱葱郁郁。论地宜之惠,有稻有麦;年成之收,十岁九丰。田少阡陌,赖其水利;涧多碾硙,以代村舂。塞外催耕,频呼布谷;花间对酒,但唤提壶。春华秋实,寒来暑往;橙黄柿红,果圆瓜长。月月花艳,山山岚岩。幽兰清清,风荷扬扬。步石桥而歇夏,楠阴无暑;坐水榭以乘凉,竹浓有风。墙外种紫荆文杏,一院阴阴;屋前栽红药水仙,数枝灼灼。金桂银桂,浥露生香;白梅红梅,冲寒吐萼。幽禽止嘉木,落日洒余晖。煨茶话桑麻,吟诗约高会。雨景雪景,朝阳夕阳。野芳时蔬,荐新品尝。把酒采菊,各抒雅况。

膴膴楼上!图存筑居,弘治初始。天之降和,地之嘉植。郁矣兰胄,茂乎芳芷。着表仪型,立于族纪。行之以义,处之以礼。推扬诚信,修睦邻里。丰城一脉,源自汝南之滨;川黔数迁,避难寨纪之地。溯源伯泉,开基拓业;瞻仰国祯,泽被后裔。仁风遐拂,印然颙然;英淑攸钟,儒兹雅兹。煌煌周氏,宗传姬旦家声远;灿灿诗书,学绍濂溪世泽长。载辛载劳,承前裕后;克勤克俭,尔炽尔昌。课耕读,六世易,丸熊教子;趋庭训,十秀才,积厚流光。纵横捭阖,一门三翎具钦赐;风流互映,频列胶庠绍书香。处咸同之烽烟,中流砥柱;挫逆旅于竹园,义卫乡邦。是时也,雍雍穆穆,跻跻跄跄。五百年以往,本分是守;十九代将来,忠恕以继。高檐出月,惜庐舍以蔽风雨;广阁藉境,崇庠序以治身心。存风规之远,千载雅望;沐恩泽之厚,百代标程。立言规箴,惟愿儿孙个个贤;树德务滋,但求枝蔓代代兴。于兹迄今,敬天地,礼神明；参物序，遵祖训。居蕃千户，瓜瓞万人。三代遗风，和乐且湛。孝悌端恭，俊彦有为。诗之曰：棠棣之花，鄂不韡韡。慎终乎追远，传承乎耕读！自此以往，孰堪与俦！

是故绵乎渺渺，大居无陋，美奂与共。大居无隅，汔汔既同。优哉游哉，容与闲适。可以乐志，可以忘年。恍如置身世外，别是一个周原。因沐乎沾溉而感之慨之，试与三都接心源，当挥毫而作赋；且藉一笺叙乡愁，遂研墨而不辞。时维丁酉秋楼上周氏十四世孙澹之撰于养正堂。

周文蔚

青玉案

黔中山水多情愫，常哀怨，愁何处。万里瘦云谁与度。秾华丛过，肥泉呜咽，仙洞九龙住。蓬莱此处无归处，堪那月华凋碧树。单人独马，幸得遇见，采女霓裳舞。

秋 怨

老树匆匆红叶残，垂杨陌陌月光寒。
一杯愁绪无穷恨，常把秾华带笑看。

盛 夏

把酒东风无妙词，荷花欲睡几人知。
如何得入广寒殿？仙子嫦娥与作诗。

无 题

秋叶秋风秋倍凉，孤鸿影里感彷徨。东风春梦志不在，明月古今独迈往。
汉祖有歌昔日醉，楚天无色暮山黄。潇湘何处无人间，且望瑶池惹断肠。

叶仲夏游杭州曲院风荷即兴

黄龙吐翠绿，青鸟嗅叶香。清水出红袖，芙蓉引凤凰。
瑶池声语燕，边塞诉衷肠。本是倾城物，怎堪凝露香。

膴膴楼上
WU WU LOU SHANG

西 子
山水无情却有情,瑶池湖畔草青青。
若非月下三潭见,定是相逢凝紫亭。

后 记

周氏自迁居楼上,适应环境,耕读自信,与人为善、与人为美的观念极强。在修建亭台楼阁、祠堂;编修宗谱,添置族产,祭祀祖先;办私塾、兴学校、修桥筑路等方面,至公为怀,不断累积而成绵绵之观。可以说,楼上周氏家族19代人用勤劳和智慧创造了含蕴深厚的耕读文化,其生命的要义,其人情之怀,缱绻而温暖。

楼上周氏家族具有鲜明的文化特色和独立的文化属性,有着独特的历史价值和丰厚的文化含蕴,是其耕读生活的徽记。随着现代文明的不断融入和农耕生产、生活传统方式的改变,传统的耕读精神在今天却遭遇难以为继的状况,似乎离我们已然远去。当人们审视当下,感受到人情淡漠而每况愈下时,越来越多人饮水思源,企望在优秀的耕读传统文化的深厚土壤中,追寻文化根脉,瞩望文化复兴,而楼上正是保存这一文化根脉的最好村寨之一。然而,楼上也面临着开放与重建、传承与拓展的诸多课题。今天楼上文化,随着历史的不断向前推进与城镇化加速,面对时代变迁,其耕读的内涵与形式已渐行渐远,几百年所积淀的文化精神,不可避免地受到各种各样的外在价值观的侵蚀,也面临着传承与发展的两难境地。

在时代变迁中,因地处边隅,长期世守的农耕经济及生存方式,通过仅有的土地资源及农耕生产,要解决温饱问题,已举步维艰,以至于积困至贫,现正致力于脱贫。因此,楼上及所在的国荣乡仍属我省极贫乡镇,受到贵州省委、省政府的高度重视。2016年,省委常委、秘书长刘奇凡同志担任国荣乡定点包干脱贫攻坚指挥长。2016年10月2日至5日,其深入石阡县国荣乡蹲点调研,审议国荣乡脱贫攻坚的规划及实施方案,安排部署脱贫攻坚的各项工作任务。刘奇凡同志非常重视楼上村的脱贫工作,通过深入调研,对楼上村脱贫与发展,特别是文化建设与保护、文化旅游资源的开发与利用等方面,提出了许多指导性的意见,并非常重视对楼上村历史文化的调查、梳理、研究等工作。因为没有专项资金,他从他的办公基金中,挤出十万元来做楼上历史文研究的启动经费。本书就是得到刘奇凡同志的信任与鼓励,并受石阡县国荣乡政府委托,对楼上历史文化所进行的前期整理与研究,以加快推进楼上文化旅游发展的步伐。

今天,随着脱贫攻坚战略的深入,楼上村得到省、市许多领导的关心与关怀。特别是近几年来,石阡县委政府及国荣乡党委政府统筹规划,全力以赴启动脱贫攻坚规划,以古寨全域旅游为核心,加快水、电、路、信等基础设施建设,大力发展茶、果蔬等产业,快速推进楼上古寨改造工程和旅游设施建设。其脱贫攻坚已进入全面决胜阶段,获得许多可喜成果。楼上村已逐步从传统农业走向现代生态产业与旅游服务业,楼上文化及建筑得到大力保护,经济发展势头与日俱增,基础设施及生活水平得到极大改善,生态环境日益美好。石阡县委县政府下定决心将楼上建成最美乡村,实现全面小康,使楼上村从封闭走向开放,从独有走向共享,让更多人来分享楼上这文化资源及山水田园之美,感受深厚的耕读文化,感受现代社会的美好。这一愿望即将成为现实,特别令人欣慰。

耕读文化是楼上文化的核心和重要组成部分,因此,全面、深入地挖掘与研究楼上文化,明确其耕读文化地位与作用,寻找其耕读文化意义,以留住楼上耕读文化的记忆,对于传承与发展耕读文化有着重要的价值。笔者生于斯,长于斯,对楼上文化深入研究,找寻楼上周氏家族绵延发展的内在逻辑,是责任也是使命。

本书力求对楼上周氏家族文化进行整体性考量,从楼上周氏家族的历史文化遗存中,对其迁徙移居、人口发展、族群意识、习俗风尚、家族治理、文化教育、建筑艺术、生态环境、娱乐生活、精神追求、宗教信仰等,都有了较为全面的了解,更着重于对其家族的文化与精神追求、历史与发展进行全面的深入分析、归纳与总结,而在此之前,没有可资借鉴的样式。因而,楼上文化研究是一个充满艰巨性、挑战性的学术研究课题。当然,对于楼上

后　记

文化而言，笔者希望用研究来揭示楼上被尘封渐渐远去的历史记忆，将记忆表述为精彩宏大的故事这是很难的，但表述一个家族独特的文化，以复活记忆，便是活化的开始。

对楼上文化现象，因耳濡目染，感触也多，但对其精神实质，却未能进行深入的探索与思考，而知之实少。近几年来，笔者曾因致力于对地方历史文化与文献的研究，对楼上文化现象与本质有了更多的关注，才慢慢开始从关注其发展的历史中，不断追寻耕读文化的内在本质。特别是通过近一年时间的实地调查、走访，从周氏500余年来所留下的族谱、古墓、碑刻、建筑、故事、传闻、习俗，以及所开垦的田土，修建的各种沟渠、道路、桥梁、池塘，以及环境、生态、水源与灌溉方式等，也包括与之相邻的村寨之间关系，进行反复考察与大量访谈，通过融汇与综合，以及多层面分析厘定，仍然难于得出本质性的结论，也很难得出既见仁又见智的研究结果。

楼上500多年来的每一个瞬间、每一个季节都是独特而不可复制的，因而也是最为丰富直观、生动和真切的。楼上周氏家园建设是朴素雅致的，却是最审美的如画的；楼上周氏家族500余年的生活是平凡的，但对耕读的追求中素朴而沉静，对文化、对自然、对祖先始终心存敬畏，因而也是崇高的；楼上周氏家族500余年的生活是艰辛的，但其精神追求却是丰富的，更是永恒的。因此，深入研究并剖析楼上周氏家族的耕读文化，不仅在于弘扬其天人合一、道法自然的思想与和谐理念、精神价值与文化观念，也更能让人更深入、更真切地去感受那耕读的精神、那鲜活的人生，为美丽乡村建设的未来之路，找寻可资借鉴的价值观念与未来向度。或许，这就是笔者愿意花如此多的篇幅，撰写《膴膴楼上》的原因。虽然在撰写过程中也曾数次易稿，因本人学力有限，仍显得粗疏与不完善，错误及疏漏不少，望同人与读者指正。

在撰写本书所进行的考察、调研、访谈等历时一年多时间中，得到了楼上村周正新、赵慧、周正本、周其江，代山村周其富，灯坪村周其友等人的大力支持，特别是楼上村的周银昌几近全程陪同，深入寨内寨外等各种古迹遗址进行实地查勘，获得可贵的第一手资料；在族谱及各种资料的收集、碑刻拓片等方面得到了族人周昌清、周昌松、周其双、周其勋以及黎启扬的支持协助；本书插图照片得到赵春丽老师的大力支持，提供了多年来所拍摄的一系列照片,以及余云龙先生、张明山先生等所拍摄的许多图片,都欣然毫无保留供本书选用,在此表示由衷感谢!

本书在开展调研与撰写过程中,得到了铜仁市、石阡县各级领导部门的大力支持,更得到了铜仁市副市长杨同光同志的关心,以及所提出的许多建议,使笔者在繁多而纷绪复杂的现象中,逐步厘清思路,能有条不紊地进行研究与撰写工作。在初稿完成后,得到了石阡县委宣传部部长杨玲同志、新华社挂职副县长欧甸丘同志等的认真审稿及所提出的修改意见;在多次修改、调整章节及插图的过程中得到了罗中玺教授的大力支持与帮助;在文字审校方面得到铜仁学院人文学院教授朱存红博士的诸多帮助;在出版过程中得到了铜仁市文联的资助,在此表示诚挚敬意和衷心感谢!

在本书插图中,其中国画作品,得到了中国美术学院山水画专业、硕博研究生所进行的专题创作,肖小艳画的《楼上十二景》,周才林、张桐画的《楼上漻崄河十二景》及杨瑾楠绘制的《六世周易夫人黄氏画像》。为此,他们曾多次到楼上进行采风写生,非常艰辛与不易,在忙于课业或工作的同时,挤出了非常有限与宝贵的时间来完成作品的创作。作品笔墨生动,神韵天然,提升了楼上山水文化的品位,赋予并丰富了楼上的人文内涵,为本书增色添彩。在此,一并表示真诚谢意!

周政文

2018年中秋节于铜仁川硐木秀坪寓舍